중국시율학 4

The Prosody of the Chinese Poetry

中國詩律學

지은이 왕력(王力, 1900~1986)은 중국의 유명한 언어학자로서 자(字)는 요일(了一)이며, 1900년 8월 10일에 광서장족자치구(廣西壯族自治區) 박백현(博白縣)에서 태어났다. 1927년 프랑스 파리대학으로 유학하여 1931년에 논문 「박백방음실험록(博白方音實驗錄)」으로 문학박사 학위를 취득하였고, 1932년 귀국 후에 청화대학(淸華大學) 중문과 교수, 북경대학(北京大學) 중문과 교수 등을 역임하였다. 왕력은 장기간 중국어 연구와 교육에 종사하면서 중국언어학 관계 전문저서 30여 종을 출간하고 120여 편의 논문을 발표하여 중국어 어법 체계의 창건과 중국어 어법이론의 발전에 기여하였고, 현대어음이론(現代語音理論)을 이용하여 중국어 음운 연구에 대한 기존의 연구성과를 정리해내었으며, 고대중국어 운부(韻部)의 분부(分部)와 어음(語音)의 재구(再構), 중국어발전사와 중국언어학사에 대한 연구 및 고대중국어 교육체계의 건립 등에 모두 중대한 공헌을 하였다. 또한 중국의 시율(詩律) 연구에 힘써 『한어시율학(漢語詩律學)』을 썼는데, 이 책은 중국 시가의 격률과 작법 방면에서 현재까지 세계에서 가장 큰 영향력을 끼치고 있는 연구저작이다.

옮긴이 송용준(宋龍準)은 1952년에 태어나 1971년 서울대학교 문리과대학 중어중문학과에 입학하였고, 졸업 후 서울대학교 대학원에서 중국 고전시가를 전공하면서 석사학위와 박사학위를 받았다. 공군사관학교 중국어교관, 영남대학교 문과대학 중어중문학과 교수를 역임하였고, 미국 스탠포드대학과 중국사회과학원 등에서 연구하였으며, 현재 서울대학교 인문대학 중어중문학과 교수로 있으면서 중국 고전시가를 강의하고 있다. 『송시사(宋詩史)』(공저), 『송시선(宋詩選)』(공편), 『소순흠시역주(蘇舜欽詩譯註)』, 『고계시선(高啓詩選)』, 『진관사연구(秦觀詞硏究)』, 『회해사역주(淮海詞譯注)』, 『당송사사(唐宋詞史)』(공역), 『중국어어법발전사』(공역), 『현대중국어문법의 제문제』 등의 저역서와 「송시형성과정연구」, 「북송사론연구(北宋詞論硏究)」, 「이색(李穡)시의 송시 수용과 그 극복」 등 다수의 논문이 있다.

중국시율학(中國詩律學) 4

1판 1쇄 발행 2005년 09월 20일
1판 2쇄 발행 2007년 09월 30일

지은이 / 왕력
옮긴이 / 송용준
펴낸이 / 박성모
펴낸곳 / 소명출판
출판고문 / 김호영
등록 / 제13-522호
주소 / 137-878 서울시 서초구 서초동 1621-18 (란빌딩 1층)
대표전화 / (02) 585-7840
팩시밀리 / (02) 585-7848
somyong@korea.com / www.somyong.co.kr

값 27,000원

ISBN 89-5626-172-5 93820
ISBN 89-5626-168-7 93820(전4권)

중국시율학 4

中國詩律學

The Prosody of the Chinese Poetry

왕력(王力) 저 / 송용준(宋龍準) 역

소명출판

일러두기

1. 저자 왕력(王力)의 『한어시율학(漢語詩律學)』은 1958년 1월 신지식출판사(新知識出版社)에서 처음 출판하였다. 그 후 1962년에 제5장을 제외한 나머지 부분이 상해교육출판사(上海教育出版社)에 의해 출판되었고, 1979년에는 제5장을 회복하고 부주(附注)를 대폭 증가한 증정본(增訂本)이 다시 상해교육출판사에서 나왔다. 역자가 번역에 사용한 텍스트는 2002년 9월 상해교육출판사에서 이 증정본에 약간의 교정을 보아 새로 펴낸 책이다.
2. 왕력의 원서는 수많은 예문을 인용하면서 의거한 판본을 밝히지 않았다. 역서에서는 가능한 한 원서에 나온 글을 그대로 두었지만, 권위 있는 교주본(校注本)이나 대다수의 판본과 다른 글자는 바꾸어 쓰고 그것을 역주에 명기하였다. 또한 오자(誤字)로 판단되는 것은 글자를 바꾸어 수록하고 역주를 달아 텍스트에 수록된 원문을 밝혀 놓았다.
3. 역자는 독자들의 이해를 돕기 위해 이 책에 나오는 여러 가지 용어와 개념어에 역주를 달아 설명하였고, 상세한 설명이 필요한 곳에는 역자의 해설을 덧붙였으며, 저자의 주장이 일반적인 지지를 받지 못하는 곳에도 역주를 달아 그 이유 또는 이견을 밝혀놓았다.
4. 왕력의 원서에는 부주(附註)가 책의 맨 뒤에 부록으로 실려 있는데, 역자는 독자들의 편의를 위해 이를 각주로 처리하고 저자의 부주임을 밝혀놓았으며, 제5장에서 저자는 근현대 서양 작가들의 작품을 인용하면서 그들의 생졸연대를 밝혀놓았는데, 1958년의 초판본 이후 이 부분에 대한 보완이 없어서 1958년 이후에 죽은 작가들의 경우에는 역자가 이를 보충하였다.
5. 원서에서는 시가를 인용할 때 운각을 행(行) 나누기의 기준으로 삼았고, 60자 이상의 장편에서는 편폭을 줄이기 위해 대개 행을 나누지 않았지만, 번역서에서는 한글 번역문의 병기 문제 때문에 제1장과 제2장에서는 이를 반영하지 않았다. 또한 원서는 시의 작가와 제목을 시의 상단에 수록했는데, 이 또한 번역문의 병기 문제 때문에 역서에서는 번역문 뒤에 수록하였다.
6. 책 속의 약호는 다음과 같이 사용되었다. ( )는 음이 같은 한자를, [ ]는 음이 다르지만 뜻이 같은 한자를 표시한다. " "는 대화나 인용문을, ' '는 강조나 개념어 또는 인용문 속의 인용을 표시한다. 『 』는 책의 제목을, 「 」는 편명을 각각 표시한다.

역자 서문

역자가 왕력(王力)의 『한어시율학(漢語詩律學)』을 처음 접한 것은 대학원 석사과정에 다닐 때인 1975년이었다. 그때는 중국의 도서가 우리나라로 들어오는 것이 엄격하게 제한되어 있어서 역자가 본 것은 대만에서 『시사곡작법연구(詩詞曲作法研究)』라는 제목으로 서명(書名)을 바꾸어 복사 출판한 책이었다(당시는 대만에서도 중국 대륙의 책을 수입하거나 영인 출판할 수 없었다). 이 책에는 『한어시율학』 초판본에 들어있던 제5장 「백화시(白話詩)와 유럽화시」가 빠져 있긴 했지만 역자는 이 책을 통해 근체시(近體詩), 고체시(古體詩), 사(詞), 곡(曲) 등 중국 고전시가의 각종 체재에 대해 보다 깊이 있게 이해하고 그 작법을 파악하게 되었다.

대학에 들어와 중어중문학을 전공하면서부터 교수님들의 강의를 통해 조금씩 중국 고전시가의 형식을 알게 되기는 했지만 그 속에 그렇게 오묘한 규율이 내재해 있을 줄은 미처 몰랐는데, 이 책은 나에게 그 규율을 친절하고 명쾌하게 알려주었다. 그 당시의 나에게 이 책은 '중국 고전시가의 작법'이라는 비밀의 방에 들어가는 열쇠 같은 것이었다. 그러나 저자가 규율의 설명과 증명을 위해 동원한 예문이 워낙 방대하여 해독이 되지 않는 것이 많았을 뿐만 아니라 인내심이 없이는 책을 끝까지 읽어낼 수가 없었다. 당시의 나로서는 저자의 설명도 훌륭하지만 그것을 증명하기 위해 그렇게 많은 예문을 동원할 수 있었던 저자의 학문적 역량이 감탄스러울 뿐이었다.

그로부터 적지 않은 세월이 지난 뒤 역자는 운 좋게도 대학의 강단에서 학생들에게 중국 고전시가를 가르치게 되었다. 옛날과 달리 중국 책의 수입이 어렵지 않게 되어 『한어시율학』을 교재로 삼아 가르치긴 했지만 방대한 예문이 학생들을 괴롭히는 것은 마찬가지였다. 지난날 내 자신이 이 때문에 고충을 겪었는데 수십 년이 지난 지금에 와서도 후학들이 똑같이 불편과 고통을 호소하는 걸 보면서 나는 마음속으로 이 책의 번역이 쉽진 않겠지만 한 번 시도해보아야겠다고 다짐했다. 그게 약 10년 전의 일이다. 그러나 막상 번역에 착수해보니 뜻대로 진도가 나가지 않았다. 역자의 타고난 게으름이 가장 큰 원인이고 대학교수가 강의와 연구에만 전념할 수 없는 현실이 두 번째 원인이지만 『한어시율학』 자체의 원인도 있었다. 저자가 설명과 증명을 위해 예문을 인용한 것인 만큼 전문(全文)을 인용한 것보다는 부분을 인용한 것이 많아 번역이 쉽지 않으리라는 것은 예상을 했었는데, 막상 번역을 위해 부분 인용문의 전문(全文)을 찾아 대조해보니 판본상의 차이에 의해 글자가 다른 것이 적지 않았고, 오자(誤字)까지 간간이 섞여 있어서 원문(原文)의 확정에 시간과 노력이 엄청나게 소요되는 것이었다. 그런 연유로 본의 아니게 번역작업이 지지부진하고 있었는데, 2002년 한국학술진흥재단에서 이 책을 동서양 학술명저 번역 지원 대상도서로 선정하여 번역에 박차를 가할 수 있었다.

『한어시율학』은 중국 시가의 격률과 작법 방면에서 현재까지 세계에서 가장 큰 영향력을 끼치고 있는 연구 저작이다. 저자는 이 책에서 용운(用韻), 평측(平仄), 요구(拗救), 점대(黏對), 대장(對仗), 구식(句式), 어법(語法) 등의 각 방면으로부터 근체시(近體詩), 고체시(古體詩), 사(詞), 곡(曲), 백화시

(白話詩), 유럽화시의 체재상의 특징과 격률에 대해 체계적으로 분석하고 설명하였다. 특히 그는 이 책을 통해 중국인들이 오랫동안 모호하게 알고 있거나 소홀히 다루어오던 격률상의 많은 문제들을 제기하는 한편 이를 풍부한 예문을 통해 명쾌하고 상세하게 분석하고 귀납하여 학계와 일반 독자들의 호평을 받았다. 따라서 이 책은 언어의 각도에서 문체상의 특징을 연구한 중국 제일의 저서라고 말할 수 있다.

왕력은 이 책을 1945년 8월부터 약 2년 동안 집필하여 탈고하였지만 정작 출판은 1958년 1월 신지식출판사(新知識出版社)에 의해 이루어졌다. 그 후 1962년에 제5장을 제외한 나머지 부분이 상해교육출판사(上海教育出版社)에 의해 출판되었고, 1979년에는 제5장을 회복하고 부주(附註)를 대폭 증가시킨 증정본(增訂本)이 다시 상해교육출판사에서 나왔다. 역자가 번역에 사용한 텍스트는 2002년 9월 상해교육출판사에서 이 증정본에 약간의 교정을 보아 새로 펴낸 책이다.

이 책의 원명(原名)이 『한어시율학』인데 번역서의 제목을 『중국시율학』으로 바꾼 이유를 설명할 필요가 있을 것 같다. 우리가 보통 중국어라고 부르는 것을 중국인들은 한어(漢語)라고 한다. 중국은 한족(漢族)이 약 92%를 차지하지만 한족 외에도 몽고족(蒙古族), 회족(回族), 장족(藏族), 위그르족, 조선족 등의 55개 소수민족이 있어서 다민족국가라고 할 수 있다. 또한 그 많은 민족들은 대부분 자신의 고유한 언어가 있어서 중국인들이 사용하는 언어인 중국어는 그 수많은 언어를 포괄하는 개념이 된다. 이런 연유로 중국인들은 우리가 중국어라고 부르는 것을 한족이 사용하는 언어라는 뜻에서 한어(漢語)라고 한다. 따라서 『한어시율학』은 한족의 언어인 한자로 씌어진 시가의 법식에 관한 연구인 셈이다. 그러나 우리나라 독자들에게 한어라는 말이 일반화되지 않아 생소하므로 독자들이 책의 내용을 쉽게 알 수 있도록 번역본의 제목을 『중국시율학』으로 바꾸었다.

역자는 중국 시와 한국 한시에 관심이 있는 독자라면 누구나 이 책을 읽고 이해할 수 있도록 하기 위해 ① 원서에 인용된 시가의 출전을 확인하여 전후 맥락 속에서 번역함으로써 정확한 번역이 되도록 하고, ② 상세한 주석을 달아 친절한 번역이 되도록 하고, ③ 우리말 표현에 유의하여 독자들이 편안하고 분명하게 이해할 수 있도록 노력하였다. 그렇기는 하지만 역자의 역량이 부족하여 잘못되거나 미흡한 점 또한 적지 않을 것이다. 현명한 독자 여러분의 아낌없는 비판과 질정을 기대한다.

이 번역서가 나오기까지 여러 분의 도움이 있었다. 제1장 근체시와 제2장 고체시 부분은 서울대학교 대학원 박사과정에 재학 중인 강민호 동학(同學)과 양선혜 동학이 역자의 초고를 읽고 역자가 채택할 만한 좋은 의견을 많이 제시해주었고, 제4장 곡 부분은 서울대학교에서 강의하는 문성재 박사가 역자의 초고에 대해 교정을 보아주었고, 제5장 백화시와 유럽화시 부분에서 영시의 번역은 서울대학교 TEPS 사업본부장으로 있는 이종일 박사가 도와주었고, 불시의 번역은 한국교육과정평가원의 이근님 박사가 도와주었다. 또한 한국학술진흥재단은 이 책이 나올 수 있도록 연구비와 출판비를 지원해주었고, 소명출판 편집부에서는 역자의 볼품없는 원고를 깔끔한 모습으로 바꾸어주었다. 역자로서는 여간 고마운 일이 아니다. 이 자리를 빌려 깊은 감사의 뜻을 전한다.

2005년 7월 13일

송용준 삼가 씀

중국어판 서문

1944년에 나는 어법에 관한 3권의 책 —『중국현대어법(中國現代語法)』·『중국어법이론(中國語法理論)』·『중국어법강요(中國語法綱要)』— 을 완성한 후, '시법(詩法)'을 연구하려고 했다. 당시 나는 '시법'을 시의 운율을 포함한 '시의 어법'으로 이해했다. 나는 연구를 진행하는 한편 곤명(昆明)의 서남연합대학(西南聯合大學 : 이것은 중일전쟁 기간 중 北京大學·淸華大學·南開大學의 세 대학이 연합한 조직이다)에서 고학년 학생들을 위해 '시법' 강좌를 개설하였다. 이것은 한 학기 과정이었다. 한 학기의 강좌를 끝낸 후 1945년 8월 1일에 이르러서야 이 책의 집필에 착수했다. 따라서 이 책의 내용은 당시의 강의 내용과 크게 다르다. 다룬 범위가 크게 확대되었고, 부문에 따라 관찰의 깊이도 더해졌다.

본서의 서설과 제1장(근체시)·제2장(고체시)·제5장(백화시와 유럽화시)은 1945년 8월 1일부터 1946년 4월 28일까지 쓴 것이고, 제3장(사)과 제4장(곡)은 1946년 후반기부터 1947년 봄까지 쓴 것이다. 애초에는 사(詞)와 곡(曲)을 다룰 생각이 없었는데, 나중에 다시 생각해보니 사곡에 대한 언급 없이 근체시·고체시에서 바로 백화시로 건너뛰면 사람들이 그 갑작

스러움에 의아해할 것 같았다. 또 사와 곡도 사실상 시의 일종이므로 나는 결국 사와 곡에 관한 두 장을 보충해 썼다.

섭성도(葉聖陶) 선생께서 '시법'이라는 명칭이 적당하지 않다고 지적하여 나는 책의 제목을 '중국시율학(中國詩律學)'으로 바꾸었는데, 인쇄에 부치기 전에 다시 '한어시율학(漢語詩律學)'으로 개칭하였다. 여기서의 시율학은 대략 영어의 versification과 러시아어의 СТИХОСЛОЖеНИе에 해당된다. 『후한서(後漢書)』「종호전(鍾皓傳)」에 "종호가 밀산(密山)에 은신하여 문도 천여 인에게 시율을 가르쳤다"라고 하였고, 두보(杜甫) 시에 "詩律群公問(시율을 諸公이 물었다)"이라고 하였으니, 이것이 '시율학' 명명의 유래이다.

이 책은 십 년 전의 원고를 인쇄에 부치기 전에 약간 손질을 가한 것이다. 십 년 전에 나는 이것이 미정고(未定稿)인 만큼 좀더 깊이 있게 연구하고 여러 고명한 학자에게 두루 자문을 구한 다음에 수많은 독자들에게 선을 보일 생각이었다. 그러나 뜻밖에도 한 번 손을 놓으니 십 년이 훌쩍 지나가 시종 지난날의 작업을 다시 정리하지 못하였다. 공화국 수립(1949) 전에도 몇몇 친구에게 가르침을 청하긴 했지만 공화국 수립 이후에는 선배와 친구들이 모두 바빠져서 여러 고명한 학자에게 두루 자문을 구한다는 꿈은 물거품이 되고 말았다. 그래서 이 미정고를 출판하여 수많은 독자들의 비평을 받아보자고 생각을 바꾸었다. 그렇게 되면 고명한 학자가 내가 아는 선배와 친구에 국한되지 않아 가르침을 받는 범위가 더욱 넓어질 것이다.

이 책은 중국 시율의 일반상식과 저자 자신의 연구 성과를 한 데 뒤섞어놓은 것이어서 그것이 하나의 결점이라고 생각하는 친구들도 있었다. 그래서 나는 한때 다시 쓸 것을 고려해보기도 했지만 장고 끝에 다시 쓰는 것이 쉽지 않은 일임을 깨달았다. 내가 이 책을 쓰게 된 동기가 본래 가르치기 위한 것이었으므로 먼저 상식적인 것을 소개하였다. 대학의 고학년 학생들이 학년은 높지만 종전의 각종 수업에 시율 강의가 없었기 때문에 적지 않은 학생들이 아직도 '평평측측측평평'이 무엇인지 모를 것이었다. 사정이 이러므로 상식적인 것부터 이야기하는 것이 필요한 것 같았다.

이 책에는 상식적인 것 외에도 비교적 수준 높은 지식이 들어 있다. 그것은 전인(前人)의 연구 성과이지, 저자 자신의 연구 성과가 아니다. 그러나 일반인들은 중국어 시율에 그렇게 많은 내용이 담겨 있는 줄 모른다. 예를 들어 말하면 동문환(董文渙)의 『성조사보도설(聲調四譜圖說)』을 보기 전에는 나 자신도 시율 중에 '요구(拗救)'가 있다는 것을 몰랐고(좀 더 정확하게 말하면 나는 전에 '요(拗)'가 있는 줄은 알았지만 '구(救)'가 있는 줄은 몰랐다), '상미(上尾)'가 있다는 것을 몰랐다. 그런데 이 '요구' 등은 전인들이 연구해낸 믿을 만한 시율이다. 다시 말해서 상식과 비상식 사이에 명확한 경계를 설정하는 것도 쉬운 일이 아니다. 돌이켜보면 내가 어렸을 때 외삼촌께서 나에게 시를 지을 때 "고평(孤平)을 범하지 말라"고 가르치셨다. 그는 초시(初試) 합격생이었으므로 '고평'을 피하는 것이 과거시대(科擧時代)의 일반상식이었음을 알 수 있다. 그러나 지금은 어떤가? 구시(舊詩)를 즐겨 짓는 많은 사람들이 고평을 범하고 있다. 본서가 소개하는 그와 같은 '비상식'적인 것들이 상식적인 것보다 훨씬 많아서 이 책의 주된 부분이라고 말할 수 있다.

이 책 속에서 저자의 연구 성과로 칠 수 있는 것은 주로 구식(句式)과 어법이다. 그밖에 운율 방면에서도 저자 자신의 견해를 첨가했다. 예를 들면 '평평측평측'이 명목은 요(拗)이지만 실제로는 요가 아니라는 것(제9절), 율시의 수구(首句)에 인운(鄰韻)을 사용한 것은 송대(宋代) 시인들의 기풍이었다는 것(제5절), 곡(曲)의 성조(聲調)는 평성과 상성이 한 부류이고 거성이 따로 한 부류이며, 상성은 종종 평성을 대체할 수 있다는 것(제54절) 등등이다. 이것은 이 책의 또 다른 주요 부분이다.

책의 전체 내용을 개괄해보면 상식적인 것부터 비교적 수준 높은 지식까지 서술하였고, 전인의 연구 성과와 저자 자신이 심득한 것을 함께 수록하였다. 이와 같은 학습용 참고서는 대학 고학년의 (중국시율학에 관련된) 전공과정에 아마도 조금은 도움이 될 것이다.

나는 이 자리에서 풍지(馮至) 교수, 포강청(浦江淸) 교수, 변지림(卞之琳) 교수, 양종대(梁宗岱) 교수에게 감사드린다. 내가 이 책을 쓸 때 이 분들의 도움을 받았다.

왕력(王力)

1957년 설날 5일 후 북경대학에서

중판자서(重版自序)

이 책은 원래 신지식출판사(新知識出版社)에서 출판되었는데, 1962년 상해교육출판사(上海教育出版社)에서 개정판을 내면서 제5장을 빼어버렸다. 이제 제5장(백화시와 유럽화시)을 회복시켜 상해교육출판사에서 다시 출판한다. 이번의 개정판에는 크게 수정한 것이 없고, 다만 부주(附註)를 증가시켰다(원래 5개의 부주가 있었는데, 32개를 늘려 37개로 하였다). 새로 증가시킨 부주가 이 책에 대한 수정과 보충이다.

왕력

1978년 2월 21일 북경대학에서

중국시율학 4

차례

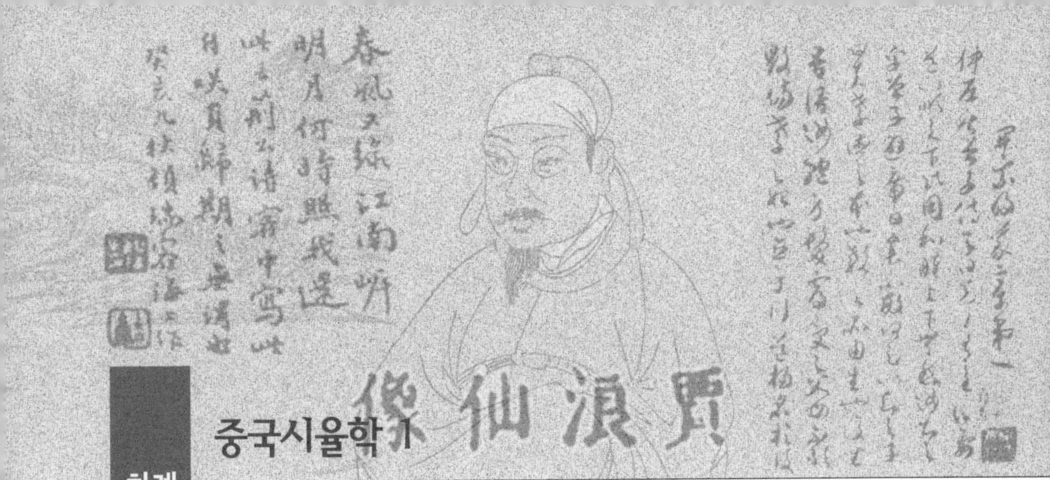

중국시율학 1

차례

서설 _ 17

1장 근체시 _ 47

劉禹錫

중국시율학 2

차례

2장

고체시 _ **17**

중국시율학 3

차례

3장

사(詞) _ 17

제 4 장
곡(曲)

제48절 곡 개설

48.1 사(詞)와 곡(曲)이라는 두 명칭은 그다지 잘 선택된 것이 아니다. 현재 보통 '사(詞)'라고 일컫는 것을 당대(唐代)에는 '곡(曲)'이라고 하였다. 따라서 당(唐) 최령흠(崔令欽)의 『교방기(教坊記)』에 수록된 「망강남(望江南)」·「낭도사(浪淘沙)」 같은 곡명(曲名)은 바로 사명(詞名)이다. 또한 몇몇 사패(詞牌)는 「금루곡(金縷曲)」처럼 명칭 자체가 '곡(曲)'으로 되어 있다. 현재 보통 '곡(曲)'이라고 일컫는 것을 원(元)·명(明) 양대에는 오히려 많은 사람들이 사(詞)라고 불렀다. 이를테면 주덕청(周德淸) 『중원음운(中原音韻)』 속의 이른바 '사(詞)'는 모두 곡(曲)을 가리켜 말한 것이다(주덕청에게 『作詞十法疏證』이 있다). 이현옥(李玄玉)의 『북사광정보(北詞廣正譜)』, 영헌왕(寧獻王)의 『함허자사품(涵虛子詞品)』, 서위(徐渭)의 『남사서록(南詞敍錄)』 등의 책

이 말한 '사(詞)'도 모두 곡(曲)이다. 녹비헌(菉斐軒)의 『사림운석(詞林韻釋)』과 과재(戈載)의 『사림정운(詞林正韻)』에서 언급한 운(韻)은 사실상 곡운(曲韻)이다.

48.2 그렇다고 해서 그 명칭이 혼란된 상황을 규명할 필요는 없다. 일반 사람들이 말하는 '사'와 '곡'을 가지고 그것들의 정의를 찾으면 될 것이다. 실제로 사와 곡은 차이가 있다. 제36절에서 이미 무엇을 사라고 하는지 설명하였으니, 이제 무엇이 곡인지를 설명하겠다.

48.3 일반 사람들이 보기에 사와 곡의 가장 큰 차이점은 전자는 일종의 변형된 시에 불과하지만(애초에는 음악에 배합되었지만 나중에는 음악조차 배합되지 않았다), 후자는 일종의 공연될 수 있는 연극이기 때문에 곡조 외에도 동작과 대사가 있다는 것이다. 그러나 우리는 이 방면으로부터 사와 곡의 차이를 설명하고자 하지 않는다. 왜냐하면 ① 동작과 대사는 시가 아닌데, 우리는 다만 시의 본질 면에서 사와 곡을 구분하려고 생각하고, ② 곡에는 일종의 산곡(散曲)이 있는데, 이것은 연극과 관계가 없으므로 곡이 바로 연극이라고는 말할 수 없기 때문이다.

48.4 시의 본질 면에서 보면 사와 곡의 차이는 다음과 같다.

1. 사의 자구(字句)는 정해져 있지만 곡의 자수(字數)는 정해져 있지 않아서 심지어 몇몇 곡조(曲調)에서는 증구(增句)도 가능하다(제49절을 참조할 것).
2. 사운(詞韻)은 대체로 시운(詩韻)에 따르지만 곡운(曲韻)은 운부(韻部)를 따로 세웠다(제50절을 참조할 것).
3. 사에는 평(平)·상(上)·거(去)·입(入)의 사성(四聲)이 있지만 북곡(北曲)에서는 입성이 없어져서 평·상·거 3성으로 귀속되었다(제52절을 참조할 것).

48.5 곡에는 북곡(北曲)과 남곡(南曲)의 구분이 있다. 왕이(王易)의 『사곡사(詞曲史)』에 의하면 이 둘의 주된 차이는 ① 판식(板式), ② 보식(譜式), ③ 투수(套數), ④ 궁조(宮調)에 있다. 그런데 이것들은 모두 시의 본질과는 관계가 없다. 실제로 상술한 네 가지 항목을 상관하지 않는다면 북곡과

사의 차이는 크고, 남곡과 사의 차이는 작다. 그러므로 편폭을 줄이기 위해 남곡은 제쳐두고 언급하지 않겠다. 현존하는 원곡(元曲) 중에서 「비파기(琵琶記)」를 제외하면 모두가 북곡이다. 본 장에서 논하는 것은 모두 원곡을 표준으로 하였다. 왜냐하면 어떤 시체(詩體)이건 간에 처음 생겨났을 때가 규율이 비교적 엄격하기 때문이다. 우리가 시를 논할 때 당(唐)을 받들고 사를 논할 때 송(宋)을 받드는 것과 마찬가지로 곡을 논할 때 원(元)을 받들지 않을 수 없다.

48.6 곡에는 잡극(雜劇)과 산곡(散曲)의 구분이 있다. 잡극은 동작과 대사를 지닌 일종의 가극(歌劇)으로(남곡에서는 傳奇라고 칭한다), 그 중의 곡조를 극 중의 인물이 노래한다(왕왕 주인공이 부르며 또한 全劇을 왕왕 한 사람만이 부른다). 산곡은 연극이 아니라 동작과 대사가 없는 일종의 음영(吟詠)으로 비교적 사에 가깝다. 그런데 잡극이 먼저 있었을까 아니면 산곡이 먼저 있었을까? 우리가 추측하기로는 잡극이 먼저 있었다. 왜냐하면 친자(襯字)[1]는 가곡으로부터 생겨난 것으로, 가곡이 없으면 친자랄 것도 없기 때문이다.

48.7 곡에는 또한 소령(小令)과 투수(套數)의 구분이 있다. 소령은 단조(單調)의 사와 같고, 투수는 몇 개 또는 십여 개 곡조의 조합이다. 잡극에는 투수만 있고 소령은 없다. 산곡에는 소령도 있고 투수도 있다. 이들의 관계는 다음 도표와 같다.

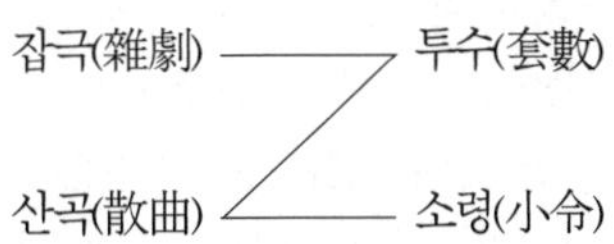

1) 曲詞에서 曲律이 규정한 字數 외에 집어넣은 글자. 語氣를 보충하고 聲情의 색채를 증가시키는 데 상용한다. 襯字는 가창 시에 중요한 박자를 차지하지 않아서 句末에 사용할 수 없으며, 韻脚이 될 수 없다. 일반적으로 小令에는 襯字가 적고, 套數에 많으며 雜劇에는 더욱 많다.

48.8 곡 한 투(套)를 1절(折)이라고 칭한다. 보통은 극 전체가 4절로 이루어지는데, 여기에 설자(楔子)[2)]가 덧붙기도 한다. 북곡은 모두 12개의 궁조(宮調 : 대략 말하면 12개의 音調)로 나누어진다. 원칙적으로 동일한 투(套) 안에서는 궁조가 같아야 한다. 12개 궁조의 명칭은 다음과 같다.

1. 황종(黃鐘)	2. 정궁(正宮)	3. 대석조(大石調)
4. 소석조(小石調)	5. 선려(仙呂)	6. 중려(中呂)
7. 남려(南呂)	8. 쌍조(雙調)	9. 월조(越調)
10. 상조(商調)	11. 상각조(商角調)	12. 반섭조(般涉調)

이 열두 궁조 중에서 가장 상용되는 것은 정궁(正宮)・선려(仙侶)・중려(中呂)・남려(南呂)와 쌍조(雙調)이고, 그 다음이 월조(越調)와 상조(商調)이고(제1절에는 왕왕 선려를 쓰고, 나머지 세 절은 임의이다), 그 다음다음은 대석(大石)과 황종(黃鐘)이고, 가장 드물게 보이는 것이 소석(小石)・상각(商角)과 반섭(盤涉)이다. 이제 『중원음운(中原音韻)』에 의거하여 7종의 상용되는 궁조에 속한 곡패(曲牌)를 적어보면 다음과 같다.

1. 정궁(正宮) : 단정호(端正好) 곤수구(滾繡毬) 당수재(倘秀才) 영수장(靈壽杖 : 呆骨朵) 도도령(叨叨令) 새홍추(塞鴻秋) 탈포삼(脫布衫) 소양주(小梁州) 취태평(醉太平) 반독서(伴讀書 : 村裏秀才) 소화상(笑和尙) 백학자(白鶴子) 쌍원앙(雙鴛鴦) 화랑아(貨郎兒) 만고아(蠻姑兒) 궁하서(窮河西) 부용화(芙蓉花) 보살만(菩薩蠻) 흑칠노(黑漆弩 : 學士吟, 鸚鵡曲) 월조정(月照庭) 육요편(六幺遍 : 柳梢青) 감초자(甘草子) 삼살(三煞) 탁목아살살미(啄木兒煞煞尾)
2. 선려(仙呂) : 단정호(端正好) 상화시(賞花時) 팔성감주(八聲甘州) 점강순(點絳脣) 혼강룡(混江龍) 유호로(油葫蘆) 천하락(天下樂) 나질령(那吒令) 작답지(鵲踏枝) 기생초(寄生草) 육요서(六幺序) 취중천(醉中天) 금잔아(金盞兒 : 醉金錢) 취부귀(醉扶歸) 억왕손(憶王孫) 일반아(一半兒) 서학선(瑞鶴仙) 억제경(憶

2) 戱曲과 小說의 도입부. 일반적으로 맨 앞에 두어 正文의 내용을 밝히거나 보충하는데 사용되는데, 雜劇에서는 本과 本 또는 折과 折 사이에 사용되기도 한다.

帝京) 촌리아고(村裏迓鼓) 원화령(元和令) 상마교(上馬嬌) 유사문(游四門) 승호로(勝葫蘆) 후정화(後庭花 : '煞'이라고도 함) 유엽아(柳葉兒) 청가아(青哥兒) 취군요(翠裙腰) 육요령(六幺令) 상경마(上京馬) 요신급(祆神急) 대안악(大安樂) 녹창원(綠窗怨) 천창월(穿窗月) 사계화(四季花) 안아(雁兒) 옥화추(玉花秋) 삼번옥루인(三番玉樓人) 금등매(錦橙梅) 쌍안자(雙雁子) 태상인(太常引) 유외루(柳外樓) 잠살미(賺煞尾)

3. 중려(中呂) : 분접아(粉蝶兒) 규성(叫聲) 취춘풍(醉春風) 영선객(迎仙客) 홍수혜(紅繡鞋 : 朱履曲) 보천악(普天樂) 취고가(醉高歌) 희춘래(喜春來 : 陽春曲) 석류화(石榴花) 투암순(鬪鵪鶉) 상소루(上小樓) 만정방(滿庭芳) 십이월(十二月) 요민가(堯民歌) 쾌활삼(快活三) 포노아(鮑老兒) 홍작약(紅芍藥) 척은등(剔銀燈) 만청채(蔓菁菜) 유청낭(柳青娘) 도화(道和) 조천자(朝天子 : 謁金門) 사변정(四邊靜) 제천락(齊天樂) 홍삼아(紅衫兒) 소무지절(蘇武持節 : 山坡羊) 매화성(賣花聲 : 昇平樂) 사환두(四換頭) 탄파희춘래(攤破喜春來) 교착사(喬捉蛇) 살미(煞尾)
4. 남려(南呂) : 일지화(一枝花) 양주제칠(梁州第七) 격미(隔尾) 목양관(牧羊關) 보살양주(菩薩梁州) 현학명(玄鶴鳴 : 哭皇天) 오야제(烏夜啼) 매옥랑(罵玉郎) 감황은(感皇恩) 채차가(採茶歌 : 楚江秋) 하신랑(賀新郎) 오동수(梧桐樹) 홍작약(紅芍藥) 사괴옥(四塊玉) 초지춘(草池春 : 鬪蝦蟆) 암순아(鵪鶉兒) 열금경(閱金經 : 金字經) 취반추(翠盤秋 : 乾荷葉) 옥교지(玉交枝) 살(煞) 황종미(黃鐘尾)
5. 쌍조(雙調) : 신수령(新水令) 주마청(駐馬聽) 교패아(喬牌兒) 침취동풍(沈醉東風) 보보교(步步嬌 : 潘妃曲) 야행선(夜行船) 은한부사(銀漢浮槎 : 喬木查) 경선화(慶宣和) 오공양(五供養) 월상해당(月上海棠) 경동원(慶東原) 발부단(撥不斷 : 續斷弦) 교쟁파(攪箏琶) 낙매풍(落梅風 : 壽陽曲) 풍입송(風入松) 만화방삼첩(萬花方三疊) 안아락(雁兒落 : 平沙落雁) 덕승령(德勝令 : 陣陣贏, 凱歌回) 수선자(水仙子 : 凌波仙, 湘妃怨, 馮夷曲) 대덕가(大德歌) 진강회(鎭江迴) 전전환(殿前歡 : 小婦孫兒, 鳳將雛) 적적금(滴滴金 : 甛水令) 절계령(折桂令 : 秋風第一枝, 天香引, 蟾宮曲, 步蟾宮) 청강인(清江引) 춘규원(春閨怨) 모란춘(牡丹春) 한강추(漢江秋 : 荊襄怨) 소장군(小將軍) 경풍년(慶豊年) 태청가(太清歌) 소양관(小陽關) 도련자(搗練子 : 胡搗練) 추련곡(秋蓮曲) 괘옥구서(掛玉鉤序) 형산옥(荊山玉 : 側磚兒) 죽지가(竹枝歌) 고미주(沽美酒 : 瓊林宴) 태평

령(太平令) 쾌활년(快活年) 난유엽(亂柳葉) 두엽황(豆葉黃) 천발도(川撥棹) 칠형제(七兄弟) 매화주(梅花酒) 수강남(收江南) 괘옥구(掛玉鉤 : 掛搭沽) 조향사(早鄕詞) 석죽자(石竹子) 산석류(山石榴) 취낭자(醉娘子 : 醉也摩挲) 부마환조(駙馬還朝 : 相公愛) 호십팔(胡十八) 일정은(一錠銀) 아납홀(阿納忽) 소배문(小拜門 : 不拜門) 만금잔(慢金盞 : 金盞兒) 대배문(大拜門) 야불라(也不羅 : 野落索) 소희인심(小喜人心) 풍류체(風流體) 고도백(古都白) 당원석(唐元夕) 하서수선자(河西水仙子) 화엄찬(華嚴讚) 행향자(行香子) 금상화(錦上花) 벽옥소(碧玉簫) 요신급(袄神急) 취우타신하(驟雨打新荷) 주마청근(駐馬聽近) 금아신곡(金娥神曲) 신곡전(神曲纏) 덕승악(德勝樂) 대덕악(大德樂) 초천요(楚天遙) 천선령(天仙令) 신시령(新時令) 아홀령(阿忽令) 산단화(山丹花) 십봉고(十棒鼓) 전전희(殿前喜) 파해령(播海令) 대희인심(大喜人心) 취동풍(醉東風) 간금사괴옥(間金四塊玉) 감자목란화(減字木蘭花) 고과금잔아(高過金盞兒) 대옥환(對玉環) 청옥안(青玉案) 어유춘수(魚游春水) 추강송(秋江送) 지랑아(枳郎兒) 하서육낭자(河西六娘子) 조기아(皂旗兒) 본조살(本調煞) 원앙살(鴛鴦煞) 이정연대헐(離亭燕帶歇) 지살(指煞) 수미(收尾) 이정연살(離亭燕煞)

6. 월조(越調) : 투암순(鬪鵪鶉) 자화아서(紫花兒序) 금초엽(金蕉葉) 소도홍(小桃紅) 답진마(踏陣馬) 천정사(天淨沙) 조소령(調笑令 : 含笑花) 독시아(禿厮兒[3] : 小沙門) 성약왕(聖藥王) 마랑아(麻郎兒) 동원악(東原樂) 낙사낭(絡絲娘) 송원행(送遠行) 면탑서(綿搭絮) 졸로숙(拙魯肅) 설리매(雪裏梅) 고죽마(古竹馬) 운주춘(鄆州春) 미아만(眉兒彎) 주기아(酒旗兒) 청산구(青山口) 채아령(寨兒令 : 柳營曲) 황장미(黃薔薇) 경원정(慶元貞) 삼대인(三臺印 : 鬼三台) 빙란인(憑闌人) 솨삼대(耍三台) 매화인(梅花引) 간화회(看花回) 남향자(南鄕子) 당다령(糖多令) 설중매(雪中梅) 소락사낭(小絡絲娘) 살(煞) 미성(尾聲)
7. 상조(商調) : 집현빈(集賢賓) 소요락(逍遙樂) 상경마(上京馬) 오엽아(梧葉兒 : 知秋令) 금국향(金菊香) 초호로(醋葫蘆) 괘금삭(掛金索) 낭래리(浪來裏 : '煞'이라고도 함) 쌍안아(雙雁兒) 망원행(望遠行) 봉난음(鳳鸞吟) 옥포두(玉抱肚) 진루월(秦樓月) 도화랑(桃花浪) 고평살(高平煞) 미성(尾聲)

48.9 동일한 곡인데 두 종 이상의 궁조에 들어간 것이 있다. 예를

3) 텍스트에는 '厮'가 '厠'으로 되어 있는데, 誤字이다.

들면 다음과 같다.

선려(仙呂) 쌍안자(雙雁子 : 雙燕子)는 바로 상조(商調) 쌍안아(雙雁兒)이다(『北詞廣正譜』에 의거하였음).

그러나 완전히 동명(同名)의 곡자(曲子)인데, 내용은 오히려 다른 것들도 있다.

단정호(端正好) : 정궁(正宮)과 선려(仙呂)가 다르다.
상경마(上京馬) : 선려와 상조(商調)가 다르다.
요신급(祆神急) : 선려와 쌍조(雙調)가 다르다.
투암순(鬪鵪鶉) : 중려(中呂)와 월조(越調)가 다르다.
홍작약(紅芍藥) : 중려와 남려(南呂)가 다르다.

기타 각 곡의 이동(異同)은 『북사광정보(北詞廣正譜)』 등의 책을 참고할 수 있을 것이다.

48.10 원칙적으로 동일한 투(套) 안의 곡은 반드시 동일한 궁조(宮調)여야 하지만 경우에 따라 '차궁(借宮)'할 수도 있다. 차궁은 상당히 제한되어 있다. 보통 차궁의 경우는 다음과 같다.

정궁(正宮) : 규성(叫聲 : 中呂에서 借宮) 포노아(鮑老兒 : 中呂에서 借宮) 십이월(十二月 : 中呂에서 借宮) 요민가(堯民歌 : 中呂에서 借宮) 쾌활삼(快活三 : 中呂에서 借宮) 조천자(朝天子 : 中呂에서 借宮) 촌리아고(村裏迓鼓 : 仙呂에서 借宮) 원화령(元和令 : 仙呂에서 借宮) 상마교(上馬嬌 : 仙呂에서 借宮) 승호로(勝葫蘆 : 仙呂에서 借宮)
선려(仙呂) : 득승악(得勝樂 : 雙調에서 借宮)
남려(南呂) : 수선자(水仙子 : 雙調에서 借宮) 형산옥(荊山玉 : 雙調에서 借宮) 죽지가(竹枝歌 : 雙調에서 借宮) 신장아(神仗兒 : 黃鐘에서 借宮)

중려(中呂): 탈포삼(脫布衫: 正宮에서 借宮) 소양주(小梁州: 正宮에서 借宮) 초편(哨遍: 般涉에서 借宮) 솨해아(耍孩兒: 般涉에서 借宮, 가장 흔히 보임) 육요편(六幺遍: 正宮에서 借宮) 육요서(六幺序: 仙呂에서 借宮) 백학자(白鶴子: 正宮에서 借宮) 곤수구(滾繡毬: 正宮에서 借宮) 당수재(倘秀才: 正宮에서 借宮) 만고아(蠻姑兒: 正宮에서 借宮) 궁하서(窮河西: 正宮에서 借宮) 매골타(呆骨朵: 正宮에서 借宮) 반독서(伴讀書: 正宮에서 借宮) 소화상(笑和尙: 正宮에서 借宮) 후정화(後庭花: 仙呂에서 借宮) 쌍원앙(雙鴛鴦: 正宮에서 借宮) 장두화(墻頭花: 般涉에서 借宮)

쌍조(雙調): 건하엽(乾荷葉: 南呂에서 借宮) 오동수(梧桐樹: 南呂에서 借宮) 금자경(金字經: 南呂에서 借宮) 금잔아(金盞兒: 仙呂에서 借宮) 매화성살(梅花聲煞: 中呂에서 借宮)

월조(越調): 취중천(醉中天: 仙呂에서 借宮) 취부귀(醉扶歸: 仙呂에서 借宮)

상조(商調): 후정화(後庭花: 仙呂에서 借宮) 청가아(靑哥兒: 仙呂에서 借宮) 춘규원(春閨怨: 雙調에서 借宮) 안아락(雁兒落: 雙調에서 借宮) 득승령(得勝令: 雙調에서 借宮) 소양주(小梁州: 正宮에서 借宮) 모란춘(牡丹春: 雙調에서 借宮) 추강송(秋江送: 雙調에서 借宮) 쌍안아(雙雁兒: 仙呂에서 借宮) 유엽아(柳葉兒: 仙呂에서 借宮) 상경마(上京馬: 仙呂에서 借宮) 산파양(山坡羊: 中呂에서 借宮) 사계화(四季花: 仙呂에서 借宮) 원화령(元和令: 仙呂에서 借宮) 상마교(上馬嬌: 仙呂에서 借宮) 유사문(遊四門: 仙呂에서 借宮) 승호로(勝葫蘆: 仙呂에서 借宮) 절절고(節節高: 黃鐘에서 借宮) 사문자(四門子: 黃鐘에서 借宮)

48.11 위에서 서술한 것으로부터 차궁(借宮)도 임의로 할 수 있는 것이 아니라 대략 궁조(宮調)가 서로 가까워야 차궁할 수 있음을 알 수 있다. 예를 들면 정궁은 중려·선려와 가깝고, 중려는 정궁·반섭(般涉)과 가깝고, 쌍조는 남려와 가깝고, 상조는 선려·쌍조와 가까운 등등이다. 산곡의 투수(套數)는 차궁하지 않는다.

48.12 몇몇 곡자(曲子)는 연대 관계가 있어서 왕왕 두세 곡자가 함

께 한 조를 이루어 분할할 수 없다. 매 투(套)의 처음 제1조는 대체로 다음과 같다.

정궁(正宮) : 단정호(端正好) 곤수구(滾繡毬) 당수재(倘秀才)
선려(仙呂) : 점강순(點絳脣) 혼강룡(混江龍) 유호로(油葫蘆)
천하락(天下樂 : 어쩌다 예외가 있음)
중려(中呂) : 분접아(粉蝶兒) 취춘풍(醉春風)
남려(南呂) : 일지화(一枝花) 양주제칠(梁州第七)
쌍조(雙調) : 신수령(新水令) 주마청(駐馬聽 : 또는 步步嬌)
월조(越調) : 투암순(鬪鵪鶉) 자화아서(紫花兒序)
상조(商調) : 집현빈(集賢賓) 소요락(逍遙樂)

기타 각 조(組)는 다음과 같다.

정궁(正宮) : 당수재(倘秀才)와 곤수구(滾繡毬) (이 두 곡자(曲子)는 자모조(子母調)라고 부르며, 돌아가며 수차에 걸쳐 이어 쓸 수 있다.) 탈포삼(脫布衫)과 소양주(小梁州)
선려(仙呂) : 나질령(那吒令)과 작답지(鵲踏枝) · 기생초(寄生草) (기생초는 비교적 독립성이 있다.)
중려(中呂) : 쾌활삼(快活三)과 조천자(朝天子 : 또는 鮑老兒) 척은등(剔銀燈)과 만청채(蔓菁菜) 석류화(石榴花)와 투암순(鬪鵪鶉) 십이월(十二月)과 요민가(堯民歌)
남려(南呂) : 격미((隔尾)와 목양관(牧羊關) 현학명(玄鶴鳴 : 哭皇天)과 오야제(烏夜啼) 홍작약(紅芍藥)과 보살양주(菩薩梁州) 매옥랑(罵玉郎)과 감황은(感皇恩) · 채차가(採茶歌)
쌍조(雙調) : 안아락(雁兒落)과 득승령(得勝令) 적적금(滴滴金 : 甛水令)과 절계령(折桂令) 천발도(川撥棹)와 칠형제(七兄弟) 매화주(梅花酒)와 수강남(收江南) (왕왕 앞의 조를 뒤따른다.) 고미주(沽美酒)와 태평령(太平令)
월조(越調) : 조소령(調笑令)과 소도홍(小桃紅) (多數) 독시아(禿厮兒)와 성약왕

(聖藥王) 동원악(東原樂)과 면탑서(綿搭絮) (多數) 황장미(黃薔薇)와 경원정(慶元貞)

상조(商調) : 금국향(金菊香)과 초호로(醋葫蘆 : 또는 鳳鸞吟)

이에 따라 소령(小令)에는 '대과(帶過)'의 방법이 있게 되었다(간략히 '帶' 또는 '兼'이라고도 칭한다). 예를 들어 매옥랑대과감황은・채차가(罵玉郎帶過感皇恩・採茶歌), 안아락대과득승령(雁兒落帶過得勝令), 황장미대경원정(黃薔薇帶慶元貞), 제천락대홍삼아(齊天樂帶紅衫兒) 등이 있다.

48.13 한 극본(劇本)이 시작할 때 먼저 설자(楔子)가 올 수 있고, 심지어는 1절(折)의 서두에도 설자(楔子)가 있을 수 있는데 다만 드물게 보일 뿐이다. 설자는 왕왕 선려(仙呂) 「상화시(賞花時)」이거나 선려(仙呂) 「단정호(端正好)」이다. 한 개의 곡자(曲子)가 끝났는데도 뜻이 미진하면 한 개의 요편(么篇)을 둘 수 있다. 요편은 대략 '전강(前腔)'의 뜻인데, 때때로 자구(字句)에 약간의 증감이 있다.

48.14 이제 소령(小令)에 대해 이야기해보자. 모든 곡패(曲牌)가 다 소령으로 쓰일 수 있는 것은 아니다. 곤수구(滾繡毬)・당수재(倘秀才) 등은 잡극(雜劇)과 투수(套數)에만 쓰는 것으로 제한되어 있다. 보통 흔히 볼 수 있는 원인(元人)의 소령은 다음에 열거하는 곡자(曲子)들 뿐이다(가장 많이 보이는 것은 고딕으로 강조하였다).

정궁(正宮) : 새홍추(塞鴻秋) **취태평(醉太平)** 소양주(小梁州) 육요편(六么遍) **도도령(叨叨令)** 앵무곡(鸚鵡曲)

선려(仙呂) : **기생초(寄生草)** **취중천(醉中天)** **일반아(一半兒)** 유사문(遊四門) 후정화(後庭花) 청가아(青哥兒) 사계화(四季花) 금등매(錦橙梅) 삼번옥루인(三番玉樓人) 태상인(太常引)

중려(中呂) : **조천자(朝天子 : 謁金門)** **홍수혜(紅繡鞋)** **산파양(山坡羊)** 영선객(迎仙客) **희춘래(喜春來 : 陽春曲)** 상소루(上小樓) 만정방(滿庭芳) 교착사(喬捉蛇) 골타토(鶻打兎) 취춘풍(醉春風) 쾌활삼(快活三) 요민가

(堯民歌) 탄파희춘래(攤破喜春來) 매화성(賣花聲 : 昇平樂) 제천락대과홍삼아(齊天樂帶過紅衫兒)

남려(南呂) : 사괴옥(四塊玉) 열금경(閱金經 : 金字經) 건하엽(乾荷葉) 옥교지(玉嬌枝) 매옥랑대과감황은 · 채차가(罵玉郎帶過感皇恩 · 採茶歌)

쌍조(雙調) : 대덕가(大德歌) 대덕악(大德樂) 침취동풍(沈醉東風) 벽옥소(碧玉簫) 경동원(慶東原) 주마청(駐馬聽) 발부단(撥不斷) 수양곡(壽陽曲 : 落梅風) 절계령(折桂令 : 蟾宮曲) 백자절계령(百字折桂令) 청강인(淸江引) 전전환(殿前歡) 수선자(水仙子) 안아락대득승령(雁兒落帶得勝令) 신시령(新時令) 추강송(秋江送) 십봉고(十棒鼓) 요신급(祅神急) 초천요(楚天遙) 파해령(播海令) 청옥안(靑玉案) 전전희(殿前喜) 화엄찬(華嚴讚) 산단화(山丹花) 어유춘수(魚遊春水) 취우타신하(驟雨打新荷) 보보교(步步嬌) 태평령(太平令) 매화주(梅花酒) 소장군(小將軍) 아납홀(阿納忽) 도련자(搗練子) 춘규원(春閨怨) 쾌활삼(快活年) 조기아(皂旗兒) 지랑아(枳郎兒) 경선화(慶宣和) 풍입송(風入松)

월조(越調) : 천정사(天淨沙) 소도홍(小桃紅) 빙란인(憑闌人) 채아령(寨兒令 : 柳營曲) 황장미대경원정(黃薔薇帶慶元貞) 당다령(糖多令) 소락사낭(小絡絲娘)

상조(商調) : 오엽아(梧葉兒 : 知秋令) 백자지추령(百字知秋令) 망원행(望遠行) 옥포두(玉抱肚) 진루월(秦樓月 : 憶秦娥) 만당홍(滿堂紅) 상조수선자(商調水仙子) 파초연수(芭蕉延壽) 접연화(蝶戀花)

황종(黃鐘) : 인월원(人月圓) 괄지풍(刮地風) 주야락(晝夜樂)

곡패(曲牌)와 사패(詞牌)가 같은 것은 제법 많은데, 아마도 당초에 한 근원에서 같이 나왔을 것이다(반드시 모두 그렇지는 않을 것이다). 그러나 자세히 들여다보면 비록 같은 것들도 있지만 크게 다른 것도 있다. 북곡(北曲)을 가지고 논하면 곡과 사가 명칭도 같고 내용도 같은 것은 다음에 열거한 곡들이다(곡은 모두 單調로서 사에 雙闋이 있는 것과 다르다).

점강순(點絳脣) 태상인(太常引) 억왕손(憶王孫) 풍입송(風入松 : 같은 사의 제1체) 당다령(糖多令) 진루월(秦樓月 : 前闋과 같아도 되고 後闋과 같아도 된다)

남향자(南鄕子) 염노교(念奴嬌) 작답지(鵲踏枝) (雙調) 청행아(青杏兒) 자고천(鷓鴣天)

대체로 같은 것은 다음에 열거한 곡들이다.

청옥안(青玉案) 억제경(憶帝京) 분접아(粉蝶兒) 주야락(晝夜樂) 희천앵(喜遷鶯) 여관자(女冠子) 귀새북(歸塞北 : 望江南) 취춘풍(醉春風) 야행선(夜行船) 매화인(梅花引) 집현빈(集賢賓) 서학선(瑞鶴仙)

명칭은 같지만 내용이 다른 것은 다음에 열거한 곡들이다.

도련자(搗練子) 조소령(調笑令) 취태평(醉太平) 하성조(賀聖朝) 작답지(鵲踏枝 : 仙呂) 감황은(感皇恩) 이정연(離亭宴)(燕) 육요령(六么令) 팔성감주(八聲甘州) 초편(哨遍) 답사행(踏莎行) 응천장(應天長) 후정화(後庭花) 망원행(望遠行) 오야제(烏夜啼) 하신랑(賀新郎) 만정방(滿庭芳) 척은등(剔銀燈) 최고루(最高樓 : 醉高歌) 여관자(女冠子) 곤수구(滾繡毬) 천하락(天下樂) 금잔아(金盞兒) 조천자(朝天子) 제천락(齊天樂) 매화성(賣花聲) 사환두(四換頭) 옥교지(玉交枝) 주마청(駐馬聽) 적적금(滴滴金) 두엽황(豆葉黃) 천발도(川撥棹 : 撥棹子) 감자목란화(減字木蘭花) 안과남루(雁過南樓) 금초엽(金蕉葉) 소요락(逍遙樂) 황앵아(黃鶯兒) 옥포두(玉抱肚) 수사조(垂絲釣)

48.15 몇몇 곡자(曲子)는 명칭은 비록 사와 같지 않지만 사실상 사의 변상(變相)이다. 가장 분명한 예는 「일반아(一半兒)」이다. 이것은 「억왕손(憶王孫)」의 변상이다. 다음의 두 예를 비교해보자

萋萋芳草憶王孫.
柳外樓高空斷魂.
杜宇聲聲不忍聞.
欲黃昏,
雨打梨花深閉門.

무성하게 자란 방초가 왕손을 생각나게 하고
버들 너머로 누각 높아 공연히 혼을 끊으니
두견새 울 때마다 차마 들을 수 없다.
날은 저물어 가는데
비가 배꽃을 때리고 깊숙이 문은 닫혀 있다.

— 진관(秦觀), 「憶王孫」(香閨)

海棠香雨汚吟袍;
薜荔空牆閑酒瓢;
楊柳曉風凉野橋.
放詩豪,
一半兒行書, 一半兒草.

해당의 향긋한 비가 시인의 도포에 떨어지고
벽려의 텅 빈 담 아래 술 바가지 한가롭다.
버들잎 하늘거리며 새벽바람 불어와 들판 다리 서늘한데
詩情을 풀어놓으니
반은 행서요, 반은 초서로다.

— 장가구(張可久), 「一半兒」(野橋)

'兒'는 친자(襯字)이므로 '兒'자를 계산에 넣지 않으면 자수(字數)와 격식이 모두 「억왕손(憶王孫)」과 같다. 「일반아(一半兒)」는 대개 마지막 구에서 측성으로 마무리하지만 「억왕손」은 평성으로 마무리한다. 이것은 양자 사이의 작은 차이이다. 그러나 「일반아」도 조선경(趙善慶)의 「심매(尋梅)」 "一半兒銜着一半兒開(반은 머금고 있고, 반은 벌리고 있다)"처럼 평성으로 마무리한 것이 있고, 「억왕손」도 곡(曲)으로 들어온 후 백박(白樸)의 「오동우(梧桐雨)」 "苔浸凌波羅襪冷(이끼가 사뿐한 비단 버선 차갑게 적신다)"처럼 측성으로 마무리한 것이 있다. 따라서 이 둘의 관계는 매우 분명하다.

48.16 시의 본질만을 가지고 말하면 곡은 사실상 사의 일종으로서, 잡극(雜劇)과 전기(傳奇) 속에서 그것은 연극 중의 사(詞)이다. 다시 좀더 멀리 소급해 올라가면 사 또한 시의 한 체이므로 잡극과 전기 또한 일종의 시극(詩劇)이다. 산곡을 가지고 말하면 곡과 사의 한계는 더욱 구분이 어렵다. 우리는 곡패(曲牌)와 사패(詞牌)의 명칭상의 상이로써 이들을 두 가지 시체(詩體)로 나눌 수 없다. 앞글에서 우리는 운부(韻部)와 성조(聲調)의 차이로써 곡과 사를 구별했지만 이것도 일종의 논법에 불과하다. 기실 원대(元代)에 이르러 실제의 구어가 당대(唐代)의 어음(語音)과 크게 차이가 벌어져 곡을 짓는 사람들은 자연의 추세에 따라서 곡의 운부(韻部)와 조류(調類)를 변경하지 않을 수 없었다. 엄격히 말해서 시의 본질상 이 성운(聲韻) 방면은 상관이 크다고 말할 수 없다. 그렇다면 곡과 사의 가장 큰 차이는 친자(襯字)의 유무에 있다. 다음 절에서는 바로 이 점을 토론해보고자 한다.

제49절 친자(襯字)와 자구(字句)의 증감

49.1 친자(襯字)는 곡률(曲律)이 규정한 필수의 글자 외에 첨가한 글자이다. 통상적으로 말하면 이러한 친자는 가창할 때에 가볍게 지나가야 해서 중요한 박자를 차지하지 않는데, 북곡(北曲)은 더욱 그렇다. 다음의 「염노교(念奴嬌)」 사와 「염노교」 곡을 비교해보자.

石頭城上,	석두성 위에서
望天低,	하늘 아래를 바라보니
吳楚眼空無物.	吳와 楚 땅에 아무 것도 보이지 않는다.

指點六朝形勝地,	육조의 지세가 빼어난 곳을 가리키니
惟有青山如壁.	오직 청산만이 벽처럼 둘러서 있다.
蔽日旌旗,	해를 가리고 솟아 있는 깃발과
連雲檣櫓,	구름에 이어진 돛과 노 사이로
白骨紛如雪.	백골이 눈처럼 흩날렸다.
大江南北,	거대한 강 남북으로
消磨多少豪傑!	얼마나 많은 호걸 사라졌던가!

— 살도랄(薩都剌), 「石頭城」

驚飛幽鳥,	숨은 새 놀라 날며
蕩殘紅,	시든 꽃을 흔드니
撲簌簌胭脂零落.	우수수 붉은 꽃잎이 떨어진다.[4]
門掩蒼苔書院悄,	문 닫힌 푸른 이끼 낀 서원은 고요하기만 한데
潤破窗紙偸瞧.	창호지를 뚫고 몰래 엿본다.
則爲一操瑤琴,	거문고 한번 타고
一番相見,	한번 만나 보자고
又不曾道閒期約.	한가한 기약을 한 것도 아니건만.
多情多緖,	다정하고 심사 많아
等閑肌骨如削!	공연히 살과 뼈가 에이는 듯하구나!

— 정덕휘(鄭德輝), 「㑳梅香」

곡 중의 '撲'·'則爲'·'又不'은 모두 친자이다. 의미상에서 말하면 친자는 왕왕 중요하지 않은 글자이다. 음운상에서 말하면 친자는 중음(重音)에 사용할 수 없으므로 구말(句末)에 쓸 수 없고(여기서의 구는 sentence를 가리킨다), 더욱이 운각(韻脚)으로 사용할 수 없다.

49.2 구말(句末)에 친자가 없다는 것을 알려면 먼저 곡자(曲子)의 구말에 경음(輕音)이 없다는 것을 알아야 한다. '着'·'了'·'啊(呵)' 등과 같은 정모사(情貌詞)[5]와 어기사(語氣詞) 및 사미(詞尾) '兒'자는 현대 보통화

4) 작은 글자는 襯字를 가리킨다. 이하 마찬가지이다.

(普通話)에서 경음(輕音)으로 읽지만 원곡(元曲)의 구말에서는 모두 중음(重音)으로 읽는다. 다음 예를 보자.

霍霍的揭動朱簾時你等着(韻), 剝剝的彈響窗櫺時, 痴痴的俺來了.

썩썩 붉은 주렴을 걷어 올릴 때 그대는 기다리고, 똑똑 격자창을 두드릴 때, 멍하니 내가 왔다.

— 정덕휘(鄭德輝), 「㑳梅香」

則這夜到明, 明到夜, 夜到曉(韻), 可早刮馬也似光陰過了.

이 밤이 지나 날이 밝고, 다시 밤이 오고, 다시 새벽이 되니, 날쌘 말처럼 세월이 지나간다.

— 왕중문(王仲文), 「張子房」

欲審舊題詩(韻), 支關上閣門兒.

옛날에 지은 시를 살펴보려고, 대문을 닫아걸었다.

— 무명씨(無名氏), 「遊四門小令」

待推來怎地推(韻)? 不招承等甚的?

얼버무리려 해도 어찌 얼버무릴 수 있겠나? 자백하지 않고 무엇을 기다리겠는가?

— 손중장(孫仲章), 「勘頭巾」

我則道拂花牋, 打稿兒(韻), 元來他染霜毫, 不勾思.

나는 꽃무늬 편지지 털어가며, 초안을 잡는가 했더니만, 알고 보니 그는 하얀 붓 적시더니, 구상도 하지 않고.

— 왕실보(王實甫), 「西廂記」

不是見喫閃着虧你勸不的(韻), 把俺死央及.

버려진 꼴을 보고 그대가 설득하지 못한 까닭에, 나까지 한사코 연루시킨 격

5) 時態助詞를 가리킨다.

아닌가.

— 왕백성(王伯成), 「天寶遺事」

勢到來如之奈何(韻)! 若是楚國天臣見了呵(韻), 其實難迴避, 怎收撮?

이 지경이 되었으니 이를 어찌하나! 만약 초나라의 천신이 보았다면, 사실상 회피하기 어려우니, 어떻게 수습하나?

— 무명씨, 「氣英布」

49.3 구말(句末)에 친자의 사용이 불가능할 뿐만 아니라 잠시 멈추는 곳(pause)에서도 보통 친자(襯字)를 사용하지 않는다. 앞에서 예로 든 정덕휘(鄭德輝)의 「추매향(㑳梅香)」 "彈響窗欞時"에서 '時'자가 친자로 사용된 것은 드물게 보이는 예외이다.

49.4 가장 흔히 보이는 친자는 당연히 구수(句首)에 사용되는 것이다(여기서의 구는 문장형식을 가리킨다). 이와 같은 친자에는 허자(虛字)도 있고 실자(實字)도 있어서 가장 구애받지 않는다. 예를 들면 다음과 같다.

大師一一問行藏,
小生仔細訴衷腸:
自來西洛是吾鄉;
宦游四方,
寄居咸陽.
先人拜禮部尙書多名望,
五旬上因病身亡,
平生正直無偏向,
止留下四海一空囊!

대사께서 일일이 내력을 물으시어
소생은 자세히 속마음을 말씀드렸다.
본래 西洛陽이 나의 고향으로
벼슬살이하며 사방을 떠돌다가

함양에 얹혀살게 되었습니다.
선친께서는 예부상서에 임명되시어 명망이 높았는데
오십의 나이에 병으로 돌아가셨습니다.
평생 정직하고 치우침이 없으셔서
남기신 것이라곤 세상 천지에 텅 빈 자루뿐입니다.

— 왕실보, 「西廂記」, 「石榴花」

小生特來見訪,
大師何須謙讓?
這錢也難買柴薪, 不勾齋糧,
且備茶湯.
你若有主張,
對艷粧,
將言詞說上,
我將你衆和尙死生難忘!

소생은 큰마음 먹고 찾아뵈었는데
대사께서는 어찌 겸양하시나요?
이 돈으로는 땔감도 사기 어렵고 절의 양식으로도 부족하니
차를 끓이는 데 쓰십시오.
귀하께서 말씀하실 게 있으면
아름다운 아가씨에게
대신 말씀해 주신다면
나는 여러 스님들을 죽어도 못 잊을 겁니다!

— 왕실보, 「西廂記」, 「上小樓」

구 중간의 친자는 원칙적으로 허자(虛字)만을 쓸 수 있다. 여기서 말하는 허자는 정모사(情貌詞) '了'와 '着', 조동사 '將'과 '把', 부사 '也'와 '又', 후부호(後附號) '的'과 '行' 및 '裏'·'般'·'來'·'這'·'那'·'他'·'我' 등의 글자이며, 또한 첩자(疊字)의 두 번째 글자도 이 부류에 속한

다. 이제 이 각각의 글자에 대해 예를 들어보면 다음과 같다.

①'了'자

遊了洞房, 登了寶塔.
도량을 거닐고, 불탑에 올랐다.

— 왕실보, 「西廂記」

且休泄漏了天機.
또한 천기를 누설하지 마시오.

— 증서경(曾瑞卿), 「留鞋記」

泄漏了春光.
봄빛이 새나왔다.

— 무명씨(無名氏), 「杜鵑啼」

②'着'자

腕鳴着金釧, 裙拖着素練.
팔은 금팔찌를 울리고 있고, 치마는 흰 비단을 끌고 있다.

— 관한경(關漢卿), 「玉驄絲控」

你則合小心兒鎭守着夾山寨.
당신이 조심해서 산을 낀 성채를 지켜야 합니다.

— 이직부(李直夫), 「虎頭牌」

我向竹籬茅舍枕着山腰.
나는 대 울타리의 초가를 마주보며 산허리를 베고 누워 있다오.

— 이수경(李壽卿), 「歎骷髏」

殿階前空立着正直碑.
전각 계단 앞에 덩그러니 정직비가 서 있다.

— 상중현(尙仲賢), 「王魁負桂英」

③ '將'자와 '把'자.

不向村務裏將琴劍留, 倉廒中把米麥收.

시골 주점에 거문고와 검을 놓아두지 마시고, 곳집에 쌀과 보리도 넣어두지 마소서.

— 무명씨, 「麗人天氣」

將耳朵兒撧了把金蓮足顚.

귀를 붙잡고 金蓮足을 동동 굴렀다.

— 무명씨, 「喬捉蛇」 小令

④ '也'자

便是鐵石人也意惹情牽.

철석같은 사람이라도 뜻과 마음이 이끌릴 것이다.

— 왕실보, 「西廂記」

壯志也消磨.

웅대한 포부도 사라졌다.

— 장운장(張雲莊), 「梅花酒」 小令

⑤ '又'자

行者又嚎, 沙彌又哨.

행자도 웅성대고, 사미승도 휘파람 불어댄다.

— 왕실보, 「西廂記」

更俄延又恐怕他左猜.

더 지체하다가는 아마 그가 이리저리 추측해 댈 테지.

— 마치원(馬致遠), 套數 「集賢賓」 么篇

⑥ '的'자

我是他親生的女.

나는 그의 친딸이다.

— 관한경, 「金線池」

送女的霜毫筆, 守親的石硯臺.

딸 출가시킨 새하얀 붓이요, 가족 지킨 돌벼루라네.

— 왕실보, 「芙蓉亭」

以此上不免的依隨.

이러한 까닭으로 어쩔 수 없이 따르는 것입니다.

— 왕백성(王伯成), 「天寶遺事」

眼腦裏嗤嗤的揉揪捽.

눈 속으로 척척 낚아챈다.

— 관한경, 「調風月」

⑦ '行'자

不是我兄弟行傒落,[6] 嬸子行熬煎, 向姪兒行埋怨.

내 형제가 냉대하거나, 숙모께서 애를 태우시거나, 조카에게 원망하는 것은 아니라네.

— 이직부(李直夫), 「虎頭牌」

⑧ '裏'자

每日向茶坊酒肆勾闌裏串.

매일같이 다방 술집 극장을 드나드는구나.

— 이직부, 「虎頭牌」

猛可裏見姨夫.

뜻밖에 이모부를 보았다.

— 무명씨, 「翠樓紅袖」

---

6) 中華書局版 『元曲選』에는 '不是我'가 '只落得'으로 되어 있다.

少不得北邙山下丘土裏埋.

북망산 밑의 무덤에 묻히는 것을 면할 수 없다.

— 무명씨, 「秋江送」 小令

⑨ '般'자

有韋娘般風度, 謝女般才能.

韋娘과 같은 풍도와 謝女와 같은 재능을 지니고 있다.

— 상정숙(商政叔), 「拈花惹草心」

蠹魚般不出費鑽研.

책벌레처럼 두문불출 탐구에 애쓰는구나.

— 왕실보, 「西廂記」

黑錠般髭鬚.

검은 덩어리 같은 수염.

— 명(明) 가중명(賈仲明), 「金童玉女」

有一千般歹鬪處.

수천 가지의 나쁜 시비거리가 있다.

— 왕백성, 「天寶遺事」

⑩ '來'자

向前來推那玉免鶻.

앞으로 나와서 그 옥 요대를 밀었다.

— 관한경, 「調風月」

若得他來雙雙配偶.

만약 그를 구하여 쌍쌍이 짝을 짓는다면.

— 백박(白樸), 「御水流紅葉」

度量來非爲人讒譖.

따져 보건대 남에게 모함 당한 것은 아니리라.

— 주정옥(朱庭玉), 「旣不知心」

氣昻昻九尺來彪軀.

의기양양한 구척의 우람한 몸집.

— 왕백성, 「天寶遺事」

⑪ '這'자

你看這迅指間鳥飛免走.

보아라 이 순식간에 새처럼 날고 토끼같이 달리는 것을.

— 불홀마(不忽麻), 「身臥糟丘」

曲賣了這莊田.

이 장원의 전답을 속여 팔았다.

— 장국빈(張國賓),[7] 「汗衫記」

⑫ '那'자

他越把那龐兒變.

그는 갈수록 안색을 바꾸었다.

— 관한경, 「玉驄絲控」

⑬ '他'자

料應他必定是箇中人.

추측컨대 그가 반드시 관계자일 것이다.

— 장소산(張小山), 「錦橙梅」小令

⑭ '我'자

閃的我孤單.

---

7) 텍스트에는 '張酷賓'으로 되어 있는데, 이것은 張國賓의 또 다른 이름이다. 여기서는 '張國賓'으로 통일한다.

나를 외롭게 버렸구나.

— 무명씨, 「魚遊春水」 小令

不着我題名兒罵.

날더러 명목을 대며 욕하게 하지 마소

— 무명씨, 「三番玉樓人」 小令

⑮ '俺'자

兀的不思量殺俺也麽天.

내 어찌 그리워죽겠지 않겠는가?

— 관한경, 「玉驄絲控」

大古是知重俺帝王家.

분명히 우리 제왕가를 존중할 줄 아는 게지.

— 백박, 「梧桐雨」

⑯ '個'자

誰是誰非辨個淸濁.

누가 옳고 누가 그른지 청탁을 가리자.

— 강진지(康進之),[8] 「黑旋風負荊」

但見個客人, 厭得倒褪.

그저 손님만 보았다 하면, 금새 뒷걸음질을 치누나.

— 왕실보, 「西廂記」

留下這買路錢, 別有個商議.

이 여비를 남기니, 따로 상의를 합시다.

— 백박, 「箭射雙鵰」

雖是個女流輩.

8) 텍스트에는 '進'이 '退'로 되어 있는데, 誤字이다.

비록 여인네라고는 하더라도

— 상정숙, 「拈花惹草心」

⑰ '些'자

玉容上帶着些寂寞色.

옥 같은 얼굴에 적막한 기색을 띠고 있다.

— 마치원(馬致遠), 套數「集賢賓」幺篇

無些兒效功.

이렇다 할 공적이 없다.

— 백박, 「東牆記」

⑱ '和'자

古和今都是一南柯.

옛날과 지금이 모두 남가일몽이다.

— 장운장(張雲莊), 「急流勇退」

⑲ '價'자

我每日價枕冷衾寒.

나는 매일같이 베갯머리 차갑고 이불가도 썰렁하다.

— 관한경, 「緋衣亭」

⑳ '廂'자

耳邊廂金鼓連天.

귓가에서는 쇠북 소리가 하늘까지 이어진다.

— 왕실보, 「西廂記」

㉑ 첩자(疊字)

相公又惡噷噷乖劣.

서방님이 또 발끈해서 대드는구나.

— 백박, 「牆頭馬上」

醉醺醺酒淹衫袖濕.

얼근하게 취하여 소매가 술에 젖었다.

—무명씨(無名氏),「四季花」小令

則見那瘦巖巖影兒可喜殺.

그 가냘픈 모습 보기만 해도 한없이 기쁘구나.

—마치원,「漢宮秋」

敗葉兒淅零零亂飄.

낙엽이 우수수 어지럽게 흩날린다.

—명(明) 양경언(楊景言) 套數「二郎神」

那綠依依翠柳.

저 파랗게 하늘거리는 버들가지.

—명(明) 양경언 套數「二郎神」

49.5 매 구에 친자(襯字)를 얼마나 붙일 수 있는가에 대해서는 정해진 규율이 없다. 대략 말하면 소령은 친자가 적고, 투수는 친자가 많으며, 잡극은 친자가 더욱 많다. 사와 명칭과 내용이 모두 같은 곡자는 친자가 비교적 적으며 심지어 친자를 붙이지 않기도 한다(이를테면「鷓鴣天」·「秦樓月」·「粉蝶兒」·「太常引」등).「건하엽(乾荷葉)」·「금자경(金字經)」등과 같이 몇몇 전적으로 소령인 곡자도 친자를 붙이지 않는다.

49.6 친자를 붙이는 데는 정해진 규율이 없으므로 한 글자에서부터 십여 글자에 이르기까지 모두 있다. 이제 그 각각에 대해 예를 들어보면 다음과 같다.

① 한 글자를 붙인 것

想鶯鶯意兒, 怎不教人夢想眠思?

앵앵의 마음을 생각해보면, 어찌 사람으로 하여금 꿈속에서 생각하고 자면서도 그리워하게 하지 않을 수 있겠는가?

— 왕실보, 「西廂記」, 「賀聖朝」

早是俺多病多愁.

진작부터 나는 병이 많고 슬픔이 많았소.

— 관한경, 套數 「鮑老三台滾」

又不疼不痛病縈縈.

아픈 것도 아니건만 내내 병에 시달린다.

— 증서경(曾瑞卿), 「悶登樓」, 套數 「醋葫蘆」

他一片胡言都是空.

그의 허튼 소리는 모두 엉터리이다.

— 백박, 「東牆記」, 「東原樂」

② 두 글자를 붙인 것

立呵丹青仕女圖, 坐呵觀世音自在居, 睡呵羊脂般臥着美玉, 吹呵韻輕清徹太虛, 彈呵撫冰弦斷復續, 歌呵白苧宛意有餘, 舞呵彩雲簇掌上珠.

일어서면 색깔 입힌 사녀도요, 앉으면 관세음보살이 편안히 자리잡은 모습이요, 잠들면 양기름 주머니처럼 누워 있는 아름다운 옥이요, 불면 가볍게 울리는 맑기 그지없는 태허경이요, 연주하면 끊어진 현 다시 이어 얼음 같은 현을 어루만지는 격이요, 노래하면 완곡한 뜻이 넘치는 백저가요, 춤추면 오색 구름이 응집된 손바닥 위의 구슬이로다.

— 명(明) 가중명(賈仲明), 「金童玉女」

正值暮春時節.

바야흐로 늦은 봄날에 즈음하여.

— 상정숙(商政叔),[9] 套數 「玉抱肚」

則被這一片野雲留住.

9) 텍스트에는 '商叔政'으로 되어 있는데, '商政叔'이 옳다.

이 한 조각 들판 구름에 의해 머물러 있다.

— 왕실보, 「麗春堂」, 「東原樂」

則今番不和你調喉舌.

이번에는 당신과 말씨름하지 않겠다.

— 화이랑(花李郎), 「勘吉平」, 「聖藥王」

③ **세 글자를 붙인 것**

我爲他使盡了心, 他爲我添消瘦.

나는 그를 위해 정성을 다하고, 그는 나 때문에 더욱 야위었다.

— 유길보(庾吉甫), 「迤逗秋來到」, 套數 「鳳鸞吟」

眼見的枕剩幃空, 怎教的更長漏永?

눈에 보이는 건 남아 있는 베개와 빈 휘장인데, 밤의 물시계 소리 끝없이 이어지니 어이할까?

— 백박, 「東牆記」, 「鬪鵪鶉」

瘦岩岩香消玉減, 冷清清夜永更長, 孤另另枕剩衾餘.

수척하여 향기 사라지고 옥빛 줄어들었는데, 싸늘하니 밤은 길기만 하고, 혼자 남아 베개는 남고 이불은 여유 있다.

— 송방호(宋方壺), 「落日遙岑」, 套數 「紫花兒序」

我着你但去處行監坐守, 誰着你迤逗的胡行亂走.

내가 너더러 그저 가서 잘 감시하라고 했지, 누가 너더러 멋대로 행동하도록 꼬드기라고 했느냐?

— 왕실보, 「西廂記」, 「金蕉葉」

只恐怕嫦娥心動, 因此上圍住廣寒宮.

다만 항아의 마음이 움직일까 두려워, 그 때문에 광한궁을 에워쌌소.

— 왕실보, 「西廂記」, 「小桃紅」

便似親引領着侵疆入界.

직접 거느리고 강역을 침입한 것 같다.

— 왕백성(王伯成), 「天寶遺事」, 「耍三台」 么篇

④ **네 글자를 붙인 것**

自從在我山林住, 慣縱的我禮數無.

내가 산림에 거주하고부터는, 내키는 대로 예의에 구속받지 않았소.

— 왕실보, 「麗春堂」, 「東原樂」

伴着的是茶藥琴棋筆硯書.

함께 하는 것은 차, 약, 거문고, 바둑, 붓, 벼루와 책이라오.

— 백박, 「東牆記」, 「綿搭絮」

論文呵有周公禮法, 論武呵代天子征伐.

인문을 논하면 주공의 예법이 있고, 무공을 논하면 천자를 대신하여 정벌하는 것이다.

— 교몽부(喬夢符), 「兩世姻緣」, 「綿搭絮」

到閃得我三梢末尾.

결국 나를 그런 결과에 처하도록 팽개치고 마는구나.

— 정덕휘(鄭德輝), 「月夜聞笛」

共娘娘做取個九月九.

어머니와 함께 重陽節을 보냈다.

— 관한경(關漢卿), 「哭香囊」, 「綿搭絮」

⑤ **다섯 글자를 붙인 것**

遮莫拷的我皮肉爛.

설사 고문을 하여 내 살이 문드러지게 만들어도

— 관한경, 「金線池」, 仙呂 「端正好」 么篇

不想驢背上吃了一交.

뜻밖에도 나귀 등에서 곤두박질 쳐버렸구나.

— 무명씨(無名氏), 「紙扇記」, 「鵪鶉兒」

則這的便是玄關一竅.

이곳이 바로 禪學으로 들어가는 관문이다.

— 등옥빈(鄧玉賓), 「丫髻環條」, 「後庭花」

大剛來則是夫妻福齊.

어쨌든 바로 부부 두 사람의 복이다.

— 정덕휘, 「月夜聞笛」

那厮分不的兩部鳴蛙.

그 녀석은 두 마리의 개구리조차 분간하지 못한다.

— 마치원(馬致遠), 「青衫淚」, 「紅芍藥」

直睡到紅日三竿未起.

붉은 해가 중천에 뜨도록 자고도 일어나지 않는다.

— 오지암(吳止庵), 套數 「逍遙樂」

俺這一對兒美愛夫妻宿緣招.

우리 이 한 쌍의 예쁘고 사랑스러운 부부는 전생의 인연으로 만났다.

— 명(明) 가중명(賈仲明), 「金童玉女」, 「四塊玉」

又被這半凋謝的垂楊樹間隔.

다시 저 반쯤 시든 수양버들에 가로막혔다.

— 마치원, 「黃粱夢」,[10] 「高過浪來裏」

怕的是燈兒昏月兒暗雨兒斜.

10) 텍스트에는 '粱'이 '梁'으로 되어 있는데, 誤字이다.

두려운 것은 등불이 가물가물하고 달이 어둡고 비가 들이치는 것이다.

—무명씨, 「望遠行」 小令

聽不得鳳嘴聲殘冷落了玉笙.

봉황 소리 잦아들고 옥 생황 고요해졌다.

—교몽부, 「兩世姻緣」, 商調 「上京馬」

⑥ 여섯 글자를 붙인 것

俺先人甚的是渾俗和光.

저의 선친은 참으로 세속에 따르며 자신을 드러내지 않은 분입니다.

—왕실보, 「西廂記」, 越調 「鬪鵪鶉」

兀的不送了他三百僧人.

이 어찌 그들 삼백명의 스님들을 해치는 격이 아니겠는가?

—위와 같음, 「六么序」 么篇

那厮每販的是紫草紅花.

그 놈들이 파는 것은 울긋불긋한 화초입니다.

—마치원, 「青衫淚」, 「紅芍藥」

子母每輪替換當朝貴.

모자가 번갈아서 조정의 권신이 되었다.

—궁대용(宮大用), 「范張鷄黍」, 「六么序」

他每一做一個水上浮漚.[11]

그들은 모두 하나하나 물거품이 되고 말았다.

—관한경, 「救風塵」, 「逍遙樂」

甚幾曾素閑了半日.

11) 텍스트에는 '上'이 '山'으로 되어 있는데, 誤字이다.

언제 반나절인들 빈둥거린 적이 있었던가?

—주정옥(朱庭玉),[12] 套數「梁州第七」

喫酒的問甚麽九擔十瓶.

술 마시는 놈이 무슨 술병 개수를 따진답디까?

—무명씨, 「您爲衣食」套數, 越調「鬪鵪鶉」

自從那盤古時分天地, 便有那漢李廣養由基.

반고의 시절 천지가 분리되고부터, 漢의 이광과 양유기가 있었다.

—백박, 「李克用」, 「蔓菁菜」

好把他那聽是非的耳朵兒揪着.

시비를 듣는 그의 귀를 꽉 잡아당겼다.

—명(明) 양경언(楊景言), 「景瀟索」套數, 商調「尾聲」

忽驚起瀟湘外塞鴈兒叫破汀沙.

문득 놀라 깬 소상강 밖 변방의 기러기가 물가 모래밭이 떠나가도록 울어 제치네.

—명(明) 이당빈(李唐賓), 「望遠行」小令

⑦ 일곱 글자를 붙인 것

寫不就碧雲牋上錦字書緘.

벽운 편지지에 비단 글자의 편지조차 쓰지 못하는구나.

—무명씨, 「鴛鴦塚」, 「哭皇天」

不索問轉輪王把恩仇論.

전륜왕에게 은혜와 원수를 묻고 따질 필요도 없다.

—이취진(李取進),[13]「欒巴噀酒」, 「草池春」

---

12) 텍스트에는 '庭'이 '廷'으로 되어 있는데, 誤字이다.

13) 텍스트에는 '進'이 '遠'으로 되어 있는데, 誤字이다.

寡人親捧一盞兒玉露春寒.

과인이 직접 봄추위의 옥 이슬 한 잔을 받들어 올리리다.

— 백박, 「梧桐雨」

老則老老不了我一片忠心貫白日.

늙기는 늙더라도 태양을 꿰뚫을 것 같은 내 이 (한 조각) 충성심까지 늙게 만들지는 못하리.

— 무명씨, 「不伏老」, 「耍三台」

動羈懷西風禾黍秋水蒹葭.

타향에 얽매여서 가을바람의 벼 기장과 가을 물가의 갈대조차 그립다.

— 백무구(白无咎), 「百字折桂令」

我怎肯跟將那販茶的馮魁去?

내가 어찌 차를 파는 풍괴를 따라가려고 하겠는가?

— 관한경, 「金線池」, 仙呂 「端正好」 么篇

我也曾拳到處[14]倒了碑亭.

나도 일찍이 주먹으로 비석 정자를 쓰러트렸다.

— 무명씨, 「浮漚記」, 「四季花」

⑧ 여덟 글자를 붙인 것

他醉呵晚風前垂柳翠扶疎.

그가 취하면 저녁바람 앞에 늘어진 푸른 버들 무성한 모습 같다.

— 명(明) 가중명(賈仲明), 「金童玉女」, 「河西後庭花」

可則又凍的我這脚尖兒痲.

다시 얼어서 나의 이 다리 끝이 마비되었다.

— 이문위(李文蔚),[15] 「燕青博魚」, 「喜秋風」

14) 텍스트에는 '處'가 '了'로 되어 있는데, 誤字이다.
15) 텍스트에는 '蔚'가 '慰'로 되어 있는데, 誤字이다.

你看我再施呈生擒王世充當日威風, 你看我重施展活挾雷世猛當時氣力.

내가 왕세충을 사로잡았던 왕년의 위풍을 다시 떨치는 모습을 보시게. 내가 뇌세맹을 산채로 붙잡았던 당시의 기력을 다시 펼치는 모습을 보시게.

— 무명씨, 「不伏老」, 「耍三台」

我道來勝似你心腸兒的敢到處裏有.

나는 당신의 마음과 같은 사람이 도처에 있음을 안다.

— 유길보(庾吉甫), 「逅遲 秋來到」 套數, 商調 「尾聲」

⑨ 아홉 글자를 붙인 것

這的是愛小婦休前妻到頭下梢.

이것이 첩을 사랑하고 전처를 내쫓은 최후의 댓가로다.

— 무명씨, 「紙扇記」, 「鵪鶉兒」

三行兩行寫長空嚦嚦雁落平沙.

드넓은 하늘에 두줄 세줄 글처럼 늘어 서서 끼룩거리던 기러기들이 모래밭에 내려앉는다.

— 백무구, 「百字折桂令」 小令

⑩ 열 글자를 붙인 것

有幾多說不盡人不會的偏僻, 風流, 是非.

다른 사람은 하지 못할 편벽과 풍류와 시비를 이루 다 말할 수 없이 많이 가지고 있소.

— 주정옥(朱庭玉), 套數 「梁州第七」

險些兒不憂的咱憂的咱意攘心顚.16)

걱정스러워, 걱정스러워 내 마음까지 뒤숭숭하네.

— 무명씨, 「連環記」, 「草池春」

16) 텍스트에는 '顚'이 '閑'으로 되어 있는데, 誤字이다.

哎那顏咬兒只不毛幾賴你與我請過來.

아아, 저 얼굴을 물어서 털이 얼마 남지 않은 그 자를 당신이 내게 모셔 오시오

―무명씨, 「罟罟旦」, 「古竹馬」

⑪ 열아홉 글자를 붙인 것

你是個揪不折拽不斷推不轉揉不碎扯不開慢騰騰千層錦套頭.

당신은 잡아당겨도 꺾어지지 않고 끌어도 끊어지지 않고 밀어도 구르지 않고 주물러도 깨지지 않고 당겨도 벌려지지 않는 느긋한 천 겹의 비단 그물망이라네.

―관한경, 「出牆花朵朵」, 南呂 「收尾」

⑫ 스무 글자를 붙인 것

我正是個蒸不熟煮不爛炒不爆搥不碎打不破響噹噹一粒銅荛豆.

나는 바로 쪄도 익지 않고 삶아도 물러지지 않고 볶아도 데쳐지지 않고 던져도 부서지지 않고 쳐도 깨지지 않는 소리도 쩌렁쩌렁한 한 알의 구리 완두라네.

―관한경, 「出牆花朵朵」, 南呂 「收尾」

49.7 위에서 든 예로부터 볼 때 여섯 자나 일곱 자를 붙인 것이 제법 흔히 보이고, 심지어는 스무 자를 붙인 것도 있다. 대체로 친자가 많을수록 음절은 촉급해진다. 이를테면 앞에서 든 열아홉 자를 붙인 것과 스무 자를 붙인 것의 두 가지 예를 보면 그것들을 지극히 신속하게 잇달아 읽어 내려가는 것을 상상할 수 있다. 따라서 곡자(曲子)의 단구(斷句)는 때때로 산문과 다르다. 이를테면 앞에서 든 무명씨(無名氏)의 「망원행(望遠行)」 소령(小令) "怕的是燈兒昏, 月兒暗, 雨兒斜"에 대해 『북사광정보(北詞廣正譜)』는 주를 달아 "등아(燈兒) 삼첩(三疊)은 다만 7자구(字句)로 간주한다"라고 하였다. 그 의미는 친자를 제외하면 한 개의 7자구 "燈昏月暗雨兒斜"만이 남는다는 뜻이다.

49.8 전수(全首)를 가지고 논하면 몇몇 곡자는 친자가 곡자보다 더 많다. 이제 두 개의 가장 분명한 예를 들어 보겠다.

絳蠟殘半明不滅寒灰看時看節落,
沈烟燼細裏末裏微分明日裏漸裏消.
碧紗窗外風弄雨昔留昔零打芭蕉;
惱碎芳心近砌下啾啾唧唧寒蛩鬧,
驚回幽夢丁丁當當簷間鐵馬敲.
半欹單枕乞留乞良捱徹今宵,[17]
只被這一弄兒凄凉斷送的愁人登時間病了.
(曲字 39, 襯字 61)

붉은 초 다 타서 가물가물해진 차가운 재는 볼 때마다 떨어져 내리고
침향 연기 다하니 저도 모르게 고운 가루가 밝은 해 속에서 점점 사라져 간다.
푸른 깁 창 밖에서는 바람이 비를 희롱하며 후두둑 파초를 두드리고
가까운 섬돌 아래에서는 여인의 마음 무너뜨리는 찌르륵 찌르륵 귀뚜라미 소리 요란하고
그윽한 꿈 깨우는 쨍그렁 쨍그렁 처마 사이 풍경 울리네.
외로운 베갯가에 반쯤 기대어 우울하게 이 밤을 지새우니
겨우 이 만큼의 처량함이 우수에 젖은 사람을 금새 병들게 만들었구나.
— 왕화경(王和卿), 「百字知秋令」 小令

哎你個淹答的官人你便休怪:
若有俺那千戶見了你個官人這其間, 殺羊也那造酒宰馬敲牛爲男兒不在.
帳房裏沒甚麼甚麼東西東西這的五隔.
一來是爲人作客,
二來甫問年高三來是看上敬下敢道小覷俺這腰間明滴溜的虎頭牌.
(曲字 28, 襯字 66)

악랄한 관리인 당신은 나무라지 마시오
만약 우리 千戶님이 관리인 그대를 보았더라면,
지금쯤 양 잡고 술 빚고 소 말 잡는 남편은 없었을 테지.
곳간에는 내놓지 못할 물건이라고는 없어요.

17) 텍스트에는 '今'이 '令'으로 되어 있는데, 誤字이다.

첫째는 손님을 위해서이고
둘째는 연세 높으신 어른에게 문안 여쭙는 것이고
셋째는 허리에 찬 무관의 빛나는 金牌가 마음에 들어서지요
—무명씨, 「罟罟旦」, 「播海令」

다시 『북사광정보(北詞廣正譜)』가 서술한 공문경(孔文卿)의 「동창사범(東窗事犯)」 「취춘풍(醉春風)」 안의 일단을 보자.

我單道着你,
你休笑我穢,
我這裏面倒乾淨似你!
(曲字 3, 襯字 16)

나는 다만 당신에게 말하는 것인데
내가 더럽다고 비웃지 마시오
나의 이 속은 오히려 당신보다 깨끗하다오

원주(原註)에 "세 글자에 친자를 붙여서 세 구가 되었지만, 다만 세 글자로 보아야 한다"라고 하였다. 이로부터 친자가 곡자보다 다섯 배 이상 많음을 알 수 있다.

49.9 주덕청(周德淸)의 『중원음운(中原音韻)』에 실린 곡조(曲調) 315장 중에서 14장에 "구자(句字) 수에 구애받지 않고 증감할 수 있다"라고 주를 달아 밝혔는데, 그것을 적어보면 다음과 같다.

정궁(正宮) : 단정호(端正好) 화랑아(貨郎兒) 살미(煞尾)
선려(仙呂) : 혼강룡(混江龍) 후정화(後庭花) 청가아(青哥兒)
남려(南呂) : 초지춘(草池春) 암순아(鵪鶉兒) 황종미(黃鐘尾)
중려(中呂) : 도화(道和)
쌍조(雙調) : 신수령(新水令) 절계령(折桂令) 매화주(梅花酒) 미성(尾聲)

(『北詞廣正譜』에 실린 것에 의하면 正宮 「端正好」는 句字를 증감할 수 없지만 仙呂 「단정호」는 구자를 증감할 수 있다. 또한 『북사광정보』는 이 14장 외에 선려 「六么序」, 南呂 「玄鶴鳴」·「收尾」, 雙調 「攪箏琶」를 첨가하여 모두 18장을 열거하였다.)

49.10 여기서 구자(句字)를 증감할 수 있다는 것은 친자를 붙이는 것과 다르다. 친자는 곡자(曲字) 이외의 글자이지만 주덕청이 구자(句字)를 증감할 수 있다고 말한 것은 곡자(曲字) 자체를 증감할 수 있다는 말이다. 다음에 제시한 두 수의 「후정화(後庭花)」를 보자(증가한 句字는 굵게 표시하였다).

湖山曲水重,
樓臺烟樹中.
人醉蘇堤月, 風傳賈寺鐘.
冷泉東,
行人頻問, 飛來何處峯?

호수와 산 굽이굽이 흐르는 물 겹쳐 있고
누대는 안개 낀 나무들 속에 있다.
사람은 蘇堤 위에 뜬 달에 취하고, 바람은 賈寺의 종소리를 전한다.
차가운 샘 동쪽에서
행인이 거듭 묻는다, 어디에 있던 봉우리가 날아왔느냐고.

—여지암(呂止庵), 「後庭花」 小令

我則道**拂**花牋打稿兒,
元來他**染**霜毫不勾思.
先寫下**幾**句寒溫序, 後題着五言八句詩.
不移時,
把花牋錦字, 疊做個同心方勝兒.
忒風流忒煞思;

忒聰明忒浪子.
雖然是假意兒,
小可的難到此.

저는 꽃무늬 편지지 털어가며 초안을 잡는가 했더니만,
알고 보니 그는 하얀 붓 적시더니 구상도 하지 않고
먼저 몇 마디 인사말 적고, 다음에는 오언 팔구시를 쓰더니만,
잠깐 사이에
꽃무늬 비단 같은 글월을 동심의 마름모 모양으로 접는구려.
너무나 풍류스럽고 산뜻하며
너무나 총명하고 호방하시지요.
설사 흉내를 낸다 한들
보통사람은 해내기 어려울 테지요.

— 왕실보(王實甫), 「西廂記」, 「後庭花」

"我則道"와 "元來他" 류는 친자이고, '拂'과 '染'만이 증가된 글자인데, 증자(增字)와 친자(襯字)의 구별은 매우 분명하다. "忒風流" 이하는 증구(增句)이다. 다시 다음 예를 보자(증가한 곳은 굵게 표시하고, 감소한 곳은 ○로 표시하였다).

晩風寒峭透窗紗,
控金鉤繡簾不掛.
門闌凝暮靄, 樓閣斂殘霞.
恰對菱花,
樓上晩粧罷.

저녁 바람이 차고 세차게 창틈으로 들이치지만
금 갈고리를 당겨서 주렴을 걸지 않는다.
문틀에 저녁 안개 맺히고, 누각에 사라져 가는 노을 모여 있다.
때마침 능화경 마주하고

누각 위에서 저녁 단장 마쳤다.
(이 작품을 正則의 「新水令」으로 삼아 이것을 기준으로 증감을 표시한다.)

— 백박(白樸), 「箭射雙鵰」, 「新水令」 第1式

一聲啼鳥落花中,
惜花心又還無用.
○○深院宇, ○○小簾櫳.
點檢春工,
夕陽外綠陰重.

낙화 속에서 한 마디 새 울음소리
꽃을 아끼는 마음이 다시 소용없게 되었다.
깊숙한 뜰, 주렴 드리운 작은 창
봄의 솜씨를 살펴보니
석양 밖으로 녹음이 짙다.

— 원호문(元好問), 套數 「新水令」 第2式

正黃昏庭院景凄凄,
哭啼啼,
淚雙垂.
走的軟兀剌一絲無兩氣.
淅零零的小路險, 昏剌剌的晚風吹.
脚步兒剛移,
一步步行來到枉死地.

황혼의 정원 경치 쓸쓸한데
흑흑 흐느껴 우니
두 줄기 눈물이 흘러내리고
축 늘어져 힘없이 걸으니 숨이 가물가물하다.
눈보라 몰아쳐 작은 길 험하고, 어둑어둑 저녁 바람 분다.
발걸음 억지로 옮겨 놓는데

한 걸음마다 억울하게 死地로 가는구나.

—무명씨, 雜劇「浮漚記」,「新水令」第3式

閑爭奪鼎沸了麗春園,
久排場不堪久戀.
時間相敬愛, 端的怎團圓?
○○○○
白沒事教人笑惹人怨.

한가로이 다투니 여춘원이 떠들썩하고
오랫동안 겉치레하면 내내 사모할 수가 없다.
지금 서로 경애하는데, 참으로 어찌하면 다시 만날 수 있을까?
○○○○
별 볼일 없이 웃음거리가 되고 원망케 한다.

—무명씨, 套數「新水令」第4式

大明開放九重天,
拜紫宸玉樓金殿.
紅搖銀燭影, 香裊玉爐烟.
奏鳳管冰絃,
唱**大曲梨園**,
列**文武官員**,
降**玉府神仙**,
齊賀太平年.

구중궁궐을 활짝 개방하여
자신궁과 옥루와 황금빛 궁전을 향해 절했다.
은촉의 홍염에 그림자 흔들리고, 옥로의 향에 연기 하늘거린다.
생황과 거문고 연주하며
梨園의 大曲을 노래 부르니
문무 관원들이 늘어서고

玉府의 신선들이 내려와
일제히 태평성대를 경하한다.

—무명씨, 套數「新水令」第5式

49.11 구자(句字)를 증감할 수 있는 곡조(曲調)는 주덕청(周德淸)이 제시한 14장에 그치는 것이 아니다. 예를 들어 남려(南呂)「현학명(玄鶴鳴)」(哭皇天)은 『북사광정보(北詞廣正譜)』가 언급한 "구자(句字) 수에 구애받지 않고 증감할 수 있는 것으로, 주덕청이 주를 잘못 달았다"이다. 이런 예를 더 이상 들 필요는 없을 것이다. 왜냐하면 다음 55절의 「곡보거례(曲譜擧例)」에서 구자(句字)를 증감할 수 있는 곡조에 대해 따로 보(譜)를 만들어 설명을 가할 것이기 때문이다.

* * *

49.12 이외에 따로 일종의 어법(語法)상의 친자(襯字)가 있다. 보통의 구어에서는 이와 같은 친자가 필요 없지만 곡자(曲子)에서는 때때로 이와 같은 군더더기 글자로 글자 수를 긁어모으거나 일종의 특수한 정취를 드러낼 필요가 있다. 이러한 어법상의 친자로 가장 분명한 것은 구말(句末)에 사용된 것이다. 예를 들어 「도도령(叨叨令)」의 '也麼哥'가 있다.

兀的不凍殺人**也麼哥**! 兀的不凍殺人**也麼哥**!
어찌 사람을 얼려 죽이는 것이 아니겠나! 어찌 사람을 얼려 죽이는 것이 아니겠나!

—무명씨(無名氏), 「殺狗勸夫」

老了人**也麼哥**! 老了人**也麼哥**!
사람을 늙게 만드는구나! 사람을 늙게 만드는구나!

—장가구(張可久) 小令

또한 「취낭자(醉娘子)」의 '也麼天' 또는 '也摩挲'가 있다(비교적 드물게 보인다).

你莫不眞的待要去**也麼天**…… 兀的不思量殺俺**也麼天**!
당신은 정말로 갈 작정이로구나…… 어찌하여 나를 생각하지 않을 수 있겠는가!
— 관한경(關漢卿), 套數 「玉驄絲控」

眞箇醉**也摩挲**, 眞箇醉**也摩挲**.
정말 취했군요, 정말 취했어.
— 왕백성(王伯成), 套數 「四時湖水」

그러나 가장 특수한 것은 하나의 사조(詞組) 중간에 끼어 있는 것이다. 다음 예를 보자.

因此上瘸臁跛足踐塵埃. 哀**也波**哉!
그로 인해 허리와 다리를 절룩거리며 티끌을 밟고 다녔으니, 슬프다!
('哀也波哉'는 '哀哉'라고 말하는 것과 같다.)
— 악백천(岳伯川), 「鐵拐李」, 「堯民歌」

則俺這村**也波**坊, 不比那府共州.
우리의 이 마을은 저 府와 州만 못하다.
('村也波坊'은 '村坊'이라고 말하는 것과 같다.)
— 무명씨, 「桃花女」, 「天下樂」

掄的柄銅鍬分外**裏**險.
가래를 유난히 험하게 휘두르며.
('分外裏險'은 '分外險'이라고 말하는 것과 같다.)
— 송방호(宋方壺), 套數 「落日遙岑」

沈烟爐細**裏**末**裏**微分間日**裏**漸**裏**消.

침향 연기 다하니 저도 모르게 고운 가루가 밝은 해 속에서 점점 사라져 간다.

('細裏末裏'는 '細末'과 같고, '日裏漸裏'는 '日漸'과 같다.)

— 왕화경(王和卿), 「百字知秋令」

悶拂銀箏暫**也那**消停.

번민 속에 은쟁을 타니 잠시 마음이 안정된다.

('暫也那消停'은 '暫消停'이라고 말하는 것과 같다.)

— 명(明) 이당빈(李唐賓), 「望遠行」 小令

聽了些晨鐘**的這**暮鼓.

새벽종과 저녁 북소리를 들었다.

('晨鐘的這暮鼓'는 '晨鐘暮鼓'라고 말하는 것과 같다.)

— 왕실보(王實甫), 「西廂記」

鳳凰臺下鳳凰臺, **也波臺**; 鳳凰臺上鳳凰來, **也波來**. 天籟地籟聞人籟, **也波籟**.

봉황대 아래 봉황대; 봉황대 위에 봉황이 오니, 하늘 소리 땅 소리 사람 소리를 듣는다.

(하나의 '臺'자와 '來'자와 '籟'자가 더 많아서 위의 예들과는 조금 다르다.)

— 명(明) 가중명(賈仲明), 「金童玉女」, 「滿堂紅」

이와 같은 어법상의 친자는 어떤 것은 곡자(曲字)로 삼을 수 있고, 어떤 것은 보통의 친자로 삼을 수밖에 없다. 이 또한 자세히 따질 것은 못 된다.

제50절 곡운(상)

50.1 주덕청(周德淸)의 『중원음운(中原音韻)』과 탁종지(卓從之)의 『중주

음운(中州音韻)』은 모두 곡운(曲韻)을 19부(部)로 나누었고, 운부(韻部)의 명칭도 완전히 같아서(주덕청의 제17부 '侵尋'을 탁종지는 '尋侵'이라고 했는데, 이런 작은 차이는 주의를 기울일 만한 게 못된다) 아마도 탁종지가 주덕청의 것을 베꼈을 것이다. 이것은 원(元) 왕조 북방의 실제 어음 계통이어서 당시의 곡조(曲調)는 확실히 실제 어음에 따라 운을 사용했을 것이다. 그러므로 주덕청이 곡운(曲韻)을 창조한 것이 아니라 기성사실에 근거하여 책을 엮었다고 보아야 한다. 그러나 『중원음운』이 널리 퍼진 이후에는 북곡(北曲)의 용운(用韻)에 더욱 표준이 있게 되어 그 운부에 따르지 않은 것이 거의 없게 되었다. 『중원음운』과 『중주음운』은 『광운(廣韻)』(나중에는 평수운(平水韻))이 시에서 그랬던 것처럼 곡에서 크게 세력을 떨쳤다. 따라서 우리가 곡운을 이야기할 때는 『중주음운』을 표준으로 삼겠다(『嘯餘譜』 뒤에 『중주음운』이 붙어 있고, 北京大學에도 石印本이 있다).

50.2 이외에 『사림운석(詞林韻釋)』(일명 『詞林要韻』)이 있는데, 송(宋) 소흥(紹興) 2년(1132) 녹비헌(菉斐軒) 간본(刊本)이라는 말이 있지만 위탁(僞託)한 것일 것이다. 이 책이 세상에 나온 것은 대략 『중원음운(中原音韻)』 뒤일 것이며, 이른바 '사림(詞林)'의 '사(詞)'는 '곡(曲)'으로 간주해야 한다. 이 책을 펼쳐 보면 이 역시 곡운(曲韻)을 19부로 나누었다. 비록 운부(韻部)의 명칭이 『중원음운』과 많이 다르지만 내용은 거의 완전히 일치한다.

50.3 곡운(曲韻)이 사운(詞韻)과 크게 다른 점은 입성(入聲)이 없어져서 원래의 입성자(入聲字)가 모두 평상거(平上去) 3성으로 나뉘어 들어간 것이다(다음 절에서 이 상황을 자세히 서술하겠다). 『광운(廣韻)』은 입성자를 양성운(陽聲韻 : 즉 -ng, -n, -m으로 음이 끝나는 운)에 배합시켰지만 『중원음운』과 『중주음운』은 입성자를 음성운(陰聲韻 : 즉 -a, -i, -e, -o, -u 등으로 음이 끝나는 운)에 예속시켰다.

50.4 『중원음운』의 19운부는 다음과 같다(괄호 안의 것은 『사림운석』의 운목이다).

1. 東鍾(東紅). 『광운』의 '東冬鍾'(平上去聲을 포괄한다. 이하 같음)에 해당한다. 또한 '庚耕登'의 일부 글자가 속한다.
2. 江陽(邦陽). 『광운』의 '江陽唐'에 해당한다.
3. 支思(支時). 『광운』의 '支脂之' 세 운 중 '照穿牀審禪日精清從心邪'의 개구자(開口字)만 속한다. 또한 입성자(入聲字) '蝨澁瑟塞則'이 속한다.
4. 齊微. 『광운』 '支脂之'의 세 운 중 '照'와 '精' 두 계(系) 및 '日'母 合口字, '知徹澄娘' 및 후음(喉音) 아음(牙音) 순음자(脣音字), '齊微灰祭廢'韻字, '泰'韻 합구자(合口字), 또 입성(入聲) '質迄緝職德'운자(韻字), '陌麥昔錫' 개구(開口) 3·4등자(等字) 및 '齕紇核嚇' 등이 속한다.
5. 魚模(車夫). 『광운』의 '魚虞模'에 해당한다. 또한 '尤侯'의 일부 순음자(脣音字)와 입성 '屋沃燭術物沒'이 속한다.
6. 皆來. 『광운』의 '皆咍夬'. 또한 '佳泰'운 개구자(開口字)와 입성 '陌麥職'의 개합구(開合口) 2등자(等字)가 속한다.
7. 眞文. 『광운』의 '眞諄臻文欣魂痕'에 해당한다.
8. 寒山(寒間). 『광운』의 '寒刪山'에 해당한다. 또한 '元凡'운의 경순자(輕脣字)가 속한다.
9. 桓歡(鸞端). 『광운』의 '桓'에 해당한다.
10. 先天(先元). 『광운』의 '先仙'에 해당한다. 또한 '元'운의 후음(喉音) 아음자(牙音字)가 속한다.
11. 蕭豪(簫韶). 『광운』의 '簫宵肴豪'. 또한 입성 '覺藥鐸'이 속한다.
12. 歌戈(和何). 『광운』의 '歌戈'에 해당한다. 또한 입성 '末' 및 '曷合盍覺藥鐸'의 일부 글자가 속한다.
13. 家麻(嘉華). 『광운』 '麻'운 중의 2등자(等字) 및 '佳'운의 합구자(合口字). 또한 입성 '黠鎋洽狎', '月乏'운의 경순자(輕脣字), '合盍曷'의 설치음자(舌齒音字)가 속한다.
14. 車遮(車邪). 『광운』 '麻'운 중의 3·4등자(等字). 입성 '屑薛葉帖業', 또 '月'운의 후음(喉音) 아음자(牙音字).
15. 庚青(清明). 『광운』의 '庚'('兄'等 예외) '耕'('轟'等 예외), '清青蒸登'('弘'等 예외).
16. 尤侯(幽游). 『광운』의 '尤侯幽'. 또한 입성 '屋燭'의 일부 글자가 속한다.
17. 侵尋(金音). 『광운』의 '侵'에 해당한다.

18. 監咸(南三). 『광운』의 '覃談咸銜'에 해당한다.
19. 廉纖(占炎). 『광운』의 '鹽添嚴'. 또한 '凡'운의 아음자(牙音字)가 속한다.

50.5 곡운(曲韻)은 평상거 3성을 통압(通押)하기 때문에 상·거 두 성의 운목(韻目)을 따로 세우지 않았다. 이 19부의 곡운을 제38절에서 서술한 19부의 사운(詞韻)과 비교해보면 성조에 있어서 전자는 입성의 계통을 어지럽혔을 뿐만 아니라 심지어 입성을 없애기도 했다. 그러나 서성(舒聲: 平上去 3聲)만을 가지고 논하면 곡운이 오히려 사운보다 더욱 세밀하게 나누어져 있다. 곡운의 서성은 모두 19부인 데 반해 사운의 서성은 14부에 불과하다. 그 내역을 적어보면 다음과 같다.

1. 사운 제3부 '支脂之微齊灰'가 곡운에서는 '支思'와 '齊微' 두 부로 나뉘었다.
2. 사운 제7부 '元寒桓刪山先仙'이 곡운에서는 '寒山' '桓歡'과 '先天'의 세 부로 나뉘었다.
3. 사운 제8부 '麻'운(및 '佳'운 合口字)가 곡운에서는 '家麻'와 '車遮' 두 부로 나뉘었다.
4. 사운 제14부 '覃談鹽添嚴咸銜凡'이 곡운에서는 '監咸'과 '廉纖' 두 부로 나뉘었다.

50.6 이것은 실제 어음의 운부가 더욱 세밀하게 나누어지도록 변한 것이 아니라 사운이 반영한 어음이 지금 것도 아니고 옛 것도 아니었기 때문이다. 사가(詞家)들이 가능한 한 폭넓게 운을 사용했기 때문에 사운이 서성(舒聲) 14부에 불과했지만 곡운은 실제로 가창이 필요했기 때문에 당시의 어음에 의거해서 운부(韻部)를 엄밀하게 정하지 않을 수 없었다. 곡운이 사운보다 5부가 많은 데에는 대략 두 가지 원인이 있다.

첫째, 실제 어음이 이미 분명하게 두 운으로 나뉘었는데도 억지로 한 운으로 묶어 놓으면 반드시 조화를 잃게 될 것이다. 그런 상황에 놓인 운부는 '支思'와 '齊微', '家麻'와 '車遮', '寒山'과 '桓歡'이다. '支思'의 음치(音値)는 대략 [ʅ], [i]이고, '齊微'의 음치(音値)는 대략 [i](또는 [ei]를 포괄)이다. '家麻'의 음치는 [a]이고, '車遮'의 음치는 [e]이다. '寒山'의 음치는 [an]이고, '桓歡'의 음치는 대략 [on]이다.

둘째, 실제 어음이 송대와 같기는(또는 비슷하기는) 하지만 곡가(曲家)가 운을 더욱 세분할 것을 요구했기 때문에 '寒刪山'과 '先仙元'을 분리하여 '寒山'과 '先天'의 두 부가 되었다. 또한 '覃談咸銜凡'과 '鹽添嚴'을 분리하여 '監咸'과 '廉纖'의 두 부가 되었다. 이 네 부의 음치(音値)는 대략 [an], [ien], [am], [iem]이다.

50.7 이제 제1장 제4절에서 시운(詩韻)을 관운(寬韻)과 착운(窄韻)으로 분류했던 것처럼 곡운(曲韻)을 네 종류로 분류하면 다음과 같다.

1. 관운(寬韻) : '齊微' '魚模' '蕭豪'
2. 중운(中韻) : '眞文' '尤侯' '江陽' '庚青' '先天' '皆來' '家麻' '歌戈' '車遮' '東鍾'
3. 착운(窄韻) : '寒山' '監咸' '支思'
4. 험운(險韻) : '桓歡' '侵尋' '廉纖'

50.8 '齊微' · '魚模' · '蕭豪'가 관운이 된 까닭은 입성자(入聲字)가 가세했기 때문이다. 더욱이 '齊微'운은 본래 서성자(舒聲字)가 많은데다가 입성자가 가세하여 대단히 방대해졌다. '眞文' · '江陽' · '庚青' · '先天' · '東鍾'은 입성이 없기 때문에 중운이 될 수밖에 없었다. '皆來' · '家麻' · '歌戈' · '車遮'는 서성자가 충분히 많지 않아서 입성자가 가세했어도 중운에 머물렀다. '尤侯'는 서성자가 제법 많긴 하지만 입성자가 너무 적기 때문에 역시 중운에 머물렀다. '寒山'과 '監咸'은 글자수가 많지 않고 입성도 없다. 또한 '支思'는 글자수가 더욱 적고 몇 개의 입성자가 있기는 하나 별 보탬이 되지 못하여 이들은 모두 착운이다. '桓歡' · '侵尋' · '廉纖'은 본래 글자가 몇 개 안 되는데다가 입성도 없어서 험운이 되고 말았다.

50.9 각 운의 상용 정도가 그 관착(寬窄)의 정도와 같은지를 알아보기 위해 우리는 『북사광정보(北詞廣正譜)』를 가지고 통계를 내보았는데, 그 결과는 다음과 같다.

1. 90수 이상을 차지한 것 : '齊微'(90)
2. 60수 이상을 차지한 것 : '尤侯'(61)
3. 50수 이상을 차지한 것 : '魚模'(55) '蕭豪'(53) '先天'(53)
4. 40수 이상을 차지한 것 : '家麻'(43) '皆來'(42)
5. 30수 이상을 차지한 것 : '庚青'(38) '江陽'(35)
6. 20수 이상을 차지한 것 : '歌戈'(28) '眞文'(27) '寒山'(24) '東鍾'(23)
7. 10수 이상을 차지한 것 : '支思'(16) '車遮'(16) '監咸'(11)
8. 10수 미만을 차지한 것 : '廉纖'(3) '侵尋'(2) '桓歡'(1)

(原書에 韻部를 표명하지 않은 것은 계산에 넣지 않았다.)

50.10 많이 나타난 정도가 예상 밖인 것으로는 '尤侯'와 '寒山'이 있고, 적게 나타난 정도가 예상 밖인 것으로는 '眞文'과 '車遮'가 있다. 이로부터 알 수 있듯이 출현빈도는 운의 관착(寬窄)과도 관계가 있지만 운자(韻字)가 쓸모 있는지의 여부와도 관계가 있다. 시운(詩韻)에서 '微支删' 세 운이 비록 착운(窄韻)이긴 하지만 매우 쓸모가 있듯이 곡운(曲韻) 중의 '寒山'도 마찬가지이다. 심지어 '支思'가 글자수가 매우 적은데도(7種 聲母의 字밖에 없음) 꽤 상용된 것은 이런 이유에서이다. 원곡(元曲)의 잡극(雜劇)에서 '監咸'·'侵尋'·'廉纖' 세 운을 적게 쓴 것은 한 절(折) 전체가 반드시 동운(同韻)이어야 하므로 산곡(散曲)에 비해 험운(險韻)을 쓰는 것이 훨씬 불편하기 때문인 만큼, '桓歡'운은 아예 완전히 피하였다.

50.11 이제 이 19부의 곡운을 하나하나 토론하고 아울러 약간의 예를 들어보겠다.

50.12 (1) '東鍾'

이 운부는 매우 간단하여 대체로 『광운』 '東冬鍾' 세 운의 합병이다. 그러나 '庚耕登' 세 운의 중순개구자(重脣開口字)와 후음(喉音) 아음(牙音) 합구자(合口字)는 모두 '東鍾'운으로 바뀌어 들어갔다. 『중주음운(中州音韻)』에 의거하면 그 글자들은 다음과 같다.

1. 중순개구자: 崩繃, 盲氓蝱甍萌, 朋彭膨鵬棚, 烹閛; 猛艋蜢, 絣; 孟, 迸拼迸.
2. 후음 아음 합구자: 肱觥, 泓, 轟薨儚, 縈, 横弘紘宏嶸, 兄; 永, 礦, 泳詠瑩咏永.

이외에 '淸青' 두 운의 후음 아음 합구자(즉 撮口字)도 일부가 '東鍾'운으로 바뀌어 들어갔다.

瑩, 瓊, 炯冏迥, 醟, 敻詗. ('瑩瓊'은 '庚青'에 兼入되었다.)

50.13 이와 같은 혼합은 '瑩' · '礦' 두 글자를 제외하면 현대 서남관화(西南官話)의 상황과 대체로 같다. 현대 보통화에 이르면 '横'자 및 중순자(重脣字)를 여전히 '庚青'으로 읽지만 '東鍾'운의 순음자(脣音字)도 따라서 '庚青'으로 읽기 때문에 '庚青'과 '東鍾'의 순음자는 여전히 서로 섞이어 있다.

이제 예를 들면 다음과 같다.

眼見的枕剩幃空,
怎教的更長漏**永**!
桃蕊飄霞, 楊花弄風.
翠袖生寒, 烏雲不攏.
恰配合鳳友鸞交, 又見的離別西東.
似這等離恨千端, 怎支吾閑愁萬種?

눈에 보이는 건 남아 있는 베개와 빈 휘장인데,
밤의 물시계 소리 끝없이 이어지니 어찌할꼬!
복사꽃 노을에 흩날리고, 버들 솜 바람에 휘날리는데
푸른 소매엔 한기가 일고, 검은 구름은 다가오지 않는다.
마침 멋진 벗들과 사귀었는데, 다시금 동서로 이별하니
이런 천 갈래 이별의 한과, 만 가지 하릴없는 슬픔을 어찌 견디나?

— 백박(白樸), 「東墻記」, 越調 「鬪鵪鶉」

50.14 (2) '江陽'

'江陽'운은 더욱 간단하여, 다만 '江陽唐' 세 운의 합병일 뿐이다. 다음 예를 보자(굵게 표시한 것이 '江'운자이다.)

且休說翰林忙,
暫入他綺羅鄉.
則見燭影搖紅, 月色昏黃.
他教酒吃得倒垂蓮, 小生却甚麽檢書幌斂銀**缸**?

또한 文壇이 바쁘다고 말하지 마오.
잠시 그의 미인 마을에 들어가니
그저 붉은 촛불에 그림자 흔들리고, 어스레한 달빛 보이누나.
그가 술을 먹여 거꾸로 늘어진 연잎처럼 되었으니
소생이 어떻게 서재를 살피고 은 등잔을 거두겠어요?

— 비당신(費唐臣), 「赤壁賦」, 「鵲踏枝」

50.15 (3) '支思'

앞에서 말했듯이 이 운에는 '支脂之' 세 운 안의 '精照' 두 계(系) 및 '日'모(母)의 개구자(開口字)와 5개 입성자(入聲字)를 포괄할 뿐이다. 그 중

가장 상용되는 글자는 백 수십 개가 있을 뿐이다.

1. '精'계 : 資姿髭貲玆滋耔孜鶿緇淄訾輜咨, 雌, 慈疵玭磁茨, 詞祠辭, 思偲司斯絲緦廝私, 此佌泚, 子仔呰紫姊梓, 死; 寺兕俟似祀巳飼嗣笥汜禩耜姒四泗思賜駟肆伺, 恣胔眥滓漬, 自字牸, 次刺厠.
2. '照'계 : 支枝脂巵之芝肢, 嗤媸鴟差, 時匙鰣蒔, 師尸施獅屍詩; 紙砥旨黹祉沚趾止芷指阯址咫枳黹, 齒侈, 史始弛矢豕使駛屎; 至志痣誌躓, 是氏示視侍恃豉嗜諡柿士仕市事蒔筮噬使施試弑啻, 翅幟.
3. '日'모 : 兒而洏輀; 爾邇耳餌珥; 二貳珥餌.
4. 입성(入聲) : 蝨; 澁瑟, 塞, 則.

원대(元代)의 곡가(曲家)들은 확실히 이 운부(韻部)를 엄격하게 지켜서 이것과 '齊微'가 서로 섞이도록 하지 않았다. 다음 예를 보자.

甘不過輕狂子弟, 難禁受極紂勤兒.
撞聲打怕無淹潤; 倚强壓弱, 滴溜着官司.
轟盆打甑. 走踢飛拳, 查核相萬般街市.
待勉强過從枉費神思.
是他慣追陪濟楚高人, 見不得村沙謊厮.
欽不定冷笑孜孜,
可人擧止.
爲他十分吃盡不肯隨時.
變除此外沒瑕玼
聚少離多信有之.
古今如此!

경망스런 자제를 참을 수 없고
지극히 거친 오입쟁이를 견딜 수 없다.
두드리고 치며 상냥함이란 없고
강자에 기대어 약자를 누르며 소송을 겁낸다.

동이를 울리고 시루를 치며, 발로 걷어차고 주먹을 휘두르며
온 시가를 샅샅이 살피고는
억지로 교제를 하려고 하지만 정신과 마음만 낭비한다.
그가 준수한 高士 따르는 데에 익숙하고
촌스러운 부랑자를 차마 보지 못하여
극심한 냉소를 억제할 수 없다.
마음에 드는 사람의 행동거지는
그를 위해 온 힘을 다해도 제 때에 따라주려 하지 않는다
이것을 빼놓고는 흠이 없다.
참으로 만남은 적고 헤어짐은 많다는 말이 있더니만
예나 지금이나 이와 같구나!

—상정숙(商政叔), 套數「拈花惹草心」, 「梁州第七」

50.16 (4) '齊微'

이 운의 서성(舒聲)은 '齊微灰祭廢'韻字 및 '泰'운 합구자(合口字, '外'자 예외)와 '支脂之'운자 중에서 '支思'에 들어가지 않는 것을 포괄한다. 그러나 가장 주의해야 할 것은 역시 입성에서 변해 들어온 글자들이다. 이제 이들을 각각 나누어 예를 들면 다음과 같다.

1. '質'운: 窒桎帙秩, 實, 姪, 疾嫉, 弼; 質騭, 悉膝, 匹, 吉, 詰, 失室, 必畢篳蹕, 咥叱, 筆, 壹一乙; 日馹, 逸軼鎰溢佾, 栗慄, 密蜜.
2. '迄'운: 吃訖, 乞, 迄.
3. '痕'운 입성: 齕紇麧.
4. '緝'운: 十什拾, 集, 襲習隰, 及給笈汲; 執汁, 緝葺楫, 急, 泣, 濕, 吸翕, 邑揖, 笠立粒.
5. '職'운: 食蝕植殖, 直, 極, 逼愎, 職織陟, 息熄, 棘, 識式拭軾飾, 即唧鯽稷, 勅, 愊, 匿翼翊弋憶域, 力.
6. '德'운: 或惑, 劾, 賊蟹; 北, 得德, 則(또한 '支思'에 들어감), 忒慝, 克剋刻, 國, 黑; 勒肋泐, 墨默, 蔔.

7. '陌麥昔' 제치자(齊齒字) : 石射(화살을 쏘다), 擲, 藉籍寂, 夕席穸汐蓆, 甓, 狄荻覿逖笛翟糴敵迪; 隻跖炙摭, 昔惜舄析錫晳, 戚刺, 僻闢劈癖, 戟擊激, 絡隙, 釋適, 跡積蹟勣脊踖蹐迹蹟, 碧壁璧, 尺赤斥, 鬩檄, 的滴鏑嫡, 剔惕滌; 逆溺奕譯掖腋繹益, 劇屐, 曆歷瀝櫪靂礫轢.

8. '陌麥' 개구 2등(開口2等) '曉匣'母字 : 核覈嚇赫.

곡조(曲調)의 예를 들면 다음과 같다.

自從那盤古時分天地,
便有那漢李廣養由基,
他也不似這般快射(본래 '昔'운에 속하였고, 平水韻에서는 '陌'韻임).
我則見他拱手舒心便服低,
喏喏連聲退.

盤古 때 하늘과 땅이 나누어진 이래로
漢의 李廣과 養由基가 있었는데
그도 이렇게 빨리 활을 쏘지는 못했다.
나는 보았다 그가 두 손을 모으고 심복하며 낮게
예예 잇달아 소리 내며 물러나는 것을.

— 백박(白樸), 「李克用」, 「蔓菁菜」

却則端的!
却則端的!
虛事不能實!
忒蹺蹊!
教俺難根緝(본래 '緝'韻이었음).
天數張鼎, 忽使機脫災危,
啜脫出是和非.
難支吾, 難支對;
難分說, 難分細.

那些那些自歡喜咱伶俐.
一行人取情招狀訖(본래 '迄'韻이었고, 平水韻에서는 '物'韻임).
那些那些他愁戚(본래 '錫'韻이었음).
當初指望成家計,
到如今番做得落便宜.

정말로 그렇구나!
정말로 그렇구나!
거짓이 진실이 될 수는 없지!
너무나 괴이하구나!
나로 하여금 철저히 규명할 수 없게 한다.
하늘이 張鼎을 헤아리셔서,
갑자기 기회를 틈타 위험에서 벗어나게 했으니
속여서 시비를 벗어났다.
항거하기 어렵고, 대처하기 어려우며
따지기도 어렵고, 해명하기도 어렵구나.
저들은 자신들의 영리함을 스스로 기뻐하고
한 무리의 사람들이 범죄 조서를 꾸몄다.
아아 그는 슬프구나.
당초에는 가산을 일구기를 바랐는데
지금에 와서는 도리어 낭패를 보았구나.

— 맹한경(孟漢卿), 「魔合羅」, 「道和」

50.17 (5) '魚模'

이것은 '魚虞模'의 합병이며, 또한 '尤侯'의 일부 순음자(脣音字)와 입성 '屋沃燭術物沒'에서 변한 글자가 덧붙었다.

1. '尤'운: 謀, 浮蜉, 桴枹; 否缶, 副富婦負覆.
2. '侯'운: 母拇某畝; 部蔀埠, 戊.

3. '屋'운: 育, 孰熟塾淑, 獨髑讀瀆匵牘犢, 斛瀔, 族, 鏃, 僕濮曝匐幞瀑, 伏服復鵩茯袱, 逐軸; 蹙, 澳, 矗, 宿粟肅, 速蔌餗餗簌, 縮叔蹜倏俶菽束謖, 蔟簇, 福腹幅蝠覆復, 菊掬鞠踘鞫, 麴, 祝粥筑竺竹築, 畜蓄, 屋, 哭, 谷縠轂, 禿, 撲醭, 卜不('作'에 준함); 郁育, 六陸戮, 鹿漉祿麓醁, 木睦穆目沐牧.

4. '沃'운: 毒纛篤督; 沃, 酷, 梏告, 篤督启.

5. '燭'운: 局, 蜀屬贖, 俗續, 躅; 足, 促, 觸, 曲, 燭囑, 旭頊勖; 玉欲浴獄慾峪, 辱褥, 綠錄籙.

6. '術'운: 術述, 朮; 卒捽, 戌恤卹, 橘譎, 出黜怵; 聿, 律.

7. '物'운: 熨, 佛; 鬱蔚, 拂紼髴紱黻芾, 屈, 窟, 物勿.

8. '沒'운: 突, 鶻, 卒, 勃孛, 兀杌, 核; 骨汩, 忽笏惚, 咄, 沒歿, 訥.

9. '緝'운(예외) : 入.

50.18 이런 상황은 현대 보통화와 대체로 같다. 다만 '沒'운의 '勃孛沒歿咄'을 보통화에서 '歌戈'로 읽는 것이 다르고, '訥'자를 보통화에서 [na], [nə]의 두 音으로 읽는 것 또한 다른 점이다. '佛'자를 지금의 서남관화(西南官話)에서는 '魚模'로 읽고 보통화에서는 '歌戈'로 읽는데, 『중원음운(中原音韻)』에는 '佛'자가 '魚模'와 '歌戈' 두 운 속에 함께 수록되어 있다.

곡조(曲調)의 예를 들면 다음과 같다.

想你箇匹夫,
不識賢愚;
蠢蠢之物(본래 '物'韻이었음),
落落之徒.
休猜我做左道術(본래 '術'韻이었고, 平水韻에서는 '質'韻임) :
我自拿着捩鼻木(본래 '屋'韻이었음),
你拽着我布道服(본래 '屋'韻이었음),
俺急切裏要回去,
您當街裏纒師父.

我爲甚的不言語?
您心下兒自躊躇.

생각해보면 너는 필부에 불과하여
현명하고 어리석음도 분간하지 못하는
우둔한 놈이며
거칠고 열등한 무리이다.
내가 邪術을 부린다고 억측하지 말거라.
내가 코 비트는 나무를 들고 있으면
너는 내 도복 잡아끌고
내가 서둘러 돌아가려 하면
너는 거리에서 스승에게 매달리는구나.
내가 무엇 때문에 말을 하지 않을까?
네가 마음속으로 갈팡질팡 하기 때문이다.

— 마치원(馬致遠), 「岳陽樓」, 「梅花酒」

50.19 (6) '皆來'

이 운은 『광운(廣韻)』 평성(平聲)의 '皆咍'(및 그 上聲과 去聲)와 같고, 또한 '佳'운의 개구자(開口字)('佳'·'罷' 제외)와 거성(去聲) '夬'('話'자 예외)와 '泰'운의 개구자와 입성 '陌麥職'의 2등자(開合口 포함)가 속한다. 또한 '支'운의 '衰(쇠미하다)'자와 '質'운의 '率蟀摔'자와 '櫛'운의 '櫛'자와 '黠'운의 '殺'자와 '洽'운의 '筴'자와 '錫'운의 '劈'자가 속한다.

1. '陌'운 2등: 白帛舶, 舴蚱, 宅澤翟擇; 伯百柏迫, 窄, 索(山戟切), 客, 拆, 拍魄珀, 格骼, 虢; 陌驀貊佰, 額, 搦.
2. '麥'운(2등뿐임): 獲畫剨; 擘檗, 責簀幘, 摘讁, 策冊, 愬(山責切)揀溹, 隔膈革, 蟈幗摑馘; 麥脉, 厄搤.
3. '職'운 2등: 側仄昃, 色嗇穡濇嬙, 測惻.

4. '德'운(불규칙) : 塞; 刻('客'처럼 읽음); 墨.

50.20 이 운부의 입성자에는 하나의 특색이 있는데, 이들이 모두 2등에 속하여(陳澧 『切韻考外篇』을 참조할 것) '率'·'蟀'·'摔'·'櫛'·'殺'·'筴' 등의 글자도 2등자이다('衰'자는 입성자가 아니지만 이 또한 2등이다). '劈'자가 유일한 예외이지만 『사림운석(詞林韻釋)』 '皆來'운에는 '劈'자가 수록되어 있지 않다. 이 원칙에 따르면 '核覈赫嚇'도 '皆來'에 귀속되어야 하겠지만 사실상 이들은 변하여 '齊微'로 들어갔다. 그러나 『사림운석』은 '嚇'자를 '皆來'에 겸입(兼入)시켰다. '德'운의 '塞'자는 이미 '支思'에 들어갔고 '刻'·'墨'은 이미 '齊微'에 들어갔는데, 지금 '皆來'에 겸하여 수록되었으니 예외로 칠 수밖에 없다.

50.21 현대 보통화의 '백화음(白話音)'에서는 상술한 입성자들을 일부 여전히 '皆來'운으로 읽는다. 예를 들면 다음과 같다.

白, 百柏伯('大伯子 : 아주버니, 남편의 형'일 때는 음이 'bǎi'임); 拍; 麥脈; 獲(獲虎縣에서는 '淮'처럼 읽음); 摘, 宅擇, 窄; 拆, 冊(樣冊子 : 양재·수예·염색 따위에 쓰이는 型紙); 色(또는 '骰'); 摔(음이 '衰(shuāi)'임, 또한 거성으로 '甩(shuǎi)'와 같음) 率蟀.

또한 '塞'자도 백화음(白話音)에서 '皆來'로 읽고(sai) 다시 '支思'로 읽어서(sei) 곡운(曲韻)과 같다. 평성(平聲) 방면에서는 현대 보통화에서 '衰'자를 '皆來'운으로 읽어서 이 또한 곡운과 일치한다. 곡조의 예를 들면 다음과 같다.

竚立閑階.
夜深香靄,
橫金界.
瀟洒書齋,
悶殺讀書客(본래 '陌'운이었음)!

한적한 섬돌에 우두커니 서 있는데
밤 깊어지니 향긋한 안개가
사당을 가로지른다.
깔끔한 서재가
책 읽는 나그네를 몹시 답답하게 만드는구나!

— 왕실보(王實甫), 「西廂記」, 「點絳脣」

多豊韻, 忒稔色(본래 '職'운이었음)!
乍時相見教人害;
霎時不見教人怪;
些兒得見教人愛.
今宵同會碧紗廚, 何時重解香羅帶?

얼마나 아름다운 자태인가! 얼마나 아름다운 모습인가!
잠시만 만나도 사람을 설레게 하고
조금만 못 보아도 사람이 투정하게 만들고
잠깐이라도 만나게 되면 사람이 사랑에 빠지게 만드누나.
오늘밤 푸른 깁 휘장 안에서 서로 만났지만
언제나 향긋한 비단 띠를 다시 풀 수 있을까?

— 왕실보, 「西廂記」, 「寄生草」

尋香曾到葛仙臺,
踏雪今泛和靖宅(본래 '陌'운이었음).
橫斜數枝僧寺側(본래 '職'운이었음).
動吟懷,
一半兒銜着, 一半兒開.

향기를 좇아 갈선대에 갔었는데
눈 밟으며 이제는 화정 댁에 배 띄우네.
절 옆으로 몇 가지가 비스듬히 뻗어 있어
마음에 품고 시를 읊으니

꽃망울을 반은 머금고 있고, 반은 피어 있다.

— 조선경(趙善慶), 小令「尋梅」,「一半兒」

疑是楊妃在,
怎脫馬嵬災?
曾與明皇捧硯來.
美臉風流殺(본래 '黠' 운이었음).
叵耐揮毫李白(본래 '陌' 운이었음).
覷着嬌態,
灑松煙點破桃腮!

양귀비가 살아 있는 것 같구나
어떻게 馬嵬坡의 재난에서 벗어났을까?
일찍이 明皇을 위해 벼루를 받들었었지.
아름다운 얼굴에 풍류가 넘쳐나서
붓 휘두르던 고약한 李白이
교태를 엿보다가
먹을 뿌려 복사꽃 빰에 점을 찍은 게로구나!

— 백박, 小令「佳人黑痣」,「醉中天」

喚歸來,
西湖山上野猿哀.
二十年多少風流怪!
花落花開.
望雲霄拜將臺,
袖星斗安邦策(본래 '麥' 운이었음),
破煙月迷魂寨.
酸齋笑我, 我笑酸齋.

불러서 돌아오니
西湖의 산 위에 원숭이 울음소리 슬프다.

이십 년 동안 얼마나 대단한 풍류였던가!
꽃은 지고 피는데
구름과 하늘 바라보고 장수의 지휘대에 절하며
빛나는 재능과 나라를 안정시킬 계책을 감추고
운무에 덮인 달과 적을 미혹시키는 성채를 깬다.
산재는 나를 보고 놀리고, 나는 산재를 보고 놀린다.

— 장가구(張可久), 小令「次酸齋韻」,「殿前歡」

50.22 (7) '眞文'

이 韻은 平水韻 11 '眞'운과 12 '文'운을 합병한 것인데, 여기에 13 '元'운의 開口呼와 合口呼를 덧붙이고(13 '元'운의 齊齒呼와 撮口呼는 '先天'운에 귀속시켰다) 다시 '肯'·'品' 두 글자를 덧붙였다. 이제 간단하게 예 하나를 들어본다.

他每得到淸平有幾人('眞'운)?
俺爐中香滿焚('文'운),
儘白雲滿溪洞鎖門('元'운, 『廣韻』'魂'운).
誦一卷道德經, 講一會齊魯論('元'운 去聲, 『廣韻』'魂'운 去聲),
這的是淸閑眞道本('元'운 上聲, 『廣韻』 '魂'운 上聲).

그들은 청렴하고 공정한 사람을 몇이나 얻었는가?
내 향로에선 향이 가득 타오르고
흰 구름이 계곡에 가득 차 동굴 문을 닫아건다.
한 권의 道德經을 암송하고, 한 차례 齊魯論을 강설하니
이것이 바로 청정하고 참된 진리의 근본이로다.

— 마치원(馬致遠),「黃粱夢」,「天下樂」

50.23 (8) '寒山'

이 운은 평수운(平水韻) 15 '刪'운에다가 14 '寒'의 개구호(開口呼, '寒'의 合口呼는 따로 '桓歡'운을 이룬다)와 13 '元' · 15 '咸'의 경순자(輕脣字)를 덧붙인 것이다. 다음에 예를 들어본다.

我和你難憑魚雁,
我每日價枕冷衾寒.
則俺這宿世姻緣休等閑.
直等到夜靜更闌,
人離雕欄,
柳影花間.
我則怕別時容易見時難,
則將這佳期來盼.

나와 그대는 물고기와 기러기에 의지하기 어렵고
나는 매일같이 베갯머리 차갑고 이불가도 썰렁하다.
내 이 전생의 인연을 우습게 보지 마라
밤이 고요하고 시간이 이슥해지니
사람은 화려한 난간을 떠나고
버들 그림자만 꽃 사이에 남았다.
나는 다만 헤어지긴 쉬워도 만나기는 어려울까 걱정하며
이번의 만남을 학수고대한다.

— 관한경(關漢卿), 「緋衣夢」, 「靑哥兒」

雖然是暮景殘,
恰夜靜更闌,
對綠水靑山,
正天淡雲閑.
明滴溜銀蟾出海山,

光燦爛玉免照天關.
撑開船, 掛起帆('咸'운, 『廣韻』'凡'운).
俺紅塵中受塗炭;
您綠波中覓衣飯('元'운 去聲).
俺乘駿馬懼登山;
您駕孤舟怕逢灘.
俺錦征袍怯衣單;
您綠蓑衣不曾乾.
俺空熬得鬢斑斑;
您枉守定水潺潺.
俺不能勾紫羅襴;
您空執着釣魚竿.
咱都不到這其間.

비록 저녁 경치 시들해졌다고는 하지만
마침 밤 고요하고 시간 으슥해지자
맑은 물과 푸른 산을 대하니
하늘은 맑고 구름은 한가하다.
환한 은빛 달이 바다와 산 위로 솟아 나와
찬란한 옥토끼가 하늘의 관문을 비추자.
배를 띄우고, 돛을 올린다.
나는 홍진 속에서 도탄에 빠졌는데
그대는 푸른 물결 속에서 衣食을 찾았구나.
나는 준마를 타고 산에 오르길 겁내는데
그대는 외로운 배를 타고 여울을 만날까 두려워하는구나.
나는 여행길의 비단 도포가 홑옷인 것을 겁내고
그대의 푸른 도롱이는 일찍이 마른 적이 없었구나.
나는 공연히 시달려서 머리가 희끗희끗해졌고
그대는 헛되이 졸졸 흐르는 물을 지키고 있었구나.
나는 자색 비단 난삼조차 흡족해 하지 못하는데
그대는 부질없이 낚시대만 붙잡고 있었으니

우리 모두 지금의 만남을 이루지 못했던 게지.

— 김지보(金志甫), 「追韓信」, 「梅花酒」

위의 두 예를 살펴보면 '寒'운의 '寒闌欄難殘闌炭灘單乾襴竿'은 모두 개구호(開口呼)의 글자이며, 합구호(合口呼 : 『廣韻』 '桓'운)의 글자가 섞여 있지 않다. 이로부터 알 수 있듯이 '寒山'과 '桓歡'의 경계가 매우 엄하여 곡가(曲家)는 이들이 서로 섞이는 것을 용납하려 하지 않았다.

50.24 (9) '桓歡'

이 운은 험운(險韻) 중에서도 가장 험한 것이다. 원인(元人)의 잡극(雜劇)에는 '桓歡'운을 사용한 것이 없다(明 賈仲明이 지은 「蕭淑蘭」극은 전적으로 험운을 사용했기 때문에 제4절에 '桓歡'운을 사용했는데, 이것은 예외이다). 산곡(散曲)에서도 '桓歡'운을 사용한 것은 매우 적다. 이 운은 바로 『광운』의 '桓'운이고, 평수운(平水韻)으로는 14 '寒'운의 합구호(合口呼)이다. 이제 그 상용자를 전부 적어보면 다음과 같다.

평성 : 桓, 丸紈完垣洹岏, 歡驩讙貛, 觀官冠棺, 端, 酸痠狻, 寬, 鑽, 般搬, 鸞鑾欒巒圞灤, 瞞謾鏝墁蹣漫鰻蔓饅, 剜豌眢蜿, 湍, 團慱漙, 攢, 攛, 盤瘢磻鞶蟠槃般胖磐弁, 潘拌.

상성 : 短斷, 盌椀, 疃, 管館琯腕盥筦, 款窾, 澣, 暖煖餪, 纂纘鄹, 滿懣, 卵.

거성 : 喚奐渙煥換睆, 換緩逭, 翫玩惋浣, 鑽, 鍛碫斷段煅, 算蒜, 貫冠盥灌瓘鸛觀祼, 半絆, 伴畔叛, 幔鏝曼漫謾墁, 竄攛爨, 亂, 段斷, 彖, 判泮.

그러나 이 잡다한 백여 자 중에서 비교적 쓰기에 적합한 것은 수십 자에 불과하다. 따라서 이 운부(韻部)는 마련되어 있기는 하지만 거의 사용하지 않는 운부로 변하고 말았다. 이제 원인(元人)의 소령(小令) 한 수를 예로 들어보겠다.

立峰巒,
脫簪冠.
夕陽倒景松陰亂,
太液澄虛日影寬,
海風汗漫雲霞斷.
醉眠時小童休喚.

산봉우리 위에 서서
비녀와 모자를 벗었다.
석양 속에 그림자가 아래로 드리우니 솔 그늘이 어지럽고
太液池 맑고 트여 해 그림자 넓으며
해풍이 아득히 불어와 구름 노을을 끊는구나.
취해 잠잘 때에는 아이야 부르지 말거라.

— 마치원(馬致遠), 「撥不斷」

50.25 (10) '先天'

이것은 평수운 하평성(下平聲) 1 '先'운(『광운』 '先仙'운)에다 상평성(上平聲) 13 '元'운의 제치호(齊齒呼)·촬구호(撮口呼)와(輕脣字 제외) '鹽'운의 '貶'자를 덧붙인 것이므로 매우 간단하다. 다음에 예를 들어본다.

我受了半載孤眠,
你如今信口胡言('元'운),
枉了把我寃也麽寃('元'운)!
你若是打聽得眞實有人曾見,
妳妳根前,
您兒情願('元'운 去聲),
一任當刑憲('元'운 去聲),
死而心無怨('元'운 去聲)!

저는 반 년 동안 외로이 잠을 잤는데
당신께서는 지금 마구 허튼소리를 하시니
쓸데없이 저를 억울하게 하는구려!
당신께서 만약 제대로 알아보고 정말 누군가 본 사람이 있었다면
어머님 앞에서
당신 아들
형벌을 받는 신세로 전락해도
죽어도 속으로 원망하지 않겠나이다.

— 관한경(關漢卿), 套數「玉驄絲控」,「忽都白」

涙濺端溪硯,
情寫錦花牋.
日暮簾櫳生暖煙,
睡煞梁間燕.
人比青山更遠('元'운 上聲),
梨花庭院,
月明閒却鞦韆.

端溪硯에 눈물을 뿌려서
錦花牋에 마음의 정을 쓴다.
해 저물녘 주렴 내린 창틈으로 따뜻한 연기가 솟건만
들보 위의 제비는 깊은 잠에 빠졌구나.
사람은 청산보다 더 멀리 있어
배꽃 핀 정원에는
달 밝은 밤 그네만 덩그러니 남아 있다.

— 무명씨(無名氏),「醉中天」小令

今朝別後, 再要相逢, 只除是看時節夢見[18)]!

---

18) 中華書局版『元曲選』에는 이「小喜人心」의 가사 내용이 "今朝別後, 再要相逢, 只除是夢中來見! 奈夢也未必肯做方便! 只落的我兄弟行傒落, 嬸子行熬煎, 姪兒行埋怨. 世事多更故, 好弱難分辨"으로 되어 있어서 텍스트의 가사와는 다소 차이가 있다.

夢見也不似這遍!
不是我兄弟行傒落, 嬸子行熬煎,
向姪兒行埋怨('元'운 去聲):
好弱難分辨;
貴賤難褒貶('鹽'운 去聲).

오늘 이별한 후, 다시 상봉하려면
오로지 꿈에서나 볼 수 있을 테지!
꿈에 본다 한들 지금과 같을쏘냐!
내 형제가 냉대하거나, 숙모께서 애를 태우시거나
조카에게 원망하는 것은 아니라네.
좋고 나쁨은 구별하기 어렵고
귀하고 천함은 평가하기 어렵나니.

— 이직부(李直夫), 「虎頭牌」, 「小喜人心」[19]

제51절 곡운(하)

51.1 (11) '蕭豪'

이 운부는 『광운』의 '蕭宵肴豪'운과 같은데, 또한 입성 '覺藥鐸'의 일부 글자가 여기에 속한다. 서성(舒聲) 방면에 있어서 이것은 사운(詞韻)과 같고, 단지 입성 방면에서 사운과 크게 다르다. 따라서 우리는 입성에서 이 운부로 바뀌어 들어간 글자들을 상세히 연구해야 하겠다.

19) 中華書局版 『元曲選』에는 「小喜人心」이 「喜人心」으로 되어 있다.

1. '覺'운 : 濁擢濯鐲, 學嶨鷽, 雹撲; 角覺, 殼確, 卓琢啄捉, 渥握幄喔, 朔槊數, 剝駁; 岳嶽樂, 犖, 倬.

2. '藥'운 : 着, 杓, 嚼, 醵, 籰, 縛; 却, 却卻恪, 鵲, 謔, 酌斫灼繳妁, 約, 綽婥, 削, 爵雀, 鑠爍, 藥躍鑰瀹, 略掠, 弱箬若蒻, 虐瘧.

3. '鐸'운 : 鐸度, 薄泊亳箔愽膊, 鶴涸貉, 鑿昨酢怍, 鑊穫; 各閣, 托魄擇橐拓飥託, 郭槨, 廓擴鞹, 作, 錯, 索, 壑郝, 惡; 諾, 莫摸瘼幕漠, 洛落駱樂絡烙珞酪, 鍔鶚萼鱷惡.

51.2 현대 보통화의 '백화음(白話音)'에서 상술한 이 입성자들은 여전히 일부가 '蕭豪'운으로 읽힌다. 예를 들면 다음과 같다.

剝, 雹薄; 烙(밀전병, lao), 落, 酪, 絡(망태기, lao).
鶴貉, 郝, 涸(마르다); 嚼, 覺脚角; 雀鵲, 殼; 削, 學(동사).
着; 杓芍; 鑿, 藥瘧(학질을 앓다, yao)鑰.

곡조(曲調)의 예를 들면 다음과 같다.

咱每都來到,
衆人休鬧,
誰是誰非辨個淸濁(본래 '覺'운이었음),
不索我拔着村嗓子高聲叫.

우리가 모두 도착했으니
모두들 소란 피우지 마시오
누가 옳고 누가 그른지 청탁을 가려 봅시다
내가 거친 목청 뽑아 고함 소리 지를 것 없이 말이요

— 강진지(康進[20]之), 「李逵負荊」, 「上京馬」

20) 텍스트에는 '進'이 '退'로 되어 있는데, 誤字이다. 또한 '李逵負荊'이 '黑旋風負荊'으로 되어 있는데, 이는 이규의 별명이다.

驚飛幽鳥,
蕩殘紅撲簌簌胭脂零落(본래 '鐸'운이었음).
門掩蒼苔書院悄,
潤破窗紙偸瞧:
則爲一操瑤琴, 一番相見, 又不曾道閒期約(본래 '藥'운이었음).
多情多緖, 等閒肌骨如削(본래 '藥'운이었음).

숨어 있던 새가 놀라 날며
시든 꽃을 흔드니 우수수 붉은 꽃잎이 떨어진다.
문 닫힌 푸른 이끼 낀 서원은 고요하기도 한데
창호지를 (침으로) 적셔 뚫고 몰래 엿본다.
거문고를 한 번 타고, 한 번 만나 보자고
한가한 기약을 한 것도 아닌데
다정하고 심사 많아, 공연히 살과 뼈가 에이는 듯하구나.

—정덕휘(鄭德輝), 「傷梅香」, 「念奴嬌」

花枝般淹潤妖嬈,
筍條般風流年少.
你着我跨青鸞, 乘丹鳳, 駕玄鶴(본래 '鐸'운이었음).
看了這花柔柳嫩,
端的是玉軟香嬌.
恨不的心窩兒放, 手心中擎, 眼皮兒上閣(본래 '鐸'운이었음)!

꽃가지처럼 촉촉한 미녀요
죽순처럼 풍류 넘치는 젊은이로다.
당신은 날더러 푸른 난새 타고, 붉은 봉황에 오르고, 검은 학을 몰라고 하지만
이 부드러운 꽃이며 파릇한 버들잎을 보고 나니
참으로 희고 부드럽고 향기롭고 아리따워
마음속에 놓고, 손바닥에 떠받들고, 눈꺼풀에 올려놓고 싶구나.

—가중명(賈仲明), 「金童玉女」, 「感皇恩」

51.3 (12) '歌戈'

이 운부는 『광운』의 '歌戈'와 입성 '末'과 '合盍曷'의 후음(喉音) 아음자(牙音字)가 속한다. 그 나머지 글자들은 모두 특별한 원인이 있는 것으로 볼 수 있는데, 그 상세한 상황은 다음과 같다.

1. '曷'운: 褐; 葛割, 渴, 喝, 曷遏.
2. '末'운: 活, 奪, 鈸跋魃; 撥鉢蕟, 聒括适, 闊, 豁, 撮, 掇裰, 脫蜕, 潑, 抹, 斡, 末秣沫抹, 捋.
3. '合'운: 合盒; 閤鴿蛤.
4. '盍'운: 闔嗑; 磕搕.
5. '覺'운: 濁濯鐲啄; 朴璞撲, 浞齪, 卓捉, 數.
6. '藥'운: 縛; 弱蒻.
7. '鐸'운: 鑊, 博, 薄泊箔, 鐸度; 閣各, 膊搏, 郭, 闊擴廓, 粕, 藿霍, 惡, 作, 索, 涸, 莫摸寞膜幕漠, 落洛絡酪烙樂, 諾, 萼鶚, 鰐, 薄.
8. '沒'운: 勃渤.
9. '物'운: 佛.

이 중에서 '覺藥鐸' 세 운의 글자들은 모두 '蕭豪'운에 이미 들어 있고, '沒'운의 '勃渤'과 '物'운의 '佛'도 모두 '魚模'운에 이미 들어 있다. 우리가 추측하기로는 '蕭豪'와 '魚模'에 들어 있는 것은 백화음이고, 여기에 들어 있는 것은 문언음(文言音)이다. 만약 문언과 백화의 구별이 아니라면 그렇게 많은 '우독(又讀)'이 있을 리 없다.

이제 그 예를 들어보면 다음과 같다.

舊酒沒,[22)]
新醅潑(본래 '末'운이었음, 平水韻 '曷'운).

---

22) '沒'자는 본래 '沒'운에 속하지만 '魚摸'와 '歌戈'의 두 가지 音讀이 있어서 보충해 넣어야 한다. (原註)

老瓦盆邊笑呵呵.
共山僧野叟閑吟和.
他出一對鷄, 我出一箇鵝.
閑快活(본래 '末'운이었음, 平水韻 '曷'운)!

이전의 술은 떨어졌지만
새 술을 양조하였다.
낡은 기와동이 옆에서 깔깔 웃고
산승과 촌로와 함께 한가로이 시를 읊는다.
그는 한 쌍의 닭을 내고, 나는 한 마리 거위를 내니
여유가 있고 즐겁구나!

— 관한경(關漢卿), 小令「閑適」,「四塊玉」

潛身且入無何,
醉裏乾坤大.[23)]
蹉跎!
和
鄰友相合(본래 '合'운이었음),
就山家酒嫩魚活(본래 '末'운이었음, 平水韻 '曷'운).
當歌!
百無拘逍遙, 千自在快活(본래 '末'운이었음, 平水韻 '曷'운).
日日朝朝, 落落跎跎.
酒甕邊行, 花叢裏過,
沈醉後由他![24)]

몸을 숨기고 잠시 무위의 선경에 들어가
술에 취하니 천지가 크기도 하다.
허송세월하였구나!

---

23) '大'자는 '皆來'·'歌戈'·'家麻'의 세 가지 音讀이 있다. (原註)
24) '他'자는 '歌戈'와 '家麻'에 兼入되어 있다. (原註)

이웃의 벗들과 의기투합하여
산골 술이며 팔팔한 새끼 물고기 마주하고
노래 부르자꾸나!
어떠한 구속도 없이 소요하고, 아무런 거리낌도 없이 즐겁다.
매일매일, 마음 가는 대로 지내자꾸나.
술독 옆을 거닐고, 꽃밭을 지나간다.
흠뻑 취하고 나면 될 대로 되라지.

— 장가구(張可久), 「齊天樂」 小令

潤紙窗把兩箇都瞧破,
拽後門將三簧鎖納合(본래 '合'운이었음).
捕巡軍快拿捉(본래 '覺'운이었음),
急開門走不脫(본래 '末'운이었음, 平水韻 '曷'운).
到官司問甚麽?
取了招帶枷鎖.
建法場把了市廓(본래 '鐸'운이었음, 平水韻 '藥'운)
上木驢着刀剁.
萬剮了堯婆,
兀的不痛快殺我!

창호지를 적셔 둘 모두 뚫어져라 쳐다보다가
뒷문을 끌어다 三簧鎖를 채우네.
포졸 나으리 어서 잡으시오
서둘러 문을 여니 달아나지도 못하네.
관가에 가면 무엇을 물을까?
자백을 받아내고 칼과 족쇄 채워서.
형장을 세우고 저자거리 단속하고 나면
형틀에 올려 칼질을 하여.
요망한 여인 능지처참한다면
어찌 내가 통쾌하지 않으랴?

— 양현지(楊顯之), 「酷寒亭」, 南呂 「煞尾」

51.4 (13) '家麻'

이 운부에는 『광운』'麻'운의 2등자(즉 개구자) 및 '佳'운의 합구자와 '佳' 본자(本字)와 '罷'자가 속한다. 또한 입성 '曷合盍' 세 운의 설치음자(舌齒音字) 및 '黠鎋洽狎'의 4운자(韻字)와 '月乏'의 경순자(輕脣字)가 속한다.

1. '麻'운: 家牙茶巴麻瓜誇等等.
2. '佳'운: 蝸媧, 蛙洼漥鼃娃哇; 卦挂掛註罫, 畫; 佳, 罷.
3. '夬'운(불규칙): 話.
4. '曷'운: 達妲靼; 闥獺撻躂, 薩撒, 笪; 辣剌.
5. '合盍'운: 沓踏, 雜; 塔榻塌闒遢, 颯, 匝咂, 答搭, 哈; 納捺衲, 臘蠟拉邋.
6. '黠鎋'운: 黠鎋轄, 拔, 滑猾; 戛, 札扎, 八, 察, 殺煞, 刮, 刷; 帓抹(讀入)軋.
7. '洽狎'운: 狹匣柙狎洽峽; 閘霅; 夾甲胛, 箚, 鍤插, 霎歃翣箑, 恰掐, 呷; 鴨壓押.
8. '月'운: 伐垡罰筏閥; 髮發; 韈襪.
9. '乏'운: 乏; 法.

이것들은 모두 현대 보통화의 운부와 부합해서 별로 토론할 만한 것이 없다. 이제 예를 들어보면 다음과 같다.

論文呵有周公禮**法**(본래 '乏'운이었음);
論武呵代天子征**伐**(본래 '月'운이었음).
你不學雲間翔鳳, 他便似井底鳴**蛙**('佳'운).
你這般搖旗納喊, 簸土揚沙,
踅踅磨磨, 叫叫喳喳,
你這般握武興威待甚麼?[25]
將北海尊罍做了兩事家.

25) '麼'자는 '家麻'에 兼入되어 있으니 의당 보충해야 한다. (原註)

你賣弄你那撈咤;
你若是指一指該萬剮.

인문을 논하면 주공의 예법이 있고
무공을 논하면 천자를 대신하여 정벌하는 것이다.
당신은 구름 사이로 비상하는 봉황을 배우지 않고
그는 우물 밑에서 시끄럽게 우는 개구리 같다.
당신이 이처럼 깃발을 흔들며 외치고, 흙을 까부르고 모래를 날리며
벗기고 갈며, 외치고 소곤대면서
당신이 이처럼 무기를 잡고 위세를 떨치는 것은 무엇을 위해서인가?
북해의 술잔을 원수로 삼았다.
당신은 당신의 그 거친 성미 맘껏 부리니
당신이 손가락으로 가리키면 능지처참해야 하리라.

— 교몽부(喬夢符), 「兩世姻緣」, 「綿搭絮」

你道是他打了我呵似屋簷上揭瓦,
不信道我打了他呵着我便帶鎖披枷.
輪動我這莽拳頭, 逞動我這長稍靶,
我繞着那前街後巷尋他.[25]
一隻手揪住那廝黃頭髮(본래 '月'운이었음),
一隻手將椙靶來牢掐(본래 '洽'운이었음),
我可便滴溜撲活攛在那廝馬直下.

당신은 그가 나를 처마 위에서 기와를 들어내듯이 때렸다고 말하지만
내가 그를 때려서 나를 족쇄를 차고 칼을 쓰게 했다는 건 믿지 않는구려.
내 이 거친 주먹 휘두르고
내 이 긴 창을 흔들면서
나는 그 앞거리 뒷골목을 누비며 그를 찾았지요.
한 손으론 그놈의 노란 머리를 꽉 틀어쥐고

25) '他'자는 본래 '歌戈'에 속했지만 그 후 '家麻'로 轉入되었다. (原註)

한 손으론 그놈의 잠방이를 단단히 잡아채어
내가 당장 쿠당탕 산 채로 그 놈의 말 아래로 내동댕이쳤답니다.
—이문위(李文蔚),[26] 「燕青博魚」, 「雁過南樓煞」

風擺簷間馬,
雨打響碧窗紗,
枕剩衾寒莫亂煞(본래 '黠'운이었음).
不着我題名兒罵!
暗想他,
忒情雜(본래 '合'운이었음)!
等來家,
好生的歹鬪咱!
我將那厮臉兒上不抓,
耳輪兒揪罷.
我問你昨夜宿誰家!

바람은 처마 사이의 말을 흔들고
비는 푸른 깁창을 쳐서 울린다.
베개 남고 이불 차지니 심란하기 짝이 없으니
날더러 명목을 대며 욕하게 만들지 마소!
가만히 그를 생각하면
너무나도 감정이 복잡하지요.
집에 오기만 하면
아무튼 결판을 내야지!
그 인간 얼굴은 건드리지 않겠지만
귓바퀴를 잡아당길 테야.
당신 어제 밤 누구네 집에서 잤느냐고 따져야지!
—무명씨, 「三番玉樓人」 小令

26) 텍스트에는 '蔚'가 '慰'로 되어 있는데, 誤字이다.

51.5 (14) '車遮'

이 운부는 '麻'운의 3, 4등자(즉 제치호)이며, 입성 '屑薛葉帖業' 및 '月'운의 후음·아음자가 이에 속한다.

1. '屑薛'운: 傑桀, 迭垤凸瓞耋跌軼絰, 襭頡, 穴, 截, 別鷩癟, 舌折, 絶, 輟哲撤, 蜇蜇; 屑楔偰紲薛褻 絏, 缺闋, 咽噎, 血, 結訐桔潔孑, 節癤, 切竊, 決玦訣譎抉觖, 鐵餮, 鼈挈, 瞥撇, 浙, 雪, 說, 拙輟, 設, 啜; 列烈裂, 悅閱, 熱, 捏臬孽, 滅蔑, 爇, 拽.
2. '葉帖業'운: 疊牒喋堞碟諜蝶蹀, 俠, 挾脅協叶, 捷婕睫, 涉, 輒; 燮屧躞媟, 刦頰鋏莢筴, 浹接楫, 妾唼, 貼帖怗, 怯篋愜, 摺, 攝; 獵鬣躐, 聶躡鑷, 葉業鄴.
3. '月'운: 掘, 竭揭碣; 闕, 謁喝, 歇蠍, 羯, 蕨蹶厥瘚, 月刖越樾鉞粤.
4. '陌'韻(불규칙): 嚇; 客; 額.

51.6 현대 보통화에서 상술한 입성자는 '知照'계가 '歌戈'와 섞여 읽히는 것을 제외하면 그 나머지는 모두 여전히 '車遮'로 읽힌다. '嚇'자가 이미 '齊微'에 보이고, '客'·'額'이 이미 '皆來'에 보이는데도 지금 다시 보이는 것은 예외이다. 이는 아마 문언음일 것이고, 아마도 순수한 '우독(又讀)'일 것이다. 이렇게 제치음으로 읽히는 것은 '庚'운의 '更'자가 현재 '庚'처럼 읽히는 한편 또한 '京'처럼 읽히기도 하는 것과 똑같다.

51.7 '車遮'의 서성자(舒聲字)는 매우 적어 곡조에서는 거의 전부 입성자에 의지하여 간신히 체면을 유지한다. 만약 입성자가 없었다면 이것은 첫 번째 험운(險韻)으로 변했을 것이다. 이제 예를 들어보면 다음과 같다.

> 紫燕金鶯弄也喉舌(본래 '薛'운이었음, 平水韻 '屑'운),
> 我這裏粧點得西園內紅英兒翠重疊(본래 '帖'운이었음, 平水韻 '葉'운).

梅香你與我掩上門兒着, 瘦龐兒不耐春風烈(본래 '薛'운이었음).
霎時間, 花初謝,
這凄涼怎生受也?
怕的是燈兒昏, 月兒暗, 雨兒斜.
愁則愁到晚時節(본래 '屑'운이었음);
沒刻地又早是黃昏夜!

보랏빛 제비와 황금빛 꾀꼬리가 아름답게 지저귀고
나는 여기를 서원의 붉은 꽃과 푸른 잎으로 치장하였다.
매향아 문을 닫아 다오
야윈 얼굴은 매서운 봄바람을 견디지 못하니까.
삽시간에, 꽃이 지기 시작하니
이 처량함을 어떻게 견딜까?
걱정스러운 건 등불 어둡고, 달빛 희미하고, 비 들이치는 것.
그저 늦은 시각까지 슬픔에 잠길까 걱정했더니
느닷없이 또 벌써 어둑한 밤이 찾아왔구나!

—무명씨, 「望遠行」 小令

好風光, 又逢花謝;
美姻緣, 又遭離缺(본래 '薛'운이었음).
似無情一派長波, 聲聲漸替人嗚咽(본래 '屑'운이었음).
這一聲保重言未絶(본래 '薛'운이었음),
珠淚痛流雙頰(본래 '帖'운이었음).
怨滿懷, 恨萬疊(본래 '帖'운이었음),
愁千結(본래 '屑'운이었음)!
兩情牽惹,
玉纖捧盃, 星眸擎淚, 羞蛾蹙損, 檀口咨嗟!

풍광이 좋았는데, 다시 꽃 지는 시절을 만났다.
아름다운 인연이었는데, 다시 헤어지게 되었다.
무정한 한 줄기 긴 파도가 소리마다 점점 사람 대신 오열하는 것 같구나.

몸조심 하라는 이 한 마디 말 끝나기도 전에
구슬 같은 눈물이 두 뺨에 아프게 흘러내린다.
원망이 가슴에 가득하고, 한은 만 겹이나 쌓이고
슬픔은 천 마디나 맺혔구나!
두 사람의 정이 얽혀 있어
섬섬옥수로 술잔을 받들고, 별 같은 눈동자에 눈물이 고이고
수줍은 아미는 찌푸려지고, 붉은 입술은 탄식하는구나!

—상정숙(商政叔), 套數「玉抱肚」

51.8 (15) '庚青'

이 운부는 대략 평수운 하평성 8 '庚', 9 '靑'과 10 '蒸'의 합병이지만 다음에 열거한 세 가지 예외의 경우를 주의해야 한다.

1. '崩盲朋烹猛' 등과 같은 중순개구자(重脣開口字)는 '東鍾'에 귀속한다.
2. '肱轟橫弘兄榮永' 등과 같은 후음 · 아음 1, 2, 3등 합구자는 '東鍾'에 귀속한다.
3. '肯'자는 '眞文'에 귀속하고, 따로 '侵尋'에서 '禀'자를 받아들였다.

이 세 가지 예외는 현대의 일반 관화(官話)의 상황과 대체로 같다(앞 절의 '東鍾'조를 참조할 것). 여기서는 '庚靑'운의 예를 하나만 들겠다.

月明,
浪平.
看遠峰秋沙淨.
輕舟漾漾水澄澄,
天水明如鏡.
范蠡歸舟, 張騫游興,
在漁歌三四聲.
耳淸,
體輕,

漫不省乾坤剩.

달빛 밝고
물결 잔잔하다.
멀리 봉우리를 바라보니 가을 모래 깨끗하다.
가벼운 배 흔들거리고 물 맑아서
하늘과 물이 거울처럼 투명하다.
범여처럼 배를 타고 돌아가고, 장건처럼 여행의 흥이 나서
서너 마디 뱃노래를 부르니
귀 맑고
몸 가벼워
천지의 나머지 일은 전혀 돌아보지 않는다.

— 유치(劉致), 小令 「同文子方泛洞庭湖」, 「朝天子」

51.9 (16) '尤侯'

이 운부는 평수운 하평성 11 '尤'운(『광운』의 '尤侯幽'운)이다. 이 운부는 독점하고 있는 입성자가 없다고 말할 수 있다. 왜냐하면 '肉'자 이외의 다른 입성자는 모두 '魚模'운에 보이기 때문이다.

1. '屋'운: 軸逐, 孰熟淑, 粥粥; 叔倏; 祝竺竹, 宿; 六陸, 肉.
2. '燭'운: 燭; 褥.

이것은 『중주음운』에 의거한 것이다. 『사림운석』은 『중주음운』과 약간 달라서 '肉'자가 '魚模'와 '尤侯'에 겸수(兼收)되어 있고, '陸'자는 '尤侯'에 수록되어 있지 않다.

51.10 일자양독(一字兩讀). 분명히 이 또한 문언과 백화의 차이이다. 그러나 이번에 우리는 '魚模'운 안의 이것들은 문언음이고, '尤侯'운 안의 이것들은 백화음이라고 생각한다. 왜냐하면 현대 보통화의 '백화음'

속에 아직 이들의 흔적이 남아 있기 때문이다. 예를 들면 다음과 같다.

1. 제치호(齊齒呼) : '六'을 '溜'처럼 읽는다.
2. 개구호(開口呼) : '粥'을 '州'처럼 읽는다. '軸'·'妯'·'舳'을 '州'자의 양평(陽平)으로 읽는다. '熟'을 '收'자의 양평으로 읽는다. '肉'을 '柔'자의 거성으로 읽는다.

(注意) 이것은 다만 '知照'계 및 '來日' 두 모(母)의 글자일 뿐이어서 기타의 '屋燭'운자(韻字)는 '尤侯'운으로 읽지 않음을 알 수 있다.

이제 예를 들어보면 다음과 같다.

則被這君璋子徵將我來緊逼逐(본래 '屋'운이었음),
并不肯相離了左右.
今日不得已也, 且隨衆還家, 到來日絶早到墳頭,
我與你廬墓丁憂.
一片心雖過當無虛謬.
早是這朔風草木偃, 落日虎狼愁.
你覷這四野田疇,
三尺荒丘,
魂魄悠悠,
誰問誰偢?
欲去也傷心再回首.

저 君璋 子徵이 나를 바짝 뒤쫓으며
조금도 내 곁에서 떨어지려고 하지 않는다오.
오늘은 어쩔 수 없구려, 잠시 사람들 따라 집에 돌아갔다가
내일 일찍 산소에 와서
내가 그대에게 묘살이를 해 주리다.
한 조각 마음이 지나칠지언정 거짓은 아니랍니다.
벌써 이 삭풍에 초목이 눕고

지는 해에 범과 이리는 슬픔에 잠겼지요.
이 들판 사방의 전답과
세 자 높이의 황량한 언덕에서
혼백들이 떠도는 것을 보시오.
누가 묻고 누가 따지리오?
가려다가도 마음 아파 다시 돌아보네.

— 궁대용(宮大用), 「范張鷄黍」,[28] 「高平煞」

也曾道是誰趁逐(본래 '屋'운이었음)?
天賜這場厮廝逗.
看了他詩中意頭,
料應是箇俊儒流,
裁冰剪雪忒慣熟(본래 '屋'운이었음).
若得他來雙雙配偶.
儘今生共結綢繆.
我去年間紅葉上把詩修.

일찍이 누가 뒤쫓아온다고 했던가?
하늘이 이 한 바탕 사랑 놀음을 내리셨구나.
그가 시에 담은 뜻을 살펴보니
빼어난 학자류인 듯
얼음과 눈을 재단하는 데 특히 익숙하구나.
"그를 얻어 쌍쌍이 짝을 이루면
이 생이 다하도록 함께 끈끈히 맺어지리라."
내가 지난 해에 단풍잎 위에 (이렇게) 시를 적었었지.

— 백박(白樸), 「御水流紅葉」, 「柳青娘」

28) 텍스트에는 '鷄'가 '鳮'로 되어 있는데, 誤字이다.

51.11 (17) '侵尋'

이 운부가 가장 간단해서 바로 모든 '侵'운자가 이에 속한다(다만 '品'자가 '眞文'으로 바뀌어 들어갔고, '禀'자가 '庚靑'으로 바뀌어 들어갔다). '侵'운은 시에서 본래 상용되던 운이었는데, 곡운(曲韻)에 이르러서는 오히려 험운(險韻)으로 변했다. 그 이유를 열거하면 다음 세 가지이다.

(1) '微'와 같은 음성운(陰聲韻)이 확대된 데다가 입성까지 가세했지만, '侵'운은 예전과 다름이 없었다.
(2) '文'운과 같은 양성운(陽聲韻)은 비록 입성이 없지만 '眞魂痕'과 합병하여 확대되었지만, '侵'운은 여전히 홀로 남았다.
(3) 곡운계(曲韻係)는 평상거 3성이 통용되는데, '侵'운은 상성자와 거성자가 너무 적어서 상대적으로 손해를 보았다.

총괄해보면 다른 운이 확대되는 바람에 '侵'운이 상대적으로 위축되어 험운으로 변한 것이다. 따라서 잡극에서는 대단히 드물게 사용되었다. 산곡에서도 '侵尋'운을 사용한 것은 그다지 많지 않다. 여기서도 하나의 예만 들어보겠다.

薔薇滿院香, 菡萏雙池錦.
海榴濃噴火, 萱草淡堆金.
暑氣難禁,
天地炎蒸甚.
閑行綠綠陰.
納淸風臺榭開懷, 傍澄流亭軒賞心.

장미로 온 정원이 향기롭고
연꽃으로 두 연못이 비단 수를 놓은듯
석류꽃은 불을 내뿜듯이 짙고
원추리는 황금을 쌓은듯 단아하구나.

더위는 견디기 어렵건만
천지에 찌는 듯한 더위가 심하다.
한가롭게 푸른 나무그늘을 거닐고
누대 위에서 맑은 바람을 맞으니 가슴이 트이고
정자 난간 옆으로 맑은 물이 흐르니 마음이 즐겁다.

—무명씨, 套數「一枝花」

51.12 (18) '監咸'

이 운부는 평수운 하평성 13 '覃'운(『광운』 '覃談'운)과 15 '咸'운(『광운』 '咸銜'운)의 합병이다. 이 운부도 사람들에 의해 험운으로 간주되지만(王伯良, 『曲律』 제28 「論險韻」), 평수운으로 논하면 두 운이 합병된 것이어서 결국 '侵尋'과 '廉纖'이 하나의 운에서 나왔고 '桓歡'이 반개의 운에서 나온 것에 비해 사정이 좋으므로 이 운부도 비교적 상용되는 편이다. 우리도 이 운부가 착운(窄韻)이긴 하지만 험운은 아니라고 본다. 이제 예를 하나 들어본다(굵게 표시한 글자가 15 '咸'운자이다).

望夫石當過過衝銅**鏨**,
暢好是眼黑心**饞**,
有苦無甘.
臨川縣雙漸將撅其**攙**,
潯陽岸商婦把蘭舟**纜**.
志誠心, 你須**鑒**.
相思易感,
啞迷難參.

망부석도 전에 조각도에 다듬어져
참으로 눈은 검고 마음은 열망에 차서
고통만 있고 달콤함은 없었다.

임천현의 서생 雙漸은 꼼짝 못하게 하여 빼앗았고
심양안의 상부 蕭小卿은 배의 닻을 내렸다.
뜻은 정성을 다하는 데 있으니, 당신은 거울로 삼아야 할 것이다.
상사병은 쉽게 느낄 수 있어도
수수께끼는 깨닫기가 어려운 법.

— 무명씨, 「鴛鴦塚」, 「烏夜啼」

51.13 (19) '廉纖'

이 韻部는 平水韻의 14 '鹽'운(『廣韻』 '鹽添嚴'운과 '凡'운의 齊齒字)이지만, '砭貶窆' 등의 글자가 '先天'으로 바뀌어 들어갔다. 이 운부는 '侵尋'·'桓歡'과 함께 險韻에 속하여 雜劇에서는 대단히 드물게 보인다. 이제 散曲에서 한 예를 들어보겠다.

無嫌,
大排場俺占,
喬風月咱兼,
閑是非人㖶.
强做科撒沾,
硬熱戀白沾.
相簽,
掄的柄鋼鍬分外裏險,
撅坑撅塹.
潘岳花撏,
韓壽香苫!

유쾌한 기분으로
성대한 광경을 내가 점하고
빼어난 바람과 달은 우리가 아우르고
쓸데없는 시비일랑 남들이나 따지라지.

억지 몸짓은 대 위에서 뿌리고
섯부른 열애는 괜한 일인가.
서로 이끌고
가래를 유난히 험하게 휘두르며
구덩이 파고 참호를 파네.
반악은 꽃을 따고
한수는 거적을 향기롭게 여겼다.

— 송방호(宋方壺), 套數 「落日遙岑」, 「紫花兒序」

51.14 곡(曲)에는 이른바 차운(借韻), 췌운(贅韻), 암운(暗韻)과 중운(重韻)이 있다. 이들은 모두 정상적인 규율이 아니지만 내친김에 이야기하지 않을 수 없다.

51.15 차운은 사실상 통운(通韻)이다. 19부의 곡운(曲韻)을 가지고 논하면 출운(出韻)이면서 성음(聲音)이 가까운 글자는 모두 차운으로 보아야 한다. 그러나 평수운(平水韻)을 가지고 논하면 합병될 수 있는 운이 여러 개이므로 차운도 운부를 약간 확대한 것에 불과하다.

51.16 우선적으로 방운상통(旁韻相通)의 상황에 주의를 기울여야 한다. 본래 사운(詞韻)은 '元寒桓刪山先仙'을 합용(合用)하였다. 곡운(曲韻)은 비록 이들을 3부로 나누긴 했지만 어쩌다 상통하기도 한다. 예를 들어 무명씨의 「조소령(調笑令)」은 '寬桓冠斷翫纂援'을 운으로 삼았는데, 이것은 '桓歡'운 중에 '先天'의 '援'자를 차용한 것이다. 이직부(李直夫)의 「忽都白」(잡극 「虎頭牌」)은 '田院椽線緣麵綿燃面換'을 운으로 삼았는데, 이것은 '先天'운 중에 '桓歡'의 '換'자를 차용한 것이다. 무명씨의 「초지춘(草地春)」(잡극 「連環記」)은 '願轉然見便天現權賤間煎環戰免蟬圓'을 운으로 삼았는데, 이것은 '先天'운 중에 '寒山'의 '間'·'環' 두 글자를 차용한 것이다. 본래 사운(詞韻)은 '覃談鹽添嚴咸銜凡'을 합용(合用)하였다. 곡운은 비록 이 둘을 2부로 나누긴 했지만 마찬가지로 어쩌다 상통한다. 예를 들어 지헌(止軒)의 「離亭燕煞」(套數, 「半生花柳」)은 '厭陷南忑減膽'을

운으로 삼았는데, 이것은 '監咸'운 중에 '廉纖'의 '厭'자를 차용한 것이다. 이와 같은 경우는 대단히 드물게 보인다. 『북사광정보(北詞廣正譜)』를 살펴보면 이 네 가지의 예밖에 없다.

51.17 다음으로 in, ing과 im의 상통(相通) 및 ien과 iem의 상통에 주의해야 한다. 앞에서 말했듯이 곡운 19부는 원대 북방의 실제 어음계통이다. 이를테면 폐구운(閉口韻)의 순음자(脣音字)는 원대에 이미 변화가 일어났기 때문에 『중원음운』, 『중주음운』과 『사림운석』은 모두 '侵'운 상성의 '品'자를 '眞文'에 예속시켰고, '禀'자를 '庚靑'에 예속시켰고, '鹽'운 상성의 '貶'자를 '先天'에 예속시켰고, '凡'운 평상거의 '凡帆犯範' 등을 '寒山'에 예속시켰다. 심지어 드문드문 나오는 '肯'자도 '庚靑'에서 끌어내어 '眞文'에 예속시켜 실제어음에 의거하여 기재하였다. 실제어음에 의거하여 기재했기 때문에 거꾸로 개편되지 않은 운은 모두 변하지 않았음을 증명할 수 있는데, 그에 따라 -n, -ng, -m의 세 계통이 원대의 북방에서 여전히 보존되었다고 말할 수 있다. 곡은 음악에 배합되는 것이므로 용운(用韻)은 반드시 아주 조화로워야 된다. 만약 -in과 -im이 협운(叶韻)되고, -ing과 -in이 협운되고, -ien과 -iem이 협운된다면 그것은 일종의 협음(協音 : assonance)일 뿐 일종의 운은 아니므로 조화롭다고 할 수 없다. 이로부터 볼 때 남방인이나 후대인이 아니라면 응당 그와 같은 차운(借韻)은 사용하지 않았을 것이다.

51.18 그러나 -n과 -m의 섞임 현상은 원대에 진행중이었으므로 극소수의 방언에서 이미 섞이기 시작했을 수 있기 때문에 원곡(元曲)에서 -n과 -m의 경계가 어쩌다 무너지기도 했다. 예를 들어 양서암(楊西庵)의 「상화시(賞花時)」(套數)는 '衾人春裙分'을 운으로 삼았는데, 이는 '眞文'운 중에 '侵尋'의 '衾'자를 차용한 것이고, 무명씨의 「양주제칠(梁州第七)」은 '慣按彈觀顔眼鬢間雁堪還'을 운으로 삼았는데, 이는 '寒山'운 중에 '桓歡'의 '觀'과 '監咸'의 '堪'을 차용한 것이고, 무명씨의 「곡황천(哭皇天)」(잡극 「鴛鴦塚」)은 '蘸删含冉緘攙擔陷攬'을 운으로 삼았는데, 이는 '監咸'

운 중에 '廉纖'의 '冉'과 '寒山'의 '刪'을 차용한 것이고, 왕백성(王伯成)의 「耍孩兒」(套數, 「過隙駒」)는 '感慘龕菴冠'을 운으로 삼았고, 「般若調煞」(투수 「과극구」)은 '監纜患貪洴'을 운으로 삼았는데, 이는 '監咸'운 중에 '廉纖'의 '洴'과 '寒山'의 '患'과 '桓歡'의 '冠'을 차용한 것이고, 무명씨의 「신시령(新時令)」(小令)은 '緣邊年鞭穿鶼氈錢千田仙'을 운으로 삼았는데, 이는 '先天'운 중에 '廉纖'의 '鶼'을 차용한 것이고, 무명씨의 「오야제(烏夜啼)」(「鴛鴦塚」)은 '線圓殿源見眠攙蓮燕眷軒'을 운으로 삼았는데, 이는 '先天'운 중에 '監咸'의 '攙'을 차용한 것이다. 여기서 주의할 점은 왕백성(王伯成) 외에는 양서암(楊西庵)과 무명씨들에 대해 그들이 북방인이라고 단정할 방법이 없다는 것이다. 게다가 왕백성 「솨해아(耍孩兒)」의 마지막 구 원문을 적어보면 "鬅鬆髩, 不分髻角, 焉用簪冠(머리가 흐트러져, 상투가 구분되지 않으니, 어떻게 비녀와 관을 쓰겠는가?)"인데, 이것이 본래는 '焉用冠簪'이 아니었을까 의심된다. 또한 그의 「반야조살(般若調煞)」의 '患'자도 운을 단 것이 아닐 것이다(『북사광정보』는 이 글자를 운으로 여기지 않았다). 이렇듯이 원곡(元曲)에는 -n과 -m의 혼용 현상이 거의 없었다고 말할 수 있을 것이다.

51.19 in과 ing의 통용은 더욱 이유가 없다. 송사(宋詞)에는 '眞'과 '庚'이 통용된 예가 약간 있는데, 그것은 남방인 사가(詞家)가 썼기 때문일 것이다. 남방관화(南方官話) 및 오어(吳語)는 '眞'과 '庚'을 구분하지 않아서 그들이 때로는 방음(方音)의 영향을 받았을 것이다. 그러나 북방관화(北方官話)는 현재에 이르기까지 '眞'과 '庚'을 분명히 구분하기 때문에 북곡(北曲)에서 '眞'과 '庚'이 섞이는 현상이 있었을 리 없다. 따라서 '眞'과 '庚'을 섞어 쓴 원곡(元曲) 작가는 아마도 남방인이거나 적어도 남방에서 성장한 사람일 것이다. 예를 들어 등옥소(滕玉霄)의 「백자령(百字令)」(小令)은 '盡應引品'을 운으로 삼았고, 「요편(幺篇)」은 '韻幷聽冷'을 운으로 삼았는데, 이는 '眞文'과 '庚青'을 통운(通韻)하여 주종(主從)을 구분하지 않은 것이고, 무명씨의 「양관삼첩(陽關三疊)」(小令)은 세 구의 '客舍青青'

과 '塵新分人人'을 운으로 삼았는데, 이는 '眞文' 중에 '庚靑'에 속하는 '靑'자를 섞어 넣은 것이다. 또 다른 무명씨의 주마청(「駐馬聽」)(套數, 「閑風吹散」)은 '情損悶心裙問春甚'을 운으로 삼았는데, '情'은 '庚靑'에 속하고 '損悶裙問'은 '眞文'에 속하고 '心甚'은 '侵尋'에 속하여 -in, ing과 im 세 개가 다 섞여 있다. 또한 포찰선장(蒲察善長)의 「주마청(駐馬聽)」(투수 「樓頭畫鼓」)은 '成春醒硬經症'을 운으로 삼았는데, 이는 '眞文'의 '春'을 '庚靑'운 속에 섞어 넣은 것이다.

유일하게 의문을 자아낸 것은 관한경(關漢卿)의 「운주춘(鄆州春)」(잡극 「調風月」)이다. 이것은 '爭臨承行'을 운으로 삼았는데, 이는 '庚靑'운 중에 '侵尋'의 '臨'자를 차용한 것이다. 관한경은 분명 원초(元初)의 북방인인데다 원곡의 정통파에 속한다. 베껴 쓰는 과정에서의 착오가 아니라면 일종의 협운(協韻)으로 간주할 수밖에 없다.

51.20 차운(借韻)으로 간주할 수 없는 경우가 한 가지 있는데, 그것은 곡가(曲家)가 시운(詩韻)에 의거했기 때문에 곡운(曲韻)과 부합하지 않게 된 것이다. 『중원음운(中原音韻)』이 유행한 것은 원말(元末)의 일이다. 그 이전에는 이른바 곡운이라는 것이 없었으므로 곡가(曲家)가 각자 실제 어음에 의거하여 운을 사용할 수밖에 없었다. 그러다 보니 어쩌다 시운(詩韻)을 중시하는 한두 시인이 곡을 지을 때 아낌없이 구어를 위반하고 책(平水韻)에 의거하기도 하였다. 이것을 후인이 곡운의 안목으로 보면 차운으로 여기게 된다. 예를 들어 증서경(曾瑞卿)이 「취춘풍(醉春風)」(小令)에서 '詔貶兼險箝占嚴'을 운으로 삼은 것은 '貶'이 본래 '鹽'운 상성(上聲)에 속하기 때문이다. 또 「초호로(醋葫蘆)」(투수 「悶登樓」)에서 '寧縈肯靜熒'을 운으로 삼은 것은 '肯'이 본래 '登'운(평수운 '蒸'운) 상성에 속하기 때문이다. 무명씨(『中和樂章』)가 「쌍연자(雙燕子)」(套數)에서 '熙侈貴美里'를 운으로 삼은 것은 '侈'·'美'·'里'가 평수운에서 함께 4 '支'운의 상성에 속하여 '支思'('侈')와 '齊微'('熙貴美里')를 나누지 않았기 때문이다. 『북사광정보』가 '貶'자 밑에 '시협(詩叶)'이라고 주를 단 것은 지극히

옳지만 '肯'과 '侈' 밑에 '借'자(字)라고 주를 단 것은 잘못된 것이다.

51.21 결론적으로 곡에서 '차운(借韻)'의 현상은 사에서처럼 많지 않다. 『북사광정보』에는 열두 곳만이 차운으로 간주되었는데, 진정한 차운은 아마도 한두 곳에 불과할 것이다. 따라서 크게 주의할 것은 못 된다.

51.22 췌운(贅韻)은 본래 운을 사용하지 않아도 될 곳에 작자가 일시적인 방편으로 한두 개의 운각(韻脚)을 더 압운한 것이다. 다음 예를 보자.

這生他不思獻賦, 不想題橋.
則俺那卓文君本無心, 把這個漢相如乾病倒.
教解元善服湯藥(贅韻), 把貴體和調.
且只去苦志攻經史, 休把那文章來墮落.
你省可裏胡言亂語, 誰教你夢斷魂勞?
着碗來大的艾焙燒(贅韻), 把你來火葬了!

이 생에 그는 賦를 바칠 마음이 없었고
공명에 대한 포부도 없었다.
나의 저 탁문군은 애초에
이 司馬相如를 공연히 몸져눕게 할 마음일랑 없었다.
선비님이 탕약을 잘 복용하시어
귀한 몸이 조화를 이루게 해드려야지.
이제 그저 고심하며 경전과 사서를 연마하시고
시시한 문장으로 타락하지는 마시오.
당신은 허튼소리를 지껄이지 마시오.
누가 당신더러 그리움에 지치라고 했나요?
사발만큼의 쑥 듬뿍 살라서
당신을 화장해버리겠어요!

— 정덕휘(鄭德輝), 「㑳梅香」, 「六國朝」

梅香嗏, 省鬧(贅韻); 小姐哎, 你休焦!
你道是那物件要歸着(贅韻), 這東西索尋個下落 ……

這須是先相國的深宅院, 怎敢將小姐來便搬調?
小姐是未出嫁的閨中女, 怎敢將淫詞來戲謔?
至如那風火的夫人性緊, 把我這壞家門罪犯難招.
請侍長快疾行, 教奴胎喫頓拷!

매향아, 수선떨지 마라.
아가씨, 애태우지 마세요!
당신은 그 물건이 돌아갈 곳이 있어야 한다
이 물건도 종적을 찾아야 한다고 하시지만.
이곳은 분명 전 재상의 깊은 저택인데
어찌 감히 아가씨를 부추길 수 있나요?
아가씨는 아직 출가하지 않은 규중 여인인데
어찌 감히 음란한 말로 희롱할 수가 있나요?
다혈질인 부인께서는 성질이 급하셔서
가문을 망쳤다는 제 죄를 자백하기는 어렵겠지요.
주인님께서는 서둘러 달려가셔서
이 노비가 얻어맞게 해 보세요!

—정덕휘, 위와 같음

이 두 수의 「육국조(六國朝)」를 서로 비교해보면 췌운을 쉽게 증명할 수 있는데, 왜냐하면 한 수에서 췌운을 사용한 곳이 다른 수에서는 운을 사용하지 않은 곳이기 때문이다(그러나 『북사광정보』가 췌운이라고 주를 단 것은 신뢰할 수 없는 경우가 있다. 예를 들어 『북사광정보』는 「선려 賞花時」 제4구에 사용된 운이 췌운이라고 말했지만 사실은 그렇지 않다).

51.23 췌운과 아주 흡사한 경우도 있는데, 그것은 운을 쓰지 않아도 되는 구에서 인운(鄰韻)을 사용하여 구를 마감한 것이다. 이로부터 알 수 있듯이 곡가(曲家)가 곡을 지을 때는 가능한 한 조화롭게 하여 기회를 놓치려하지 않았다. 다음 예를 보자.

梅梢馥郁, 月影橫斜.
玉筍不知寒, 牙籌相接.
六擲分紅黑(準贅韻), 點點俱別.
慷慨懷豪俠(贅韻), 常慕此英傑.
金蘭芙蓉間隔(準贅韻), 桃花柳葉重疊.
休臨老入花叢, 趁青春先去折.

매화가지 향기롭고, 달그림자 가로 비껴 있다.
옥 같은 죽순은 추위를 모르고, 산가지처럼 서로 접해 있다.
여섯 번 던져서 붉은 것과 검은 것을 나누니, 점점이 모두 구별되었다.
강개하여 마음에 의협심을 품고, 언제나 이 영걸을 흠모하였다.
금빛 난초와 부용이 사이사이 격해 있고, 복사꽃과 버들잎이 중첩되어 있다.
늙고 나서 꽃떨기에 들어가지 말고, 젊었을 때 먼저 가서 꺾어야 하리.
('黑'과 '隔' 두 글자는 응당 '車遮'에 兼入되는 것 같다. 그렇다면 바로 췌운이지 인운이 아니다.)

—무명씨, 套數「冰肌勝雪」,「六國朝」

把拄杖隨時擲起, 奪盡鬼神權.
俄爾瞧窺, 虹橋千丈碧空懸.
月色如銀燦爛(準贅韻), 隱隱遠相連.
急令天子, 緊瞑雙眼(準贅韻), 恍然將近斗牛邊.

지팡이를 수시로 던져, 귀신의 권리를 다 빼앗았다.
문득 바라보니, 천 길의 무지개다리가 푸른 하늘에 걸려 있다.
달빛은 은처럼 찬란한데, 은은하게 멀리 서로 이어져 있다.
급히 천자로 하여금, 두 눈을 꼭 감게 하니
금새 斗宿와 牛宿 곁으로 다가선다.

—왕백성(王伯成),「天寶遺事」,「六幺令」

두 번째 곡자(曲子)는 곳곳에서 조화를 추구했다. 주운(主韻)은 '先天'이고, '寒山'으로 뒷받침했다('爛', '眼'). 부운(副韻)은 '齊微'이고('起', '窺'),

'支思'로 뒷받침했다('子'). 다시 자세히 관찰해보면 '盡'·'神'·'千'·'銀'·'燦'·'隱'·'遠'·'天'·'緊'·'然'·'近'이 모두 주운과 상응하고, '隨'·'時'·'擲'·'鬼'·'急'이 모두 부운과 상응하여 참으로 기관(奇觀)이라고 칭할 수 있다.

51.24 촉운과 정 반대인 것은 본래 응당 운을 사용해야 하는데도 사용하지 않은 것인데, 이것은 실운(失韻)이라고 부를 수 있다. 실운의 경우는 매우 드물게 보인다. 다시 말해서 곡운(曲韻)은 본래 매우 촘촘해서 어쩌다 한 곳에 운을 사용하지 않아도 그다지 엄중하게 보이지 않는다. 예를 들어 상정숙(商政叔)의 「옥포두(玉抱肚)」(套數)에 "渭城客舍, 微雨過, 陌塵輕**浥**; 絲絲嫩柳搖金, 情裊爲誰牽惹(위성의 객사에서, 이슬비 지나가, 거리의 먼지 살짝 젖었다. 어린 버들가지마다 금빛으로 흔들리고, 정은 하늘하늘 누구 때문에 이끌리나?)"라고 하였는데, 『북사광정보』는 '浥'자 밑에 "응당 운을 사용해야 한다"라고 주를 달았다. 또한 이취진(李取進)의 「초지춘(草池春)」(잡극 「欒巴噀酒」)에 "不索問轉輪王把仇論,[28] 平等王算子攤, 神不容奸, 則爲諸行百戶厮攢, 零碎雜物銜販, 金銀器合揮**踏**(전륜왕에게 물어 은인과 원수를 따지기도 전에, 평등왕의 주판을 펼치니, 신은 간사함을 용납하지 않아, 각종 직업에 종사하는 사람들을 모아서, 자질구레한 잡물을 받아 파니, 금은의 그릇을 휘두르고 짓밟네)"라고 하였는데, 『북사광정보』는 '踏'자 밑에 '失'(失韻)이라고 주를 달았다. 실운은 물론 피하는 것이 좋다.

51.25 암운(暗韻)은 본래 송사(宋詞)에 있던 것인데, 원곡(元曲)에 이르러 더욱 흔히 보이게 되었다. 이른바 '암운'은 구 중간에 하나의 운자(韻字)를 삽입한 것인데, 이 운자가 있는 곳이 바로 절주점이기도 하다. 이제 먼저 『북사광정보』가 지적한 암운에 의거하여 약간의 예를 들어본다.

> 乍涼時**候**(暗叶)西風透,
> 碧梧脫葉餘暑纔收.

28) 48면의 "⑦ 일곱 글자를 붙인 것"의 예문에는 '把仇論'이 '把恩仇論'으로 되어 있다.

香生鳳嘴, 簾垂玉鉤.
小院深閒淸晝,
淸幽,
聽聲聲蟬噪桃梢頭.

갑자기 서늘하더니 가을바람이 지나가
벽오동 잎 떨어지고 남은 더위 그제서야 사그라드네.
봉황의 부리에서 향이 일고, 옥고리에서 주렴이 드리워졌다.
작은 정원 맑은 대낮에 몹시 한가롭고
맑고 그윽한데
복숭아 가지 끝에서 매미 소리 시끄럽게 들려온다.
(首句가 "有林泉約, 雲山樂(숲 샘의 약속과 구름 산의 즐거움이 있다)"처럼 對仗이라면 제4자가 운으로 간주되어 암운이 아니다.)

— 관한경(關漢卿), 套數「曉來雨過」, 仙呂「六么遍」

銀燭熒煌不夜天,
列兩邊(暗叶)見世神仙,
偸降蕊珠宮, 私出淸雲殿;
雙按碧雲軒,[30]
對飮蟠桃宴.
欲使人心暗牽,
各把精神鬪顯.
一賭輸贏先共言,
數款規條盡寫全.
拈下紫霜毫, 磨下端溪硯.

은 촛불이 밝게 빛나 불야성을 이루고
양쪽으로 늘어서서 세상을 보는 신선들은
몰래 예주궁에서 내려왔고, 살짝 청운전에서 나왔다.

30) 贅韻인 듯하다. (原註)

쌍쌍이 벽운헌에 자리 잡고
반도연을 열어 대작한다.
사람의 마음을 몰래 끌겠다며
서로가 기량을 드러내고자 다투네.
승부를 겨룰 양이면 미리 함께 언약하고
몇 가지 조건을 모두 써 놓아야지.
자주색 붓 준비하고, 단계 벼루를 갈아놓네.

— 왕백성, 「天寶遺事」, 「憶帝京」

酒入愁腸怎生言?
疎竹瀟瀟西風戰.
如**年**(暗叶)如**年**(暗叶)似長夜天,
正是恰黃昏庭院.

술이 슬픔에 찬 몸속에 들어가니 어찌 형언할 수 있으리오?
성긴 대숲이 쏴아 쏴아 가을바람에 떤다.
일 년 같은 일 년 같은 기나긴 밤날
때마침 황혼 나절의 정원이로구나.

— 관한경, 套數 「玉驄絲控」, 「小科門」

51.26 『북사광정보』는 암협(暗叶)한 곳이라고 간주하지 않았지만 우리가 보기에는 암협인 것도 있다. 예를 들면 다음과 같다.

納涼時, 波漲沙;
滿湖香, 芰荷蒹葭.
倒金盃, 斟玉斝.
恁般樓臺正宜夏,
都輸**他**(暗)沈李浮瓜.

바람을 쐴 때, 물결이 모래 위로 밀려드네.

온 호수를 향기롭게 만드는 것은 마름과 연꽃과 갈대로다.
금 술잔을 기울이고, 옥 술잔을 따른다.
이와 같은 누대는 여름에 어울리니
모두 그에게 가라앉은 오얏과 뜬 오이를 가져다 주네.
— 왕백성, 套數「四時湖水」,「早鄕詞」

情思昏昏眼倦開;
單枕側,
夢魂飛入楚陽臺.
早知道無明無夜因他害,
想當初不如不遇傾城色.
人有過, 必自責(暗韻 또는 贅韻), 勿憚改.
我却待(暗)賢賢易色(暗)將心戒,
怎禁他兜的上心來!

마음이 혼미하여 눈이 떠지지 않고
홑 베개 곁에서
꿈속의 혼은 楚王의 陽臺로 날아드네.
밤낮없이 그녀로 인해 상심할 줄 진작에 알았다면
애당초 차라리 절세가인을 만나지나 말 것을.
사람이 잘못을 저지르면, 반드시 자신을 책망하고, 고치길 꺼리지 않아야 하는 법.
나는 덕성을 소중하게 여기고 미색을 가볍게 여기는 것을 마음의 계율로 삼고자 하건만
그녀가 불쑥 불쑥 마음속에 떠오르는 것을 어쩌란 말인가!
— 왕실보(王實甫),「西廂記」,「油葫蘆」

簾垂下, 戶已扃;
我恰纔個悄悄相問(準贅韻), 他那裏低低應.
月朗風清(暗)恰二更,
厮傒倖,

他無緣, 小生薄命.

주렴 아래로 내리고, 문을 이미 닫았다.
나는 그제야 살그머니 물으니, 그는 낮게 응답하였다.
달 밝고 바람 맑아 마침 2경인데
서로가 슬퍼하네
그녀는 인연이 없고, 소생은 운명이 기구하다고.

— 왕실보, 「西廂記」, 「東原樂」

51.27 암운은 고의로 사용한 것도 있고 그렇지 않은 것도 있어서 단정하기 매우 어렵다. 그러나 몇몇 곡가(曲家)들은 분명히 의식적으로 암운을 썼다고 말할 수 있다. 주덕청(周德淸)은 「작사십법(作詞十法)」에서 '六字三韻' 1조(條)를 논하면서 「서상기(西廂記)」의 "忽**聽**一**聲**猛**驚**"과 "本**宮**始終不**同**"을 예로 들었다. 『철경록(輟耕錄)』에는 우집(虞集)의 「절계령(折桂令)」 "**鸞輿**三顧茅**廬**, 漢**祚**難**扶**. 日**暮**桑**榆**. 深**渡**南瀘, 長**驅**西**蜀**, 力**拒**東**吳**. 美**乎**周瑜妙術, 悲**夫**關**羽**云殂! 天**數**盈**虛**, 造物**乘除**, 問汝何**如**笑賦歸**歟**?(난새 수레를 타고 초가를 세 번 찾아갔으나, 한나라의 복을 떠받치기 어려웠다. 해는 뽕나무와 느릅나무 가지 끝에 지는데, 깊숙이 남쪽 노강을 건너, 서촉으로 오래 말 달려, 힘써 東吳를 물리쳤다. 훌륭하구나 주유의 묘한 계책이! 슬프다 관우가 죽은 것이! 운명에는 차고 이지러짐이 있고 만물에는 더해지고 줄어드는 것이 있으니, 그대에게 묻는다 어떻게 웃으며 歸去來를 지을 수 있는지?)"가 실려 있다. 비록 주덕청의 조롱을 받긴 했지만 확실히 암운이 있었음을 이를 통해 알 수 있다.

51.28 또한 암운이 아니라 구중운(句中韻)인 경우도 있다. 본래 운을 써야 할 곳에 운을 쓴 것이므로 명운(明韻)이라고 해야 할 것이다. 다만 구두의 종점과 운각이 일치하지 않으므로 구중운인 것이다. 이것은 어느 정도 서양시의 '과행(跨行=enjambement)'과 비슷하다. 앞에서 인용한 「서상기(西廂記)」의 "本宮始終不同"의 '宮'자가 바로 구중운이지, 암운이 아

니다.

這一篇與本宮
始終不同.
又不是淸夜聞鐘,
又不是黃鶴醉翁,
又不是泣麟悲鳳.

이 한 편은 本宮과
처음부터 끝까지 같지 않다.
맑은 밤에 종소리를 듣는 것도 아니고
황학을 탄 취옹도 아니고
슬피 우는 기린이나 봉황도 아니다.

—왕실보, 「麻郎兒」 么篇

앞 절에서 든 왕실보의 「점강순(點絳脣)」 "夜深香靄橫金界"와 장가구(張可久)의 「제천락(齊天樂)」 "和鄰友相合"이 모두 이러한 맥락이다. 다시 예를 들어본다.

今日個從實
對你分析:
不是見喫閃着虧(暗)你勸不的,
把俺死央及,
及對面又難爲.
以此上不免的依隨.
偸方覓便雖做美,
得迴避,
您偎香抱玉無了期.
世着迷則管着迷,
直到落便宜!

오늘 사실대로
당신께 말씀해 드립니다.
버려진 꼴을 보고 그대가 설득하지 못한 까닭에
나까지 한사코 연루시킨 격 아닙니까?
서로 마주하면 또 민망스러워 하기에
그래서 어쩔 수 없이 따르게 된 것입니다.
편의를 구하는 것이 비록 좋기는 하다지만
회피해야 하는데
당신이 향에 기대고 옥을 안는 것은 끝날 때가 없습니다.
두고 두고 몰두하려거든 하십시요
낭패를 볼 때까지 말입니다!

— 왕백성(王伯成), 「天寶遺事」, 「六么序」

51.29 마지막으로 중운(重韻)을 이야기해보자. 중운은 동일한 곡자(曲子) 안에 두 개 이상의 같은 운각이 있는 것이다. 시와 사는 모두 중운을 기피하지만 곡만은 중운을 기피하지 않는다. 이에는 대략 세 가지 이유가 있다. 첫째, 일부 곡운은 시운보다 더 협착해서('支思', '桓歡' 등) 중운으로 보상해주지 않을 수 없었을 것이다. 둘째, 잡극에서는 절(折)마다 한 운을 써야 하고, 투수(套數)도 투(套)마다 한 운이어서 필요한 운각의 수가 시나 사보다 몇 배나 많다. 셋째, 곡은 비교적 대중화된 것인데, 일반 민중들은 중운을 꺼리지 않는다. 앞의 제49절에서 든 왕실보의 「후정화(後庭花)」는 '**兒思**詩時**兒思**子**兒**此'로 협운(叶韻)하였고, 제50절에서 든 김지보(金志甫)의 「매화주(梅花酒)」는 '殘闌**山**閑**山**關帆炭**山**灘單乾斑潺欄竿間'으로 협운하였고, 제51절에서 든 장가구(張可久)의 「제천락(齊天樂)」은 '何大**跎**和合**活**歌**活跎**過他'로 협운하였고, 무명씨의 「삼번옥루인(三番玉樓人)」은 '馬紗煞罵**他**雜**家**咱抓罷**家**'로 협운한 것이 모두 중운의 예여서, 다시 예를 들어 증명하지 않아도 될 것이다.

제52절 입성과 상성의 변천

52.1 관화계(官話系)에서 입성(入聲)은 대략 먼저 -p+-t+-k=-?의 단계를 거쳤다. 송대(宋代) 말엽에 아마도 현대 오어(吳語)의 입성처럼 촉음(促音)으로만 읽게 되어 더 이상 -p -t -k의 3대 계통으로 나누지 않았을 것이다. 앞의 제3장 제39절에서 우리는 이미 많은 예를 들어가며 이 점을 증명하였다. 원대에 이르러서는 운미(韻尾)의 촉음마저도 소멸되어 사실상 입성은 이미 평상거 3성에 병합되었다. 그러나 다만 원대의 사가(詞家)들은 전통 사율(詞律)에 구속되어 감히 경솔하게 입성과 평상거 3성을 통압하지 못했을 뿐이다. 곡가(曲家)의 견해는 이와 달라서 주덕청(周德淸)은 근본적으로 입성의 존재를 부정하고, 입성은 오음(吳音)으로 중원(中原)의 구운(舊韻)이 아니라고 배척하였다. 기실 다수의 곡가들은 오음(吳音)의 여부를 떠나서 실제 어음에 의거하여 압운할 줄만 알았을 뿐이다. 더욱이 조명경(趙明鏡), 장국빈(張國賓), 홍자이이(紅字李二)와 화이랑(花李郎) 같은 사람들은 "모두가 예인[娼夫]이어서"(『元曲選』 卷首에 실린 涵虛子의 말) 본래 입성이 있었다는 사실조차도 몰랐을 것이다.

52.2 입성은 소멸된 후에 평상거 3성에 병합되었다. 『중원음운』이 평성을 음양으로 나누긴 했지만 입성은 양평(陽平)에만 귀속되어 음평(陰平)에 귀속된 것은 없다. 그러므로 『중원음운』이 음양을 나누지 않고 다만 "입성이 평성이 되었다"라고 한 것도 타당하지 않을 것은 없다. 우리는 이제 『중원음운』에서 상용되는 입성자를 그것이 귀속된 성조에 따라 하나하나 상세하게 열거해보려고 한다. 왜냐하면 이들이 귀속된 성조를 오늘날 입성이 있는 방언 구역의 사람들이 추측해낼 수 없을 뿐만 아니라 심지어 현대 관화 구역의 사람들도 추측해내지 못하는 것이 많기 때문이다. 현대 서남관화(西南官話)는 입성이 일률적으로 양평으로 전입되어 원곡과 다르며, 현대 보통화(北京話)의 입성 계통도 원곡의 입성 계통

과는 큰 차이가 있다. 이것은 특히 주의를 기울여야 한다.

52.3 입성자에 따라서는 두 가지 성조로 전입한 것들이 있다. 이것들에 대해서는 무엇이 정독(正讀: 원칙에 의거하여 읽는 것)이고 무엇이 변음(變音)인지를 구분하여 변음자(變音字)에 괄호를 쳤다. 그 이유는 다음 글에서 밝히겠다.

52.4 몇몇 입성자는 귀속해 들어간 성조가 불규칙한 것 같은 경우가 있다. 우리는 그런 불규칙한 입성자를 굵은 글자로 표시했는데, 그 이유는 다음 글에서 설명하겠다.

(a) 입성이 평성이 된 것

1. 見母 : (給) (汲).
2. 羣母 : 極及, 局醵掘, 竭揭碣傑桀.
3. 疑母 : **兀杌屼**.
4. 端母 : (篤) (督), **妲靼**.
5. 透母 : 逖.
6. 定母 : 狄笛荻覿翟敵迪糴, 獨讀髑瀆匵牘犢毒纛突, 度鐸奪, 達沓踏, 垤耋跌凸迭瓞軼絰疊牒堞喋碟諜蝶.
7. 知母 : (啄) (哲) **輒**.
8. 徹母 : (徹).
9. 澄母 : 秩帙姪直擲, 逐軸躅, 宅擇澤翟, 濁鐲擢濯着, 霅閘, 轍徹蟄.
10. 幫母 : (逼) 濮, 博 (膊)
11. 滂母 : **瀑**.
12. 幷母 : 弼愎甓, 曝僕暴瀑孛勃, 白帛舶, 雹泊亳薄箔, 鈸跋魃拔, 別.
13. 奉母 : 伏服復鵩袱茯佛, 縛, 伐垡筏閥罰乏.
14. 精母 : **鏃** (卒).
15. 淸母 : (蔟).
16. 從母 : 疾嫉賊鷟藉集, 族, 嚼昨怍炸, 雜, 絶截捷睫婕.
17. 邪母 : 席夕汐穸蓆習襲隰, 俗續.
18. 莊母 : **舴蚱**.

19. 山母 : 蝨.
20. 照母 : 桎, (粥).
21. 神母 : 實食蝕, 贖術述朮秫, 舌.
22. 審母 : (叔) (倏).
23. 禪母 : 殖植石十什拾, 蜀屬孰熟塾淑, 杓, 折涉.
24. 曉母 : (赫) 嚇, 割, 脅.
25. 影母 : (熨).
26. 喩母 : (育).

(b) 입성이 상성이 된 것

1. 見母 : 吉吃訖戟擊激急給汲棘國, 菊鞠掬鞫蘜踘谷穀轂梏告, 橘, 格骼隔膈革虢摑幗馘, 角覺脚, 各閣郭槨, 葛割閤鴿蛤括聒适, 戞甲夾胛刮, 結訐桔羯揭潔劫孑頰鋏莢筴決玦譎抉觖訣厥蕨蹶瘚.
2. 溪母 : 乞詰肹喫隙綌卻克剋刻, 曲麴哭酷屈, 客, 殼確却恪廓擴, 渴咳磕闊, 恰掐, 缺闕闋怯篋愜挈.
3. 羣母 : 佶姞.
4. 疑母 : (兀).
5. 端母 : 的滴鏑嫡德得, 篤督启, 掇, 答搭搨笪.
6. 透母 : 剔惕倜忒慝, 禿, 托魄擇槖拓飥託脫蛻, 塔闥獺榻塌闒遢撻, 帖怗貼鐵餮.
7. 定母 : 滌.
8. 知母 : 竹竺筑築, 摘謫, 卓琢啄, 哲輟.
9. 徹母 : 咥, 矗蓄畜黜怵, 拆, 徹撤.
10. 幫母 : 必畢篳蹕筆碧北壁璧躄愊, 卜不, 伯百柏迫擘蘗, 剝駁鉢撥蕟膊搏, 八, 鼈.
11. 滂母 : 匹疋僻劈癖, 扑醭, 拍魄珀, 潑璞粕, 撇瞥.
12. 幷母 : 闢.
13. 明母 : (抹).
14. 非母 : 福腹幅輻複蝠弗紱黻紼芾, 髮發法.
15. 敷母 : 覆拂髴.

16. 精母 : 則, 積脊蹐踖蹟卽鯽稷跡襀勣績迹, 足卒捽焌, 作, 匝咂, 節癤接浹楫.

17. 淸母 : 七漆戚刺鏚緝葺, 促蹙促簇蔟, 鵲錯, 撮, 擦, 切竊妾唼.

18. 心母 : 塞, 膝蟋息熄昔惜舄析錫蜥淅晳, 宿肅粟速蔌餗觫卹恤戌, 索削, 薩撒颯僿, 屑楔偰紲泄薛褻燮屟絏躞媟雪.

19. 莊母 : 責簀幘窄側昃仄, 捉, 札扎笴.

20. 初母 : 策冊柵測惻, 齪, 察挿鍤.

21. 牀母 : 浞.

22. 山母 : 瑟澀, 縮謖, 色嗇嬙穡, 率蟀, 朔槊數, 殺煞霎歃箑刷.

23. 照母 : 質騭只隻炙蹠摭職織執汁, 粥祝燭囑, 灼酌妁斫繳, 折淛拙摺慴.

24. 穿母 : 叱尺赤斥勅, 觸俶出, 綽婥啜, 掣.

25. 審母 : 失室奭釋適式識飾拭軾, 叔倏菽束, 爍鑠, 說設攝.

26. 曉母 : 汔虩闃翕黑, 旭頊勗畜熇, 謔壑郝, 藿霍豁喝呷, 歇蠍血嚇.

27. 匣母 : 覡 (檄), 曷涸.

28. 影母 : 一壹乙, 澳鬱蔚熨屋沃, 握渥幄喔約惡, 遏斡噦, 咽謁饐.

(c) 입성이 거성이 된 것

1. 羣母 : 劇屐.

2. 疑母 : 逆鷁, 玉獄, 額, 岳嶽樂虐瘧鍔萼鰐諤, 月刖臬齧孽蘖業鄴.

3. 泥母 : 溺, 訥肭, 諾, 納衲捺, 涅捏苶捻.

4. 知母 : 倬.

5. 娘母 : 匿, 搦, 聶躡鑷.

6. 幷母 : 蔔, (薄).

7. 明母 : 密蜜宓謐覓墨默, 木沐穆睦目鶩牧歿沒, 陌貊佰麥脉驀, 莫摸漠膜幕寞瘼, 末秣沫抹, 滅蔑篾蠛.

8. 微母 : 物勿, 韈襪.

9. 影母 : (一) 益憶楫邑浥郁 (蔚) 厄搕 (惡) 鴨壓押軋, (謁) (噎).

10. 喩母 : 奕弈斁繹疫譯掖液射役溢逸翼腋域翊軼鎰弋亦易驛佾, 育欲慾浴鵒峪.

11. 來母 : 勒肋泐笠力立栗慄篥曆歷櫪瀝靂癧礫轢, 綠錄簶陸六戮鹿漉麓祿醁琭律, 洛落犖樂駱絡珞酪略掠, 捋, 辣剌糲, 臘蠟邋拉, 列烈冽裂捩獵鬣躐劣埒.

12. 日母 : 日馹, 入褥蓐辱, 弱若箬蒻, 熱爇, 肉.

52.5 위에서 열거한 표를 자세히 관찰해보면 입성이 평상거 3성에 귀속되는 것은 찾을 수 있는 질서가 있음을 알 수 있다. 이제 우리가 귀납한 결과를 서술해보면 다음과 같다.

1. 청음(淸音) 입성자는 상성으로 변했다.
2. 전탁(全濁) 입성자는 평성으로 변했다.
3. 차탁(次濁) 입성자는 거성으로 변했다.

음운학상의 설명에 의하면 '見溪端透知徹幫滂非敷精淸心莊初山照穿審曉影' 제모(諸母)는 청음(淸音)에 속하고, '羣定澄幷奉從邪牀神禪匣' 제모(諸母)는 전탁(全濁)에 속하고, '疑泥娘明微喩來日' 제모(諸母)는 차탁(次濁)에 속한다. 이 청탁(淸濁)의 체계에 따라 입성 변화의 규율을 살펴보면 예외가 대단히 적음을 알 수 있다. 다만 '影'모 하나만 문제가 된다. '影'모 입성자의 변화에 관해서는 다음과 같이 규율을 좀더 자세하게 정해야 한다.

1. 원래 '東鍾江陽眞文寒山桓歡先天' 제운(諸韻)에 속했던 입성자는 상성으로 변했다.
2. 원래 '庚靑侵尋監咸廉纖' 제운(諸韻)에 속했던 입성자는 거성으로 변했다.

이렇게 되면 '郁'과 '軋' 두 글자만 예외여서 설득력이 있다고 할 수 있다.

52.6 위의 표에서 볼 때 입성이 상성으로 된 것이 가장 많고, 평성으로 된 것이 그 다음이고, 거성으로 된 것이 가장 적다. 이렇게 된 것은 사실상 청음자(淸音字)가 가장 많고, 전탁자(全濁字)가 그 다음이고, 차탁자(次濁字)가 가장 적기 때문이다. 현대 보통화에 이르러서는 청음 입성이 다시 두 종류로 분리되었다. 전청(全淸)의 '見端知幫非精莊照'는 대부분이 양평(陽平)으로 변하였고, 차청(次淸)의 '溪透徹滂敷淸心初山穿審'

은 대부분 거성으로 변하였다. 이 중에서(전청과 차청) 극소수만이 상성을 보존하고 있는데, 이를테면 '百'·'尺' 등이다. 본래 원대의 입성자가 평성이 되었을 때는 모두 양평이었는데, 현대 보통화에 이르러서는 음평에 귀속된 것도 있다. 예를 들면 '一'·'七'·'八'·'剝'·'逼'·'髗'·'拍'·'匹'·'摸'·'發'·'答'·'滴'·'貼'·'忽'·'激'·'掐'·'曲'·'吸' 등등이다. 총괄하여 말하면 입성이 서성(舒聲)으로 들어갔다는 점에 있어서는 원대 북곡과 현대 보통화가 같지만 이들이 평상거성(平上去聲)에 예속된 계통은 크게 다르다. 현대 보통화에 이르러 입성이 상성으로 된 글자는 거의 완전히 소멸되었지만 입성이 거성으로 된 글자와 평성으로 된 글자는 대량으로 증가하였다. 그리고 현재 이들의 계통은 이미 원대(元代)처럼 질서정연하지 않게 되었다.

52.7 이제 예를 들어보면 다음과 같다. 각 예에서 주로 단 반절(反切) 또는 직음(直音)은 모두 장진숙(臧晋叔) 『원곡선(元曲選)』의 '음석(音釋)'을 그대로 옮겨 적은 것이다.

(a) 입성이 평성이 된 것

我可也自小心直(征移切),
使錢不會學經紀.
但能勾無是無非,
便休說黃金貴!

나는야 정말 어려서부터 마음이 곧아서
돈을 쓰며 법도를 배울 줄 몰랐다.
그러나 시비를 가리지 않고도 살 수 있었으니
황금이 귀하다고 말하지 마시라!

— 무명씨, 「神奴兒」, 「點絳脣」

爭些兒把我撞着(池燒切),
可着我心痒難揉.

揚州太守聽消耗,
你這其間莫不害倒.
第一封書已自無着落(去),
第二封書打發誰行要?
我將這第三封扯做紙題條,
則好去深村裏教學(奚交切).

하마터면 나를 불의의 사태를 만나게 했겠지만
정말 날더러 마음속이 가려워도 긁기 어렵게 하는구나.
양주 태수께서 소식을 들으시면
당신이 이 상황에서 해를 입어 쓰러지지 않을 수 있겠나?
첫 번째 서신은 이미 행방을 알 수 없고
두 번째 서신은 누구를 보내서 배달했단 말인가?
내 이 세 번째 서신을 찢어서 휴지조각으로 만들고
깊은 촌으로 들어가 훈장질이나 해야지.

— 마치원, 「薦福碑」, 「醉太平」

見鑾輿(贅韻), 便唐突(東盧切);
呆老婆, 唱今古;
又無人肯做主.
則不如覓死處,
眼不見鰥寡孤獨(東盧切),
也强如沒歸着痛煞煞哭啼啼活受苦!

난새 수레를 보니, 참으로 당돌하다.
어리석은 노파가, 고금을 노래하고 있는데도
또한 아무도 주인 노릇을 하려고 하지 않으니
차라리 죽을 곳을 찾는 게 낫겠다.
눈에 홀아비, 과부, 고아와 독신이 보이지 않으니
또한 돌아갈 곳도 없이 애통해서 울고불고 생고생하는 것보다는 나을 테지!

— 관한경, 「蝴蝶夢」, 「黃鍾尾」

哎,
你個俏多才,
不是我相擇(池齋切),
你更怕辱沒着俺門前下馬臺.

아아,
빼어나고 다재다능하신 그대여
내가 택하지 않았더라면
그대는 아마도 우리 문 앞 하마대에서 수모를 당하고 있었을 테지요.

— 마치원, 「青衫淚」, 「賺煞」

一個待詠月嘲風, 一個待飛觴走斝.
談些古是今非, 下學上達(當加切).
一個毬子心腸到手滑(呼佳切),
和賤妾勾勾搭搭(上).
但得個車馬盈門, 這便是錢龍入家.

한 사람은 음풍농월 하려 하고, 한 사람은 술잔을 주고받으려 하며
고금의 시비와 하학상달의 이치를 이야기 하네.
한 손님 성질이 제멋대로여서
쇤네와 결탁하게 되었지요.
다만 수레와 말이 대문에 가득 차기만 하면, 그거야말로 財神이 집에 들어온 격이지요.

— 마치원, 「青衫淚」, 「鬪鵪鶉」

却元來晏平仲善與人交.
難道他掩耳盜鈴, 則待要見世生苗!
俺和你夫婦商量, 休教外人把俺評跋(巴毛切).
你是個君子人不念舊惡(去),
想一雙哀哀的父母劬勞.
他雖然不采分毫, 我如今怎敢輕薄(巴毛切)?

且只索做小伏低, 從今後望爹爹權把俺耽饒!

이제 보니 안평중이 남들과 사귀기를 좋아하였구나.
설마 그가 스스로를 속이며, 효과를 거두어 이익을 볼 참이었나!
내가 당신 부부와 의논할 테니, 외부인이 나를 품평토록 하지 마시오
당신은 과거의 허물을 염두에 두지 않는 군자이니
슬픔에 젖은 부모님의 근심을 생각해보구려.
그가 비록 조금도 거들떠보지 않지만
내가 지금 어떻게 감히 경솔하게 굴겠습니까?
잠시 다만 소리를 낮추고 숨을 죽여서
앞으로는 부친이 잠시 나를 용서해주시길 바라야지!

('跋'자는 본래 '歌戈'에 있었는데 지금은 '蕭豪'에 들어 있어서 두 韻의 入聲字가 전부 상통할 수 있음을 알 수 있다.)

— 무명씨, 「擧案齊眉」, 「折桂令」

我和他一處行, 一處歇(上),
生同堂死同穴(胡靴切),
到黃昏厮守者(平).
據平生心願徹(上),
着後人向墓門前高聳聳立一統碑碣(其耶切),
將俺這死生交范張名姓寫.

나와 그는 함께 가고, 함께 쉬며
살아서는 한 집에 살고 죽어서는 한 무덤에 묻혀
황혼이 되도록 서로 의지하기로 하였다.
평생의 소원을 관철하여
후인이 묘문 앞에 높이 비석을 세워
죽어도 변치 않는 우정을 지닌 이 범장의 이름을 새기도록 해야지.

— 궁대용(宮大用), 「范張鷄黍」, 「黃鐘尾」

(b) 입성이 상성이 된 것

我直到九龍殿裏題長策('釵'의 上聲),
五鳳樓前騁壯懷.
我若是不得官和姓改,
將我這領白襤衫脫在玉堦.
金榜親將姓氏開,
勅賜宮花滿頭戴,
宴罷瓊林微醉色('篩'의 上聲),
狼虎也似弓兵兩下排,
水礶銀盆一字兒擺.

내 곧장 구룡전에 들어가 좋은 계책을 올리고
오봉루 앞에서 장쾌한 흉금을 펼쳐야지.
내가 만약 관직을 얻지 못하면 성조차 바꾸고
나의 이 하얀 남루한 적삼을 옥 계단에 벗어놓으리.
과거에 급제하여 직접 성명을 알리면
대궐에서 하사한 꽃을 머리 가득히 꽂고
경림에서의 연회가 끝나 약간 취기가 돌면
이리며 범과도 같은 궁수와 병사들이 양쪽으로 늘어서고
물통과 은대야도 한 일자로 펼쳐놓을 테지.

— 무명씨, 「漁樵記」, 「隨煞尾」

錦機織就傳情帕,
翠沼栽成幷蒂花.
何日青鸞得同跨?
錦衾繡榻(湯打切),
弓鞋羅襪(去),
玉軟香溫受用煞(雙鮓切).

직조기로는 사랑을 전하는 손수건을 짜고

푸른 늪에서는 쌍 봉오리의 연꽃 다듬어내지만.
언제나 푸른 난새를 얻어 함께 탈 수 있을까?
비단 금침과 수놓인 침상에서
맵시 있게 굽은 신발이며 비단 버선 신고
옥처럼 부드럽고 향처럼 따스한 몸을 맘껏 누리리라.

— 교몽부(喬夢符), 「揚州夢」, 「隔尾」

將一杯醇糯酒十分的吃(음이 '恥(chǐ)'임),
更怕我酒後踈狂失了便宜.
扭回身剛嚥的口長吁氣,
我乞求得醉似泥,
喚不歸,
我則圖別離時不記得(當美切)!

한 잔의 좋은 찹쌀 주를 한껏 들이키네.
내가 술김에 소란 피우고 낭패 당할까 걱정인가?
몸을 돌려 막 들이키고 긴 한숨 내뱉는다.
내 간절히 소망하노니 잔뜩 취해
불러도 깨지 않게 되었으면 좋으련만.
나는 그저 이별할 때 아무 것도 기억하지 못하게 되기만 바랄 뿐이다.

— 관한경, 「魯齋郎」, 「四塊玉」

那厮綠羅衫, 絛是玉結(饑也切)!
皀頭巾, 環是減鐵(湯也切).
他戴着個玉頂子新欆笠, 穿着對錦沿邊乾皀靴.
那厮暢好是忒啅嗻!
且莫說他鵵兒小鷂吹筒粘竿有諸般來擺設(商者切),
只他馬兒上更馱着一個女豔冶!

저 놈은 녹색 비단 적삼에, 띠는 옥으로 매었구나!
검은 두건에, 고리는 순도가 덜한 쇠를 썼구나.

그는 옥 장식을 단 새 종려 삿갓을 쓰고
비단 테를 두른 검은 가죽신을 신었구나.
그 놈은 참으로 대단하기도 하다!
그가 새매, 유인 피리, 끈끈이 장대 등 여러 가지를 다 갖춘 것은 말할 것도 없고
그만이 말 위에 요염한 계집까지 태우고 있으니!

— 고문수(高文秀), 「黑旋風」, 「後庭花」

俺家裏少東無西(贅韻), 可着我走南嘹北(邦每切).
俺哥哥纔娶的偏旁, 新亡了正室(傷以切).
撇下個幼女嬌男, 可又沒甚的遠親近戚(倉洗切).
我這裏仔細的尋思起,
他則待臥柳眠花, 怎知道迷妖着鬼!

우리 집안에는 물건다운 물건 하나 없어
실로 나로 하여금 천지 사방 전전하게 만든다.
우리 형님 애첩 들이기가 무섭게 정실부인 바로 사별했네.
어린 딸 이쁜 아들일랑 팽개친 채
먼 친척 가까운 친지조차 없구나.
내 여기서 자세하게 따져보건대
그(형님)는 꽃밭 속에 누워 뒹구는 줄 여기겠지만
요귀에게 홀리고 귀신이 들린 것을 어찌 알겠는가!

— 양현지(楊顯之), 「酷寒亭」, 「鬪鵪鶉」

則你這媒人一個個啜人口似蜜鉢('波'의 上聲),
都只是隨風倒舵,
索媒錢嫌少爭多.
男親家會放水, 女親家點着火.
你將那好言語往來收撮('搓'의 上聲),
則辦得兩下裏挑唆.
你將那半句話搬調做十分事, 一尺水翻騰做百丈波,則你那口似懸河!

당신들 중매인들은 모두 사람 입을 마치 꿀 사발이라도 되는 양 빨고
모두가 그저 바람 따라 키를 돌리면서
소개비 받을 때도 적으면 싫다 많이 달라 아우성이지.
남자 집에선 소란을 피울 줄이나 알고, 여자 집에선 불씨나 만들줄 알지.
당신은 그 번지르르한 말로 오가며 챙기면서
양쪽을 부추기기나 하지.
당신은 그 반 마디 말로 충동질하여 뜻대로 일을 처리하며
한 자의 물을 백 길이나 되는 거대한 물결로 부풀리기 일쑤이니
그저 당신의 그 폭포 같은 입이 화근일세!

— 무명씨, 「桃花女」, 「滾繡毬」

(c) 입성이 거성이 된 것

他他他走將來展脚舒腰,
我我我向前來仔細覷了相貌.
是是是我兄弟間別身安樂(音이 '澇(lào)'임),
請請請免拜波, 李文道!

그가 걸어와서는 다리 뻗고 허리 펴길래
나는 앞으로 나와 자세하게 외모를 살피고는.
그래 우리 아우님 그 사이에 잘 지내셨는가?
자자자 절은 무슨, 이문도 씨!

— 맹한경(孟漢卿), 「魔合羅」, 「古水仙子」

謝聖人肯把黎民救,
這劍也到陳州,
怎肯干休!
敢着你吃一會家生人肉('柔'의 去聲)!
哎, 看那個無知禽獸,

我只待先斬了逆臣頭!

감사하게도 황제께옵서 백성을 구해주려고 하시어
이 검이 진주에 오게 된 것이니
어찌 호락호락 넘어가겠는가!
너에게 생사람 고기를 한번 먹여주리라!
아아, 저 무지한 금수를 보라
내 그저 역신의 머리부터 베고야 말리라!

— 무명씨, 「陳州糶米」, 「小梁州」

他大字兒將咱鎮壓(羊架切),
我恰纔小膽的爭些兒諕殺(上)!
哎, 你個撒滞殢的先生也那假,
若是有人見, 若是有人拿,[31]
登時間事發(上)!

그가 큰 글자로 우리를 제압하여
나같이 담이 작은 사람은 하마터면 놀라 죽을 뻔했다오!
아아, 억지 부리는 이 선생이여!
만약 누군가가 보기라도 한다면, 누군가가 가져가기라도 한다면
금방 일이 터지고 말 거요!

— 무명씨, 「鴛鴦被」, 「倘秀才」

若論着今日風俗(平),
正好宜太平簫鼓.
有一等寒儉的泛泛之徒,
他出來的不誠心, 無實行, 一個個强文假醋.
怕不他表德相呼,

31) 텍스트에는 이 부분이 '哎, 你個撒滞殢的先生也那假, 若是有人見, 若是有人拿'로 되어 있으나, 사실은 '哎, 你個撒滞殢的先生也那! 假若是有人見, 若是有人拿' 식으로 나누는 것이 옳다.

你問波，可甚的是那衣冠文物(音이 '務(wù)'임)

만약 오늘날의 풍속을 논한다면
태평의 음악 연주가 딱 안성맞춤이지.
보잘것없는 평범한 무리들은
한결 같이 성실하지 못하고, 실천도 하지 않으면서
하나하나가 다 고상한 척하지.
설령 그들이 고상하게 서로를 부른다고 해도
당신이 물어보라, 어떤 사람들을 의관을 갖춘 문사라고 하는지?

— 무명씨, 「來生債」, 「粉蝶兒」

我經了些冉冉年華,
蕭蕭冬月，炎炎的那長夏.
盼的我心切切，眼巴巴!
這其間幹運供給，執虀揀菜，縫衣補衲(囊亞切),
多虧你這柳氏渾家!

나는 유장한 세월,
쓸쓸한 겨울, 무덥고 긴 여름들을 보냈다네.
나는 마음도 간절하게 눈이 빠질 듯이 기다렸다네!
지금 (일용품) 챙기고 공급하고, 부추 들고 채소 다듬고,
옷 바느질하고 수선하게 된 것은
유씨 당신의 아내 덕분이라네!

— 장국빈(張國賓), 「薛仁貴」, 「甛水令」

* * *

52.8 상성의 일부 글자도 거성으로 변하였다. 이러한 현상은 대략 송대에 시작되었다. 상성과 거성이 둘 다 측성(仄聲)에 속하여 그다지 구별할 필요성이 없었기 때문에 상성이 거성으로 변한 흔적도 그다지 분

명하지 않다. 원곡(元曲)에 이르러 상성과 거성 두 성조의 구별을 분명히 해둘 필요가 생겼고(다음 절을 보라), 또한 『중원음운』 등의 책이 실제 어음에 의거했기 때문에 그 일부의 상성자를 철저하게 거성으로 옮겨 놓았다.

52.9 거성으로 변한 상성자들은 전탁자(全濁字)이다('전탁'에 대해서는 앞글을 보라). 상용되는 글자의 예를 들어보면 다음과 같다.

1. 東鍾 : 動, 重, 奉, 澒.
   (『中州音韻』이 '迥', '炯'을 여전히 上聲으로 읽은 것은 예외이다.)
2. 江陽 : 棒蚌, 項, 像象, 丈杖仗, 上('登'也), 蕩, 沆, 晃幌滉.
3. 支思 : 是氏視, 兕, 市恃, 似祀姒巳耜汜, 士仕柹, 俟.
4. 齊微 : 被('寢衣'也)跪, 技伎妓, 婢, 峙, 痔痔畤, 薺, 弟娣, 陛, 罪, 匯.
5. 魚模 : 佇竚苧杼, 巨拒距炬, 敘緒序漵, 聚, 父腐釜, 婦阜負, 柱, 竪樹(動詞), 窶, 杜肚, 簿部, 戶扈怙岵祜戽.
6. 皆來 : 蟹(상성으로도 읽음)獬, 廌豸, 待殆怠迨, 亥, 在.
   (『중주음운』이 '駭'자를 여전히 상성으로 읽은 것은 예외이다.)
7. 眞文 : 腎蜃, 盡, 盾, 憤, 近, 混, 囤沌遁.
   (『中州音韻』이 '牝', '窘' 두 자를 여전히 上聲으로 읽은 것은 예외이다.)
8. 寒山 : 范犯範, 旱, 但誕, 棧, 限.
9. 桓歡 : 緩, 伴, 斷('絶'也).
   (『중주음운』이 '澣'자를 王管切로 읽은 것은 예외이다.)
10. 先天 : 鍵, 辯, 踐, 善墠, 件, 辯辨, 圈, 篆.
    (『중주음운』이 '殄'자를 '腆'처럼 읽어 他漣切로 한 것은 예외이다.)
11. 蕭豪 : 窕誂, 趙兆肇旐, 鰾, 鮑, 皓浩昊鎬顥灝, 抱, 道稻, 造皂.
12. 歌戈 : 墮惰垜, 坐, 禍.
13. 家麻 : 下('降'也)夏厦, 踝.
14. 車遮 : 灺, 社.
15. 庚青 : 杏, 幸, 靜靖.
    (『중주음운』이 '挺'자를 '聽'의 상성으로 읽은 것은 예외이다.)
16. 尤侯 : 舅臼咎, 紂, 受壽綬, 厚後后.

17. 侵尋 : 朕, 甚椹.
18. 監咸 : 頷撼菡萏, 澹淡啗憺啖, 檻艦.
19. 廉纖 : 儉芡, 漸槧, 簟.

상성이 거성으로 변한 이러한 상황은 현대 보통화와 거의 완전히 같고, 심지어 예외자(例外字)도 똑같다. 관화(官話) 구역의 사람들은 이 점에 대해 쉽게 알 수 있을 것이다.

제53절 곡자(曲字)의 평측(상)

53.1 곡자(曲字)의 평측은 시사(詩詞)보다 더 엄격하다. 『중원음운(中原音韻)』에 의거하여 살펴보면 음평(陰平), 양평(陽平), 상(上), 거(去)의 네 가지 성조(聲調)가 있다. 주덕청(周德淸)은 음평과 양평이 실제 구어에서 차이가 있을 뿐만 아니라 곡률(曲律)에서도 차이가 있어야 한다고 생각했다. 예를 들어 그는 백박(白樸)의 「기생초(寄生草)」 "但知音盡說陶潛是(다만 知己들은 모두들 陶淵明이 옳았다고 말한다)"에 대해 "'陶'자가 양평에 속하여 가장 음이 어울린다"라고 주를 달았다. 또한 정덕휘(鄭德輝)의 「영선객(迎仙客)」 "望中原, 思故國, 感慨傷悲(중원을 바라보니, 고향 생각이 나서, 감개가 일어 가슴 아프고 슬프다)"에 대해 "'原'자가 양평에 속하고, '思'자가 음평에 속하고, '感慨'가 상성과 거성이어서 더욱 묘하다"라고 주를 달았다. 또한 무명씨의 「보천악(普天樂)」 "鴻雁來, 芙蓉謝(기러기가 날아오고, 연꽃이 진다)"에 대해 "묘한 것은 '芙'자가 양평에 속하여 가장 정채로운 구가 되었다는 점이다"라고 주를 달았다. 또한 장가구(張可久)의 「만정방(滿庭芳)」 "修禊羲之(수계절의 왕희지)"에 대해 "어울리게 '羲'자가 음평에

속하여 묘하다"라고 주를 달았다. 기실 이것은 다만 기교 방면에서 말한 것일 뿐, 곡률 방면에서 말한 것은 아니다. 원곡의 실제 상황을 살펴보면 음평과 양평의 두 평성은 여전히 한 종류로 간주되었다.

53.2 그러나 상성과 거성의 구별은 매우 엄격해서 상성을 써야 할 곳에 거성을 쓸 수 없었고, 거성을 써야 할 곳에 상성을 쓸 수 없었다. 곡의 평측이 시사(詩詞)보다 더 엄격하다는 말은 이 점을 가리켜 말한 것이다. 시사에서는 상거입 3성이 함께 측성에 속한다. 송시에서는 이미 평측통압(平仄通押)의 경우가 있었다(제25절 25.10을 참조할 것). 사에서는 그와 같은 경우가 더욱 흔히 나타난다(제39절을 참조할 것). 운각이 아닌 글자에 이르러서는 시와 사를 막론하고 모두 상거입을 일률적으로 대하였다. 그러나 곡조에서는 그렇지 않았다. 곡조도 어떤 곳에서는 측성만을 따지고 상성과 거성의 구별을 따지지 않았지만, 곳에 따라서는 상성과 거성의 한계가 매우 분명한데, 운각으로 쓰일 때는 더욱 그러했다. 주덕청은 「작사십법(作詞十法)」에서 말구(末句)의 평측을 논할 때 반드시 상성 또는 거성을 써야 한다고 지적한 곳이 있다. 그것을 적어보면 다음과 같다.

「경선화(慶宣和)」 말구(末句) : 거상;
「산파양(山坡羊)」과 「사괴옥(四塊玉)」 말구 : 평거평;
「취태평(醉太平)」 말구 : 평평거상;
「매골타목양관(呆骨朵牧羊關)」과 「덕승령(德勝令)」 말구 : 평평상거평;
「교패아(喬牌兒)」 말구 : 측평평거평;
「빙란인(憑闌人)」 말구 : 상평평거평;
「홍수혜(紅繡鞋)」와 「황종미(黃鍾尾)」 말구 : 측평평거상;
「취부귀(醉扶歸)」·「영선객(迎仙客)」·「조천자(朝天子)」·「쾌활삼(快活三)」·「사환두(四換頭)」·「경동원(慶東原)」·「소화상(笑和尙)」·「백학자(白鶴子)」·「요민가(堯民歌)」·「벽옥소(碧玉簫)」·「단정호(端正好)」와 「보보교(步步嬌)」 말구 : 측측평평거;
「월조미(越調尾)」와 「이정연(離亭宴)」 말구 : 평평거평상;
「낙매풍(落梅風)」·「상소루(上小樓)」·「야행선(夜行船)」·「발부단(撥不斷)」과

「매화성(賣花聲)」 말구: 측평평측평평거;

「태평령(太平令)」 말구: 평측측평평평거;

「촌리아고(村裏迓鼓)」·「취고가(醉高歌)」·「오엽아(梧葉兒)」·「침취동풍(沈醉東風)」·「원성쌍(願成雙)」과 「금초엽(金蕉葉)」의 말구: 평측측평평거상;

「교쟁파(攪箏琶)」 말구: 평평측평평거평;

「강아수(江兒水)」 말구: 평거측평평거상;

「기생초(寄生草)」·「새홍추(塞鴻秋)」와 「주마청(駐馬聽)」 말구: 평평측측평평거;

정궁(正宮), 중려(中呂), 쌍조(雙調) 「미성(尾聲)」 말구: 측측평평거평상.

53.3 앞에서 주덕청이 정한 규칙을 두 가지 경우로 나누어 보았다. 첫째, 구말(句末)의 상성 또는 거성은 곡률이 규정한 것이므로 원인(元人)들은 대개 보편적으로 이것을 준수하였다. 또한 구말(句末)이 상성인 경우에는 그 앞 글자가 반드시 거성이고, 구말이 거성인 경우에는 그 앞 글자가 반드시 상성인데, 이 또한 곡률이 규정한 것으로 중복을 피하기 위해서이다. 둘째, 구중(句中)의 상성 또는 거성은 중복을 피하는 경우를 제외하면 단지 기교상의 필요이거나 주덕청 개인의 주장일 뿐이므로 元人들은 결코 보편적으로 준수하지 않았다. 다음은 상성과 거성을 엄격하게 준수한 예들이다(모두 매 곡의 말구인데, 상성은 고딕체, 거성은 명조체로 강조하였으며, 주덕청의 표준에 맞지 않는 것은 주를 달아 설명하였다).

閑**快**活.	(關漢卿 小令「四塊玉」)
嫩茶舒**鳳爪**.	(張可久 小令「紅繡鞋」)
一夕漁**樵話**.	(白樸 小令「慶東原」)
聽雨.	(張可久 小令「慶宣和」)
老圃秋容**淡**.	(馬九皐 小令「慶東原」)
小池明月昏.	(喬夢符 小令「憑闌人」)
與人添鬢華.	(위와 같음.)
亂雲山**外**山.	(徐再思 小令「憑闌人」)

('亂'자는 주덕청의 표준에 맞지 않는다.)

53.4 주덕청은 말구(末句)의 평측이 가장 중요하다고 생각했다. 앞에서 예로 든 것 말고도 평측만을 따지고 상성과 거성은 구별할 필요가 없는 말구도 일부 있다.

「안아(雁兒)」와 「한동산(漢東山)」: 측평평;

「절계령(折桂令)」, 「수선자(水仙子)」, 「전전환(殿前歡)」, 「교목사(喬木查)」와 「보천악(普天樂)」: 측측평평;

「금잔아(金盞兒)」, 「하신랑(賀新郎)」, 「희춘래(喜春來)」, 「만정방(滿庭芳)」, 「소도홍(小桃紅)」, 「신수령(新水令)」, 「호십팔(胡十八)」, 「채아령(寨兒令)」, 「소양주(小梁州)」, 「상화시(賞花時)」: 측측측평평;

「잠살미성(賺煞尾聲)」과 「채차가(採茶歌)」: 평평측측측평평.

기실 곡운의 평측은 말구(末句)에서 특히 엄격한 것은 아니다. 다시 말해서 주덕청이 정한 말구의 평측도 원대의 곡가들이 공인한 곡률은 결코 아니다(그 자신이 든 小令의 定格은 그가 정한 형식과 맞지 않는 것이 적지 않다). 이것은 그가 생각한 가장 이상적인 형식이지만, 그의 주장이 합리적인 것인지는 여전히 문제이다. 설사 완전히 합리적인 것이라고 할지라도 기교에 불과할 뿐이며, 규율이 아니다. 만약 우리가 도곡(度曲)의 예술을 평론한다면 주덕청의 이론을 받아들일 수 있을 테지만, 지금 우리는 원대의 북곡을 객관적으로 서술하려고 하므로 그것을 역사적 사실로 간주하여 분석하기 때문에 주덕청의 주관적인 이론을 근거로 삼을 수는 없다.

53.5 일반적으로 말해서 곡의 매 구(末句이건 아니건 간에) 마지막 글자의 성조는 언제나 고정되어 있다. 더구나 그것이 운각으로 사용될 때는 더욱 그렇다. 예를 들어 「낙매풍(落梅風)」(즉 「壽陽曲」)은 모두 5구인데, 수구(首句) 말자(末字)는 거성으로 불협운(不叶韻)이고, 제2구 말자는 평성, 제3구 말자는 거성, 제4구 말자는 상성, 제5구 말자는 거성으로 모두 협운이다. 다음은 마치원(馬致遠)의 소령(小令) 「수양곡(壽陽曲)」 4수이다.

夕陽下, 酒旆閑.
兩三帆未曾着岸.
落花水香茅舍晚.
斷橋頭賣魚人散.

석양은 지는데, 주점의 깃발은 한가롭고
돛단배 두세 척은 아직 접안하지 않았다.
꽃 떨어진 물은 향기로운데 초가에 날 저물어
斷橋 어귀에서 생선 팔던 장수들도 흩어져 버렸다.

—「遠浦歸帆」

南傳信, 北寄書.
半棲遲岸花汀樹.
似鴛鴦失羣迷伴侶.
兩三行海門斜去.

남쪽으로 소식 전하고, 북쪽으로 편지 부친다.
잠시 강변의 꽃과 물가의 나무에 깃들었다가
무리를 잃고 짝을 잃은 원앙새 같이
두세 줄을 지어 바다 입구를 비스듬히 날아간다.

—「平沙落雁」

漁燈暗, 客夢回.
一聲聲滴人心碎.
孤舟五更家萬里.
是離人幾行情淚.

고깃배 등불 어두운데, 나그네는 꿈에서 깨어나니
똑똑 떨어지는 빗방울 소리에 사람 마음이 부서진다.
외로운 배에서 새벽을 맞건만 집은 만 리나 떨어져 있으니
떨어지는 건 이별한 사람의 몇 줄기 정의 눈물이로다!

—「瀟湘夜雨」

鳴榔罷, 閃暮光.
綠陽堤數聲漁唱.
掛柴門幾家閑曬網.
都撮在捕魚圖上.

고기 몰이 딱따기를 멈추니, 저녁 햇빛이 반짝이고
푸른 버들 제방엔 몇 마디 뱃노래가 들려온다.
몇 집 사립문에는 한가히 어망을 걸어 말리니
모두가 고기잡이 그림 위에 모여 있구나.

—「漁村夕照」

주덕청의 소령(小令) 정격(定格)이 「낙매풍」에 대해 든 모범적인 예는 다음의 것이다.

金刀利, 錦鯉肥.
更那堪玉葱纖細?
若得醋來風韻美.
試嘗着這生滋味!

쇠칼은 날카롭고, 비단잉어는 살쪘다.
더욱이 흰 파까지 잘게 썰었으니 어찌 견디랴?
식초를 곁들이면 풍미가 더 근사해지겠지.
이 싱싱한 맛을 보자꾸나!

— 이수경(李壽卿), 「切鱠」

『북사광정보(北詞廣正譜)』가 든 모범적인 예는 다음의 것이다.

桃花面, 柳葉眉.
小庭堂鎭紅開翠.
孤幃玉人初睡起.
不平他錦鴛成對.

복사꽃 얼굴, 버들잎 눈썹.
작은 정원에 붉은 꽃 피고 푸른 잎 펼쳐졌네.
외로운 휘장 속의 옥 같은 여인은 갓 잠에서 일어나
그녀의 비단 꾀꼬리가 짝을 이룬 것 불평하네.

—장가구(張可久), 「落梅風」 小令

53.6 구말(句末)의 상성과 거성만 일정함이 있는 것이 아니라, 구중(句中)의 상성과 거성도 어떤 상황에서는 일정함이 있다. 주덕청은 "'錦'과 '鯉' 두 글자가 상성과 거성을 얻으면 더욱 묘하다"라고 말했는데, 사실상 곡가(曲家)들은 제2구의 제1, 2 두 글자에 대해 확실히 가능한 한 상성과 거성을 사용하였다('錦'과 '鯉' 두 글자는 常規를 위반한 것이다). 예를 들어 앞에서 예로 든 「원포귀범(遠浦歸帆)」의 '酒旆', 「평사낙안(平沙落雁)」의 '北寄'('北'은 邦每切임), 「소상야우(瀟湘夜雨)」의 '客夢'('客'은 '揩'의 상성임), 「어촌석조(漁村夕照)」의 '閃暮'와 장가구(張可久)의 '柳葉'('葉'은 음이 夜(yè)임)은 이 표준에 맞지 않는 것이 없다. 이외에도 제4구 제6자는 반드시 거성을 쓰고 상성을 써서는 안 되는데, 이는 제7자와의 성조 중복을 피하기 위해서이다. 위의 6개 예에서 '舍'·'伴'·'萬'·'矖'·'韻'·'睡' 6개 글자 모두 법식에 들어맞는다.

53.7 어떤 곳은 평측만을 논하고, 측성을 다시 상성과 거성으로 세분할 필요가 없다. 이를테면 「낙매풍」 제3구와 제5구는 모두 '측평평、측평평거'이다. 이것은 3+4=7의 구식(句式)인데 제4자에 주의를 기울여야 해서 유념하지 않으면 자칫 평성을 사용할 수 있다. 앞에서 든 6개의 예는 이 점에 있어서 모두 모범적이라고 할 수 있는데, 왜냐하면 「원포귀범(遠浦歸帆)」의 '未'와 '賣', 「평사낙안(平沙落雁)」의 '岸'과 '海', 「소상야우(瀟湘夜雨)」의 '滴'과 '幾', 「어촌석조(漁村夕照)」의 '數'와 '捕', 「절회(切鱠)」의 '玉'과 '這', 장가구의 '鎮'과 '錦'은 모두 측성이다. 앞에서 언급한 주덕청의 「작사십법」은 「낙매풍」·「상소루(上小樓)」·「야행선(夜行船)」·「발부

단(撥不斷)」과 「매화성(賣花聲)」의 말구(末句)는 모두 '측평평측평평거'가 되어야 한다고 간주했지만, 우리가 살펴본 바에 의하면 제3구와 제5구의 평측이 똑같이 엄격해서 주덕청의 말이 말구에만 치중한 것임을 알 수 있다.

53.8 「낙매풍」 제4구의 격식은 '평평측평평거상'인데, 마치원 「원포귀범」의 "落花水香茅舍晚"의 평측을 살펴보면 '측평측평평거상(上)'이어서 '落'자만 격식에 맞지 않는다. 그래서 우리는 원초(元初) 입성의 사성(四聲) 귀류(歸類)가 『중원음운』과 다소 달랐던 것이 아닌가하고 의심한다. 「평사낙안」의 "似鴛鴦失羣迷伴侶"에서는 '似'자가 친자(襯字)이고, 그 나머지는 평측이 모두 격식에 맞는다. 「소상야우」의 "孤舟五更家萬里"는 평측이 모두 격식에 맞고, 「어촌석조」의 "掛柴門幾家閑曬網"도 '掛'자가 친자인 것을 제외하면 평측이 모두 격식에 맞는다. 장가구의 "孤幃玉人初睡起"도 평측이 모두 격식에 맞는다. 다만 이수경(李壽卿) 「절회(切鱠)」의 "若得醋來風韻美"는 '得'자가 입성이 상성으로 바뀐 것이어서 격식에 맞지 않는다. 이것은 변례(變例)이므로 다음에 따로 설명을 하겠다. 그러나 「절회」의 '錦鯉'와 '得'이 모두 그다지 격식에 맞지 않는데도 주덕청이 정격의 예로 들고 있어서 그 정격이란 것이 아주 신뢰할 수는 없는 것임을 알 수 있다. 아마도 그가 의경(意境) 방면을 아울러 고려했기 때문에 부득이 성률 방면을 희생시키지 않을 수 없었을 것이다.

53.9 이상의 서술로부터 「낙매풍」의 평측을 정리해보면 다음과 같을 것이다.

평평거, 상거평.
측평평측평평거.
평평측평평거상.
측평평측평평거.

이로부터 곡의 평측이 시사(詩詞)보다 훨씬 엄격함을 알 수 있다. 시에서는 7자구(字句) 제1자의 평측은 구애받지 않지만, 곡에서는 경우에 따라 7자구 제1자의 평측이 고정되어 있다(예를 들어 「낙매풍」 같은 것). 시와 사에서는 상성과 거성을 세분할 필요가 없고 운각이 아닐 때에는 더욱 그러하지만, 곡에서는 경우에 따라 상성과 거성을 반드시 구별해야 한다.

53.10 곡에도 율구(律句)와 비율구(非律句)의 구별이 있다. 율구는 바로 율시에서 허용되는 구식(句式)이고(제1장 제6절 및 제3장 제42~43절을 참조할 것), 그렇지 않은 것이 비율구이다. 「낙매풍」의 제1구와 제2구 두 구는 율구로 볼 수 있는데, 왜냐하면 이들이 5자구의 뒷부분 세 글자에 해당하기 때문이다. 제3구와 제5구 두 구는 표면적으로 7a 같지만 사실은 그렇지 않다. 7a의 표준 형식은 '평평측측평평측'인데, 「낙매풍」 제3구와 제5구는 제1자에 평성을 쓸 수 없고 제3자에 측성을 쓸 수 없다. 또한 7a의 정상적인 절주는 4 3이지만, 「낙매풍」 제3구와 제5구의 정상적인 절주는 3 4이다(斷橋頭－賣魚人散). 제4구는 '평평측평평거상'이어서 더욱 율구가 아니다.

53.11 율구(律句)가 아닌 것은 특수형식으로 간주한다. 곡구(曲句)의 특수형식으로 가장 많이 보이는 것은 다음의 몇 가지이다.

(1) 평평측평

a. 「경동원(慶東原)」 제4, 5 두 구(句). 예를 들면 다음과 같다.

眉攢翠娥, 裙拖絳羅.
검고 아름다운 눈썹을 찌푸리고, 붉은 비단 치마를 끈다.
(『중원음운』에 인용된 것으로, 작자미상이다.)

一箇銜開錦川, 一箇啼殘翠煙.

하나는 비단 같은 시냇물을 헤치고 나가고, 하나는 푸른 안개 속에서 울다 지쳤다.

('一箇' 두 글자는 襯字이다.)

— 장양호(張養浩)

烏騅漫嘶.

오추마가 길게 울었다.

— 마치원(馬致遠), 「嘆世」

黃花又開, 朱顏未衰.

노란 국화는 다시 피었고, 붉은 얼굴은 아직 시들지 않았다.

— 마구고(馬九皐), 「西皐亭適興」

調羹鼎鹹, 攢齏甕甘.

국을 조미하는 솥은 짜고, 채소를 버무리는 단지는 달기도 하다.

— 마구고, 「西皐亭適興」

b. 「만정방(滿庭芳)」 수구(首句). 예를 들면 다음과 같다.

西窗酒醒. ('醒'자는 평성임.)

서쪽 창문 아래서 술이 깨었다.

— 장가구(張可久) 小令

江天晩霞.

강 하늘에 저녁놀이 붉다.

— 조현굉(趙顯宏), 「漁」

你承當了怎推?

당신 맡겠다더니 (이제 와서) 어째서 거절하는 겁니까?

— 이수경(李壽卿), 「伍員吹簫」

(2) 측측측、평평측평

이것은 상삼하사(上三下四)의 구식(句式)으로, (1)의 앞에 세 글자를 덧붙인 것이기도 하다. 앞의 세 글자는 '평측측' 또는 '측평측'으로 바꾸어 쓸 수 있다.

a. 「침취동풍(沈醉東風)」 수구(首句). 예를 들면 다음과 같다.

伴夜月**銀箏鳳閑**.
밤달과 함께 하니 은쟁과 봉황 한가하다.

— 관한경(關漢卿) 小令

題紅葉**淸流御溝**.
붉은 잎에 써서 대궐 도랑의 맑은 물에 흘려보낸다.

— 왕정(王鼎) 小令, 「秋景」

杜陵路**煙迷霧昏**.
두릉 길은 연기 자욱하고 안개 짙다.

— 임욱(任昱) 小令, 「尋春值雨」

花月下**溫柔醉人**.
꽃과 달빛 아래 온유함이 사람을 취하게 한다.

— 손주경(孫周卿) 小令, 「宮詞」

b. 「절계령(折桂令)」 제1식 제7구, 제2식 제6구. 예를 들면 다음과 같다.

縹緲**見梨花淡妝**.
어렴풋이 맑게 단장한 배꽃이 보인다.

— 정덕휘(鄭德輝) 小令

若倚竹**佳人看時**.

만약 대나무에 기대어 가인이 바라볼 적에.

—노지(盧摯) 小令

向司馬**家兒問他**.

司馬家 사람에게 그에 대해 물었다.

—노지, 「洛陽懷古」

恰鼓板**聲中太平**.

마치 북과 박판 소리 속에 태평이 있는 것 같다.

—노지, 「夷門懷古」

快尋趁**王家醉鄉**.

王家의 醉鄉을 서둘러 찾아보자.

—노지, 「咸陽懷古」

記游宦**三川故鄉**.

떠돌이 벼슬살이에 三川의 고향이 생각난다.

—노지, 「潁川懷古」

有客子**經過汝墳**. ('過'자는 평성임.)

한 나그네가 여남의 분묘를 지나갔다.

—노지, 「汝南懷古」

更誰看**橋邊月明**?

또 누가 다리 옆의 밝은 달을 바라볼까?

—노지, 「廣陵懷古」

口昭代**車書四方**.

京口는 청명한 시대에 국가 제도가 사방에 펼쳐졌다.

—노지, 「京口懷古」

那柳外**青樓畫船**.

저 버드나무 너머에 청루와 채색된 배들이 있겠지.

—노지, 「錢塘懷古」

誰種下**吳宮禍胎**.

누가 吳宮에 화근을 심었을까?

—노지, 「吳門懷古」

問江左**風流故家**.

강남 풍류 고향을 묻노라.

—노지, 「金陵懷古」

空目斷**蒼梧暮雲**.

공연히 창오의 저녁 구름을 내내 바라본다.

—노지, 「長沙懷古」

誰醉着**花間接䍦**?

누가 꽃 사이에서 접리모 쓴 사람을 취하게 만들었나?

—노지, 「襄陽懷古」

曲岸西邊近水灣魚網**綸竿釣艖**.

굽은 물가 서쪽 물굽이 가까이의 어망과 낚싯대 드리운 고깃배.

(「百字折桂令」은 襯字가 많기 때문에 '灣'자를 평성으로 할 수 있다.)

—백무구(白无咎), 「百字折桂令」

但合眼**鴛鴦帳中**.

눈만 감으면 원앙 휘장 속 광경이 눈에 선하다.

—노지, 「詠別」

山溜響**冰敲月牙**.

산 여울 울리고 얼음이 조각달을 두드린다.

—손주경(孫周卿), 「自樂」

搖玉轡春風滿街.

옥 고삐 흔들리니 봄바람이 거리에 가득하다.

— 왕원정(王元鼎), 「桃花馬」

(3) (평)평측평평거상

이것은 (1)의 뒤에 세 글자를 덧붙인 것인데, 상성으로 끝을 맺었다.

a. 「낙매풍(落梅風)」 제4구. 앞을 볼 것.

b. 「청강인(淸江引)」 수구(首句). 예를 들면 다음과 같다.

蕭蕭五株門外柳.

쓸쓸히 낙엽 지는 문밖의 다섯 그루 버드나무.

(『중원음운』에 인용된 것으로, 작자미상이다.)

紅塵是非不到我.

세속의 시비 거리가 나에게 이르지 않는다.

— 장가구(張可久), 「幽居」

西風信來家萬里.

가을바람은 어김없이 불어오는데, 집은 만 리 밖에 있다.

— 장가구, 「秋懷」

黃鶯亂啼門外柳.

노란 꾀꼬리가 문밖의 버드나무에서 요란하게 운다.

— 장가구, 「春思」

平安信來剛半紙.

평안하다는 편지가 딱 반 장 도착했다.

— 장가구, 「春晩」

相思有如索債的. (‘的’자가 上聲으로 쓰였음.)
그리움은 빚쟁이와 같다.

— 서재사(徐再思), 「相思」

西村日長人事少.
서쪽 마을에 날은 긴 데 할 일은 없다.

— 마치원(馬致遠) 小令

昨先話兒說甚的?
지난 이야기 중에서 무엇을 말할까?

— 종사성(鍾嗣成), 「情」

夢回晝長簾半捲.
꿈에서 깨어나니 날은 긴데 주렴이 반쯤 걷혀 있다.

— 전자운(錢子雲) 小令

高歌一壺新釀酒.
새로 빚은 술 한 병을 마시며 높이 노래 부른다.

— 전자운 小令

春歸牡丹花下土.
봄이 돌아가니 모란꽃이 땅에 지다.

— 전자운 小令

恩情已隨紈扇歇.
애정은 이미 깁부채 따라 사라졌다.

— 전자운 小令

碧雲欲低香霧阻.
푸른 구름은 내려오려는데 짙은 안개가 막는다.

— 이치원(李致遠), 「卽席贈妓」

(4) 평평측평평거평

이것도 (1)의 뒤에 세 글자를 덧붙인 것이지만 제7자가 평성으로 바뀌었다.

a. 「채아령(寨兒令)」 제3구. 예를 들면 다음과 같다.

梅花老夫親自栽.
매화는 노부가 직접 심은 것이다.

—장가구, 「鑑湖上尋梅」

漁翁醉醒江上還. ('醒'자는 平聲임.)
어부가 취했다 깨어나 강가로 돌아온다.

—사덕경(査德卿), 「漁夫」

靑門幾年不種瓜. ('不'자는 평성으로 읽음.)
청문에는 몇 년 동안 오이를 심지 않았다.

—장가구 小令

古來丈夫天下多.
예부터 대장부는 천하에 많았다.

—마겸재(馬謙齋), 「嘆世」

二人到今香汗靑. ('二'자가 평성이어야 함.)
두 사람은 지금에 이르러 향긋한 땀이 푸르다.

—선우거긍(鮮于去矜) 小令

(5) (측)측평평측평평

이것은 율구(律句) 7B가 변한 모습이다. 7B의 제6자는 본래 측성이지만, 여기서는 평성으로 바뀌었다. 그러나 [4A 3A]로 볼 수도 있다.

a. 「사괴옥(四塊玉)」 제3구. 예를 들면 다음과 같다.

得遇知音可人心.
知己를 만나니 인심을 알 수 있다.
(『중원음운』에 인용된 것으로, 작자미상이다.)

一點芳心怨王孫.
한 점 꽃다운 마음이 왕손을 원망한다.
— 장가구 小令

滿眼雲山畫圖開.
눈 가득히 구름 덮인 산이 그림처럼 펼쳐지는구나.
— 마치원, 「恬退」

一點相思幾時絶.
한 점 그리움이 언제나 끊어질까?
— 관한경(關漢卿), 「別情」

老瓦盆邊笑呵呵.
낡은 기와 동이 옆에서 껄껄 웃는다.
— 관한경, 「閑適」

怨感劉郎下天台.
원망스럽게도 劉郎이 천태산을 내려갔네.
— 마치원, 「天台路」

人海從教鬪張羅. ('教'자는 평성임.)
수많은 사람들이 가르침을 따라 준비하기를 다툰다.
— 마치원, 「嘆世」

俺這一對兒美愛夫妻宿緣招.
우리 이 한 쌍의 사랑 넘치는 부부는 전생의 인연으로 비롯된 것이다.
— 명(明) 가중명(賈仲明) 雜劇, 「金童玉女」

b. 「홍수혜(紅繡鞋)」(「朱履曲」) 제3구. 예를 들면 다음과 같다.

百尺雲帆洞庭秋.
백 척의 구름 돛단배가 가을의 동정호에 떠 있다.
— 장가구, 「隱士」

眼底殷勤座間詩.
눈 앞의 여인은 다소곳하고 좌중의 손님은 시를 짓는다.
— 장가구, 「春日湖上」

只恐范蠡張良笑人癡.
다만 범여와 장량이 사람들이 어리석다 비웃을까 두렵다.
— 장양호(張養浩), 「警世」

直引到深坑裏恰心焦.
곧장 깊은 구덩이로 이끄니 마음이 타들어가는 것 같다.
— 장양호, 「警世」

客子飄零尙天涯.
나그네는 여전히 하늘 끝을 떠돈다.
— 장가구, 「春日湖上」

粧點西湖似西施.
서호를 단장하니 마치 서시 같다.
— 장가구, 「湖上」

戰騎衝雲猛奔馳.
전마가 구름을 헤치며 맹렬하게 치닫는다.

— 왕백성(王伯成), 套數「天寶遺事」

(「홍수혜」 제2구에는 또 다른 형식이 있는데, (평)평(측)측측평평 즉 7A이다. 小令에서는 측측평평측평평을 많이 쓰고, 잡극에서는 7A를 많이 쓴다.)

(6) (측)측평평측평측

이것은 제9절에서 언급한 특요(特拗)이다. 몇몇 곡자(曲子)에서는 이와 같은 요구(拗句)만을 쓸 수 있고, 율구(律句)는 쓸 수 없다. 제1자는 평측에 구애받지 않는다.

a. 「소도홍(小桃紅)」 제3구. 제7자는 거성만 쓰고 상성은 쓰지 않는다. 예를 들면 다음과 같다.

事到頭來**不由**自.
일이 도무지 뜻대로 되지 않는다.

(『중원음운』에 인용된 것으로, 작자미상이다.)

此處虛名**要何**用?
이곳의 헛된 명성을 어디다 쓰겠는가?

— 마치원, 「春」

酒病十朝**九朝**嵌. ('十'자는 평성이고, '嵌'자는 거성으로 읽음.)
술병이라도 났는지 열흘에서 아흐레를 (술 속에) 빠져 산다.

— 교몽부(喬夢符), 「春閨怨」

露冷薔薇**曉初**試.

장미에 이슬 차갑게 맺히는 새벽에 화장을 시작한다.

—교몽부,「曉妝」

不似年時**鑑湖**上.

예전에 감호 위에 있었던 때와는 같지 않다.

—장가구,「寄鑑湖諸友」

一曲哀絃**淚雙**下.

한 곡조 슬픈 가락에 두 줄기 눈물이 흘러내린다.

—장가구,「離情」

今日尊前**且休**唱.

오늘은 술잔 앞에서 잠시 노래를 부르지 말라.

—주문질(周文質) 小令

待別幹星娘**小除**授.

달리 星娘 같은 '小除授'를 해 보려 해도

—유치(劉致),「代文子方贈武昌歌妓」

寶枕輕堆**粉痕**漬. ('漬'는 資四切임.)

베개에는 가볍게 분 자국이 스며들어 쌓여 있다.

—조선경(趙善慶),「佳人睡起」

蘭麝香中**看鸞**鳳.

난향과 사향 속에서 난새와 봉새를 본다.

—합서촌(盍西村),「鯨川八景」

煙柳新來**爲誰**瘦?

버들잎 새로 났건만 누구 때문에 야위었는가?

—합서촌,「鯨川八景」

舞鳳翔鸞勢絶妙. ('絶'은 藏靴切임.)
봉새 춤추고 난새 비상하는 기세가 절묘하다.

—합서촌, 「鯨川八景」

暮折朝攀夢中怕.
아침저녁으로 꺾고 붙잡아 꿈속에서 두렵다.

—합서촌, 「鯨川八景」

官課今年九分辦.
官府의 稅收는 금년에 90%를 처리했다.

—합서촌, 「鯨川八景」

梨葉新來帶霜重.
새로 나온 배꽃 잎이 서리를 무겁게 띠고 있다.

—합서촌, 「鯨川八景」

星斗欄干雨晴後.
비가 맑게 갠 후 난간 위의 별들.

—합서촌, 「鯨川八景」

頭上閑雲片時過.
머리 위의 한가한 구름이 잠깐 사이에 지나갔다.

—합서촌, 「鯨川八景」

茜蕊冰痕半浮動.
꼭두서니 꽃잎과 얼음 자국이 반쯤 떠서 움직인다.

—노지(盧摯) 小令

雨歇雲收那情況.
비 그치고 구름 걷히니 어떤 상황인가?

—왕화경(王和卿) 小令

b. 남려(南呂) 「격미(隔尾)」 제3구 또는 제4구. 예를 들면 다음과 같다.

感恨無言漫搔耳.
한을 느껴 말없이 그저 하염없이 귀를 긁을 뿐이다.
— 상정숙(商政叔), 套數「拈花惹草心」

業眼朦朧暫交睫.
야속한 눈이 몽롱하여 잠시 눈을 깜박거렸다.
— 주정옥(朱庭玉), 套數「慵鋪翡翠衾」

(7) 측평평측평

이것은 바로 5자구의 '고평요구(孤平拗救)'이다(제8절을 참조할 것). 제1자는 평성을 쓸 수 없고, 제3자는 측성을 쓸 수 없다.

a. 「빙란인(憑闌人)」 제3, 4 두 구.

寶匳餘燼溫, 小池明月昏.
경대 옆은 타고 남은 불로 따뜻하고, 작은 못에 달빛 어둡다.
— 교몽부, 「香押」

撲頭飛柳花, 與人添鬢華.
흩날리다 머리에 부딪는 버들 솜, 나에게 흰 머리를 더해 주네.
— 교몽부, 「金陵道中」

海棠開未開, 粉郞來未來?
해당화는 피었을까? 나비는 찾아왔을까?
— 서재사(徐再思), 「春情」

逆流灘上灘, 亂雲山外山.

물을 거슬러 올라가니 여울 위에 여울이고, 구름 어지러워 산 밖에 산이다.

—서재사, 「江行」

鳥啼芳樹丫, 燕銜黃柳花.

새는 꽃가지 사이에서 울고, 제비는 노란 버들 꽃을 물고 있다.

—장가구(張可久), 「暮春即事」

隔江和淚聽, 滿江長歎聲.

강 건너에서 눈물과 함께 들으니, 온 강에 긴 탄식 소리로다.

—장가구, 「江夜」

b. 「괘금삭(掛金索)」 제2식 제6구. 예를 들면 다음과 같다.

我十分態嬌. ('十'자는 평성으로 쓰였음.)

나는 매우 교태가 넘친다.

(이 구의 절주는 1 4여서 「빙란인」과는 다소 다르다.)

—명(明) 양경언(楊景言), 套數 「景瀟索」

(8) 평측측평평측평

이것은 7자구의 고평요구(孤平拗救)이다. 제1자는 평측에 구애받지 않는다. 다만 제3자는 평성을 쓸 수 없고 제5자는 측성을 쓸 수 없어서 율구(律句)와는 다르다. 이것은 또한 (2)와도 다르다. 왜냐하면 (2)는 상삼하사(上三下四)이지만, 이것은 상사하삼(上四下三)이기 때문이다.

a. 「일반아(一半兒)」 제3구. 예를 들면 다음과 같다.

輸與海棠三四分.

해당화보다 약간 처지는구나.

—사덕경(查德卿), 「春粧」(『중원음운』에서는 陳克明이라고 하였음)

池上好風閑御舟.

못 위의 좋은 바람에 임금님 배가 한가롭다.

—장가구, 「秋日宮詞」

楊柳曉風涼野橋.

버드나무가 새벽바람에 들판 다리에서 서늘하다.

(『北詞廣正譜』에는 "曉風楊柳赤欄橋"라고 되어 있는데, 그렇지 않다.)

—장가구, 「野橋酬耿子春」

淚點兒只除衫袖知.

떨어지는 눈물방울은 오직 적삼 소매만이 알리라.

—왕정(王鼎), 「題情」

花外鳥啼三四聲.

꽃 저쪽에서 서너 마디 새 울음소리 들린다.

—사덕경, 「美人八詠」

斜倚繡牀深閉門.

깊숙이 문은 닫혔는데 수놓은 침상에 비스듬히 기대어 있다.

—사덕경, 「美人八詠」

拈起繡針還倒拈.

자수바늘 집어든다는 것이 거꾸로 집었구나.

—사덕경, 「美人八詠」

笑倚玉奴嬌欲眠.

웃으며 미인에 기대니 교태가 잠들 듯하다.

—사덕경, 「美人八詠」

翠被麝蘭熏夢醒.

비취 이불의 사향과 난향 냄새에 꿈이 깨었다.

—사덕경, 「美人八詠」

繡到鳳凰心自嫌.
봉황새까지 수를 놓고 나니 마음이 절로 싫증이 나네.
—사덕경, 「美人八詠」

欲寫又停三四遭.
쓰려다 멈추기를 서너 차례.
—사덕경, 「美人八詠」

b. 「억왕손(憶王孫)」 제3구. 예를 들면 다음과 같다.

按舞楚臺人斷腸.
楚臺에서 춤을 추니 사람의 장이 끊긴다.
— 마치원(馬致遠), 「岳陽樓」

c. 「영선객(迎仙客)」 제3구. 예를 들면 다음과 같다.

誰家隱居山半崦?
누가 산 속 깊이 은거하고 있을까?
— 장가구, 「括山道中」

深院垂楊輕霧中. ('垂'자는 측성이어야 함.)
깊은 정원 버들이 옅은 안개 속에서 늘어져 있다.
— 이치원(李致遠), 「暮春」

只疑是九重天謫來人世間.
다만 높은 하늘에서 인간세상으로 귀양 온 것인가 싶을 뿐이로다.
— 백박(白樸), 「梧桐雨」

d. 「산파양(山坡羊)」 제7구. 예를 들면 다음과 같다.

一片世情天地間.

천지간에 한 조각 세속의 정.

— 교몽부, 「寓興」

投至有魚來上鉤.

물고기가 낚시 바늘을 무는 순간.

(이 구의 제7자는 측성을 쓴 것이 비교적 흔히 보인다.)

— 교몽부, 「冬日寫懷」

(9) 측평평、측평평거

제4자는 반드시 측성이고, 제6자는 반드시 평성이다.

a. 「낙매풍(落梅風)」 제3, 5 두 구. 앞에 보였다.

b. 「발부단(撥不斷)」 제1식 말구(末句). 예를 들면 다음과 같다.

醉眠時小童休喚.

취해 잠 들었을 때 아이야 깨우지 마라.

— 마치원 小令

更那堪竹籬茅舍!

더욱이 어찌 견딜까 대 울타리와 초가를!

— 마치원, 套數 「秋思」

c. 「상소루(上小樓)」 말구(末句). 예를 들면 다음과 같다.

恨分開鳳釵鸞鏡.

봉새 비녀와 난새 거울을 떼어놓으려 하는 것이 한스럽구나.

— 임욱(任昱), 「題情」

倒噎的俺老虔婆血糊淋剌!32)

목이 멘 내 늙은 鴇母는 선혈이 뚝뚝 흐른다!

— 마치원, 「青衫淚」

我將你衆和尙死生難忘. ('尙'자는 평성이어야 함.)

나는 당신들 여러 스님을 죽어도 잊지 못할 것입니다.

— 왕실보(王實甫), 「西廂記」

d. 「야행선(夜行船)」 말구(末句). 예를 들면 다음과 같다.

病懨懨粉憔煙淡!

병으로 정신이 흐릿하고 창백하고 파리하구나!

— 무명씨 套數

e. 「매화성(賣花聲)」(「昇平樂」) 말구(末句). 예를 들면 다음과 같다.

掩青燈竹籬茅舍.

희미한 등불을 가린 대 울타리의 초가.

— 교몽부, 「悟世」

問前村酒家何處.

앞마을의 술집이 어디인지 묻는다.

— 서재사(徐再思) 小令

f. 「분접아(粉蝶兒)」 제2구와 말구(末句). 예를 들면 다음과 같다.

正堂堂大元朝世 …… 喜氤氳一團和氣.

정정당당하고 위대한 원나라 …… 기쁨이 넘치는 일단의 온화한 기운.

— 마치원 套數

---

32) 텍스트에는 '血糊淋剌'가 '血糊痳剌'로 되어 있는데, 誤字이다.

冷清清綠窗朱戶 …… 叫離人不如歸去.

적막하고 쓸쓸한 푸른 창과 붉은 문…… 떠나온 사람을 돌아가고 싶어 하게 한다.

— 백박, 「墻頭馬上」

眼睁睁一宵無寐 …… 只那椿最耽干繫.

눈을 부릅뜬 채 밤새도록 잠 못 이루니 …… 다만 저 말뚝만이 관계하길 가장 탐한다.

— 정정옥(鄭庭玉), 「後庭花」

(10) 측평평、(측)측평평

a. 「분접아(粉蝶兒)」 제3구. 예를 들면 다음과 같다.

應乾元九五龍飛.

응당 하늘에서 제왕의 용이 비상하리.

— 마치원(馬致遠) 套數

御園中夏景初殘.

대궐 동산이 한여름에 들어 경치가 쇠잔해지기 시작했다.

— 백박, 「梧桐雨」

b. 「태평령(太平令)」 제2구. 예를 들면 다음과 같다.

翠盤中綵袖低垂.

푸른 소반 안에 채색 소매가 낮게 드리워 있다.

— 무명씨 小令

c. 「홍수혜(紅繡鞋)」 제2식 제2구. 예를 들면 다음과 같다.

樂雲村投老生涯.
구름 마을에서의 은거 생활을 즐긴다.

—장가구(張可久, 「寧元帥席上」

試羅衣玉減香銷.
비단 옷을 입어보니 옥빛 줄고 향기 사라졌다.

—임욱(任昱), 「春情」

古雲山宜淡宜濃.
예전의 구름과 산은 옅어도 어울리고 짙어도 어울린다.

—임욱, 「湖上」

(9) (10) 두 종류는 두 개의 율구(律句)가 병합되어 이루어진 특수형식이라고 볼 수 있다. (9)는 [3a] [4a]이고, (10)은 [3A 4A]이다. 병합의 방식은 여러 가지여서 이 두 종류에 그치지 않는다. 다음 제55절의 곡보(曲譜)에서 이에 대해 상세히 설명하겠다.

53.12 위에서 서술한 특수형식들은 소령(小令)에서 엄격하게 지켜졌고, 잡극(雜劇)에서는 비교적 자유로웠지만 대체로 여전히 큰 차이는 없었다.

제54절 곡자(曲字)의 평측(하)

54.1 우리가 상세히 연구한 결과에 의하면 곡자(曲字)의 성조는 크게 두 종류로 나눌 수 있다. 평성과 상성이 한 종류를 이루고, 거성이 따로 한 종류를 이룬다. 상성은 종종 평성을 대신할 수 있다. 이에는 아마도

조치(調値)상의 원인이 있을 것이다. 우리의 추측에 의하면 원대(元代)의 북방 구어에서 음평(陰平)은 중평조(中平調)이고, 양평(陽平)은 중승조(中升調)이고, 상성은 고평조(高平調)이고(『中原音韻』에서 '上聲起音'이라는 말을 자주했는데, '起音'이 바로 轉高音이다), 거성은 저강조(低降調)이다. 이렇게 볼 때 상성은 불승불강(不升不降)의 자태 면에서 음평(陰平)과 비슷하고, 양평(陽平)은 높은 곳으로 올라가는 면에서 또한 상성과 비슷하므로, 상성과 평성이 왕왕 통용되는 것이다. 시(詩)와 사(詞)에서는 상성과 거성의 통용이 정상적인 것인데, 왜냐하면 그들이 함께 측성에 속하기 때문이다. 그러나 상성과 평성의 통용은 상상할 수 없는 일이었다. 곡(曲)에서는 상황이 정 반대여서 상성과 거성도 전통적인 관계 때문에 여전히 통용되었지만 그들이 통용된 상황은 평성과 상성의 통용에 미치지 못했고, 운각(韻脚)에서는 더욱 그러했다.

54.2 주덕청(周德淸)의 『중원음운』은 종종 몇몇 상성을 써야 할 곳에서 "평성을 쓰는 것이 차선에 속한다"라고 지적하였고, 또한 몇몇 평성을 써야 할 곳에서 "상성을 쓰는 것이 차선에 속한다"라고 말하였다. 주덕청의 판단이 정확한 것인지의 여부는 별도의 문제이지만, 여기서 이미 다음과 같은 것을 증명할 수 있다. 즉, 평성과 상성이 원곡(元曲)에서 종종 혼용되었기 때문에 주덕청이 그와 같은 평어(評語)를 달 수 있었을 것이다. 여기서 다시 주덕청의 평어를 인용해보자.

> 「경선화(慶宣和)」 말구(末句)는 거상(去上)이어야 하지만, 거평(去平)이 차선에 속한다.
>
> 「산파양(山坡羊)」과 「사괴옥(四塊玉)」 말구(末句)는 평거평(平去平)이어야 하지만, 평거상(平去上)이 차선에 속한다.
>
> 「촌리아고(村裏迓鼓)」 등의 말구는 '평측측평평거상'이어야 하지만, '거평'이 차선에 속한다.
>
> 「희춘래(喜春來)」의 "誰喚起(누가 부르는가)"에 주를 달아 "'起'자는 평성과 상성 모두 된다"라고 하였다.

「만정방(滿庭芳)」의 "知音到此(知己가 이곳에 이르렀다)"에 주를 달아 "'此'자가 평성이라면 차선에 속한다"라고 하였다.

「취태평(醉太平)」의 "人皆嫌命窘(사람은 모두가 운명이 곤궁한 것을 싫어한다)"에 주를 달아 "'窘'자가 평성이면 차선에 속한다"라고 하였다.

「오엽아(梧葉兒)」의 "殃及殺愁眉淚眼(재앙에 눈썹 찌푸리고 눈물 흘리는 신세 되고 말았구나)"에 주를 달아 "'眼'자가 상성이어서 더욱 묘하고, 평성이면 차선에 속한다"라고 하였다.

「채아령(寨兒令)」의 "漁翁醉醒江上還(어부가 취했다 깨어나 강가로 돌아온다)"에 주를 달아 "'還'자가 평성이어서 좋은데, 상성이면 최하에 속한다"라고 하였다.

「낙매풍(落梅風)」의 "若得醋來風韻美(식초를 가져다 풍미를 더한다면)"에 주를 달아 "'美'자를 상성으로 하여 音을 일으키는 것이 긴요하며, 평성을 써서는 안 된다"라고 하였다.

「청강인(淸江引)」의 "蕭蕭五株門外柳(쓸쓸히 낙엽 지는 다섯 그루 문밖의 버드나무)"와 "白見不來琴當酒(거문고에 술을 마주하니 헛되이 온 것이 아니다)"에 주를 달아 "'柳'와 '酒' 두 글자는 상성인 것이 지극히 옳고, 평성을 써서는 안 된다"라고 하였다.

「절계령(折桂令)」의 "詩句就雲山失色(시구 지어지니 구름과 산조차도 빛을 잃네)"에 주를 달아 "'色'자를 상성으로 하여 음(音)을 일으킨 것이 묘하다. 평성이면 차선에 속한다. 평성이 양평(陽平)이면 그럭저럭 괜찮지만 음평(陰平)이면 더욱 쓸 데가 없다"라고 하였다.

(내 생각에 陽平은 中升調여서 上聲의 高平調와 비교적 가깝다.)

54.3 주덕청의 의견에 따르면 몇몇 상성자(上聲字)는 그것을 사용하는 것이 가장 좋고, 만약 평성을 사용한다면 차선으로 칠 수 있을 뿐이고('第二着'에 속한다고 하였다), 또는 그야말로 최하이다('下下着'에 속한다고 하였다). 바꾸어 말하면 몇몇 평성자도 그것이 타당하지만 상성을 쓴다면 오히려 차선이다. 그러나 우리는 '최선'(上着)을 통례(通例)와 분리하여 보아야 할 것이다. 좋은 것이 반드시 보편적인 것은 아니며, 보편적인 것

이 반드시 좋은 것은 아니다. 우리가 시율(詩律)을 따진 태도는 통례를 찾은 것이지, 공졸(工拙)을 따진 것이 아니다. 통례의 측면에서 본다면 주덕청이 말한 「산파양(山坡羊)」·「사괴옥(四塊玉)」과 「절계령(折桂令)」의 차선이 오히려 통례이다. 『북사광정보』는 「사괴옥」에서 주덕청을 비평하여 "말구(末句)에 대해 주덕청은 반드시 '평거평'이어야 하며, '평거상'은 차선에 속한다고 하였다. 그러나 나는 반드시 '평거상'이라야 비로소 「매옥랑(罵玉郎)」의 '평평거'와 「감황은(感皇恩)」의 '거평평'과 구별된다고 말하겠다"라고 하였다. 이로부터 주덕청의 말도 정론(定論)이라고 할 수는 없음을 알 수 있다.

54.4 결론적으로 상성은 평성과 접근해 있다. 『중주음운(中州音韻)』은 '車遮'운에 '상성이 평성이 된 것'의 한 항목이 있어서 '者'·'也' 두 글자가 모두 평성이 되었으니(상성에도 아울러 수록되어 있음), 이로부터 그 둘이 혼합의 정도까지 접근해 있음을 알 수 있다. 상성과 평성이 한 부류임을 증명하기 위해서 우리는 아주 손쉽게 많은 증거를 들 수 있다.

54.5 동일한 사람이 지은 곡은 반드시 일정한 규율이 있어서 어떤 때는 규율에 맞고 어떤 때는 규율에 어긋나고 하지는 않는다. 더욱이 동일한 사람이 동일한 시기에 동일한 제목 아래서는 어떤 것은 최선이 되게 하고 어떤 것은 차선이 되게 할 리 없다. 그러므로 먼저 동일한 사람이 동일한 시기에 동일한 제목 아래 쓴 것부터 살펴보자.

54.6 마구고(馬九皐)는 「산파양(山坡羊)」을 사용하여 「서호잡영(西湖雜詠)」 두 수를 지었는데, 제1수의 마지막 두 구는 "船, 休放轉; 杯, 休放淺(배는 돌리지 말고, 잔은 가득 채워라)"이고, 제2수의 마지막 두 구는 "風, 滿座涼; 蓮, 入夢香(바람이 불어와 온 자리가 시원하고, 연꽃이 피어 꿈속에서도 향기롭다)"이다. 여기서 '轉'과 '淺'은 상성이지만, '涼'과 '香'은 평성이다. 노지(盧摯)는 「절계령(折桂令)」을 사용하여 「회고시(懷古詩)」 18수를 지었는데, 『중원음운』의 주장에 따르면 제7구는 "(평)측측평평측상"이어야 하는데(모범적인 구는 趙天錫의 "詩句就雲山失色"이다), 마지막 글자에 평성을

쓰면 차선에 속하게 된다. 그러나 노지(盧摯)는 18수 중에서 5구만 이 규율에 따랐다.

算只有韓家晝錦.
생각하면 韓家만이 부귀롭게 되어 귀향하였다.

—「鄴下懷古」

快吹盡陵峰暮靄.
시원스레 언덕과 봉우리의 저녁 안개를 다 불어버렸다.

—「宣城懷古」

琵琶冷江空月慘.
비파 소리가 차가운 강 달빛 아래 애처롭다.

—「潯陽懷古」

有越女吳姬楚酒.
吳와 越의 여인과 楚의 술이 있다.

—「武昌懷古」

五柳莊甆甌瓦鉢. ('鉢'자는 입성이 상성으로 된 것임.)
오류장의 사기 주발과 기와 바리때.

—「箕山懷古」

나머지 13수의 제7구 제7자는 모두 평성을 썼다(앞 절의 '측측측평평측평' 조를 볼 것). 만약 상성이 옳은 것이라면 평성이 잘못된 것이고, 평성이 옳은 것이라면 상성이 잘못된 것이다. 동일한 사람이 동일한 곡조로 동일한 제목 아래 지은 것이 이렇게 모순 될 리가 없다. 다시 말해 평성을 쓴 것이 모두 13수여서 2/3가 넘으니 만큼 당시의 곡률(曲律)이 허용하는 형식이 아니었다면 노지(盧摯)는 분명 그렇게 하지 않았을 것이다. 따라서 우리의 결론은 다음과 같다. 「절계령(折桂令)」 제7구의 마지막 글자는 평성을 쓰는 것이 보통이지만 상성으로 평성을 대신할 수 있다.

54.7 앞에서 서술한 18수 「회고시(懷古詩)」의 제7구 마지막 글자를 살펴보면 평성을 쓰거나 상성을 썼고 거성을 쓴 것은 전혀 없어서 평성과 상성이 한 종류이고 거성이 따로 한 종류를 이룬다는 말이 믿을 만한 것임을 알 수 있다. 다시 살펴보면 앞 절에서 든 특수형식에서 평성을 써야 할 곳은 거의 전부 상성으로 대치할 수 있고, 상성을 써야 할 곳은 거의 전부 평성으로 대치할 수 있다(앞 절을 참고하여 비교해 볼 것).

(1) (A) '평평측평'을 '평평거상'으로 바꾸어 쓸 수 있다(제4자가 변하였음).

a. 「경동원(慶東原)」 제4, 5 두 구. 예를 들면 다음과 같다.

> 那里也能言陸賈, 那里也良謀子牙.
> 무슨 말 잘하는 육가요, 무슨 꾀 많은 자아란 말인가!
> (제4구의 末字에 상성을 쓰고 제5구의 말자에 평성을 쓴 것으로부터 평성과 상성이 상통함을 알 수 있다.)
>
> — 백박(白樸) 小令

> 嗔忿忿停鞭立馬, 惡噷噷披袍貫甲.
> 몹시 성이 나서 채찍질을 멈추고 말을 세웠고, 몹시 나무라며 도포를 걸치고 갑옷을 입었다.
> ('立'자는 입성이 거성으로 된 것이고, '甲'자는 입성이 상성으로 된 것이다.)
>
> — 백박, 「梧桐雨」

> 詩題小景, 香銷方鼎. ('小'·'方' 두 자는 거성이어야 함.)
> 詩題가 된 작은 경치, 냄새가 사라진 네모 솥.
>
> — 조명선(曹明善) 小令

b. 「만정방(滿庭芳)」 수구(首句). 예를 들면 다음과 같다.

知音到此.
知己가 이곳에 도착했다.

— 장가구(張可久), 「春曉」(『中原音韻』에서 인용)

(1) (B) '평평측평'을 '평상측평'으로 바꾸어 쓸 수 있다(제2자가 변하였음).

a. 「만정방(滿庭芳)」 수구(首句). 예를 들면 다음과 같다.

你文武兩班.
당신들 문반과 무반의 양반.

— 백박, 「梧桐雨」

(2) '측측측평평측평'을 '측측측평평거상'으로 바꾸어 쓸 수 있다(제7자가 변하였음).

a. 「침취동풍(沈醉東風)」 수구(首句). 예를 들면 다음과 같다.

雙拂黛停分翠雨.
두 눈썹을 훔쳐 흐르는 눈물을 멈추게 했다.
(「宮詞」 다른 한 수의 首句는 "花月下溫柔醉人(꽃과 달빛 아래 온유함이 사람을 취하게 한다)"이어서 이 또한 동일한 제목에서 평성과 상성을 互用한 예이다.)

— 손주경(孫周卿), 「宮詞」

掛絶壁松梢倒倚. ('倒'자는 거성임.)
절벽에 걸린 소나무 가지가 거꾸로 매달려 있다.

— 왕정(王鼎), 「秋景」

恰離了綠葉青山那塔. ('塔'자는 입성이 상성으로 된 것임.)

방금 푸른 잎과 청산의 그 탑을 떠났다.

— 왕정, 「閑居」

糴陳稻新舂細**米**.

묵은 벼를 사들여 새로 잘게 쌀을 찧었다.

— 왕원형(汪元亨) 小令

任平地風波浪**滾**.

평지풍파가 세차게 일도록 내버려두었다.

— 왕원형, 「歸田」

二十載江湖落**魄**. ('魄'자는 입성이 상성으로 된 것임.)

이십 년 동안 강호를 실의 속에 떠돌아다녔다.

— 왕원형, 「歸田」

b. 「절계령(折桂令)」 제7구. 예를 들면 다음과 같다.

詩句就雲山動**色**.

시구가 지어지니 구름과 산조차 빛이 바뀌네.

(이 詞는 張養浩의 작이라고도 한다. '色'자는 입성이 상성으로 된 것이다. '動'자는 『중원음운』에 '失'자로 인용되어 있는데, "歌者가 '失色'자를 노래 부를 때마다 '用色'이라고 하는 것은 발음하기 편하여 노래 부르기 좋음을 취한 것이다"라고 하였다. 통례에 따르면 이 글자는 거성을 써야 하는데, '失'자는 입성이 상성으로 된 것이어서 맞지 않는다. '動'과 '用' 두 자는 모두 거성이다.)

— 조천석(趙天錫), 「金山寺」

恰滾滾桑田浪**起**.

마침 세차게 뽕나무 밭에서 물결이 일었다.

— 마구고(馬九皐), 「題爛柯石橋」

留客醉魚肥酒**美**. ('酒'자는 거성이어야 함)

물고기 통통하고 술 맛있어 객을 머물러 취하게 했다.

— 장가구, 「別懷」

按錦瑟佳人勸**酒**.

금슬을 타며 가인이 술을 권한다.

— 노지(盧摯), 「揚州汪右丞席上卽事」

隨柳絮吹歸那**答**.

흩날리는 버들 솜을 따라 어디로 돌아가는가?

— 관운석(貫雲石), 「送春」

空一縷餘香在**此**.

공연히 한 줄기 여향이 여기에 남아 있다.

— 서재사(徐再思)「春情」

柴門外春風五**柳**. ('五'자는 거성이어야 함.)

사립문 밖에서 봄바람이 다섯 그루 버드나무에 분다.

— 장양호(張養浩) 小令

(3) (A) '평평측평평거상'을 '평평측평상거평'으로 바꿀 수 있다(제7자가 변하였음).

「청강인(淸江引)」 수구(首句). 예를 들면 다음과 같다.

若還與他相見**時**. ('若'자는 제한받지 않음)

만약 다시 그와 만났을 때.

— 관운석, 「惜別」

樵夫覺來山月**低**.

나무꾼이 깨어나니 산 위의 달이 낮게 기울었다.

— 마치원(馬致遠), 「野興」

東風又來供暮愁.
봄바람이 다시 불어와 황혼의 슬픔을 일으킨다.

— 이치원(李致遠), 「卽席贈妓」

(3) (B) '평평측평평거상'을 '평평측평상거평'으로 바꿀 수 있다(제5, 7 두 자가 변하였음).

「청강인(淸江引)」 수구(首句). 예를 들면 다음과 같다.

夜長怎生**得**睡**着**. ('得'자는 상성으로, '着'자는 평성으로 되었음.)
긴긴 밤 어떻게 하면 잠이 들 수 있을까?

— 종사성(鍾嗣成), 「情」

(3) (C) '평평측평평거상'을 '평평측상평거평'으로 바꿀 수 있다(제4, 7 두 자가 변하였음).

a. 「청강인(淸江引)」 수구(首句). 예를 들면 다음과 같다.

春光荏**苒**如夢**蝶**. ('蝶'자는 입성이 평성으로 된 것임.)
봄빛이 점차 찾아들어 꿈속의 나비 같다.

— 유시중(劉時中) 小令

b. 「낙매풍(落梅風)」 제4구. 예를 들면 다음과 같다.

儘蜀鵑啼**血**煙樹**中**. ('血'자는 입성이 상성으로 된 것임.)
촉의 두견새가 안개 어린 나무 속에서 피눈물을 흘린다 해도

— 아로위(阿魯威) 小令

(3) (D) '평평측평평거상'을 '상상측평평거상'으로 바꿀 수 있다(제1, 2 두 자가 변하였음).

「청강인(淸江引)」 수구(首句). 예를 들면 다음과 같다.

一寫粉香堪愛惜.
한 번 바른 분 내음이 애석하기 짝이 없다.

—주문질(周文質), 「詠笑靨兒」

(4) '평평측평평거평'을 '평평측평평거상'으로 바꿀 수 있다(제7자가 변하였음).

「채아령(寨兒令)」 제3구. 예를 들면 다음과 같다.

瀟瀟幾株霜後柳.
서리 맞은 후 쓸쓸히 낙엽 지는 몇 그루 버드나무.

—주문질 小令

(5) (6) 예를 들 수 없다.

(7) (A) '측평평측평'을 '측평상거평'으로 바꿀 수 있다(제3자가 변하였음).

「빙란인(憑闌人)」 제4구. 예를 들면 다음과 같다.

斷腸幾輩人.
애간장 끊어지는 몇 대의 사람들.

—조선경(趙善慶), 「春日懷古」

(7) (B) '측평평측평'을 '거상상거평'으로 바꿀 수 있다(제2, 3 두 자가 변하였음).

寄與不寄間.
부치는 것과 부치지 않는 것 사이.

— 요수(姚燧), 「寄征人」

(8) (A) '평측측평평측평'을 '평측측평평거상'으로 바꿀 수 있다(제7자가 변하였음).

a. 「일반아(一半兒)」 제3구. 예를 들면 다음과 같다.

司馬哭痛如商婦泣. ('泣'자는 입성이 상성으로 된 것임.)
사마는 상인의 아내가 흐느끼듯 소리내어 울었다.

— 주문질 小令

橫斜數枝僧寺側. ('側'자는 상성이 되었고, '斜'자는 평성이어야 함.)
비스듬히 가로 놓인 몇 가지가 절 곁에 있다.

— 조선경, 「尋梅」

b. 「영선객(迎仙客)」 제3구. 예를 들면 다음과 같다.

十二玉闌天外倚.
하늘 밖에서 열두 옥난간에 기대어 있다.

— 정덕휘(鄭德輝), 「登樓」(『中原音韻』에서 인용)

(8) (B) '평측측평평측평'을 '평측측평상거상'으로 바꿀 수 있다(제5, 7 두 자가 변하였음).

a. 「일반아(一半兒)」 제3구. 예를 들면 다음과 같다.

吟筆未成賈誼策. ('策'자는 상성이 되었음.)
詩筆은 가의의 계책을 이루지 못했다.

— 조선경, 「述憶」

b. 「억왕손(憶王孫)」 제3구. 예를 들면 다음과 같다.

消遣此時此夜景.
이때 이 밤의 경치를 보며 소일한다.

— 백박(白樸), 「梧桐雨」

(8) (C) '평측측평평측평'을 '평측측상상거상'으로 바꿀 수 있다(제4, 5, 7자가 변하였음).

「일반아(一半兒)」 제3구. 예를 들면 다음과 같다.

羞禁奶奶喻面色.
수줍어하는 아주머니가 얼굴빛을 머금었다.

— 주문질 小令

(9) (A) '측평평측평평거'를 '측평평측상평거'로 바꿀 수 있다(제5자가 변하였음).

「상소루(上小樓)」 말구(末句). 예를 들면 다음과 같다.

你是必休題着長老方丈!
그대 제발 장로니 주지 스님 들먹이지 마시오!

— 왕실보(王實甫), 「西廂記」

(9) (B) '측평평측평평거'를 '측평상측평평거'로 바꿀 수 있다(제3자가 변하였음).

「야행선(夜行船)」 말구(末句). 예를 들면 다음과 같다.

急罰盞夜筵燈滅. ('急'자가 상성이 되었고, '罰'자가 평성이 되었음.)
벌주 잔을 서두르니 밤 연회의 등불이 꺼졌다.
(이것은 『중원음운』에 인용된 것인데, 주덕청은 말구를 논할 때 '측평평측평평거'가 되어야 한다고 했으니, 이 또한 平上 통용의 한 예이다.)

— 마치원(馬致遠), 套數 「秋思」

誰當得恁般丰韻? ('得'자가 상성이 되었음.)
누가 이와 같은 풍도를 얻을 수 있을까?
(제3자가 상성으로 바뀌면 제1자는 평성이 될 수 있다.)

— 무명씨, 套數 「縱有陽臺」

(10) 들 수 있는 예가 없다.

54.8 이상에서 서술한 것은 앞 절의 특수형식과 비교해서 논한 것일 뿐이다. 이외에도 들 수 있는 예는 도처에 있다. 이제 다시 작품 전체의 예를 몇 개 들어보겠다.

「천정사(天淨沙)」 4수

枯藤老樹昏鴉;
小橋流水人家;
古道西風瘦馬.
夕陽西下,
斷腸人在天涯!

마른 등걸 고목의 저녁 까마귀.
작은 다리 흐르는 물가의 인가.
옛 길 가을바람 속의 야윈 말.
석양은 서쪽으로 지는데
애끊는 사람 하늘가에 있구나!

(제1수)

長途野草寒沙;
夕陽遠水殘霞;
衰柳黃花瘦馬.
休題別話,
今宵宿在誰家?

장도의 들풀과 차가운 모래.
석양 아래 멀리 뻗은 물과 사라져 가는 노을.
시든 버들 노란 국화 야윈 말.
다른 말은 할 것 없다.
오늘 밤은 어느 집에서 묵나?
(이상의 두 수는 제3구가 '(측)측평평거상'이다.)

(제2수)

江南幾度梅花,
愁添兩鬢霜華.
夢兒裏分明見他!
客窗直下,
覺來依舊天涯!

강남에 매화가 몇 번 피었던가?
슬픔에 양쪽 살쩍 서리꽃이 늘었다.
꿈속에서 분명히 그를 보았는데
객사의 창문 아래서
깨어나니 여전히 하늘가에 있구나!

(제3수)

西風渭水長安;
淡煙疎雨驪山.
不見昭陽玉環!
夕陽樓上,

無言獨倚闌干.

가을바람 부는 위수의 장안.
옅은 안개 속에 부슬비 내리는 여산.
소양궁의 옥환은 보이지 않는구나!
석양 아래 누대 위에서
말없이 홀로 난간에 기대선다.

(제4수)

(이상의 두 수는 제3구가 '측측평평거평'이다.)

「수선자(水仙子)」 4수

一聲梧葉一聲秋,
一點芭蕉一點愁.
二更歸夢三更後!
落燈花棋未收,
歎新豊逆旅淹留.
枕上十年事, 江南二老憂,
都到心頭!

오동잎에 떨어지는 소리마다 가을이 전해오고
파초에 떨어지는 방울마다 슬픔을 일으키는데
二更의 귀향 꿈은 三更 후에도 이어진다!
불똥이 떨어지건만 바둑은 아직 끝나지 않아
신풍의 객사에 오래 머물러 있는 것이 한탄스럽다.
베갯머리의 십 년의 일, 강남 두 늙은이의 근심.
모두 가슴속으로 밀려드네!

— 서재사(徐再思), 「夜雨」

冬前冬後幾村莊,

溪北溪南兩履霜.
樹頭樹底孤山上.
冷風來何處香?
忽相逢縞袂綃裳.
酒醒寒驚夢, 笛凄春斷腸.
淡月昏黃.

겨울 전과 겨울 후의 몇 마을
시내 남북 두 곳에서 서리를 밟는다.
외로운 산 위의 나무 끝과 나무 밑
찬 바람 불어오니 어디서 향기가 나는지?
갑자기 흰 소매 생초 치마가 눈에 뜨인다.
술기운 가시며 추위에 꿈에서 깨니, 처량한 피리소리에 애가 끊기는데
황혼녘 달빛 맑구나.

— 교몽부(喬夢符), 「尋梅」

(이상의 두 수는 제7구 末字 '憂'와 '腸'이 모두 평성이다.)

落花飛上筍牙尖,
宮葉猶將冰筯黏.
抵牙關越顯得櫻脣艶.
怕傷春不捲簾,
捧菱花香印妝奩.
雪藕絲霞十縷, 鏤棗斑血半點.
掐劉郎春在纖纖.

낙화 흩날리고 죽순은 뾰족이 솟았는데
처마에는 아직도 고드름이 붙어 있다.
입에 닿아 앵두 입술 더욱 아름답게 보이는데
봄에 상심할까 두려워 주렴을 걷지 못하고
마름꽃 들어서 향기를 화장대에 쏘인다.

하얀 연뿌리 실 같은 열 손가락,
대추 손톱에 아로새긴 핏빛 얼룩 반 점.
劉郎의 봄을 따서 섬섬옥수에 담는다.

—서재사, 「紅指甲」

笙歌夢斷蒺藜沙,
羅綺香餘野菜花.
亂雲遶樹夕陽下.
燕休尋王謝家.
恨興亡怒殺(上)鳴蛙.
鋪錦地埋荒甃, 流杯亭堆破瓦.
何處(上)繁華?

생황의 음악 소리 들리던 꿈은 가시나무 사막에 끊어지고
비단의 향기는 들풀 꽃에만 남았고
어지러운 구름은 석양 아래 나무 곁을 맴도네
제비야 왕씨와 사씨의 저택 찾지 마라
흥망이 한스러워 개구리 울음소리에 화가 치민다.
비단이 깔렸던 곳엔 거친 벽돌이 묻혀 있고
잔이 흘러갔던 정자엔 깨진 기와가 쌓여 있다.
어디가 번화했던 곳이었던가?

—교몽부, 「遊越福王府」

(이상의 두 수는 제7구 末字 '點'・'瓦'가 모두 상성이다.)
※ 주의 : 작가는 마찬가지로 徐再思와 喬夢符 두 사람이다.

「경선화(慶宣和)」 2수

五柳莊前陶令宅('宅'字는 입성이 평성으로 된 것임),
大似彭澤('澤'字는 입성이 평성으로 된 것임)!

無限黃花有誰戴?
去來!
去來!

五柳莊 앞의 陶令宅
팽택과 아주 흡사하구나!
끝없이 핀 노란 국화를 누가 꽂았나?
돌아가자꾸나!
돌아가자꾸나!
(이것은 『중원음운』에 인용된 것인데, 마지막의 두 疊句는 평성으로 마무리 하였다.)

— 작자미상, 「五柳莊」

引箇奚童跨蹇驢,
竟至皇都!
只道功名掌中物,
笑取!
笑取!

동자를 데리고 절룩거리는 나귀를 타고
마침내 황도에 도착하였다!
다만 공명이 손바닥 안의 물건이라고 말하니
우습구나!
우습구나!
(주덕청이 末句를 논할 때 「慶宣和」 末句는 去上을 사용해야 하고, 去平은 차선에 속한다고 하였다. 이 작품이 바로 표준에 맞지만 『小令定格』이 든 것은 末句에 去平을 사용하였으니 주덕청의 말대로라면 오히려 차선에 속한다. 만약 平上通用을 인정하지 않는다면 서로 모순에 빠지게 된다.)

— 진죽촌(秦竹村), 套數 「壯歲鄉閭」

「일반아(一半兒)」 3수

花邊嬌月靜妝樓;
葉底滄波冷翠溝;
池上好風閑御舟.
可憐秋:
一半兒芙蓉, 一半兒柳.

꽃 옆의 아름다운 달, 여인의 고요한 거처;
잎새 밑의 푸른 물결, 차고 푸른 도랑;
못에 부는 좋은 바람, 한가한 대궐 배.
사랑스러운 가을
반은 부용이고, 반은 버들이로다.
(제2, 3 두 구의 말자는 평성이고 말구의 말자는 상성인데, 이것이 正例이다.)

— 장가구(張可久), 「秋日宮詞」

鴉翎般水鬢似刀裁,
小顆顆芙蓉花額兒窄. ('窄'자는 입성이 상성으로 된 것임.)
待不梳妝怕娘在猜.
不免插金釵:
一半兒鬅鬆, 一半兒歪.

까마귀 깃털 같은 여인의 살쩍머리는 칼로 잘라낸 듯하고
작은 송이 송이 부용꽃으로 이마조차 좁구나
머리 빗고 단장하지 않으려 해도 어머니가 의심하실까 싶어
(어쩔 수 없이) 금비녀를 꽂지만
반은 헝클어지고, 반은 삐뚤어졌네.
(이 작품 제2구의 말자는 상성으로 변하였다.)

— 왕정(王鼎), 「題情」

太平樓館醉金釵,

老邁情懷悲倦客. ('客'자는 입성이 상성으로 된 것임.)
吟筆未成賈誼策. ('策'자는 입성이 상성으로 된 것임.)
鬢毛衰:
一半兒蒼蒼, 一半兒白! ('白'자는 입성이 평성으로 된 것임.)

태평한 누관에 취한 금비녀
연로한 정회가 지친 나그네를 슬프게 한다.
詩筆은 가의의 계책을 이루지 못했는데
머리카락은 노쇠하여
반은 검고, 반은 하얗구나!

(이 작품은 제2, 3 두 구의 말자가 평성이어야 하는데 상성을 사용하였고, 말구 말자는 상성이어야 하는데 평성을 사용하였다. 조선경에게는 「尋梅」 한 수가 더 있는데, 말구가 "一半兒銜着一半兒開(반은 머금고 있고 반은 피어 있다)"여서 이 역시 말자에 평성을 사용하였다.)

— 조선경(趙善慶), 「述憶」

「산파양(山坡羊)」 2수

峰巒如聚,
波濤如怒,
山河表裏潼關路.
望西都,
意踟躕,
傷心秦漢經行處,
宮闕萬間都做了土.
興, 百姓苦!
亡, 百姓苦!

산봉우리는 모여 있는 듯하고
파도는 노한 듯한데
산하의 겉과 속으로 潼關路가 나 있다.

서쪽 도읍을 바라보니
마음은 머뭇머뭇
秦과 漢이 거쳐 온 곳이 마음을 아프게 한다.
만 칸의 궁궐이 모두 흙이 되어 버렸으니
흥해도 백성은 고달프고
망해도 백성은 고달프구나!
(마지막 두 구의 말자는 상성을 사용했는데, 이것이 正例이다.)

— 장양호(張養浩), 「潼關懷古」

孤山雲樹,
六朝煙霧,
景濛濛不比江潮怒.
淡妝梳,
淺妝梳,
西湖也怕西施妬.
天也爲他巧對付. ('付'자는 거성이어야 함.)
晴, 也宜畫圖!
陰, 也宜畫圖!

외로운 산의 구름과 나무
육조의 연무
경치는 비할 수 없이 흐릿한데 강의 조수 노했다.
맑게 화장하고 머리 빗고
옅게 화장하고 머리 빗으니
서호는 서시가 질투할 것이 두렵다.
하늘이 그를 위해 교묘하게 대처했으니
날이 개어도 한 폭의 그림!
날이 흐려도 한 폭의 그림!
(마지막 두 구의 말자는 평성을 사용했는데, 이것이 變例이다.)

—「苦雨」

「오엽아(梧葉兒)」 3수

(1) **관한경(關漢卿),「別情」**
別離易, 相見難,
何處鎖雕鞍?
春將去, 人未還.
這其間,
殃及殺愁眉淚眼! ('殺'자는 입성이 상성으로 된 것임.)

이별은 쉬워도, 만나기는 어려운데
어느 곳에 안장을 매어두셨을까?
봄은 가려 하는데, 임은 돌아오지 않아
요즈음에는
속상하여 눈썹 찌푸리고 눈물 흘리네!

(2) **노지(盧摯)**
低攀話, 嬌唱歌,
韻遠更情多.
筵席上, 疑怪他.
怎生呵,
眼搓裏頻頻覷我!

나지막히 말을 걸고 교태롭게 노래 부르니
소리는 멀지만 정은 더욱 많아지네.
잔치 자리에서, 그가
어떻게든지
눈 부비는 척 힐끔 힐끔 나를 훔쳐보는 것도 당연한 일!
(이상 두 수의 말구는 '(평)평상평평거상'인데, 이것이 정례이다.)

(3)
鴛鴦浦, 鸚鵡洲,

竹葉小漁舟.
煙中樹, 山外樓,
水邊鷗.
扇面兒瀟湘暮秋.

원앙의 물가, 앵무의 모래섬
댓잎처럼 작은 고깃배.
안개 속의 나무, 산 너머의 누각
물가의 갈매기.
부채에는 瀟水 湘水의 늦가을이 펼쳐있다.
(말구는 '측측평평평거평'인데, 이것은 변례이다.)

「월조(越調) 투암순(鬪鵪鶉)」 2수

(1) 송방호(宋方壺), 투수(套數)
落日遙岑, 淡煙遠浦.
蕭寺疎鐘, 戍樓暮鼓.
一葉扁舟, 數聲去櫓.
那慘慽, 那凄楚!
恰待歡娛(贅韻), 頓成間阻!

아득히 산봉우리에 지는 해 걸리고, 먼 포구에 안개 옅은데
절에선 드문드문 종소리 들리고, 수루에선 저녁 북소리 울리고
일엽편주에선, 노 젓는 소리 들려온다.
얼마나 참담하고, 얼마나 쓸쓸한가!
방금 기쁨을 기다렸는데, 갑자기 가로막혀버렸구나!
(전체에 상성 운각을 사용했는데, 이것이 정례이다.)

(2) 정덕휘(鄭德輝), 잡극「천녀리혼(倩女離魂)」
人去陽臺, 雲歸巫峽. ('峽'자는 입성이 평성으로 된 것임.)
不爭他江渚停舟, 幾時得門庭過馬?

悄悄冥冥, 瀟瀟灑灑.
我這裏踏岸沙(贅韻), 步月華.
我覷這萬水千山, 都只在一時半霎!

사람은 양대를 떠났는데, 구름은 무협으로 돌아왔다.
그가 강가에 배를 대고, 언제나 문안 뜰로 말을 들여놓을까?
고요하고 어두우며, 쓸쓸하고 처량하다.
내 이쪽에서 물가 모래 밟으며 달빛 아래 걷는데,
내가 이 수많은 물과 산을 보노라니
모두가 순식간에 지나가 버리는구나!
(제1, 4의 두 운은 평성으로 상성을 대신하였다.)

「중려(中呂) 투암순(鬪鵪鶉)」 3수

(1) 무명씨, 잡극 「포장합(抱妝盒)」

不承望似水如魚(贅韻), 只要得殢雲殢雨.
陪伴他繡榻香茵, 出入在華堂錦屋. ('屋'자는 입성이 상성으로 된 것임.)
你只看月色無心照索居,
也別做一段的苦.
空熬他漏水更長, 聽了些晨鐘的這暮鼓.

물과 고기처럼 되기를 바라지는 않고
다만 구름과 비처럼 함께 놀았습니다.
수놓은 결상과 향긋한 자리에서 그를 동반했고
화려한 집을 출입하였습니다.
달빛이 무심히 쓸쓸한 거처 비추는 것을 보기만 하시고
일단의 고통도 갖지 마셔요.
저 기나긴 밤시간 지새운 것도 보람 없이
새벽 종소리며 저녁 북소리만 듣고 말았군요.
(제3행의 운각 '居'자는 평성으로 상성을 대신하였다.)

(2) 왕실보(王實甫), 잡극 「서상기(西廂記)」

俺先人甚的是渾俗和光(贅韻), 衠一味風淸月朗.
小生無意去求官, 有心待聽講.
量着窮秀才人情則是紙半張!
又沒甚七青八黃,
儘着你說短論長(贅韻), 一任待掂斤播兩.

제 선인께서는 참으로 재능을 겉으로 드러내지 않으시고
줄곧 맑은 바람 밝은 달과 함께 지내셨습니다.
소생도 관직을 구할 뜻은 없고
설강 듣기를 기다릴 마음이랍니다.
가난한 선비의 인정을 달아 본들 고작 종이 반 장 무게인 것을!
또한 가진 것이 아무 것도 없으니
당신께서 판단하여 말씀해주시고
옳고 그름을 저울질해 주시기를 기다리겠습니다.
(제3, 4 두 행의 운각은 평성으로 상성을 대신하였다.)

(3) 무명씨, 투수 「이위의식(您爲衣食)」

我想這醋淡薄梨(贅韻), 你看承似龍肝鳳髓.
儘意兒盛添, 有半停來下水.
抑而十分的取了利息, ('息'자는 입성이 상성으로 된 것임.)
損人安己!
喫酒的問甚么九擔十瓶, 似恁錢東物西!

나는 이것을 묽은 초 담박한 배로만 생각하는데
그대는 용의 간 봉황의 골수처럼 여기는군요.
마음대로 담는 걸로도 모자라, 반은 물을 탔구려.
(아니면) 차라리 대놓고 이익을 챙겨서
남에게 손해를 끼치면서까지 자신의 안락을 누리시오!
술 마시는 놈이 무슨 술병 개수를 따진답디까?
이렇게 돈 다르고 물건 다르게 굴다니요!

(말구의 운각은 평성으로 상성을 대신한 것임.)

54.9 이만하면 예는 이미 충분하다고 하겠다. 이로부터 다음과 같이 단언할 수 있다. 상성의 성조 형상은 분명히 평성과 매우 가까워서 이들을 서로 바꾸어 쓸 수 있게 되었을 것이다. 우리는 심지어 상성과 거성이 어쩌다 통용된 것이 이전의 전통 때문일 것이라고 의심한다. 왜냐하면 중국시율학(中國詩律學)에서는 줄곧 상성과 거성이 함께 측성에 속했기 때문이다. 그러나 원대(元代)의 실제 어음을 가지고 말하면 상성과 평성의 통용이 자연스런 추세를 따른 것이다. 따라서 상성과 거성이 통용된 곳은 왕왕 중요하지 않은 곳이고(즉 7언의 제1자와 제3자처럼 비절주점(非節奏點)인 곳), 평성과 상성이 통용된 곳은 종종 중요한 곳이고 심지어는 운각(韻脚)이다. 곡가(曲家)들은 말구(末句) 중에서도 마지막 한 글자의 평측을 대단히 중시했지만(이른바 '詩頭曲尾'), 평성과 상성은 그런 곳에서도 서로 바꾸어 쓸 수 있었다. 이로부터 이들 양자간의 관계가 얼마나 밀접했는지를 알 수 있다.

* * *

54.10 곡운(曲韻)은 평측호협(平仄互叶)할 수 있음을 앞글에서 이미 언급하였다. 사실상 일부 곡조의 운각은 여전히 일성도저(一聲到底)였다.[33] 측각(仄脚)에 이르러서는 대다수가 상성과 거성을 구별해야 한다. 이제 『중원음운』「소령정격(小令定格)」이 열거한 곡을 가지고 다음과 같이 예를 들어 그 일부를 살펴보자(괄호 안의 운각은 협운하지 않아도 되는 것이고, 진하게 표시한 글자는 可平可上이다).

33) 一聲到底는 작품 한 수의 처음부터 끝까지 한 성조로 일관하는 것을 말한다.

1. 선려(仙呂)

「기생초(寄生草)」 (거), 평, 거, 거, 거, 거.
「취중천(醉中天)」 거, 평, 평, 상, 평, 거, 평.
「취부귀(醉扶歸)」 상, 평, 평, 거, 평, 거.
「안아(雁兒)」 거, 평, 평, 평.
「일반아(一半兒)」 평, 평, 평, 평, 상.
「금잔아(金盞兒)」 평, 평, 거, 평, 평, 평.

2. 중려(中呂)

「영선객(迎仙客)」 평, 평, 상, 상, 평, 거(『중원음운』의 예).
「조천자(朝天子)」 평, 평, 거, 평, 거, 거, 평, 평, 평, 거.
「홍수혜(紅繡鞋)」 거, 평, 평, (상 또는 거), 평, 상.
「보천악(普天樂)」 거, 평, 거, 거, 평, 상, 상, 평.
「희춘래(喜春來)」 거, 평, 평, 상, 평.
「만정방(滿庭芳)」 상, 평, 거, 평, 상, 평, 거, 상, 평.
「십이월요민가(十二月堯民歌)」 상, 평, 평, 거, 평; 평, 평, 평, 평, 평, 평, 거.
「사변정(四邊靜)」 거, 평, 평, 상, 평, 거.
「취고가(醉高歌)」 평, 상, 거, 상.

3. 남려(南呂)

「사괴옥(四塊玉)」 평, 상, 평, 거, 평, 평, 상.
「매옥랑감황은채차가(罵玉郎感皇恩採茶歌)」 거, 평, 거, (평), (평), 거; 평, 평, 평, (상), 평, (평), 평; 평, 평, 평, (상), 평.

4. 정궁(正宮)

「취태평(醉太平)」 상, 평, 평, 상, 거, 거, 평, 상.

「새홍추(塞鴻秋)」 거, 거, 거, 거, (평), 거, 거.

(이것은 一聲到底의 운으로 칠 수 있다. 왜냐하면 다섯 번째 운을 贅韻으로 볼 수 있기 때문이다.)

5. 상조(商調)

「산파양(山坡羊)」 거, 거, 거, 평, 거, 상, 평, 상, 평, 상.

「오엽아(梧葉兒)」 평, 평, 평, 평, 상.

6. 월조(越調)

「천정사(天淨沙)」 평, 평, 상, 거, 평.

「소도홍(小桃紅)」 평, 거, 거, 평, 거, 거, 평.

「빙란인(憑闌人)」 평, 평, 평, 평.

「채아령(寨兒令)」 평, 평, 평, 평, 평, 평, 평, 평, 평, 평, 평.

7. 쌍조(雙調)

「침취동풍(沈醉東風)」 상, 평, 상 또는 거, 평, 평, 상.

「낙매풍(落梅風)」 (거), 평, 거, 상, 거.

「발부단(撥不斷)」 평, 평, 거, 평, 거, 거.

(제3, 5 두 운은 모두 거성을 써야 하는데, 『중원음운』에 인용된 馬致遠 작품의 '惹'·'缺' 두 글자는 모두 상성이어서 통례에 맞지 않는다.)

「수선자(水仙子)」 평, 평, 거, 평, 평, 평, 평.

「경동원(慶東原)」 평, 거, 평, 평, 평, 거.

「안아락덕승령(雁兒落德勝令)」 평, 거, 거; 평, 평, (거), 평, 평, 거, 평, 평.

「전전환(殿前歡)」 평, 평, 거, 평, 평, 거, 거, 거, 평.

(일곱 번째 운에 거성을 사용하였지만 입성이 상성으로 된 글자도 사용할 수 있어서 아마도 거성으로 바뀐 듯하다.)

「경선화(慶宣和)」 평, 평, 거 또는 평상, 평, 평.

「매화성(賣花聲)」　상, 평, 평, (상 또는 거), 거, 거.
(「매화성」은 본래 중려에 있다.)
「청강인(淸江引)」　상, 거, 거, 상.
「절계령(折桂令)」　평, 평, 평, 평, 평, 평, 평, 평.

54.11 앞에서 든 36개의 곡조 속에서 3개는 전적으로 평성운을 사용하였고, 1개는 전적으로 거성운을 사용하였고(이외에도 定格에 수록되어 있지는 않지만 「鬪鵪鶉」처럼 전적으로 상성운을 사용한 것도 있음), 3개는 평성운과 상성운을 겸용하였고, 12개는 평성운과 거성운을 겸용하였고, 1개는 상성운과 거성운을 겸용하였고, 16개는 평성운과 상성운과 거성운을 겸용하였다. 상성과 거성의 구분이 매우 엄격해서 이로부터 곡조에서 평성과 측성만을 나누는 것이 불충분한 것임을 알 수 있다.

제55절 곡보의 예

55.1 곡보(曲譜)의 묘사에 관해서는 사보(詞譜)를 묘사한 것과 마찬가지로 처리하겠다. 부호는 가능한 한 제3장 제46절에 열거한 것을 그대로 사용하고, 다음의 네 가지 조례만을 덧붙이겠다.

1. 측각(仄脚)의 구(句)에서 상성과 거성을 구별할 필요가 있을 때에는 그 부호를 다음과 같이 바꾸겠다.

(a) 상성의 사용으로 제한한 것은 a를 c로 바꾸었다.
예를 들어 3a : 3c, 4a : 4c, 5a : 5c, 6a : 6c, 7a : 7c 등으로 표기된다. 또한 b는 d로 바꾸었다. 예를 들어 3b : 3d, 4b : 4d, 5b : 5d, 6b : 6d, 7b : 7d 등으로 표기된다.

(b) 거성의 사용으로 제한한 것은 a를 e로 바꾸었다.

예를 들어 3a : 3e, 4a : 4e, 5a : 5e, 6a : 6e, 7a : 7e 등으로 표기된다. 또한 b는 f로 바꾸었다. 예를 들어 3b : 3f, 4b : 4f, 5b : 5f, 6b : 6f, 7b : 7f 등으로 표기된다.

a′가 c′, e′로 바뀌고, b′가 d′, f′로 바뀐 것은 이로부터 유추할 수 있을 것이다.

2. 평성과 상성이 똑같이 운각이 될 수 있을 때에는 다음의 두 가지 처리방식이 있다.

(a) 평성을 정례(正例 : 通例)로 한 것은 A를 G로 바꾸었다.

예를 들어 3A : 3G, 4A : 4G, 5A : 5G, 6A : 6G, 7A : 7G 등으로 표기된다. 또한 B는 H로 바꾸었다. 예를 들어 3B : 3H, 4B : 4H, 5B : 5H, 6B : 6H, 7B : 7H 등으로 표기된다.

(b) 상성을 정례로 한 것은 c를 g로 바꾸었다.

예를 들어 3c : 3g, 4c : 4g, 5c : 5g, 6c : 6g, 7c : 7g 등으로 표기된다. 또한 d를 h로 바꾸었다. 예를 들어 3d : 3h, 4d : 4h, 5d : 5h, 6d : 6h, 7d : 7h 등으로 표기된다.

가장 흔히 보이는 경우는 다음과 같다.

3G 정례 : 측평평; 변례 : 측평상.
4G 정례 : 측측평평; 변례 : 측측평상.
5G 정례 : 측측측평평; 변례 : 측측측평상.
6G 정례 : 평평측측평평; 변례 : 평평측측평상.
3H 정례 : 평거평; 변례 : 평거상.
5H 정례 : 평평평거평; 변례 : 평평평거상.
7H 정례 : 측측평평평거평; 변례 : 측측평평평거상.
4h 정례 : 평평거상; 변례 : 평평측평.
5h 정례 : 평평평거상; 변례 : 평평평거평.
6h 정례 : 측측평평거상; 변례 : 측측평평측평.
7h 정례 : 측측평평평거상; 변례 : 측측평평평측평.

때로는 '평평측평'이 오히려 정례이고, '평평거상'이 변례이다. 그런 경우에 우리들의 곡보(曲譜)는 ○○●○(4d)이다.

3. 글자에 따라 평측을 표시할 때에는 상성을 △로 하고 거성을 *로 하였다. 예를 들어 '평평상거평'은 ○○△*○로 표시한다.

4. 협운(叶韻)할 수도 있고 협운하지 않을 수도 있는 운각을 만나면 점선으로 표시한다. 예를 들어 3B⋮3A|로 표시한다.

55.2 일반적으로 말해서 상성으로 구를 마무리하면 뒤에서 두 번째 글자는 상성을 기피하고, 거성으로 구를 마무리하면 뒤에서 두 번째 글자는 거성을 기피한다. 첩자(疊字)와 연면자(連緜字)는 예외이다. 곡보를 만들 때에는 다시 일일이 주를 달아 밝히지 않겠다.

55.3 『중원음운』은 모두 315장의 곡조(曲調)를 열거하였고, 『태화정음보(太和正音譜)』·『북사광정보(北詞廣正譜)』 등에 실린 것은 여기에 그치지 않지만, 여기서는 상용되는 것 149장만을 선정하여 곡보를 만들었다. 보식(譜式)은 대체로 『북사광정보』에 의거했지만 우리가 수정한 곳도 있는데, 이 또한 일일이 주를 달아 밝히지 않겠다. 곡패(曲牌)를 진하게 표시한 것은 주로 소령(小令)에 사용되는 것임을 나타낸다.

곡보(曲譜)

55.4 선려(仙呂) 제1

1. 「상화시(賞花時)」 7B|7B|5A|4a|5A||

이 곡조는 통상 설자(楔子)에 사용된다. 이것이 왕왕 전극(全劇)의 시작에 사용되므로 다음에 뒤따르는 것은 제1절 제1곡 선려 「점강순(點絳脣)」이다. 어쩌다 제2, 3, 4 각 절의 시작에 사용되기도 하는데, 그 경우에는 뒤따르는 것이 선려의 곡조가 아니다. 제1구는 어쩌다 [3b4a′]로 바뀌고, 제4구는 운을 달지 않을 수 있고, 말구(末句)는 두 구로 나뉘어 3b⋮3A가 될 수 있다. 이것은 기본자(基

本字)를 가리켜 말한 것이다. 잡극에는 친자(襯字)가 많아서 일일이 예를 들 수 없다. 앞으로의 것들도 이에 따른다.

2. 「**점강순(點絳脣)**」　4X | 4a | 3a | 4X | 5a ||

제2구는 어쩌다 5a가 될 수 있다. 제2구와 제3구는 운을 달지 않을 수 있다. 혹 제3, 4 두 구는 협운하지 않아도 된다.

3. 「**혼강룡(混江龍)**」　4e | 7A | 4b4X | 7b7A | 3A3e | 4b4X ||

이 곡조의 앞쪽 네 운은 각가(各家)가 꽤 일치한다. 제5운(3A3e)이 변화가 가장 많고, 보통은 다음의 몇 가지 방식이다.

(1) 두 구가 병합되어 하나의 7e를 이룬다.

(2) 두 구가 늘어나 7A7e가 된다.

(3) 두 구가 세 구로 변하여 4b4X7e가 된다.

(5) 두 구가 다섯 구로 변하여 4b4X | 3s3s7e | 가 된다.

(6) 두 구가 다섯 구로 변하여 4b4X | 4b4X | 7e | 가 된다.

제6운(4b4X)은 어쩌다 1구(4X)로 줄어든 것도 있다. 가능한 한 대장(對仗)을 사용하는 것이 이 곡조의 특색이다.

4. 「**유호로(油葫蘆)**」　7B | 3Y | 7A | 7a7a | 3b3b | 7a | 5A ||

제4운과 제5운은 대장을 사용한다. 제1, 2 두 구는 상성으로 구를 마무리할 수 있다. 제2구는 심지어 거성으로 마무리한 것도 있다.

5. 「**천하락(天下樂)**」　7B | 5Y | 7Y | 3B3b | 5H ||

제4운은 왕왕 대장을 사용한다. 5H는 '평평측측평'과 '평평평거상'이 통용된다. 앞으로의 것들도 이에 따른다.

6. 「**촌리아고(村裏迓鼓)**」　4e : 4e | 4b3a4e | 3B3a4e | 3B3b3D | [3B○○*△] ||

말자(末字)는 가평(可平)이다.

7. 「**원화령(元和令)**」　5Y●●●* | 7A5H | 7A5H ||

8. 「상마교(上馬嬌)」 3B′3B′ | 5A | 7e | 1A | 5B ||

9. 「유사문(遊四門)」 7A | 5A | 7e | 5A | 5A ||

10. 「승호로(勝葫蘆)」 7D | 5A | 7b | 4a4a5H ||

11. 「나질령(那吒令)」

제1식 : 4Y | 4Y | 4Y | 4Y | 4Y | 4Y | [3B3e] | 4A ||

제2식 : 2b | ○○●○ | 2b | ○○●○ | 2b | ○○●○ | 2b | ○○●○ | [3B3e] | 4A ||

제2식이 제1식과 다른 점은 몇 개의 2자구(字句)가 증가한 것이다. 「나질령」은 연이은 4자구가 주인데, 4자구의 제3자는 반드시 측성이고 나머지 세 글자는 평측에 그다지 구애받지 않기 때문에 제1식도 '평평측평'을 사용할 수 있고 제2식도 '평측측평'을 사용할 수 있다. 이외에도 '측측측평', '측측측측', '평평측측'이 모두 가능한 형식이다. 뒤에서 제2구[3B3e]도 4e로 바꿀 수 있고, 제4자는 거성을 사용한다. 말구(末句)는 어쩌다 5A를 사용한다.

12. 「작답지(鵲踏枝)」 3A | 3A | 4X4A | [3s4x] | [3A4A] ||

제5구[3s4x]는 변화가 있을 수 있다.

13. 「기생초(寄生草)」 3e ⁝ 3H | 7e | 7e | 7e | 7A○○●●○○* ||

첫 두 구는 [3b3e][3A3B] | 또는 7e | 7B | 가 될 수 있다.

14. 「육요서(六幺序)」 3a3B | [3A4A] | 4A | 4A | [3A4A] | 7e | [3A4A] | 7e | 4b4A ||

나머지 다른 체는 수록하지 않는다.

15. 「후정화(後庭花)」 5Y | 5Y | 5a5B | 3A | 4e | 5H ||

제1, 2 두 구는 [3A3B] | [3A3B] | 또는 5s | 5D | 로 변할 수 있다. 제3, 4구는 5a[3A3b] | 또는 5a | 5A | 로 변할 수 있다. 제5구는 3a | 3B | 3a | 3B | 의 4구로 변할 수 있다. 제6구(末字) 뒤에는 두 개 내지 네 개의 6자구가 뒤따를 수 있다. 예를 들면 [3A3B] | [3A3s] | [3a3B] | [3S3b] | 등이다. 때로는 먼저 제6구 5H를

취소하고 그 6자구들을 덧붙이기도 한다.

16. 「청가아(靑哥兒)」 ○○○○○*|○○○○○*|7B|4A|4A|●●○○●○○|3e||

첫 두 구는 예를 들면 왕실보(王實甫) 「서상기(西廂記)」: "(都)一般啼痕湮透, (似這等)淚斑宛然依舊(온통 눈물자국이 배어들었는데, 이런 눈물자국은 완연히 전과 같구나)"와 교몽부(喬夢符) 「양세인연(兩世姻緣)」 "(人在這)離亭離亭開宴, (酒和愁)怎生怎生呑嚥(사람은 이 이별의 정자에서 연회를 열었지만, 술과 슬픔을 어떻게 삼키나?)" 등이 있다. 그러나 제2구는 4A로 바꿀 수 있고, 제1, 2 두 구도 [3a4e]|[3s4X]|로 바꿀 수 있다. 제6구는 7A로 바꿀 수 있다. 이 곡조는 구의 글자 수에 구애받지 않아 증감할 수 있다. 증감처는 왕왕 4A인 곳이 되는데, 하나의 4A를 줄이기도 하고 서너 개까지 덧붙이기도 한다. 심지어는 3자두(字逗)를 덧붙여 장구(長句)를 만들기도 한다.

17. 「취부귀(醉扶歸)」 5g|5A|7B|5e|7Y|5e||

제2구는 2A로 바꿀 수 있다.

18. 「유엽아(柳葉兒)」 [3s4b]|[3A4A]|7a|3a|3A|[3B4A]||

19. 「금잔아(金盞兒)」 3A|3A|7a|7A|5b5A|5b5A||

제4구는 3s3A의 두 구로 나눌 수 있다. 제5, 6 두 구는 병합되어 3D 한 구가 될 수 있다. 제7, 8 두 구는 7b7A로 바꿀 수 있다.

20. 「취중천(醉中天)」 5e|5A|7Y|5b|6h|4e|4A||

제6구는 2e로 바꿀 수 있다. 제7구는 6A로 바꿀 수 있다. 제5구 6h는 '측측평평거상'이지만 어쩌다 '측측평평거평'이 되기도 한다. 앞으로 h가 있는 곳은 이에 따른다.

21. 「안아(雁兒)」 [4a3e]|3H3A|1A|3A||

제2, 3 두 구는 5H5A|로 바꿀 수 있다.

22.「**일반아(一半兒)**」　7A | 7Y | 7B′ | 3A | 7h ||

제3구는 [4x3b]로 바꿀 수 있다. 제2, 3 두 구는 어쩌다 상성으로 구를 마무리할 수 있다. 말구(末句) 7h는 '측측평평평거상'이지만 어쩌다 '측측평평측측평'이 되기도 한다. 앞으로 h가 있는 곳은 모두 이에 준한다. 이 곡조는 시여(詩餘)「억왕손(憶王孫)」과 비슷하지만(곡조에도 「억왕손」이 있음), 매 수의 마지막 구에 두 개의 '일반아'가 있는 것이 다르다. 예를 들어 "一半兒行書一半兒草(반은 행서이고 반은 초서이다)"('兒'가 친자여서 9자를 7자로 간주한다) 등이 있다.

23.「**잠살(賺煞)**」　3A3e | [3s4g] | 7d | [3A4A] | [3A4A] | 7B | 5B | 4e | 7A ||

끝마무리는 다 꽤 자유롭다. 여기서는 다만 하나의 예만 들었다.

55.5 남려(南呂) 제2

24.「**일지화(一枝花)**」　5B5a | 5b5A | 4A | 5a | 5Y | [3A4A][3s4g] ||

제3, 4 두 구는 합병하여 [3s3A] 한 구가 될 수 있다. 제6구는 [3X3S]로 변할 수 있다. 제7구는 [3s4x]로 변할 수 있다. 마지막 두 구는 4A6c ||로 변할 수 있다. 4g는 '평평거상'으로 표시되지만 어쩌다 '평평측평'이 되기도 한다. 앞으로의 것은 이에 따른다. 「일지화」와 「양주제칠(梁州第七)」은 종종 연용되어 한 절(折)의 처음을 차지한다.

25.「**양주제칠(梁州第七)**」　[3s4A][3A4A] | 7a | 4B | 4A | [4a4A] | [3A4A] | [3A4X] | [3a4A][3b4a] | [3A4X] | ○○●○ | 7a | 5x | 7B | 4X ||

이 곡조는 자구(字句)에 구애받지 않아서 증감할 수 있다. 여기서는 다만 한 체만을 수록하였다.

26.「**사괴옥(四塊玉)**」　3Y | 3c | [4X3A] | 7e | 3Y : 3Y | 3H ||

27.「**하신랑(賀新郎)**」　7A | 4b4x | 7a | [3s4b] | [3A4X] | 5b5A | 7a | 5b●●●○○ ||

시여(詩餘)와는 다르다.

28. 「오동수(梧桐樹)」 5a | 5A | 7a | [3s3a] ||

29. 「목양관(牧羊關)」 3a3B | [3A3X] | 4A○○●○ | 5b5A | 5x○○△＊○||

제5구 '평평측평'은 거성이나 상성으로 바꾸어 구를 마무리할 수 있어서 즉 4b가 된다. 말구(末句) '평평상거평'은 『북사광정보』의 주장에 따른 것이지만 사실상 곡가(曲家)들이 완전히 그렇게 하지는 않았다.

30. 「매옥랑(罵玉郎)」 7e | 5A | 7e | 3Y | 3Y | 3e ||

제2구는 두 구로 나뉘어 3f | 3A | 가 될 수 있다.

31. 「감황은(感皇恩)」 4X | 4X | 3A : 3b3A | 4b4A | 3A3f : 3G ||

이것은 시여(詩餘)와 다르다. 제2구는 4x를 사용할 수 있고, 제8, 9 두 구 3A3f는 3a3A로 바꿀 수 있다. 제6구는 어쩌다 '평평측평'을 쓸 수 있다.

32. 「채차가(採茶歌)」 3A | 3A | 7A | 7d7A ||

소령(小令) 중에는 왕왕 앞의 2수와 병합된 것이 있어서 명칭이 「매옥랑대과감황은채차가(罵玉郎帶過感皇恩採茶歌)」이다. 잡극에서는 병합되지 않았지만 또한 반드시 3수가 서로 이어진다.

33. 「격미(隔尾)」 7d | 7B | 7b′ | 2B | 2B | 7d′ ||

제4, 5 두 구는 이치원(李致遠)의 투수(套數) 「백운류고산(白雲留故山)」: "快還九山(구산에 서둘러 돌아오다)"처럼 의미상 한 구로 합병되어야 하는데, 때로는 육중량(陸仲良)의 투수 「춘풍류토금(春風柳吐金)」: "自今自今"처럼 첩구(疊句)가 되기도 하고, 때로는 모두 네 구가 중첩되기도 하고, 때로는 4b′ 한 구로 병합되기도 한다.

34. 「곡황천(哭皇天)」(「玄鶴鳴」) 5e | 5B | 5b5A | [3s4b] | 7B | 4x | 4h ||

제4구 [3s4B]는 많은 변화가 허용된다. 예를 들어 한 구가 변하여 4b | 4A | 7A |의 세 구가 되기도 하고, 또는 4A | 4b4A[3B4b] | [4b4b][4a4A] |의 여섯 구로 변하기도 한다. 이런 식이어서 이루 다 열거할 수가 없다. 제5구 7B는 어쩌다 7b로 변한다. 제6구 4x는 어쩌다 6x로 변한다. 말구(末句)는 상성으로 마무

리하는 것이 정례(正例)이다. 어쩌다 평성으로 구를 마무리하여 '측측(평)평이' 되기도 한다.

35. 「오야제(烏夜啼)」 7a | [3A4A] | 7a | 4A | 4A | 7A | 7a | 3B3a | 4b4A ||

이것은 시여(詩餘)와 다르다. 측운처(仄韻處)는 상성 또는 거성에 구애받지 않지만 일률적으로 상성을 사용하거나 거성을 사용하는 것이 가장 좋다. 제2구는 7A로 바꿀 수 있다. 「곡황천(哭皇天)」과 「오야제」는 잡극에서 종종 연용된다.

36. 「홍작약(紅芍藥)」 7A | 4A | 7A | 4A | 5b | 7A | 7A | 4A ||

37. 「보살양주(菩薩梁州)」 4A | 4b | ○○●○ | 4A | 7A | 7a | 7a | [3s3s] | 7B | 4A ||

「홍작약」과 「보살양주」는 잡극에서 왕왕 연용된다.

38. 「건하엽(乾荷葉)」 3x3A | 5e | 3A | 7A | 5e ||

제1구는 3A로 바뀌어 제2구와 함께 반첩구(半疊句)가 될 수 있다. 예를 들어 유병충(劉秉忠)의 소령(小令) "南高峰, 北高峰" 등이 있다.

39. 「금자경(金字經)」(「閱金經」, 「西番經」) 5a●○○●○ | 7Y | |1A | ●○○●○ | 3e | ●○○●○ ||

제2, 제5, 제7구는 고평요구(孤平拗救)를 사용하는 것으로 제한되어 있다. 「금자경」과 「건하엽」은 대개 소령에만 사용된다.

40. 「황종미(黃鐘尾)」 7a | 7B | [3B : 3B] | [3B : 3B] | [3A4X] | 7d ||

구의 글자 수에 구애받지 않아 증감할 수 있다.

41. 「삼살(三煞)」 7a | 7B | 7A | 4A | 6s | 5A | 5b | 4A ||

이 곡조는 반섭조(般涉調)를 차용한 것으로, 변화가 꽤 많다. 여기서는 한 체만을 수록하였다.

42. 「살미(煞尾)」 7a | ○○○○●●○ | [3A3s] | [3A3s] | [3A3s] | [3A3s] | [3A3s] | [4A : 3s] ||

구의 글자 수에 구애받지 않아 증감할 수 있다.

55.6 중려(中呂) 제3

43. 「**분접아(粉蝶兒)**」 4A | [3A4e] | [3A4A] | 3A3a4e | 4A | [3A4e] ||

44. 「**취춘풍(醉春風)**」 5A5d | 7a7d | 1r | 4A4a4e ||

이 곡조는 『북사광정보』에서 든 몇 개의 조식(調式)이 모두 상례가 아니어서 여기서는 따로 백박(白樸)의 「오동우(梧桐雨)」에 의거하여 보(譜)를 만들었다. 제1구는 어쩌다 5a를 사용할 수 있으며 아울러 협운(叶韻)할 수 있다. 제4구는 경우에 따라 없애고 제3구에서 협운하는데, 심지어는 운을 쓰지 않기도 한다. 제5구는 1자구인데, 즉 전구(前句)의 마지막 글자를 중첩한 것이다. 때로는 전구의 마지막 글자를 중첩하지 않기도 하지만 사람에 따라서는 오히려 "險, 險, 險"처럼 1자구를 세 번 중첩하기도 했다.

45. 「**규성(叫聲)**」 5A | [2B | 2R | 3e] | 5A5A ||

제1구는 [3s3A]로 바꿀 수 있고, 제2구의 3e는 [3A3e]로 바꿀 수 있고, 제3, 4 두 구는 한 구로 합병하여 7B가 될 수 있다. 그 특색은 2자 첩구(疊句)에 있다.

46. 「**희춘래(喜春來)**」(「**陽春曲**」) 7e | 7B | 7A | 3d | 5A ||

제1구는 거성으로 마무리하고, 제4구는 상성으로 마무리한다. 어쩌다 거꾸로 제1구를 상성으로 마무리하고 제4구를 거성으로 마무리하기도 한다. 모두 상성을 사용하거나 모두 거성을 사용하는 것은 금기시한다.

47. 「**홍수혜(紅繡鞋)**」 [3s4e] | [3A4A] | [4X3A] | 3b ⁝ 3A | 5d ||

제1구는 6e로 바꿀 수 있다. 제2구는 6A로 바꿀 수 있다. 제4구 3b는 5b로 바꿀 수 있다.

48. 「**조천자(朝天子)**」 2B | 2B | 5e | 7A | 5e | 4A4e | 5Y | 2B | 2B | ●●○○* ||

제1, 2 두 구 2B | 2B |는 대략 세 가지 상이한 형식이 있을 수 있다.

(1) "月明, 浪平(달 밝고, 물결 잔잔하다)"처럼 네 글자가 서로 다르고 왕왕 대장을 이룬다.

(2) "有錢, 有權(돈이 있고, 권력이 있다)"처럼 앞 글자가 중첩된 반첩구(半疊句)를 이룬다.

(3) "近來越騃(근래에 갈수록 어리석어진다)", "願天可憐(하늘이 어여삐 여기시길 바란다)"처럼 의미상 다만 한 구를 이룬다.

제9, 10 두 구의 경우도 마찬가지이다(심지어 "漢家, 漢家"처럼 완전한 첩구를 이루기도 한다). 이러한 2B는 어쩌다 2d로 대체할 수도 있다.

49.「사변정(四邊靜)」 4e | 7B | 4A | 5d | ○○●○ | 5e ||

나머지 다른 체는 수록하지 않는다.

50.「영선객(迎仙客)」 3H ⁝ 3A | 7D′ | 3c3h | 4A | 5e ||

첫 두 구는 5자구가 될 수 있다. 제1구는 평성으로 마무리하면 왕왕 협운하고, 상성으로 마무리하면 왕왕 협운하지 않는다. 제3, 4, 5구는 평성으로 구를 마무리한 것이 비교적 많이 보이지만 어쩌다 상성을 사용하기도 한다.

51.「석류화(石榴花)」 5A | 5A | 7A | 4b | 4A | 7e | [3a4A] | 7e | 5G ||

제4, 5구는 모두 어쩌다 '측평측평'이나 '측평평평'이 될 수 있다. 또는 두 구가 합병하여 하나의 7자구, 즉 '측평측、측평평평'이 되기도 한다.

52.「투암순(鬪鵪鶉)」 4A ⁝ 4d | 4A4d | 7B | 4d | 4A | 4h ||

제5구는 경우에 따라 측성으로 마무리할 수 있다. 제6구는 '측평측평'이나 6s 또는 3B가 될 수 있다. 마지막 두 구는 [3A4A][3s4d]로 변할 수 있는데, 두 구의 중간에는 운을 쓰지 않는다. 이 곡조는 월조(越調) 「투암순」과 다르다.

53.「쾌활삼(快活三)」 5B | 5A | 7A | ●●○○* ||

54.「포노아(鮑老兒)」 7e | 5e | 7e | 5e | 4b4b4A | 4b4b4A ||

55.「척은등(剔銀燈)」 [3b○○●○] | [3b4f] | 7e | [3A4A] | 3A | 3B | 4h ||

제1구는 [3s4b]로 바꿀 수 있고, 제5구는 3a로 바꿀 수 있는 동시에 협운하지 않는다.

56. 「만청채(蔓青菜)」 3e | 3A | 4f | [4A3B] | 5e ||

57. 「홍작약(紅芍藥)」 4A | 4A | [4A3A] | 4A | 3e3H | 6e | 4A | 4A | [3s4A] ||
제7구의 6자는 7자로 바뀌어 [3B4e]가 될 수 있다. 마지막 구는 취소할 수 있다. 이 곡조는 남려(南呂) 「홍작약」과 다르다.

58. 「보천악(普天樂)」 3A3e | 4f4A | 3B3e | [4A3e] | [3A4X] | ○○●○(4d) | 4d : 4A ||

59. 「만정방(滿庭芳)」 ○○●○(4d) | 4b4A | 7e | 4A | [3b4h] | [3A4A] | 3e | 4h | 5A ||
제2, 3 두 구는 대장(對仗)을 사용한다. 제6, 7 두 운은 격운(隔韻)이지만 역시 대장을 사용한다. 시여(詩餘)와는 다르다.

60. 「상소루(上小樓)」 4h | 4e | 4A4A : 4A | 3B : 3B : 4e | [3y4e] ||
제1, 2 두 구는 3B3B나 3s3s로 바꿀 수 있는데, 중간에 운을 사용하지 않는다. 제4, 6, 7구는 협운 하는 곳이라고 규정되어 있지는 않지만, 곡가(曲家)들은 즐겨 췌운(贅韻)을 사용하였다. 제6, 7 두 구는 또한 3A | 3A |로 변할 수 있다.

61. 「취고가(醉高歌)」(「最高樓」) 6X | 6d | 6e | 6d ||
마지막 구는 간혹 [3B○○ * △]가 되기도 한다.

62. 「십이월(十二月)」 4h | 4A | 4d4A | [3s4f(h)] | [3s4A] ||

63. 「요민가(堯民歌)」 7A | [4A3A] | 7A | [4A3A] | ○△○○| 5B | 5e ||
제5구 '평상평평'에서 제2, 3 두 자는 '也波'이다. 예를 들면 "躊也波躕(머뭇거리다)", "傷也波懷(상심하다)", "哀也波哉(슬프다)" 등이다. 그러나 "今春"처럼 2자구로 줄일 수도 있고, "寒更寒更(추운 밤 시간)"처럼 첩구(疊句)로 변할 수도 있다. 그러나 '也波'식이 가장 많이 보인다. 「십이월(十二月)」과 「요민가」는 잡극에서 반드시 연용되고, 소령에서는 아예 병합된다.

64. 「쇄해아(耍孩兒)」(般涉調를 차용) 7a | 6d | 7A : 6A | 7a : 7B | 3a | 4s4x ||

65. 「산파양(山坡羊)」 4f | 4f | 7e | 3A | 3A | 7e | 7h | 1A | 3h | 1A | 3h ||

「산파양」은 대장과 중첩어를 많이 쓴다. 마지막 네 구는 모두 8자인데, "白, 也是眼; 青, 也是眼(白眼도 눈이고, 青眼도 눈이다)", "高, 高處苦; 低, 低處苦(높으면 높아서 괴롭고, 낮으면 낮아서 괴롭다)"처럼 중첩어를 사용하기도 하고, "閑, 天定許; 忙, 人自取(한가한 것은 하늘이 정해서 허용한 것이고, 바쁜 것은 사람이 스스로 취한 것이다)"처럼 대장어(對仗語)를 사용하기도 한다. 이 곡조는 소령(小令)에만 사용된다.

66. 「매화성(賣花聲)」(「昇平樂」) 7e | 7B | 7A | 4x : 4e | [3A●○○*] ||

이 곡조는 쌍조(雙調)에도 들어 있다. 제4구에 운을 사용하면 거성으로 마무리하는데, 그렇지 않으면 평성과 상성으로 마무리한다.

67. 「제천락(齊天樂)」 6G | 5e | 2A | 1A | 4A | [3A4A] | 2A | ○○○○, ●●○ | 4A4A | 3B3e | 4A ||

제3, 4, 5 세 구는 한 구로 병합할 수 있는데, 그 경우에는 구중운(句中韻)을 사용한다. 예를 들면 "讀書圖駟馬高車(도서를 읽으면 네 마리 말이 끄는 화려한 수레를 탄다)" 등이 있다.

68. 「홍삼아(紅衫兒)」 5e5e | 3A | 3A(R) | 5e | 3A | 3A(R) | 6d ||

「제천락(齊天樂)」과 「홍삼아」는 왕왕 소령에만 사용되어 「제천락대과홍삼아(齊天樂帶過紅衫兒)」라고 부른다.

69. 「미성(尾聲)」(정궁, 남려, 반섭, 월조에도 들어 있다) 5B5h | 7e | ●●○○*○△ ||

제3구는 6e로 변할 수 있고, 뒤에 어쩌다 하나의 7자구가 덧붙어 평성으로 마무리하고 협운할 수 있다.

55.7 쌍조(雙調) 제4

70.「신수령(新水令)」 7A | [3A4e] | 5b5A | 4A | ○*△○* ||

제2구는 어쩌다 두 구로 나뉘어 3A | 3A |가 될 수 있다. 제3, 4 두 구는 경우에 따라 3b3A로 바뀌거나 앞에 한 구가 첨가되어 [3s5b]가 될 수 있다. 제5구의 4A는 몇 개의 4A로 확충될 수 있는데, 그 경우에는 매 구에 협운한다. 마지막 구는 '(평)거**상평거**'여야 하는데, 주덕청(周德淸)이 '측측측평평'이 되어야 한다고 말한 것은 절대로 사실이 아니다.

71.「주마청(駐馬聽)」 4A | 7h | 4e | 7A | 7A | 7e | 3H | ○○●●○○* ||

제2구는 어쩌다 [3A3b]가 될 수 있다. 제4구는 어쩌다 [3b3A]가 될 수 있다. 제3, 4 두 구는 [3A4b][3b4A]가 되기도 하는데, 그 경우 중간에 협운할 필요가 없다. 제1, 2 두 구 중간에도 협운하지 않은 것이 있다.

72.「주마청근(駐馬聽近)」 4A ⁝ 7h | 4e ⁝ 7A | 7A | 7e | 3A3e3A ||

혹은 요편(么篇)이 있고, 처음 세 구가 한 구로 축약되어 7f가 되기도 한다.

73.「침취동풍(沈醉東風)」 [3a4h] | [3A4A] | 3B3b | [3A4A] | 7B | 3s4d ||

제1구는 어쩌다 6h로 바꿀 수 있고, 제2구도 뒤따라 6X로 바꿀 수 있다. 제3, 4 두 구는 [3s3B] | [3s3s] |가 될 수 있는데, 그 경우에는 중간에 운을 사용한다. 제6구는 경우에 따라 상성으로 마무리할 수 있고, 마지막 구도 평성으로 마무리할 수 있지만, 거의 보이지 않기 때문에 보(譜)에 넣지 않는다.

74.「안아락(雁兒落)」(「平沙落雁」) 5Y | 5e | 5Y5e ||

75.「득승령(得勝令)」 5A | 5A | 5e | 5B | 2A | 5e | 2A | ○○△*○(●○○*○) ||

제2구는 경우에 따라 5e를 쓸 수 있다. 제5, 6 두 구는 의미상 한 구로 합병될 수 있다. 예를 들면 "離情閃得人孤零(이별의 정이 사람을 저버려 외롭게 만드는구나)" 등이 있다. 제7, 8 두 구 또한 그렇다. 「안아락」과 「득승령」은 잡극에서 종종 연용되는데(어쩌다 「안아락」을 단독으로 쓴 것도 있다), 소령에서는 「안아락대과득승령(雁兒落帶過得勝令)」이라고 칭한다.

76. 「교패아(喬牌兒)」 5e | 5e | 5e | ●○○*○ ||

수구(首句)는 어쩌다 평성으로 마무리한 것이 있다. 말구(末句)는 상성으로 마무리한 것이 있다.

77. 「첨수령(甛水令)」(「滴滴金」) 4A4a4e | 5G | 4A4a4e | 3A4G ||

말구(末句)는 거성으로 마무리한 것이 있다.

78. 「절계령(折桂令)」(「蟾宮曲」, 「步蟾宮」) 6X | 4X ⋮ 4X | 4X4X4X | [3s ○○●○(4d)] | [3A4X] | 4A | 4A ||

제1구는 7자로 변하여 [3A4A]나 7A가 될 수 있다. 제2구는 어쩌다 4d를 사용할 수 있다. 제4, 5, 6구는 3B3A4A로 변할 수 있다. 또는 두 구로 감소되어 4X6X나 4X4X 또는 4X[3A ⋮ 4X]가 된다. 제7구는 6d로 변할 수 있다. 제8구는 8자로 증가하여 [3A5A]가 되거나, 감소하여 6A가 될 수 있다. 마지막 두 구도 증가하여 서너 개의 4A가 될 수 있다.

79. 「백자절계령(百字折桂令)」 [3A4A] | 4A4A | 4A | 4A | 4A | [3B○○●○] | [3A4A] | 4b4A | 4b4A ||

기본자(基本字) 57자에다 따로 친자(襯字) 43개를 첨가하여 합쳐서 100자가 된다.

80. 「벽옥소(碧玉簫)」 4A | 5e | 4A | 5A | 3d | 5B′ | 3B′ | 3e | 5e ||

나머지 다른 체는 수록하지 않는다.

81. 「교쟁파(攪箏琶)」 3e | 5A | 4A4h | 3a3A | 4A | 2A | 7B | 4A ||

제2구는 6자로 증가하여 [3s3A]가 될 수 있고, 또한 감소하여 4A가 될 수 있다. 제5, 6, 7구는 3b4A4A로 바꿀 수 있는데, 그 경우에는 중간에 협운하지 않는다. 제8구 2A는 어쩌다 제거되거나 제7구와 대조(對調)를 이룬다. 제9구는 종종 '(평)평측측(평)측측'으로 바뀐다. 이 곡조에는 증격(增格)이 있어서 제7구나 제8구의 뒤에 임의로 몇 개의 4자구를 증가시킬 수 있는데, 평성과 측성 어느 것으로 마무리해도 상관없다.

82. 「청강인(淸江引)」(「江兒水」) ○○●○○＊△(○○●○○●○) | 5e | 5B | 5e | ○＊●○○＊△(○○●○○＊△) ||

이 곡조는 소령에 많이 사용된다.

83. 「보보교(步步嬌)」(「潘妃曲」) 4X3e | 5e | 3h | [4X3A] | 3A5e ||

84. 「낙매풍(落梅風)」(「壽陽曲」) 3a : 3B | [3A4e] | ○○●○○＊△(○○●○○●○) | [3A4e] ||

85. 「교목사(喬木査)」(「銀漢浮槎」) 4d | 5d | 5d | 5e4A(4c) ||

수구(首句)는 어쩌다 5d가 되기도 한다.

86. 「경선화(慶宣和)」 7B | 4A | 7b(A) | ＊△(＊○) | 2R ||

마지막 구는 반첩(半疊)으로 해도 된다.

87. 「수선자(水仙子)」(「凌波仙」, 「湘妃怨」, 「馮夷曲」) 7A | 7B | 7e | 5B′ | 6A | 5a5H | 4X ||

제6, 7 두 구는 경우에 따라 3자구로 줄어서 3a | 3B가 되는데, 그 경우에는 중간에 협운한다. 또는 줄어서 4자구 즉 4b○○●○ |가 되는데, 그 경우에는 중간에 협운하지 않는다. 또한 글자가 증가된 것도 있는데, 제4구부터 증가되어 [3A3B′] | [3A4A] | [3b3a][3A3d] | 5A ||가 된다.

88. 「경동원(慶東原)」 3e : 3B | 7e | ○○●○(4d) | ○○●○(4d) | 4X | 5A5e ||

제7구는 경우에 따라 4자로 감소하여 4X가 되며, 아울러 협운한다.

89. 「고미주(沽美酒)」(「瓊林宴」) 5A | 5A | 7d | ○○●○ | [3s3e] ||

제1구는 5B로 바꿀 수 있고, 제2구는 5e로 바꿀 수 있고, 제3구는 ●○●○○●○ |로 바꿀 수 있고, 말구(末句)도 어쩌다 [3A3A]를 사용할 수 있다.

90. 「태평령(太平令)」 [3b4x] | [3A4A] | [3s4x] | [3b4b] | 2B | 2B | 2B | 3b4e ||

91. 「**야행선**(夜行船)」　7H | 3a4A(4c) | 4A4e | [3G4e] ||

시여(詩餘)와는 꽤 다르다.

92. 「**괘옥구**(掛玉鉤)」　7d | 5e | 7B | 5e | 3B3e | 4A4A ||

제4구 5e의 뒤에 하나의 [3s4e]를 증가시키기도 하고, 또는 증가시키지 않을 뿐만 아니라 오히려 제5, 6 두 구의 3B3e를 없애기도 한다.

93. 「**천발도**(川撥棹)」　3A | 5h | 4X | 4X | [3A4Y] | 5h ||

94. 「**칠제형**(七弟兄)」　2B | 2R | 3A | 7e | 7A | 7e ||

처음 두 구는 "指空, 話空(허공을 가리키고, 허공을 말했다)"처럼 반첩구(半疊句)를 사용할 수도 있고, 중첩을 완전히 피할 수도 있다. 그러나 제3구는 또한 첫 두 구와 대조(對調)를 이루고 아울러 한 구로 병합될 수 있는데, 구중운(句中韻)을 사용한다. 예를 들어 "也不索左猜右猜(이리 재고 저리 따져볼 필요조차 없다)" 등이 있다.

95. 「**매화주**(梅花酒)」　3b′ | 4A | 4A | 4A | 4A | [3a3A][3b3A] | 3b′ | [3b3A] | [3b3A] | [3b3B′] | [3b3A] ||

이 장은 구의 글자 수에 구애받지 않아 증감할 수 있다. 나머지 다른 체는 수록하지 않는다.

96. 「**수강남**(收江南)」　7A | 7A | 7A | ●●●○ | 7A ||

97. 「**발부단**(撥不斷)」(「**續斷絃**」)　3A | 3A | 7e | 7H | 7e | 4e ||

주덕청(周德淸)은 말구(末句)에 대해 논했을 때 「발부단」 말구는 '측평평측평평거'([3a4e])가 되어야 하며 마치원(馬致遠)의 소령 "醉眠時小童休喚(취해 잠잘 때에는 아이야 부르지 말거라)"이 바로 이 격식에 맞는다고 하였다. 그러나 보통의 말구는 오히려 4자뿐이다. 『중원음운』「소령정격(小令定格)」에 수록된 마치원의 투수(套數) "竹籬茅舍(대 울타리의 초가)"도 4자이다. 또한 제5구의 뒤에 4b4A 두 구를 첨가하고 말구에 [3s4e]를 쓴 사람도 있지만, 몹시 드물게 보인다.

98. 「풍입송(風入松)」　7A | 5A | 7a[3A(b)4A] | 6s6X ||

시여(詩餘) 제1식과 같다.

99. 「호십팔(胡十八)」　3b : 3A | 3b3A | 7A | 2B | 2B | 5A ||

나머지 다른 체는 수록하지 않는다.

100. 「대덕가(大德歌)」　3A | 3A | 5B | 5e | [3s3B] | 7e | 5A ||

101. 「덕승악(德勝樂)」(「得勝樂」)　3d | 3e | [3s4h] | [3A4e] | [3b3A] ||

제1구는 협운하지 않을 수 있다. 제1, 2 두 구는 한 구로 병합되어 [4A3e]가 될 수 있다. 제3구는 6h로 변할 수 있다. 제4구는 6e′로 변할 수 있다. 「덕승악」과 「득승령(得勝令)」은 다르다.

102. 「전전환(殿前歡)」　3A | 7A | 7e | 4x | 5B | 3e | 5e | 4f : 4X ||

103. 「원앙살(鴛鴦煞)」　7e | 7e | 4x4A | [2b4X]4d | [4A3e] | 4A | 7d′ ||

제5구 2b의 '暢道(밝혀 말하다)' 2자는 친자(襯字)로 보아도 된다. 말구는 반드시 '측측평평거평상'이어야 한다. 나머지 다른 체도 대동소이하여 수록하지 않는다.

104. 「이정연살(離亭宴煞)」　7e | 7e | 4Y | 7e | [3b3e] | 6d | 5A5d ||

나머지 다른 체는 수록하지 않는다.

105. 「헐지살(歇指煞)」　7e | 7e | [2a2b] | [2a5A][2a5d][2a5e] | 5B5e] | [3s4d] | 5A5d′ ||

쌍조(雙調)에서 끝을 마무리할 때는 상술한 3살(煞) 외에도 「원앙대이정연살(鴛鴦帶離亭宴煞)」, 「이정연대헐지살(離亭宴帶歇指煞)」 등이 있는데, 일일이 수록하지 않는다.

55.8 정궁(正宮) 제5

106. 「**단정호(端正好)**」　3A : 3a | [3A4A′] | 7a | 5e ||

제2구와 제4구는 상성으로 마무리해도 되고 거성으로 마무리해도 되지만 거성 쪽이 비교적 많이 보인다. 말구(末句)는 거성으로 마무리하는 것으로 제한되어 있다. 선려(仙呂)에도 「단정호」가 있는데, 정궁(正宮)과 대체로 같지만 정궁이 구수(句數)가 정해져 있는 데 비해 선려는 임의로 구수를 증가시킬 수 있다. 소령에는 「단정호」를 사용하지 않는다. 잡극에서 선려 「단정호」는 설자(楔子)에만 사용되고 투수(套數)에는 들어가지 않는 반면에, 정궁 「단정호」는 투수에만 들어가고 설자에는 사용되지 않는다. 선려와 정궁 「단정호」는 모두 시여(詩餘)와 다르다.

107. 「**곤수구(滾繡毬)**」　3A : 3B | [3A4s] | [3B4X] | 3B : 3B′ | 6a | [3A4X] | 7a7B | 4X ||

제2구 뒤에 어쩌다 3Y 또는 3d 한 구를 첨가하기도 한다. 제3구는 [3A3Y]로 바꿀 수 있다.

108. 「**당수재(倘秀才)**」　[3b○○●○(4d)] | [3b○○●○(4d)] | 7b | 5b5A | 4h ||

제4, 5 두 구는 합병하여 [3A3B]나 [3s3B]의 한 구가 될 수 있다. 「곤수구」와 「당수재」는 자모조(子母調)라고 불린다. 왜냐하면 이 둘이 "두 강조(腔調)가 서로 맞이하며 순환되기" 때문이다. 유시중(劉時中)의 투수(套數) 「상고감사(上高監司)」 (其一)은 「단정호(端正好)」, 「곤수구(滾繡毬)」, 「당수재(倘秀才)」, 「곤수구」, 「당수재」, 「곤수구」, 「당수재」, 「곤수구」, 「반독서(伴讀書)」, 「화랑아(貨郎兒)」, 「도도령(叨叨令)」 등이고, (其二)는 「단정호」, 「곤수구」, 「당수재」, 「곤수구」, 「당수재」, 「곤수구」, 「당수재」, 「곤수구」, 「당수재」, 「곤수구」, 「당수재」, 「곤수구」, 「당수재」, 「새홍추(塞鴻秋)」, 「매골타(呆骨朵)」, 「탈포삼(脫布衫)」, 「소양주(小梁州)」 등이다. 이것이 전형적인 순환이다. 이밖에 진간부(秦簡夫)의 「조예양비(趙禮讓肥)」 제2절은 「단정호」, 「곤수구」, 「당수재」, 「탈포삼(脫布衫)」, 「소양주」, 요편(么篇), 「당수재」, 「곤수구」, 「이살(二煞)」, 「일살(一煞)」, 「살미(煞尾)」이고, 무명씨(無名氏)의 「마릉도(馬陵道)」 제2절은 「단정호」, 「곤수구」, 「당수재」, 「곤수구」, 「백학자(白鶴子)」, 「탈포삼」, 「취태평(醉太平)」, 「당수재」,

「곤수구」, 「이살(二煞)」, 「살미(煞尾)」인데, 이 또한 변상(變相)의 순환이다.

109.「매골타(呆骨朵)」(「靈壽杖」) 7e | [3B3A] | 4A4e | 5e : 5e | 5B : 5B ||

제2구는 4A, [3a3A]로 바꿀 수 있다. 제4구는 '평평측평'으로 바꿀 수 있다. 마지막 두 구는 [3s3B][3a3A] 또는 5b5B로 바꿀 수 있다.

110.「도도령(叨叨令)」 [3A5e] | [3A5e] | [3A5e] | [3A5e] | [4s3A] | 7R | 7e ||

이 곡은 명실상부하여 참으로 '叨叨'[수다스럽다]의 뜻이 있다. 따라서 처음 네 구에 전적으로 똑같은 구법을 사용한다. 더욱이 제5, 6 두 구는 첩구(疊句)를 사용하며, 반드시 '也麼哥'(또는 '也波哥')를 사용하고 첩구 앞에는 왕왕 먼저 사람을 한 번 부른다. 예를 들어 마치원(馬致遠)의 「청삼루(青衫淚)」 "相公呵, 你元來死了也麼哥! 你元來死了也麼哥!(상공이시여, 당신은 이제 보니 돌아가셨군요! 당신은 이제 보니 돌아가셨군요!)"와 같아서 더욱 절절이 이어진다. 첫 네 구도 네 개의 7e로 바꿀 수 있다.

111.「새홍추(塞鴻秋)」 7e | 7e | 7e | 7e | 5B : 5e | 7e ||

말구(末句)를 7A7e 또는 5A7e의 두 구로 한 사람도 있는데, 주덕청은 그런 형식에 반대했다(그는 친자가 너무 많다고 생각했다). 그러나 그와 같이 한 작가가 적지 않았다. 이 곡조는 제5, 6 두 구에서 '也麼哥'로 구를 마무리하는 것으로 바꾸면 「도도령(叨叨令)」으로 변한다.

112.「탈포삼(脫布衫)」 [3A4A′] | [3A4A′] | [3A4h] | [3A4f] ||

매 구의 앞 세 글자는 3s가 될 수도 있다.

113.「소양주(小梁州)」 7A | 4A | 7A | 3e5A | 7e | [3A4X] | 3B3e | 4e | 5A ||

제2구 네 글자는 7자로 바뀌어 [3A4A]가 될 수 있다. 제8구 세 글자는 6자로 바뀌어 [3B′BB]가 될 수 있다. 제9구 3e 뒤에는 [3b3e][3A4e] 등과 같이 임의로 두세 구를 첨가할 수 있다. 다른 한 보식(譜式)은 처음 5구뿐이다.

114.「취태평(醉太平)」 5h | 5A | 7A | 5h | 7e | 7e | 7A | 5h ||

5자구는 모두 4자구로 바꿀 수 있다.

115. 「**반독서(伴讀書)**」(「**村裏秀才**」)　[3s3e] | [3B3e] | [4A3e] | 7e | 7e | 4A ||
첫 두 구는 5e | 5e |로 할 수 있다.

116. 「**소화상(笑和尙)**」(「**笑歌賞**」)　1b | 1r | 1r | [3a3B] | 1b | 1r | 1r | [3a3e] | 1b | 1r | 1r | [3B3e] | 1b | 1r | 1r | [3B3e] | 1b | 1r | 1r | [3A3e] | 1b | 1r | 1r | 3s3A | 1A | 1R | 1R | 5e ||

「소화상」의 특색은 "你你你將文卷細細翻(당신은 문권을 자세히 살펴보십시오)"처럼 매 구 앞에 잇달아 세 글자를 중첩시키는 것이다. 첩자(疊字)는 주로 측성을 사용했지만 평성을 사용한 것도 있다. 이 보(譜)는 사실상 6구로 칠 수 있을 뿐이다. 제4구의 6자구 [3A3e]는 3자구 3B로 줄일 수 있다. 제5구의 6자구도 3A로 줄일 수 있다. 말구(末句)의 앞에는 3자구를 첨가하여 3A | 5e ||로 할 수 있다.

117. 「**백학자(白鶴子)**」　5b5A | 5A5e ||
왕왕 친자(襯字)가 있다.

118. 「**육요편(六幺遍)**」(「**柳梢靑**」)　3e | 3e | 4b4A | ○○●○, ○○●○ | 7e | 2A | 7A ||
「육요서(六幺序)」와는 다르다.

119. 「**삼살(三煞)**」(**남려와 다름**)　7e | 7B | 4A4b4b4A | 4b4A4A | 4a : 5A ||
제5구는 4A로 바꿀 수 있다.

120. 「**탁목아살(啄木兒煞)**」　3B3h | 7e | 4e | 7A ||

55.9 월조(越調) 제6

121. 「**투암순(鬪鵪鶉)**」(**중려와 다름**)　4X4h | 4X4h | 4X4h | 3B3h | 4X4h ||
이 곡은 본래 상성운이지만 매 운각을 평각(平脚)으로 바꾸어 '평평거상'을 '평평측평'으로 바꿀 수 있다. 제3자는 반드시 측성을 사용해야 한다. 제4운 3B3h도 어쩌다 4X4h로 바뀔 수 있다.

122. 「**자화아서(紫花兒序)**」 4b : 4A | 4X | 4X | 4b4A | 2A | 7B | 4x | 4A4A ||

제7구 2A는 첩구(疊句)로 할 수도 있고 없앨 수도 있지만 어느 것이나 다 2A 하나만 쓰는 것만큼 많이 보이지 않는다. 제9구는 평성으로 마무리할 수 있다.

123. 「**금초엽(金蕉葉)**」 [3s4h] | [3s4h] | [3s○○●○(4d)] | [3s○○●○(4d)] ||

124. 「**조소령(調笑令)**」 3B | 3A | 5A | 7a | [3A4A] | ○○●○○●○ | [3A4A] ||

제1구는 2B를 쓸 수 있다. 제3구 5A의 뒤에 하나의 3B를 첨가할 수 있다. 제6구는 측성으로 마무리할 수 있다.

125. 「**소도홍(小桃紅)**」 7A | 5e | 7f′ | 3A | 7e | 4h : 4e | 5A ||

제3구는 반드시 요구(拗句) '측측평평측평거'를 써야 한다. 제6구는 협운하지 않을 수도 있지만 협운한 것이 비교적 많이 보인다. 제7구도 어쩌다 협운하지 않은 것이 있다.

126. 「**독시아(禿厮兒)**」 3s○○●○ | 3s4A | ○○●○○*△ | [3s3A] | 2A ||

첫 두 구는 6자구를 사용할 수 있다.

127. 「**성약왕(聖藥王)**」 3B | 3B | 7A | 3B | 3B | 7A | 5A ||

128. 「**마랑아(麻郎兒)**」 ○○●○(4a) | 4A | [3s○○●○(4d)] | [3s4e] ||

129. 「**낙사낭(絡絲娘)**」 [3B(s)4h] | [3A(s)4h] | 7B | 4e ||

말구(末句)는 어쩌다 4A가 되기도 한다.

130. 「**동원악(東原樂)**」 3e : 3B | [4A(4b)3e] | 7B | 3e | [3A4e] ||

제4구는 [3A3B]로 바꿀 수 있다.

131. 「**면탑서(綿搭絮)**」 4b4X | 4b4X | 7B | 7B | 4A5B ||

말구(末句)는 상성으로 마무리할 수 있다.

132. 「**졸로속(拙魯速)**」 3A ⁝ 3A | 3A ⁝ 3A | ○○●○ | ○○●○ | [4A3A] | [3A●○○○] | 4e | 4e | [3A3B] ||
나머지 다른 체는 수록하지 않는다.

133. 「**천정사(天淨沙)**」 6X | 6X | 6h | 4e | 6X ||

134. 「**귀삼대(鬼三台)**」 3e | 3e | ○○●○(4d) | 5A | 4h | ○○●○●●○ | ○○●○●●○ | 4A4d ||
제6구는 상성으로 마무리할 수 있고, 제7구는 거성으로 마무리할 수 있다.

135. 「**솨삼대(耍三台)**」 [3A3e] | [3s○○●○(4d)] | [3b4f][3A4A] | 7B7e | [3A4A][3b○○●○(4d)] ||

136. 「**채아령(寨兒令)**」(「**柳營曲**」) 3B | 3A | ○○●○○●○ | 4X | 4X | 5A | [3A4A] | [3A4A] | 5b5A | 1A | 5A ||
제3구는 상성으로 구를 마무리할 수 있고, 제6구도 어쩌다 상성으로 마무리된다. 제7, 8 두 구는 모두 6자구 즉 6X로 바꿀 수 있다. 이 곡은 주로 소령에 사용된다.

137. 「**황장미(黃薔薇)**」 4d | 4A | 6d | 6h ||
첫 두 구는 5d | 5A |로 바꿀 수 있다.

138. 「**경원정(慶元貞)**」 7A | 7A | 7A | 5B | 5A
제4구 5B의 앞에 왕왕 '哎'·'呸' 등의 감탄사가 첨가된다. 잡극에서 「황장미」와 「경원정」이 종종 연용된다. 소령에서는 이 둘이 한 조(調)로 병합되어 「황장미대경원정(黃薔薇帶慶元貞)」으로 불린다.

139. 「**빙란인(憑闌人)**」 7B′ | 7B′ | 5B′ | 5B′ ||
네 구가 모두 두 개의 대장을 사용한다. 7언의 제3, 5 두 자는 반드시 평성을 사용한다. 5언 제1자는 측성을 쓰고, 제3자는 평성을 쓴다. 엄격하게 보를 만들면 다음과 같을 것이다.

○●○○○●○ | ○●○○○●○ | ●○○●○ | ●○○●○ ||

이 보에 따르지 않은 것은 모두 예외로 간주되지만 오직 상성은 경우에 따라 평성을 대체할 수 있다. 「빙란인」은 오직 소령에만 사용된다.

140. 「**수미(收尾)**」 7e | [3s4h] | 5A○○●○△ ||

55.10 상조(商調) 제7

141. 「**집현빈(集賢賓)**」 ○○●○○*△ | 5A | 6b4A | [3A4A][3A4A] | [3s4s] | [3b3a] | 5b5A ||

제2구는 [3b4X]로 바꿀 수 있고, 제4구는 6A로 바꿀 수 있다. 제6구는 측성으로 마무리하는 것으로 바꿀 수 있다. 제7구는 7b로 변할 수 있다. 제8구는 [3s4x]로 변할 수 있다.

142. 「**소요락(逍遙樂)**」 4e | 4A4d | 4X | [3s4A] | 7H | [3b4f] | 4x(A)4A4X(4d) ||

「집현빈」은 종종 「소요락」과 연용되며, 왕왕 한 절(折)의 첫머리에 위치한다.

143. 「**괘금삭(掛金索)**」 4X5e | 4X5e | 4X5e | 4X5e ||

144. 「**금국향(金菊香)**」 7A | 7B | ○○●○○*△ | 4A | 5A ||

제3구 말자(末字)는 평성을 쓸 수 있고, 제4자는 어쩌다 상성을 쓰기도 한다. 이것은 평상통용(平上通用)의 이치이다.

145. 「**초호로(醋葫蘆)**」 3s3B | 7A | 7b | 4x | 7A ||

수구(首句)에 3B를 쓰고 아울러 압운(押韻)할 수 있다.

146. 「**오엽아(梧葉兒)**」(「知秋令」) 3a3Y | 5A | 3b3Y(3d) | 3A | [3s○○●○(4d)] ||

첫 두 구는 5a5Y를 쓸 수 있다. 말구(末句)는 줄여서 6자 즉 6g로 할 수 있다('측측평평거상'과 '측측평평측평'의 두 譜式을 포괄한다).

147. 「쌍안아(雙雁兒)」 7a | 3A3d | 7e′ | [3A3d] | [3A3d] ||

148. 「유엽아(柳葉兒)」 [3s4f] | [3A4A] | 7e | 3e | 3A | [3B4A] ||

「쌍안아」와 「류엽아」는 본래 선려(仙呂)에 속하지만 상조(商調)에도 들어 있다. 잡극에서 상조에 이 두 곡을 많이 수록하고 있으므로 상조의 보식에 수록하였다.

149. 「낭래리살(浪來裏煞)」 [3B3B][3B3e] | 7A | 7B | [3b4e] | 7A ||

「낭래리」는 『원곡선(元曲選)』에서 모두 「낭리래(浪裏來)」(또는 「낭리래(浪里來)」)로 칭해졌고, 「낭래리살(浪來裏煞)」도 「낭리래살(浪裏來煞)」로 칭해졌다. 여기서는 다만 한 체만을 수록한다. 『북사광정보(北詞廣正譜)』는 「낭래리살」에 대해 교몽부(喬夢符)의 「양세인연(兩世姻緣)」을 예로 들었는데, 지금 살펴보면 「양세인연」 제2절에 비록 「낭리래(浪裏來)」 한 곡이 있지만 마무리 짓는 곳에서는 「고과수조살(高過隨調煞)」을 사용하였다. 『북사광정보』에 수록된 것은 「고과수조살」 원문인데 맞지 않는 것 같다.

55.11 이상에서 수록한 곡보는 모두 151조(調)이다. '황종(黃鐘)'과 '대석(大石)'의 두 궁(宮)은 드물게 사용되어서 수록하지 않았다. '반섭(般涉)' · '소석(小石)' · '상각(商角)'의 세 궁은 원대(元代)의 잡극에서는 전혀 사용되지 않았다. 또한 이른바 '도궁(道宮)'과 '고평조(高平調)'는 『중원음운』에 수록되어 있지 않아 더욱 그들을 위해 보(譜)를 만들 필요가 없었다.

제5장

백화시와 유럽화시

제56절 자유시

56.1 5·4운동 이후 백화문(白話文)이 성행하면서 백화시(白話詩)도 성행하게 되었다. 백화시는 문언시(文言詩)의 격률로부터 벗어나기를 구하여 서양의 자유시(free verse)에 가깝게 되었다. 초기의 백화시인은 자신들이 서양시의 영향을 받았다는 사실을 인정하려 하지 않았지만 백화시의 분행(分行)과 분단(分段)은 분명히 서양시를 모방한 것이며, 당시의 일부 신시(新詩)는 운각(韻脚) 방면에서 더욱이 서양시를 모방한 곳이 있다(제61절을 볼 것). 이로부터 볼 때 백화시와 유럽화시의 경계는 그 구분이 쉽지 않다. 여기서는 서술의 편의를 위해 우선 서양의 자유시에 가까운 것을 백화시라고 부르고, 서양시의 격률을 모방한 것을 유럽화시라고 부르겠다.

56.2 간단히 말해서 시의 전통적인 격률에 따르지 않은 것이 자유시이다. 비록 서양에서 자유시의 발생이 매우 오래되었다고 말하는 사람도 있지만 운(韻)의 조화와 음(音)의 가지런함이 결국 시의 바른 궤도로 간주되었기 때문에 자유시가 종종 사람들의 비난을 받기도 했고, 시인들도 극단적으로 자유로운 시를 쓴 적이 없다. 미국 시인 휘트먼(Walt Whitman, 1819~1892)에 이르러서야 진정한 의미에서 시의 극단적인 자유를 제창하여 한 때 선풍을 일으켰다.

56.3 중국에서는 백화시가 구시(舊詩)의 격률로부터 벗어나기를 구하면서 다시 서양시의 격률을 모방한다면 사람들로부터 족쇄에서 벗어난다고 하더니 새로 수갑을 차는 꼴이라고 조소받는 것을 면하기 어려웠다. 때마침 서양에서 해방을 제창하는 일파가 있어서 중국의 백화시인들은 호기로 여기고 그에 동조했다. 따라서 당시의 시인들은 시의 해방에 있어서 "힘주어 가장 앞선 것을 따라붙는 격"이라고 말할 수 있으며, 어떤 면에서는 휘트먼 일파에 앞섰다고 말해도 될 만했다.

56.4 분석해보면 서양의 자유시가 보통의 시와 다른 점은 다음의 세 가지이다.

① 보통의 시는 운(韻)이 있지만 자유시는 운이 없다.
② 보통의 시는 매 행의 음수(音數) 또는 음보(音步)가 가지런하지만(제60절과 제61절을 볼 것), 자유시는 매 행의 음수 또는 음보에 구애받지 않는다.
③ 보통의 시는 각 단락의 행수(行數)가 가지런하지만 자유시는 각 단락의 행수가 들쭉날쭉하다.

이 세 가지 중에서 한 가지 또는 두 가지가 보통의 격률에서 벗어난다면 상대적인 자유시로 간주할 수 있다. 만약 위에서 언급한 자유시의 세 가지 특징을 동시에 갖추고 있다면 절대적인 자유시로 간주한다. 중국 초기의 백화시는 대부분 절대적인 자유시에 속한다. 이제 이 세 가지 점을 각각 나누어 서술하고 아울러 예를 들어보았는데, 물론 이 세 가지 특징을 겸비한 것이 다수이다.

56.5 (甲) 무운시(無韻詩)

일반 사람들이 가장 생소해하면서 심지어는 시로 인정하지 않는 것이 바로 무운시이다. 비단 중국의 구파 시인들만 그런 생각을 지니고 있는 것이 아니라 서양의 일부 시인들도 여전히 그런 견해를 갖고 있다. 그러나 밀턴의 「실낙원(失樂園, Paradise Lost)」과 셰익스피어의 「햄릿(Hamlet)」은 모두 시가 아니라고 부인할 수 없다. 그러나 그 두 작품에는 운각(韻脚)이 없다. 따라서 우리는 무운시의 존재를 부인할 수 없다.

56.6 그런데 셰익스피어와 밀턴의 무운시는 후대의 휘트먼 일파가 제창한 무운시와 결구(結構)상 큰 차이가 있다. 셰익스피어와 밀턴의 무운시는 비록 운각은 사용하지 않았지만 음보(音步)는 따져 놓았다. 음보에 관해서는 제61절에서 상세히 설명하겠다. 이제 잠시 음보를 따지는 것을 매 행의 장단을 따지는 격률로 간주하겠다. 일반적으로 말해서 왕왕 매 행은 10개의 음(ten syllables)이다. 이와 같이 음수 또는 음보가 가지런한 무운시를 소시(素詩, blank verse)라고 한다. 다음은 셰익스피어 「햄릿」 중의 한 단락이다.

> If thou didst ever hold me in thy heart,
> Absent thee from felicity awhile,
> And in this harsh world draw thy breath in pain,
> To tell me story.

> 그대가 한 번이라도 나를 마음속에 품은 적이 있다면,
> 누리던 복을 잠시 팽개치고
> 이 험한 세상에서 고통스런 숨을 들이신 다음
> 나에게 이야기를 들려주오.

(마지막 한 행이 완결되지 않은 것을 제외하면 나머지는 행마다 모두 10音씩 이다.)

다음은 밀턴 「실낙원」의 한 단락이다.

He, above the rest
In shape and gesture proudly eminent,
Stood like a tower; his form had not yet lost
All its original brightness; nor appeared
Less than[1] archangel ruined, and the excess
of glory obscured.

그는 다른 누구보다도
용모와 거동이 단연 두드러지기가 마치
우뚝 선 탑이었으니, 자태는 아직도
예전처럼 훤하여 몰락한 대천사에
못지않았고, 눈부신 수려함 또한
빛 바래지 않았다.
(첫 행과 마지막 행이 한 행의 길이에 못 미치는 것을 제외하면 나머지는 행마다 모두 10音이다.)

이와 같은 소시(素詩)는 중국 시인들에 의해 모방되지 않았다. 중국 현대 초기의 백화시는 매 행의 장단에 구애받지 않았다. 시에 운을 사용하지 않을 때에는 시행의 장단에 더욱 구애받지 않을 수 있었다. 다음에 예를 들어본다.

晚風在湖上,
無端吹動灰絮的雲團,

1) 텍스트에는 'than'이 'then'으로 표기되어 있는데, 誤字이다.

又送來一縷笛聲, 幾聲弦索.
一個宛轉地話到淸愁,
一個掩抑地訴來幽怨.
這一段的凄涼對語,
暮雲聽了,
便沈沈的去嵯峨着.
卽有倚在闌干角的,
也只呆呆的倚啊!

저녁 바람이 호수 위에서
끝없이 잿빛 솜 같은 구름 덩이를 몰아오고
또한 한 가닥 피리소리와 현악기 소리를 보내온다.
하나는 완곡하게 슬픔을 이야기하고
하나는 나직하게 원망을 호소한다.
이 일단의 처량한 대화를
저녁 구름이 듣고는
무겁게 높이 솟아 있다.
바로 난간 모퉁이에 기대어 있는데
다만 멍하니 기대어 있다!

— 유평백(兪平伯), 「저녁 바람[晩風]」

那泱泱的黑暗中熠耀着的,
一顆黃黃的燈光啊,
我將由你的熠耀裏,
凝視她明媚的雙眼.

저 끝없는 암흑 속에서 밝게 빛나고 있는
하나의 노오란 등불이여
나는 너의 찬란한 빛에 힘입어
그녀의 아름다운 두 눈을 응시하리라.

— 주자청(朱自淸), 「등불[燈光]」

"爸爸! 你爲什麼不睬我呢?
只要一個銅子,
那個糖, 阿五吃的那個糖."
"拉去罷? 拉去罷?"
"走了, 走了,
也, 也不睬你哩!"

"아빠! 왜 저를 거들떠보지도 않으시나요?
동전 한 개만 있으면
그 사탕, 아오가 먹을 그 사탕 말이에요."
"끌고 갈까요? 끌고 갈까요?"
"가지요, 가!
저, 저도 아빠를 쳐다보지도 않을 거예요!"

— 풍문병(馮文炳), 「서양식 수레꾼의 아들[洋車夫的兒子]」

56.7 또 하나의 경우는 운이 있는 것과 없는 것의 중간에 있는 것으로, 몇몇 시행의 마지막에 중자(重字)를 사용한 것이다. 때로는 마지막 글자만 같은 것이 아니라 심지어 구(句)의 대부분이 같다. 다음 예를 보자.

In youth my wings were strong and tireless,
But I did not know the *mountains*.
In age I knew the *mountains*,
But my weary wings could not follow my vision-
Genius is wisdom and youth.

젊어서 내 날개는 강하고 지칠 줄 몰랐으나,
산을 알지 못했다.
늙어서는 산을 알았으되,
지친 내 날개가 눈길을 따라갈 수 없었으니,

참으로 천재란 지혜와 젊음이로고

— 매스터(L. Master, 1869~1950),
「스푼 리버 앤솔로지(Spoon River Anthology)」에서

초기의 백화시에는 이런 경우가 가장 많이 보인다. 다음 예를 보자.

秋風把樹葉吹落在地上,
它只能悉悉索索,
發幾陣悲涼的聲響.
它不久就要化作泥;
但它留得一刻,
還要發一刻的聲響,
雖然這已是無可奈何的聲響了,
雖然這已是它最後的聲響了.

가을바람이 나뭇잎을 땅에 떨어뜨렸다.
바람은 그저 쏴아 하며
몇 줄기 쓸쓸한 소리를 낼 수 있을 뿐이다.
낙엽은 곧 흙으로 변하겠지.
그러나 낙엽은 한 순간 남아서
한 순간의 소리를 낼 것이다.
비록 그것이 이미 어찌할 수 없는 소리라 할지라도
비록 그것이 낙엽 최후의 소리라고 할지라도

— 유복(劉復), 「낙엽(落葉)」

我原不想見他,
偏是夢裏見着!
旣然夢裏見着,
偏是夜鳥叫着!
夜鳥關得我甚事,
偏是鬧得我睡不着!

睡不着也罷了,
偏是那月亮兒又淡淡的照着!

나는 본래 그를 보고 싶지 않았는데
하필이면 꿈속에서 보다니!
꿈속에서 본다고 해도
하필이면 밤새가 울고 있을 때라니!
밤새는 나에게 무슨 간섭을 하려는지
하필이면 나를 잠 못 이루게 하는가!
잠 못 이루는 것은 그만두고라도
하필이면 저 달이 또 은은하게 비추고 있다니!

— 왕지단(王志端), 「하필이면[偏是]」

雲在天上,
人在地上,
影在水上,
影在雲上.

구름은 하늘 위에 있고
사람은 땅 위에 있고
그림자는 물 위에 있고
그림자는 구름 위에 있다.

— 곽소우(郭紹虞), 「강가[江邊]」

56.8 이와 같이 마지막 글자가 같은 시구(詩句)는 제법 운각(韻脚)을 대체하는 효과가 있다. 그런데 서양에는 간혹 이른바 구수운(句首韻 : initial rime)이라는 것도 있다. 다음 예를 보자.

White-armed Astrid, —ah, but she was beautiful! —
Nightly wandered weeping thro' the ferns in the moon,

Slowly, weaving her strange garland in the forest,
Crowned with white violets,
Gowned in green.
Holy was that glen where she glided,
Making her wild garland as Merlin had bidden her,
Breaking off the milk-white horns of the honey-suckle,
Sweetly dripped the dew upon her small white
Feet.[2)]

팔은 하얀데, 아스트리드는, ―아, 그러나 그녀는 아름다워라! ―
달빛 속에서 밤마다 고사리 밭을 헤매었네,
숲 속에서 그녀의 신기한 화환을 짜면서,
왕관으로 하얀 제비꽃을 머리에 쓰고,
녹색으로 옷을 해 입은 채.
성스러운 골짜기로 그녀는 미끄러져 들어갔네,
멀린이 시킨 대로 야생의 화환을 만들면서,
인동이 내민 우유처럼 흰 뿔을 부러뜨리며,
감미로운 이슬을 떨구니 작고도 하얘라, 그녀의
발은.

―노이예스(A. Noyes, 1880~1958), 「아스트리드(Astrid)」에서

따라서 구수(句首)에 똑같은 단어를 사용한다면 역시 제법 '구수운(句首韻)'의 효과가 있다. 자유시는 운을 사용하지 않는 대신에 왕왕 구수에 똑같은 단어를 사용하여 보상의 효과를 거둔다. 다음에 타고르의 「인도를 위한 기도」를 예로 든다.

Where the mind is without fear and the head is held high;
Where knowledge is free;
Where the world has not been broken up into fragments by narrow domestic walls;

2) 이 시는 abbccdeeda의 頭韻(句首韻)을 사용하였다.

Where words come out from the depths of truth;
Where tireless striving stretches its arms towards perfection;
Where the clear stream of reason has not lost its way into the dreary desert sand of dead habit;
Where the mind is led forward by thee into everwidening thought and action—
Into that heaven of freedom, my Father, let my country awake.

마음은 두려움을 모르고 머리는 높이 쳐드는 그곳,
지식에 값을 매기지 않는 그곳,
세상이 협소한 집의 담으로 갈가리 찢기지 않은 그곳,
말이 진실의 심연에서 나오는 그곳,
지칠 줄 모르는 노력이 완벽을 향해 팔을 뻗치는 그곳,
이성의 맑은 개울이 길을 잃어 고정관념의 사막 속으로 사라지지 않은 그곳,
마음이 그대 손에 이끌려 점점 더 넓어지는 생각과 행동으로 이어지는 그곳-
그 자유의 고향으로, 아버지시여, 내 나라가 잠 깨게 하소서.

— 라빈드라나스 타고르(Rabindranath Tagore, 1861~1941),
「인도를 위한 기도(A PRAYER FOR INDIA)」

초기의 백화시에는 이런 예가 수없이 많다. 이를테면 앞에서 든 유평백(兪平伯) 「저녁 바람[晚風]」의 "一個宛轉地話到淸愁, 一個掩抑地訴來幽怨" 등이 있다. 근년에 들어서서도 그와 같은 작풍이 성행하였다. 다음 예를 보자.

我幻想在哪兒(天河裏?)
撈到了一個圓寶盒,
裝的是幾顆珍珠:
一顆晶瑩的水銀
掩有全世界的色相,
一顆金黃的燈火
籠罩有一場華宴,

一顆新鮮的雨點
含有你昨夜的嘆氣……
別上什麽鐘表店
聽你的青春被蠶食,
別上什麽骨董鋪
買你家祖父的舊擺設.
……

나의 환상은 어디에서일까?(은하수일까?)
둥근 보석함 하나를 건져내었는데
몇 알의 진주가 들어 있었다.
한 알의 밝고 투명한 수은이
온 세상의 색상을 감싸고 있고
한 알의 황금빛 등불이
한 마당의 화려한 연회를 뒤덮고 있고
한 알의 신선한 빗방울이
간밤의 네 탄식을 머금고 있다……
시계포 같은 데 가서
네 청춘이 잠식당하는 소리를 듣지 말고
골동품상회 같은 데 가서
너의 집 조부의 낡은 진열품을 사지 말라.
……

—변지림(卞之琳), 「둥근 보석함[圓寶盒]」

56.9 (乙) 참치시(參差詩)

이것은 시행의 장단이 들쭉날쭉한 것을 가리켜 말한 것이다. 어떤 시행들은 가지런하지 않은 가운데 가지런하다고 할 수 있는데, 이를테면 약간의 장행(長行) 뒤에 하나의 단행(短行)이 오는 등등이다(제57절을 볼 것). 그러나 여기서 가리키는 것은 완전히 들쭉날쭉한 시행이다. 시행이 들쭉날쭉하다고 해서 반드시 무운시(無韻詩)는 아니다. 예를 들어 제23절에서 든 이백(李白)의 「비룡인(飛龍引)」을 행을 나누어 쓰면 장단행(長短行)의 자유시[參差詩]가 되지만 운(韻)이 있다. 서양에도 그런 종류의 자유시가 있다. 다음 예를 보자.

Somebody called Walt Whitman
Dead!
He is alive instead,
Alive as I am. When I lift my head,
His head is lifted. When his brave mouth speaks,
My lips contain his word. And when his rocker creaks
Ghostly in Camden, there I sit in it and watch my hand grow old
And take upon my constant lips the kiss of younger truth……
It is my joy to tell and to be told
That he in all the world and me,
Cannot be dead,
That I, in all the world and him, youth after youth
Shall lift my head.

누군가 월트 휘트먼을 일컬어
죽었다 했던가!
그게 아니라 살아 있지,
나처럼 살아 있지. 내가 고개를 쳐들면,
그의 고개가 쳐들어지지. 그의 걸출한 입이 말을 하면,
내 입술은 그의 말을 담지. 그리고 그의 흔들의자가 캠든에서
유령처럼 삐걱거리면, 나는 그 흔들의자에 앉아 내 손이 늙어 가는 것을 바라보고
내 한결 같은 입술 위로 더 젊은 진실을 받아들인다……
즐거이 나는 말하고 듣는다,
온 세상과 내 속에서 그는

죽을 수가 없노라고,
나는, 온 세상과 그의 속에서, 청춘을 보낼 때마다
내 머리를 쳐들게 되리라고.

— 비너(W. Bynner, 1881~1968), 「새 세상(THE NEW WORLD)」

초기 백화시에는 이런 종류의 자유시도 적지 않았다. 다음 예를 보자.

我有一把小刀,
倚在窗邊向我笑,
她向我笑道:
沫若, 你別用心焦!
你快來親我的嘴兒,
我好替你除却許多煩惱.

내게는 한 자루의 작은 칼이 있는데
창가에 기대어 나를 보고 웃는다.
그녀는 나를 향해 웃으며 말한다.
곽말약 선생, 마음 쓰며 초조해하지 마세요!
빨리 와서 내 입술에 입 맞추세요.
내가 당신을 위해 수많은 번뇌를 없애드릴 게요.

— 곽말약(郭沫若), 「죽음의 유혹[死的誘惑]」

그러나 음수(音數)가 들쭉날쭉한 무운시(無韻詩)가 훨씬 많다. 다음 예를 보자.

一個朋友的妻死了,
他斂抑着悲痛
對我說:
"現在換衣服要常常找尋了!"
我的親戚,

死了個六歲的孩子,
來信說:
"完了! 只剩他的像片了!"

한 친구의 아내가 죽었는데
그는 비통함을 억누르며
나에게 말했다.
"이제 옷을 바꾸어 입고 종종 찾아가야지!"
내 친척은
여섯 살 난 아이가 죽었는데
편지를 보내 말했다.
"끝났어! 그 녀석의 사진만 남았지."

— 섭소균(葉紹鈞),「슬픈 말[悲語]」

當我們正下山來;
槭槭的樹聲, 已在靜中響了,
迷濛如飛絲的細雨, 也織在淡雲之下.
羊聲曼長地在山頭叫着,
拾松子的婦人, 也疲倦的回來.
我們行着, 只是慢慢地走在碎石的斜坡上面.
看啊!
疏林中春末的翠影,
爲將落的日光微耀.
紛披的葉子, 被雨絲洗濯着, 更見清麗.
四圍的大氣, 都似在雪中浴過.
向回望高塔的鐸鈴, 似乎輕松的搖動,
但是聲太弱了,
我們却再聽不見它說的甚麼.
……

우리가 마침 산에서 내려올 때

바스락거리는 나무소리가 이미 고요 속에서 울렸는데
자욱이 흩날리는 실 같은 가는 비도 엷은 구름 아래서 천을 짜고 있었다.
양은 하염없이 산꼭대기에서 울부짖고
솔방울을 줍던 아낙도 피곤한 몸으로 돌아온다.
우리는 가고 있지만, 부서진 돌의 비스듬한 비탈 위를 천천히 걷고 있을 뿐이었다.
보아라!
성긴 숲 속 늦봄의 푸른 그림자와
지는 태양이 희미하게 빛나는 모습을.
무성한 나뭇잎은 빗줄기에 씻겨 더욱 맑고 곱게 보인다.
사방의 대기는 모두 눈 속에서 목욕을 한 것 같다.
되돌아보니 높은 탑의 목탁이 가볍게 움직이는 것 같았는데
다만 소리가 너무 약해서
우리는 더 이상 그것이 무엇을 말하는지 들을 수 없었다.
……

— 왕퉁자오(王統照), 「가랑비 속의 산행[微雨中的山游]」

56.10 여기서 시행(詩行)과 시구(詩句)의 관계에 대해 언급해야겠다(제57절을 참조할 것). 서양에서는 유운시(有韻詩)건 무운시(無韻詩)건 간에 한 행(行)이 반드시 한 구(句)에 상당하는 것은 아니다. 유운시라면 한 행의 끝은 바로 운각(韻脚)이다. 무운시이긴 하지만 음수(音數)나 음보(音步)를 따지는 것이라면 앞에서 예로 든 「실낙원」처럼 때때로 시구를 희생하여 시행에 영합할 수밖에 없다. 그런데 그 같은 경우에는 문제가 발생한다. 어차피 운각도 없는데 어째서 아예 시구의 자연스런 끊어짐(pause)에 따라 행을 나누지 않는단 말인가? 휘트먼 일파의 자유시는 시구의 자연스런 끊어짐에 따라 행을 나누었기 때문에 시행의 장단이 들쭉날쭉한 모양으로 변하였다. 좀더 철저하게 말한다면 자유시가 시가 되는 까닭은 시적인 경계(境界)에 있을 뿐이지 행을 나누어 쓰는 데 있는 것이 아니다. 따라서 산문은 행을 나누어 쓴다고 해서 시로 변할 수 없고, 마찬가

지로 시는 행을 나누지 않아도 시가 아니라고 할 수 없다. 이른바 산문시(prose poetry) 또는 시적인 산문(poetic prose)은 바로 음보(音步)를 따지지 않는 무운시이다. 이런 시는 앞에서 예로 든 섭소균(葉紹鈞)과 왕통조(王統照)의 작품처럼 행을 나누어 쓸 수도 있고, 다음의 두 예처럼 행을 나누지 않을 수도 있다.

中午時候火一樣的太陽沒法去遮闌, 讓他直晒着長街上. 靜悄悄少人行路, 只有悠悠風來, 吹動路旁行樹.

誰家破大門裏, 半院子綠茸茸的草, 都浮着閃閃的金光. 旁邊有一段段低低土墻, 擋住了個彈三弦的人, 却不能隔斷那三弦鼓蕩的聲浪.

門外坐着一個穿破衣裳的老年人. 雙手抱着頭, 他不聲不響.

한낮에 이글거리는 태양을 막을 방법이 없어서, 길게 뻗은 거리에 내려 쪼이도록 내버려두었다. 거리는 다니는 사람이 없어 고요한데, 다만 끊임없이 바람이 불어와 길가의 가로수를 흔들어댔다.

누구네 집인가 부서진 대문 안, 정원을 반쯤 덮은 파릇파릇한 풀이, 반짝이는 금빛을 띠고 있다. 옆에는 나지막한 토담이 있어서, 삼현금을 타는 사람을 가로막았지만, 삼현에서 울려 퍼지는 소리를 막을 수는 없었다.

문밖에 해진 옷을 입은 한 노인이 앉아 있었는데, 두 손으로 머리를 감싼 채, 아무 소리도 내지 않았다.

— 심윤묵(沈尹默), 「삼현(三弦)」

燕子去了, 有再來的時候; 楊柳枯了, 有再青的時候; 桃李謝了, 有再開的時候. 但是, 聰明的, 你告訴我, 我們的日子爲什麽一去不復返呢? —是有人偸了他們罷 : 那是誰? 又藏在何處呢? 是他們自己逃走了罷 : 現在又到了那裏呢?

我不知道他們給了我多少日子; 但我的手確乎是漸漸空虛了. 在默默裏算着, 八千多日子已經從我手中溜去; 像針尖上一滴水滴在大海裏, 我的日子滴在時間的流裏, 沒有聲音, 也沒有影子. 我不琴頭涔涔而淚潸潸了.

……

제비는 가도 다시 올 때가 있고, 버들은 시들어도 다시 푸를 때가 있고, 도리화는 져도 다시 필 때가 있다. 그러나 총명한 당신이 내게 알려다오. 우리의 나날은 어째서 한번 가면 다시 돌아오지 않는단 말인가?—누군가가 세월을 훔쳐갔을 것이다. 그는 누구인가? 또한 어디에 숨겼을까? 그들 스스로가 도주했을 것이다. 그렇다면 지금 어디로 갔을까?

그들이 내게 몇 날이나 주었는지 나는 모른다. 그러나 나의 손은 확실히 점점 비어간다. 가만히 계산해보면 팔천 여 날이 이미 내 손에서 빠져나갔다. 바늘 끝의 물 한 방울이 대해에 떨어지듯이 나의 날들이 소리도 그림자도 없이 시간의 흐름 속에 떨어진다. 나는 번민 속에 눈물이 끊임없이 흐르는 것을 금할 수 없다.

……

— 주자청(朱自清), 「총총(匆匆)」

대략 짧은 편에 속하는 시들이 행 나누길 좋아하고 긴 편에 속하는 시들이 행을 나누지 않길 좋아하지만, 반드시 그런 것은 아니다. 어쨌거나 그것은 시인의 취향에 달려 있다.

56.11 (丙) 장단장(長短章)

시의 한 단락을 장(章)이라고도 한다. 서양시의 단락을 나누면 각 단락의 행수는 반드시 같다. 매 단락 4구 또는 8구가 가장 일반적이고, 그 밖에도 2구, 3구, 5구, 6구, 7구, 9구, 10구가 모두 있을 수 있다. 이제 그 각각에 대해 예를 들어보면 다음과 같다.

(1) 매 단락 2구

R. Frost(1875~1963)의 "The Tuft of Flowers"는 모두 21단락으로, 21x2구이다.

(2) 매 단락 3구

H. van Dyke(1852~1933)의 "Tennyson"은 모두 3단락으로, 3x3구이다(이 종류

가 가장 드물게 보인다).

(3) 매 단락 4구

Th. Gray의 "Elegy Written in a Country Churchyard"는 모두 32단락으로, 32x4구이다. 또한 A. Tennyson의 "Break, Break, Break"는 모두 4단락으로, 4x4구이다.

(4) 매 단락 5구

Ed. Waller(1606~1687)의 "Go, Lovely Rose"는 모두 4단락으로, 4x5구이다. 또한 P. B. Shelley의 "Toa Skylark"는 모두 21단락으로, 21x5구이다.

(5) 매 단락 6구

R. Burns(1759~1796)의 "A Bard's Epitaph"는 모두 6단락으로, 6x6구이다.

(6) 매 단락 7구

W. Morris(1834~1896)의 "An Apology"는 모두 6단락으로, 6x7구이다(제62절 62.6의 「皇家詩」를 참조할 것).

(7) 매 단락 8구

W. Wordsworth(1770~1850)의 "Ode to Duty"는 모두 7단락으로, 7x8구이다. 또한 R. Kipling(1865~1936)의 "The White Man's Burden"은 모두 7단락으로, 이 역시 7x8구이다.

(8) 매 단락 9구

예를 들어 Byron의 "Childe Har ld's Pilgrimage"가 있다(제65절에서 논할 '스펜서 식'을 참조할 것).

(9) 매 단락 10구

S. Lanier(1842~1881)의 "The Song of the Chatta-hoochee"는 모두 5단락으로, 5x10구이다.

56.12 중국어로 된 백화시는 단락이 가지런하게 나누어진 것도 적

지 않지만(제61절에서 예로 든 劉復의 「教我如何不想她(나더러 어떻게 그녀를 생각하지 말란 말인가)」 등을 참조할 것), 단락의 나뉨이 들쭉날쭉한 장단장(長短章)이 더 많다. 다음 예를 보자.

長髮披遍我兩眼之前,
遂隔斷了一切羞惡之疾視,
與鮮血之急流, 枯骨之沈睡.
黑夜與蚊蟲聯步徐來,
越此短墻之角,
狂呼在我清白之耳後,
如荒野狂風怒號,
戰栗了無數游牧.

靠一根草兒, 與上帝之靈往返在空谷裏.
我的哀戚唯游蜂之腦能深印着;
或與山泉長瀉在懸崖,
然後隨紅葉而俱去.

棄婦之隱憂堆積在動作上,
夕陽之火不能把時間之煩悶
化成灰燼, 從烟突裏飛去,
將染在游鴉之羽,
將同棲止于海嘯之石上,
靜聽舟子之歌.

衰老的裙裾發出哀吟,
徜徉在丘墓之側,
永無熱淚,
點滴在草地
爲世界之裝飾.

내 두 눈앞에서 긴 머리를 아무렇게나 흐트러뜨리고
마침내 모든 수치와 혐오의 질시와 단절되어
선혈의 급류와 함께, 해골의 깊은 잠에 빠져 있다.
어두운 밤 모기와 발맞추어 서서히 다가와
이 나지막한 담 모퉁이를 넘어
내 순결한 귀에 대고 울부짖으니
황야의 광풍과 노호 같아서
무수한 유목민을 전율케 한다.

풀 한 뿌리에 기대어, 상제의 혼령과 함께 텅 빈 골짜기를 오간다.
나의 슬픔은 오직 날아다니는 벌의 뇌에 깊이 각인되거나
샘물과 함께 낭떠러지에서 쏟아져 내리다가
붉은 단풍잎 따라 함께 사라져 가겠지.

버려진 아낙의 남모르는 근심은 동작에 쌓여 있어서
석양 불은 시간의 번민을
재로 변하게 하지 못하고, 굴뚝에서 나와 날아가
언제나 날아다니는 까마귀 날개를 물들이고
파도가 몰아치는 바위에 함께 머물러
조용히 사공의 뱃노래를 듣겠지.

노쇠한 여인은 슬픈 소리를 내며
무덤가를 배회하면서
언제나 뜨겁지 않은 눈물을
방울방울 풀밭에 떨어뜨려
이 세상을 장식한다.

— 이금발(李金發), 「버려진 아낙[棄婦]」

56.13 자유시의 창작경향은 현재에 이르기까지 여전히 크게 성행하고 있다. 그렇긴 하지만 다음 절부터 이 장 끝까지 우리는 유럽화시에

대해 서술하려고 한다. 왜냐하면 자유시에 대해서는 언급할 만한 것이 많지 않기 때문이다. 기왕에 자유인만큼 격률을 따지지 않으므로 자유시에 대한 서술도 각종 격률에 대한 부정일 수밖에 없다.

제57절 시행의 장단

57.1 중국어 시구의 장단은 글자수를 기준으로 삼지만, 서양시에서 시행의 장단은 자모(字母)의 수를 기준으로 삼지 않고 음절(syllables)의 수를 기준으로 삼는다. 이런 점에서 중국과 서양의 기준이 같다고 할 수 있는데, 왜냐하면 중국어의 글자 하나는 마침 서양의 음절 하나와 같기 때문이다.

57.2 경중음(輕重音)이 없는 언어에서는 시행의 구조가 비교적 간단하다. 유럽에서는 이런 언어로 불어를 꼽을 수 있다. 고대중국어도 이 부류에 속한다고 할 수 있다. 현대중국어에서도 많은 방언에 경중음이 없거나 그다지 현저하지 않기 때문에 많은 시인들이 경음(輕音)과 중음(重音)의 관계를 잘 이해하지 못하고, 따라서 그들의 시는 매 글자 모두 중음으로 읽어야 한다고 볼 수 있다. 경중음이 있는 언어에서는 시행의 구조가 훨씬 복잡하다. 유럽에서는 영어가 그 대표라고 할 수 있다. 현대중국어의 보통화(普通話)도 이 부류에 속한다. 이런 연유로 중국어 시인들은 영시(英詩)의 경중률(輕重律) 또는 중경률(重輕律)을 모방하게 되었는데(다음 절을 보라), 그렇게 해서 구성된 시행에 대해서는 다음 절에서 이야기하겠다.

57.3 불어와 기타 로마어계의 시는 음수(音數)를 가지런하게 하는 것이 원칙이다. 이른바 가지런하다는 것에는 두 가지 의미가 있다. 첫째,

매 행의 음수가 똑같다. 둘째, 매 행의 음절은 12음, 10음, 8음 등으로 반드시 우수(偶數 : even number)가 되어야 한다. 만약 매 행의 음수가 같지 않거나 우수음(偶數音)을 사용하지 않으면 변례(變例)로 볼 수 있다. 현대 중국의 수많은 유럽화시는 모두 이 기준을 사용하여 살펴볼 수 있다. 이제 이에 대해 항목을 세워 설명하고, 아울러 가능한 한 중국어 시를 예로 들어보겠다.

1. 우수음행(偶數音行)

57.4 (甲) 12음

12개 음이 한 행인 시의 내원은 매우 오래되었다.

이것의 명칭은 alexandrine라고 한다. 12세기에 「알렉산더 고사시(故事詩)」(Romand Alexandre) 한 수가 있었는데, 이 시에서 12개 음이 한 행인 격식이 처음 나왔다. 이것이 '알렉산더식'이라는 명칭이 생겨난 유래이다. 이제 양종대(梁宗岱)가 그의 저서 『굴원(屈原)』에서 인용한 이탈리아의 위대한 조각가 미켈란젤로(Michael Angelo, 1475~1564)가 단테를 위해 새긴 시 한 수를 예로 들어본다.

無人說得出關於他應說的話.
太大的光榮環繞着他的名字;
貶責那些冒犯他的比較容易,
却很難表出他最微弱的光華.

爲啓迪我們他不惜親自踐踏,
罪惡的深淵; 然後又升向上帝;
天堂底門大開來迎接他進去,

他底國門却緊閉起來拒絕他.

忘恩的民族! 你把他摧殘迫害
結果只是自作孽. 你指給人看
最完善的人要受最大的苦難.

一千個證據中只這便足證明 :
沒有比他底放逐更大的虐待,
世上也沒有比他更偉大的人.
(번역문의 음수는 원시의 음수와 똑같다.)

그에 대해 해야 할 말을 할 수 있는 사람이 없다.
너무나 큰 영광이 그의 이름을 둘러싸고 있다.
그를 모독한 사람들을 꾸짖기는 그래도 쉽지만
그의 가장 미약한 빛을 표출하기는 매우 어렵다.

우리를 계발하기 위해 그는 직접 실천하기를 꺼리지 않았고
죄악의 심연에서, 다시 하느님에게로 올라갔다.
천당의 문이 크게 열려 그가 들어가는 것을 맞이하였고
그의 나라 문은 오히려 굳게 닫혀 그를 거절하였다.

배은망덕한 민족이여! 너희는 그를 짓밟고 박해하더니
결과는 다만 스스로 업보를 만들뿐이었다. 너희는 사람들에게
가장 완전한 사람이 가장 큰 고난을 받는 걸 보여주려고 했다.

천 개의 증거 중에서 이것만이 증명하기에 족하니
그의 쫓겨남보다 더 큰 학대도 없었고
세상에는 그보다 더 위대한 사람도 없었다.

57.5 영시 속에 '알렉산더식'이 비교적 드물게 보이는 것은 아마도

사미(詞尾)의 보음(輔音 : consonants)이 너무 많아 12음을 사용한다면 로마어계의 12음 시행보다 더 길다는 느낌을 갖게 하기 때문인 것 같다. 현대 중국어 시인 중에도 12음의 시행을 사용한 사람이 있다. 풍지(馮至) 「십사행집(十四行集)」의 제13수를 예로 든다.

伊生長在平凡的市民的家庭,
你爲過許多良家的女孩流淚,
在一代雄主的面前你也敬畏;
你八十年的歲月是那樣平靜.

好像宇宙在那兒寂寞地運行,
但是不會有一分一秒的停息,
隨時隨處都演化出新的生機,
不管風風雨雨, 或是日朗天晴.

從沈重的病裏換來新的健康,
從絶望的愛裏換來新的發展,
你懂得飛蛾爲什麽投向火焰,

蛇爲什麽脫去舊皮才能生長;
萬物都在享用你的那句名言,
它道破一切生的意義 : '死和變.'

당신은 평범한 시민의 가정에서 성장하였고
수많은 양가의 규수를 눈물 흘리게 했으면서
일대의 야심 찬 군주의 면전에서는 경외하며
당신의 팔십 년 세월은 그렇게 평온하였다.

마치 우주가 그곳에서 고요히 운행하지만
일 분 일 초의 정지도 있을 리 없고

어디나 어디서나 새로운 생명력을 일구어내듯이
비바람이 몰아치건, 맑은 하늘에 해가 빛나건 간에.

위중한 병 속에서 새로운 건강이 움터 나오고
절망적인 사랑 속에서 새로운 발전이 나오는 법.
당신은 나방이 왜 화염 속으로 뛰어드는지 아는가?

뱀은 어째서 낡은 허물을 벗어야 성장할 수 있는가?
만물은 모두 당신의 그 명언을 향유하고 있으니
그것은 모든 생의 의미를 '죽음과 변화'로 설파했다.

공교롭게도 우리가 든 예가 모두 14행시이지만, '알렉산더식'이 반드시 14행은 아니다. 매 행에 12개의 음을 사용하기만 하면 몇 행이건 상관없이 모두 '알렉산더식'이라고 할 수 있다.

57.6 (乙) 10음

10개의 음이 한 행인 시를 서양어로는 deca-syllable이라고 부른다. 불어시에서는 이 종류의 시가 '알렉산더식'보다 적게 보이지만, 영시에서는 정반대로 시인의 총아가 되어 대다수의 시가 모두 10음이 한 행이다. 그러나 영어의 10음시는 경중률(輕重律)이 있는 관계로 다음 절에 가서 말하겠다. 여기서는 현대중국어 시인의 시를 몇 개 들어본다.

在許多年前的一個深夜
你爲幾個青年感到一覺,
你不知經驗過多少幻滅,
但那一覺却永不曾凋謝.

我永久抱着感謝的深情

望着你, 爲了我們的時代:
它被些愚蠢的人們毁壞,
但是它的維護人却一生

被摒擠在這個世界以外,
有幾次望出來一線光明,
轉過頭來又有烏雲遮蓋.

你走完你的艱險的行程,
艱苦中只有路旁的小草
曾經引出你希望的微笑.

여러 해 전의 한 깊은 밤
당신은 몇 명의 청년으로 인해 깨달았으니
당신이 얼마만큼의 환멸을 경험했는지 모르지만
그 깨달음은 일찍이 사그라진 적이 없었다.

나는 언제나 깊이 감사하는 마음을 품고서
당신을 바라보고 있다, 우리의 시대를 위해.
그것은 어리석은 사람들에 의해 훼손되었지만
그것의 지킴이는 오히려 일생이다.

이 세상 밖으로 밀쳐지고 나서
몇 번인가 한 줄기 빛이 나오는 것을 보았지만
머리를 돌리니 다시 먹구름이 뒤덮고 있었다.

당신이 당신의 험난한 여정을 끝까지 가면서
고난 중에 오직 길가의 작은 풀만이
일찍이 당신에게 희망의 미소를 꺼내주었다.

— 풍지(馮至), 「십사행집(十四行集)」 제11수

蘊藏了最多水分的, 海綿,
容過我童年最大的崇拜,
好奇心浴在你每個隙間,
我記得我有握水的喜愛.

忽然我關懷出門的旅人:
水瓶! 讓駱駝再多喝幾口!
願你們海綿一樣的雨雲
來幾朵, 跟在他們的塵後!

雲在天上, 熟果子在樹上!
仰頭想吃的, 凉雨先滴他!
誰教擠一滴檸檬, 然後嘗
我這杯甛而無味的紅茶?

我敬你一杯. 酒吧? 也許是.
昨夜我做了澆水的好夢:
不要說水分是柔的, 花枝,
擡起了, 擡起了, 你的愁容!

가장 많은 수분을 담고 있는, 해면
내 어린시절 최대의 숭배를 허용한
호기심이 네 하나하나의 간극에서 목욕했으니
나는 물을 움켜쥐었던 기쁨을 기억한다.

갑자기 나는 문을 나선 나그네에 관심을 가졌다.
물병! 낙타에게 다시 몇 모금 더 마시게 하라!
원컨대 너희들 해면 같은 비구름이
몇 조각 와서, 그들이 일으킨 먼지 뒤를 따르기를!

구름은 하늘에 있고, 익은 과일은 나무 위에 있다!

머리를 들어 먹고 싶은데, 서늘한 비가 먼저 그 위에 떨어진다!
누가 레몬을 쥐어짜 한 방울을 떨어뜨린 후
나의 이 달지만 맛없는 홍차를 맛보게 했을까?

내가 당신에게 한 잔을 권한다. 술인가? 그럴 것이다.
어젯밤 나는 물을 주는 좋은 꿈을 꾸었다.
수분이 부드럽다고 말하지 말라, 꽃가지여
고개를 들고 일어나거라, 일어나거라, 너의 슬픈 얼굴!

— 변지림(卞之琳), 「수분(水分)」[3)]

57.7 (丙) 8음

불어 시에서는 8음시가 10음시보다 더욱 적게 보인다. 영어의 8음시도 10음시보다 적긴 하지만 불어의 8음시에 비해서는 많은 편이다. 현대중국어 시인도 8음시를 썩 좋아하지는 않은 것 같다. 여기서도 하나의 예만 들어보겠다.

鄉下小孩子怕寂寞,
枕頭邊養一隻蟈蟈;
長大了在城裏操勞,
他買了一個夜明表.

小時候他常常羨艷
墓草做蟈蟈的家園;
如今他死了三小時,
夜明表還不曾休止.

시골 마을의 어린아이가 적막을 겁내어

3) 텍스트에는 '分'이 '份'으로 되어 있는데, 뜻은 같으나 誤字이다.

베갯머리에 청개구리 한 마리를 길렀다.
성장해서는 시내에서 힘들게 노동하여
그는 야광시계 하나를 샀다.

어렸을 때 그는 늘 예쁜 것을 동경하여
무덤의 풀로 청개구리의 집을 만들었다.
이제 그가 죽은 지 세 시간이 지났지만
야광시계는 여전히 쉬지 않고 가고 있다.

—변지림(卞之琳), 「적막(寂寞)」

57.8 서양 고대의 12음시에서는 각 행을 이등분하여 두 개의 '반행(半行, hemistiches)'을 만들었는데, 각각의 '반행'은 6개의 음으로 구성되어 있다. 두 개의 '반행' 사이에는 하나의 짧은 휴지가 있는데, 그것을 '시두(詩逗, Caesura)'라고 한다. 시두가 아닌 곳에서도 물론 멈출 수 있지만, 시두인 곳에서는 반드시 멈추어야 한다. 이 규칙이 고대에는 매우 엄격했다. 근대에 들어서서는 여전히 그 규칙을 지킨 사람도 있지만, 다른 절주방식을 사용한 사람도 있다. 이를테면 네 글자마다 휴지하거나 세 글자마다 휴지하는 등등이다. 10음시는 프랑스의 경우 고대에는 대다수가 4 6이었고 어쩌다 6 4도 사용했는데, 이와 같이 두 개의 '반행'이 장단이 다르고 음수도 달랐다. 그 후 19세기에 들어서서야 어쩌다 5 5식의 10음시가 나타났다. 8음시는 음수가 상대적으로 적으므로 단숨에 한 행을 다 읽을 수 있어서 '시두'가 없어도 되었다.

57.9 이른바 '시두(詩逗)'는 쉼표를 사용하기도 하고 사용하지 않기도 하지만 의미 관계 때문에 그곳에 이르러 가볍게 멈출 수도 있다. 전자는 풍지(馮至)의 "不管風風雨雨, 或是日朗天晴(비바람이 몰아치건, 맑은 하늘에 해가 빛나건 간에)"(12음)과 변지림(卞之琳)의 "雲在天上, 熟果子在樹上(구름은 하늘에 있고, 익은 과일은 나무 위에 있다)"(10음) 등이 있다. 후자는 풍지의 예를 두 개 들어본다.

從沈重的病裏 換來新的健康,
從絶望的愛裏 換來新的發展,

위중한 병 속에서 새로운 건강이 움터 나오고
절망적인 사랑 속에서 새로운 발전이 나오는 법.

我永遠抱着 感謝的心情.

나는 영원히 감사하는 마음을 품고 있다.

그러나 불어 시 속의 '시두'는 전편이 일률적이고(적어도 18세기 이전은 그러했다), 현대중국어 시인의 '시두'는 우연적이기도 하고 임의적이기도 하다. 이것이 양자가 크게 다른 점이다.

2. 기수음행(奇數音行)

57.10 (甲) 13음

13음은 '알렉산더식'보다 한 음이 더 많은 것인데, 이것은 고전파의 시에 없다. 프랑스의 상징파 시인 베를렌느(Verliane, 1844~1896) 등은 '알렉산더식'이 너무 판에 박힌 듯한 것이 싫어서 13음과 11음 짜리를 만들어냈다. 현대중국어 시인의 시집 속에는 전편이 13음으로 된 것은 거의 없고, 어쩌다 한 단락이 13음인 것밖에 없다. 다음에 변지림(卞之琳), 『위로의 편지 모음[慰勞信集]』 제2수 제2단을 예로 들어본다.

空中來搗亂的給他空中打回去,
當心頭頂上降下來毒霧與毒雨.
保衛營, 我們也要設空中保衛營,
單保住山河不够的, 還要保天宇.

공중에서 와 교란시키는 것은 그들에 의해 공중에서 물리쳐지고
가슴과 정수리에서는 독기어린 안개와 비를 내린다.
방위의 군영, 우리도 공중 방위 군영을 설치하여
산하를 지키는 것만으로는 부족하고, 하늘을 지켜야 한다.

57.11 (乙) 11음

11음은 불어 시에서 정칙(正則)이 아니다. 현대의 중국어 시인에게도 전편이 11음으로 된 것은 거의 없고, 어쩌다 한 단락이 11음인 것밖에 없다. 다음 예를 보자.

我不騙你, 我不是什麽詩人,
縱然我愛的是白石的堅貞,
青松和大海, 鴉背馱着夕陽,
黃晚裏織滿了蝙蝠的翅膀.
你知道我愛英雄還愛高山,
我愛一幅國旗在空中招展,
自從鵝黃到古銅色的菊花.
記着我的糧食是一壺苦茶!

可是還有一個我, 你怕不怕? ——
蒼蠅似的思想, 垃圾桶裏爬.

나는 당신을 속이지 않소, 나는 무슨 시인도 아니오.
비록 내가 사랑하는 것이 흰 바위의 굳은 정절과
청송과 대해와, 까마귀 등에 실린 석양과
황혼녘에 가득 짜여진 박쥐의 날개이긴 하지만.
당신은 알겠지 내가 영웅을 사랑하고 高山을 사랑하고
한 폭의 국기가 공중에서 펄럭이는 것과
샛노란 빛부터 고동색까지의 국화를 사랑한다는 것을.

내 양식이 한 병의 쓴 차라는 것을 기억하라!

그러나 또 하나의 내가 있다. 당신은 두려운가? ——
파리 같은 사상이, 쓰레기통 속에서 기어다닌다.

— 문일다(聞一多), 「진술[口供]」

57.12 (丙) 9음

9음의 시는 11음 13음의 시보다 더 주의를 기울여야 한다. 말레르브(Malherbe), 세그레(Segrais) 등의 프랑스 중세기 시인들에게는 모두 9음시가 있다. 풍지(馮至) 같은 현대 중국어 시인도 9음시를 즐겨 지었다. 예를 들어 그의 「십사행집(十四行集)」의 제3수를 보자.

你秋風裏蕭蕭的玉樹
是一片音樂在我耳旁
築了一座嚴肅的廟堂,
讓我小心翼翼地走入.

又是揷入晴空的高塔
在我的面前高高聳起,
有如一個聖者的身體,
升華了全城市的喧嘩.

你無時不脫你的軀殼,
凋零裏只看着你生長;
在阡陌縱橫的田野上
我把你看成我的引導:
祝你永生, 我願一步步
化身爲你根下的泥土.

너 추풍 속에서 쏴아 소리 내던 아름다운 나무
내 귓전에 한 조각 음악을 들려주더니
엄숙한 사당을 세워
나를 엄숙하고 경건하게 들어가도록 한다.

또한 맑은 하늘에 솟은 높은 탑에 삽입되어
나의 면전에 높이 높이 우뚝 서서
한 분 聖者의 신체 같이
온 도시의 함성으로 승화되었다.

너는 너의 껍데기를 벗지 않은 적이 없고
쇠락 속에서 다만 너의 생장을 지켜보았다.
두렁길이 종횡으로 뻗어 있는 들판에서
나는 너를 나의 인도자로 간주하였다.
너의 영생을 기원하니, 내 몸이 한 걸음씩
네 뿌리 밑의 흙으로 변하기를 원한다.

3. 단행(短行)

57.13 7음부터 2음까지를 단행(短行)이라고 한다. 중국어에서는 7언시는 말할 것도 없고 5언시까지도 짧다고 여기지 않는데, 어째서 서양시에서는 7음 이하를 단행(短行)으로 여기는 것일까? 그것은 중국어는 각 글자마다 하나의 의미를 지닌 데 비해 서양어는 왕왕 몇 개의 음이 합쳐야 하나의 의미를 이루기 때문이다. 일반적으로 말해서 중국어의 7언이 나타낼 수 있는 의미가 서양의 7음이 나타낼 수 있는 의미보다 훨씬 더 많다. 이것은 문언시를 가지고 말한 것이다. 백화시를 가지고 말하면 여러 개의 복음사(複音詞)와 허자(虛字)가 첨가되어 서양시와 비슷하다. 그러므로 백화시에서는 7음 이하의 시행을 단행으로 볼 수도 있다.

57.14 (甲) 7음

프랑스의 말레르브(Malherbe), 라 퐁텐느(La Fontaine)와 낭만파 시인들은 모두 7음시 짓기를 대단히 좋아했다. 중국어 백화시의 7음시는 그것이 나타낼 수 있는 의미를 가지고 말하면 대체로 문언시의 5언 또는 4언, 3언과 같다. 다음 예를 보자.

一條白熱的長途
伸向曠野的邊上,
像一條重的扁擔
壓上挑夫的肩膀.

幾絲持續的蟬聲
牽住西去的太陽,
晒得垂頭的楊柳
嘔也嘔不出哀傷.

快點走, 快點走吧,
那邊有賣酸梅湯,
去到那綠陰底下,
喝一杯, 再乘乘涼.

幾絲持續的蟬聲
牽住西去的太陽,
晒得垂頭的楊柳
嘔也嘔不出哀傷.

暫時休息一下吧,
這兒好讓我們躺,
可是靜也靜不下,

又不能不向前望.

一條白熱的長途
伸向曠野的邊上,
像一條重的扁擔
壓上挑夫的肩膀.

하얗게 달아오른 길게 뻗은 길
광야의 저 끝으로 뻗어 있어
마치 하나의 무거운 지게처럼
지게꾼의 어깨를 짓누른다.

몇 가닥 어어지는 매미 소리가
서쪽으로 지는 태양을 끌어당기고
내리쬐는 햇볕에 고개 숙인 버드나무가
슬픔을 뱉지도 못하고 있다.

좀더 빨리, 좀더 빨리 걷자
저쪽에 酸梅湯을 파는 데가 있으니
저 푸른 나무 그늘 밑으로 가서
한 잔을 들이켜, 다시 더위를 식히자.

몇 가닥 이어지는 매미 소리가
서쪽으로 지는 태양을 끌어당기고
내리쬐는 햇볕에 고개 숙인 버드나무가
슬픔을 뱉지도 못하고 있다.

잠시 휴식을 취하자꾸나.
이곳은 우리를 편안히 눕게 하지만
아무리해도 조용해지지 않아
다시 앞을 바라보지 않을 수 없다.

하얗게 달아오른 길게 뻗은 길
광야의 저 끝으로 뻗어 있어
마치 하나의 무거운 지게처럼
지게꾼의 어깨를 짓누른다.

—변지림(卞之琳), 「길게 뻗은 길[長途]」

57.15 (乙) 6음

6음시는 프랑스에서 7음시보다 드물게 보인다. 현대중국어의 6음시가 프랑스의 6음시보다 많이 보이는 것은 함의가 비교적 풍부하기 때문일 것이다. 다음 예를 보자.

和暖的陽光內
我們來到郊外,
像不同的河水
融成一片大海.

有同樣的警醒
在我們的心頭,
是同樣的運命
在我們的肩頭.

共同有一個神
他爲我們擔心 : [4]
等到黃昏到了,
那分歧的街道
又把我們吸回,
海水分成河水.

4) 텍스트에는 '他'가 '我'로 되어 있는데, 誤字이다.

따뜻한 햇볕을 받으며
우리는 교외에 이르렀다.
마치 서로 다른 강물이
융합해 큰 바다를 이루듯이.

똑같은 깨달음이
우리의 마음에 있고
똑같은 운명이
우리의 어깨에 있다.

공동으로 하나의 신이 있어
그는 우리를 위해 걱정한다.
황혼이 오고 나면
저 갈림이 있는 거리가
다시 우리를 흡수해 되돌리고
해수를 강물로 갈라놓을까 봐.

— 풍지(馮至), 「십사행집(十四行集)」 제7수

57.16 (丙) 5음

5음시는 서양시에서건 중국어의 유럽화시에서건 간에 모두 드물게 보인다. 긴 행이 섞여 있는 시를 제외하면 우리는 다음의 예 하나를 보았을 뿐이다.

要保衛藍天,
要保衛白雲,
不讓打汙印,
靠你們雷電.

與大地相連,

自由的鷲鷹,
要山河干淨,
你們有敏眼.

也輕于鴻毛,
也重于泰山,
責任內逍遙,

勞苦的人仙,
五分鐘死生,
千萬顆憂心.

푸른 하늘을 지키기 위해서
흰 구름을 지키기 위해서
더러운 자국을 남기게 하지 않도록
너희 우레와 번개에 의지한다.

대지와 서로 이어져 있는
자유로운 수리와 매.
산하를 깨끗하게 하기 위해
너희는 예리한 눈을 가지고 있다.

새의 깃털보다도 가볍고
태산보다도 무거운
책임 안의 소요

수고로운 사람 신선
5분의 삶과 죽음
천 알 만 알의 근심.

— 변지림(卞之琳), 「위로의 편지 모음[慰勞信集]」 제16수

57.17 (丁) 4음

4음은 너무 짧아서 대단히 드물게 보인다. 중국어 고시(古詩) 중에는 4언이 있는데, 말은 간단하지만 함의가 풍부하기 때문이다. 현대 백화시는 전편을 4음으로 짓기가 매우 어렵다. 서양에서도 4음시는 물론 지극히 드물게 보인다. 여기서도 불어 시 한 단락을 예로 들 수 있을 뿐이다.

Un vaste et tendre
Apaisement
Semble descendre
Du firmament
Que l'astre irise.

넓고 부드러운
위안이
태양에 의해
무지개 빛으로 반짝이는
하늘에서 내려오는 것 같았다.

— 베를렌느(Verlaine)

이것은 다만 한 마디 말("일종의 넓고 부드러운 위안이 태양에 의해 무지갯빛으로 반짝이는 하늘에서 내려오는 것 같았다")에 불과한데, 5행으로 나누었을 뿐이다.

57.18 (戊) 3음

3음시는 고대중국어의 가요에 보일 뿐이고("千里草, 何青青! 十日卜, 不得生(천리초, 얼마나 파릇파릇한가! 열흘 동안 햇볕을 쬐면, 살 수가 없다)" 등이 있다), 현대에는 없는 것 같다. 서양에서도 이런 시는 유희에 가깝다. 빅토르 위고의 소시(小詩) 한 수를 예로 든다.

Çà qu'on selle
Écuyer,
Mon fidèle
Destrier.

얘야,
안장을 얹어라
나의 충성스런
戰馬에게.

—빅토르 위고(V. Hugo)

이것도 한 마디 말("얘야, 나의 충성스런 전마에게 안장을 얹어라")에 불과한데, 4행으로 나누고 행마다 운을 달았을 뿐이다.

57.19 (ㄹ) 2음

이것은 매 행 최저한도의 음수여서 더욱 유희에 가깝다. 중국어 시에서는 본 적이 없고, 앞으로도 가능성이 별로 없을 것이다. 서양어에는 복보음(複輔音)과 사미파열음(詞尾破裂音) 또는 마찰음(摩擦音) 등이 있어서 음소(音素)가 풍부하기 때문에 2음이 가능한데도, 대단히 드물게 보인다. 다음 예를 보자.

Thus I
Pass by
And die
As one
Unknown

And gone —

그렇게 나는
지나쳐
죽는다
이름 없고
사라진
자가 되어 —

— 헤릭(Herrick, 1591~1674),
「그 후 그가 떠나자(UPON HIS DEPARTURE HENCE)」

이 또한 한 마디 말에 불과한데, 6행으로 나누었을 뿐이다.

57.20 앞에서 서술한 4음, 3음, 2음 등은 현대중국어의 유럽화시에서 매 행이 모두 이렇게 짧은 것은 없지만, 장행(長行) 속에 단행(短行)이 섞여 있는 것은 있다. 따라서 서양의 몇몇 단행시를 들어 비교의 자료로 삼았다.

4. 장단행(長短行)

57.21 아무런 규칙이 없는 장단행은 그야말로 자유시이다. 여기서 말하려고 하는 것은 규칙이 있는 장단행이다.

57.22 전편의 음수(音數)가 완전히 같은 시행을 '등도시행(等度詩行, isometric verses)'이라고 한다. 앞에서 든 것은 모두가 '등도시행'의 예이다. 그러나 '비등도(非等度)'의 시행도 규칙이 있는 국면을 조성할 수 있는데, 왜냐하면 한 수의 시는 왕왕 약간의 '시단(詩段, stanza)'으로 나누어지고 매 단의 행수(行數) 또한 왕왕 같아서 만약 각 단(段) 장단행(長短行)의 배열방식이 일치한다면 규칙이 없는 가운데 규칙이 있는 국면을 조성하게

되기 때문이다.

57.23 불어 시에는 이른바 ïambe라는 것이 있는데, 이것의 음수는 12음과 8음을 번갈아 써서 제1행과 제3행은 12음이고 제2행과 제4행은 8음이다. 이 ïambe에는 또한 일종의 변체가 있는데, 바로 12음과 6음을 번갈아 쓰는 것이다. 이렇게 해서 모두 매우 규칙적인 국면을 이룬다. 영어 시에도 갖가지 규칙적인 장단행이 있는데, 다만 이것들은 음보(音步)를 말하는 것이지 음수를 말하는 것이 아니다(다음 절을 볼 것). 현대중국어 시인도 규칙적인 장단행을 좋아한다. 이제 몇 개의 예를 들어본다.

是一個舊日的夢想,
眼前的人世太紛雜,
想依附着鵬鳥飛翔,
去和寧靜的星辰談話.

千年的夢像個老人
期待着最好的兒孫 ——
如今有人飛向星辰,
却忘不了人世的紛紜.

他們常常爲了學習
怎樣運行, 怎樣隕落,
好把星秩序排在人間,

便光一般投身空際.
如今那舊夢却化作
遠水荒山的隕石一片.
(매 단 마지막 행은 9음을 사용했고, 기타 각 행은 모두 8음이다.)

그것은 한낱 지난날의 몽상.

눈앞의 세상이 너무나 어지러워
붕새를 타고 높이 비상하여
고요한 별들과 이야기하고 싶구나.

천 년의 꿈이 노인처럼
가장 훌륭한 자손을 기대하고 있다——
지금은 누군가 별들에게 날아가도
세상의 어지러움을 잊을 수 없다.

그들은 언제나 어떻게 운행하고
어떻게 떨어지는지를 학습하기 위해
별들의 질서를 세상에 늘어놓고는

빛처럼 공중에 몸을 던진다.
지금은 그 옛 꿈이 오히려
아득한 물 거친 산의 한 조각 운석으로 변하였다.

— 풍지(馮至), 「십사행집(十四行集)」 제8수

如果乘一線駱駝的波紋
　　涌上了沈睡的大漠,
當一串又輕又小的鈴聲
　　穿進了黃昏的寂寞,

我們便隨地搭起了篷帳,
　　讓辛苦釀成了酣眠,
又酸又甛, 濃濃的一大缸,
　　把我們渾身都浸遍;

不用管能不能夢見綠洲,
　　反正是我們已爛醉;
一陣颶風抱沙石來偸偸

把我們埋了也干脆.

(홀수 행은 10음을 사용했고, 짝수 행은 8음을 사용했다.)

만약 낙타의 한 줄기 波紋을 타고
깊이 잠든 대 사막 위로 솟아오르면,
한 꿰미의 작고 가벼운 방울소리가
황혼의 적막을 뚫고 들어올 때,

우리는 땅을 따라 차양 천막을 걸고
고생이 빚어낸 단잠이
새콤달콤하게 하고, 짙고 큰 항아리가
우리의 온몸을 모두 적셨다.

꿈에서 오아시스를 볼 수 있는지에 상관없이
어쨌든 우리는 이미 몹시 취했다.
한 줄기 폭풍이 모래를 몰고 와 몰래
우리를 깡그리 묻어버렸다.

—변지림(卞之琳), 「먼 여행[遠行]」

一陣夜風孤零零
　爬過了山巓,
摸到了白楊樹頂,
　撥響了琴弦,
奏一曲滿城冷雨,
　你聽, 要不然
准是訴說那咽語——
　冷澗的潺湲;
你聽, 潺湲聲激動
　破閣的風鈴,
仿佛悲哀的潮涌
　搖曳着愴心;

啊, 這顆心丁當響,
　　莫非是, 朋友,
是你的嗎? 你這樣
　　默默的垂頭——
你聽, 夜風孤零零
　　走過了窗前,
踉蹌的踩着蟲聲,
　　哭到了天邊.
(홀수 행은 7음을 사용했고, 짝수 행은 5음을 사용했다.)

한 줄기 밤바람이 외로이
산꼭대기를 기어 넘고서
백양나무 정수리를 쓰다듬어
거문고 줄 소리를 내며
온 성에 내리는 찬 비를 한 곡 타니
들으세요, 그렇지 않다면
분명 그 목멘 소리로 호소하는——
차가운 시냇물 소리일거예요.
들으세요, 시냇물 소리가 격동하고
누각의 정적을 깨는 풍경소리가
마치 비애의 조수가 밀려들 듯이
아픈 마음을 뒤흔든답니다.
아, 이 작은 가슴이 두근거리는 걸 보니
틀림없이, 친구여,
당신인가요? 당신이 이렇게
묵묵히 고개를 숙이고——
들으세요, 밤바람이 외로이
창문 앞을 지나가
비틀거리며 벌레소리를 밟고서
하늘 끝까지 우는 소리를.

—변지림(卞之琳), 「밤바람[夜風]」

뒤의 두 예는 ïambe의 변체로 볼 수도 있는데, 왜냐하면 ïambe의 그리스 원문 iambos가 본래 장단이 하나씩 엇섞여 있다는 뜻만을 가졌기 때문이다. 일반적으로 ïambe를 쓰는 방식에 있어서는 단행(短行)을 약간 낮게 쓰는 것을 좋아한다(가로쓰기 문자라면 약간 오른쪽으로 치우쳐서 쓴다).

57.24 내친김에 마지막으로 시구(詩句)와 시행(詩行)의 관계에 대해 이야기해보겠다. 여러 곳에서 한 행은 한 구 또는 한 문장형식 또는 멈출 수 있는 한 단위이다. 총괄적으로 한 행은 마침표나 쉼표 또는 세미콜론을 사용할 수 있다. 초기의 불어 시에서는 시행의 끝에 반드시 휴지가 있어야 했는데, 후에는 점점 그와 같은 구속을 받지 않게 되었다. 16, 17세기에 이르러 말레르브(Malherbe)와 브왈로(Boileau)가 모두 고시(古詩)의 규칙을 유지하자고 주장했지만 결국 실패하고 말았다. 그래서 이른바 과행법(跨行法 : 불어로 enjambement인데, 영어도 불어를 차용하였지만 enjambment로 쓰기도 한다)이 있게 되었다. 과행법은 바로 한 구를 두 행 또는 여러 행에 걸쳐 있게 하는 것이다. 다음 예를 보자.

But the pleasure gives away
To a savour of sorrow.

하지만 기쁨은 사라지고
슬픔을 맛보네.

—돕슨(A. Dobson, 1840~1921)

때로는 구가 갑행(甲行)의 중간부터 시작되어 을행(乙行)의 끝까지 걸쳐지기도 한다. 다음 예를 보자.

Good night! I have to say good night
To such a host of peerless thing!

잘 자오! 잘 자라는 인사를 해야겠네,
그토록 수많은 비길 데 없는 대상들에게!

— 올드리치(Th. B. Aldrich, 1836~1907)

때로는 구가 갑행의 처음부터 시작되어 을행의 중간까지 걸쳐지기도 한다. 다음 예를 보자.

The fichu that helps everything
By gay; and then, my shoes.

장식으로 매사에 도움이 되는
어깨걸이; 그 다음엔, 내 구두.

— 피버디(J. P. Peabody, 1874~1922)

때로는 한 구가 갑행에서 을행까지 걸쳐 있고, 다음 구가 을행에서 병행(丙行)까지 걸쳐 있고, 또 그 다음 구가 병행에서 정행(丁行)까지 걸쳐 있어서 거의 끊어지지 않고 이어지는 것 같기도 하다. 다음 예를 보자.

—E'en then would be some stooping; and I choose
Never to stoop. Oh sir, she smiled, no doubt,
Whene'er I passed her; but who passed without
Much the same smile? This grew; I gave commands;
Then all smiles stopped together. There she stands
As if alive. Will't please you rise? We'll meet
The company below, then, I repeat ……

—그때에도 허리를 좀 굽히게 되리라만, 나 택하건대
결코 굽히지 않으리. 아, 선생이시여, 분명히, 그녀는 미소 지었네,
내 그 곁을 지날 때마다. 그러나 누군들 그 곁을 지나칠 때
똑같은 미소를 짓지 않겠는가? 이것이 커지고 나는 지시했지.

그러자 모든 미소가 함께 멈추었지. 거기 서 있는 그녀는
살아 있는 듯했지. 일어나 보시겠소? 우리는
아래 있는 무리를 만나리, 그리고 나선, 되풀이하거니와……

— 브라우닝(R. Browning, 1812~1889)

57.25 일종의 가장 짧은 과행(跨行)이 있는데, 포사법(抛詞法 : 불어로는 rejet)이라고 한다. 그 방법은 한 단어만을 다음 행으로 떠넘기는 것이다. 다음 예를 보자.

Comme ils parlaient, la nue eclatante et profonde
S'entr'ouvrit, et l'on vit se dresser sur le monde……

그들이 이야기하는 동안, 그윽하고도 찬란한 하늘이
조금씩 열리고, 우리가 세상을 딛고 서 있음을 보았네……

— 빅토르 위고(V. Hugo)

포사법(抛詞法)의 작용은 두 가지가 있다.

① 절주(節奏)의 변화를 추구한다.
② 중요한 단어의 가치를 드러나게 한다.

프랑스 낭만파가 가장 즐겨 이 방법을 사용하였다. 영시에서는 꽤 드물게 보인다.

57.26 중국의 신파시인(新派詩人)들이 포사법(抛詞法)은 드물게 사용했지만 과행법(跨行法)은 오히려 대량으로 운용하였다. 앞에서 예로 든 풍지(馮至)와 변지림(卞之琳)의 작품들이 이미 이 점을 충분히 나타내었다. 본래 중국어의 구시(舊詩)에도 간단한 과행법이 있었다. 앞의 제24절에서 서술한 '10자구(字句)'와 '14자구'를 5언시의 경우 다섯 글자마다 한 행으로 쓰고, 7언시의 경우 일곱 글자마다 한 행으로 쓰면 과행(跨行)으로 보

일 것이다. 예를 들면 다음과 같다.

從此, 辭鄉淚　이제부터 고향을 하직한 눈물이
雙垂不復收.　두 줄기 흘러내려 다시 거두지 못한다.

— 이가우(李嘉祐), 「登秦嶺」

莫使滄浪叟　창랑의 늙은이로 하여금 목놓아 노래 부르며
長歌笑爾容.　그대 모습을 비웃게 하지 마시게.

— 유장경(劉長卿), 「洞庭驛逢郴州使」

明年, 塞北諸蕃落　내년에는 변새 북쪽의 여러 외족 부락이
應建生祠請立碑.　산 사람의 사당과 공덕비 세우기를 청할 것이오.

— 장적(張籍), 「送裴相公赴鎭太原」

(이와 같은 '出句'의 끝에는 중국어의 습관대로라면 쉼표를 찍어야 하겠지만 서양의 습관에 따르면 오히려 쉼표를 찍지 않아야 한다. '출구'의 중간에도 서양의 습관에 따르면 곳에 따라 쉼표를 찍을 수 있다.)

이렇게 보면 몇몇 백화시의 과행법(跨行法)은 중국어 시에 원래 있었다고 보아야 한다. 이제 백화시의 예를 들어본다.

朋友穿了新大褂
同我出去吃晚飯.

친구가 새 웃옷을 입고
나와 저녁을 먹으러 나갔다.

— 변지림(卞之琳), 「일의 미소[工作的笑]」

我如今知道, 死和老年人
幷沒有什麽密切的關連.

나는 이제 알았다, 죽음과 노인이
결코 아무 밀접한 관련이 없다는 것을.

— 풍지(馮至), 「가을의 마음에게[給秋心]」

그러나 중국어 시에 원래 있었던 과행법은 몇몇 형식에만 제한되어 있었다. 비교적 복잡한 과행법은 중국어 구시(舊詩)에는 없었으며, 다음과 같은 경우는 더욱 없었다.

1. 3행 이상에 걸쳐 있는 것

다음 예를 보자.

我在門薦上不忘記細心的踩踩,
不帶路上的塵土來糟蹋你的房間
以感謝你必用滲墨紙輕輕的掩一下
叫字淚不玷汚你寫給我的信面.

나는 문 거적 위의 세심한 발걸음을 잊지 않는다.
거리의 먼지를 들여와 당신 방을 더럽히지 않음으로써
감사한다 당신이 반드시 화선지로 살짝 가려서
당신이 내게 써준 편지지의 글자를 눈물로 더럽히지 않게 한 것을.

— 변지림(卞之琳), 「무제 3(無題三)」

2. 구가 다음 행의 중간에서 끝나는 것

다음 예를 보자.

啊! 老人, 這道兒你一定
覺得是長的, 這冬天的日子
也覺得長吧? 是的, 我相信.

아! 노인장, 이 길을 당신은 분명
길게 느끼시겠지요, 이 겨울날도
길게 느끼시겠지요? 그래요, 저는 믿습니다.

— 변지림(卞之琳), 「긴 것[長]」

你的姓名常常排列在
許多名姓的中間, 并沒有
什麽兩樣, 但是你却永久
保持了一種異樣的光彩.

당신의 이름은 항상
수많은 이름 가운데 놓여 있고, 결코
무슨 남다른 것도 없지만, 당신은 영원히
일종의 색다른 광채를 지니고 있다.

— 풍지(馮至), 「십사행집(十四行集)」 제10수

3. 행과 행에 걸쳐 있을 뿐만 아니라 단(段)과 단에도 걸쳐 있는 것

只在過渡的黎明和黃昏
認識你是長庚, 你是啓明,
到夜半你和一般的星星
也沒有區分 : 多少青年人

賴你寧靜的啓示才得到
正當的死生. 如今你死了,
我們深深感到你已不能

參加我們將來的工作,
如果這個世界能够復活,
歪扭的事能够重新調整.

지나가는 여명과 황혼에서만
당신이 長庚星이요 啓明星임을 알고[5)]
한밤중이 되면 당신도 보통 별들과
아무런 차이가 없다. 수많은 청년들이

당신의 조용한 계시 덕분에 비로소
정당한 죽음과 삶을 얻었다. 지금 당신이 죽는다면
우리는 깊이 느낄 것이다 당신이 이미

우리 미래의 일에 참여할 수 없음을.
만약 이 세계가 부활할 수 있다면
왜곡된 일이 다시 새롭게 조정될 수 있을 것이다.

— 풍지(馮至), 「십사행집(十四行集)」 제10수

57.27 과행법을 대량으로 운용했기 때문에 유럽화시와 중화민국(中華民國) 초년(初年)의 백화시 사이에 커다란 차이가 발생했다. 일반적인 백화시와 유럽화시의 차이점이 많긴 하지만(제58절부터 65절까지를 볼 것), 과행법이야말로 유럽화시의 가장 현저한 특징 중의 하나이다.

제58절 음보(音步)

58.1 서양시가 '음보(音步, foot)'를 따진 것은 그리스 시에서 비롯되었다. 그리스어에는 장음(長音)과 단음(短音)의 구별이 있다. 한 개의 장음과 한두 개의 단음이 서로 결합하여 절주상의 한 단위를 이룬 것을 음

5) 長庚은 저녁 무렵 서쪽 하늘에 나타나는 金星을 가리키고, 啓明은 해 뜨기 전 동쪽 하늘에 나타나는 金星을 가리킨다.

보라고 한다. 라틴어에도 장음과 단음의 구별이 있어서 라틴 시에도 음보를 따진 것이 있다. 불어에는 장음과 단음의 구별이 없어서 현재 프랑스 사람들은 시 속의 한 음(音)을 1보(步 : pied)로 간주하니, 원래의 의미를 완전히 상실한 것이다. 영어에도 장음과 단음의 구별은 없지만 경음(輕音)과 중음(重音)의 구별이 있으므로 영국의 시론가들은 중음을 그리스의 장음에 해당시키고 경음을 그리스의 단음에 해당시켜서 음보에 관련된 그리스의 각종 용어를 받아들였다. 본 절에서는 먼저 영시(英詩)의 음보 이론(音步理論)을 상세히 서술한 다음, 그것이 중국어 유럽화시에 어떤 영향을 끼쳤는지 살펴보겠다.

58.2 두 음 또는 세 음으로 음보를 구성하고, 다시 약간의 음보로 시행(詩行)을 구성하는 것을 '보율(步律, meter)'이라고 한다. 영시의 보율은 보통 네 가지로 구성된다.

(甲) 경중률(輕重律 : asscending or rising meters)

1. 일경일중률(一輕一重律 : iambic or iambus);
2. 이경일중률(二輕一重律 : anapest).

(乙) 중경률(重輕律 : descending or falling meters)

1. 일중일경률(一重一輕律 : trochee);
2. 이중일경률(二重一輕律 : dactyl).

서술의 편리를 위해 위의 네 가지 음보(音步)를 각각 'iambic율', 'anapest율', 'trochee율', 'dactyl율'로 칭하겠다. 'iambic율'은 불어의 의미와 영어의 의미가 다르다. 불어의 ïambe는 일장일단(一長一短)이라는 그리스어 원래의 뜻을 보존하고 있어서 하나의 장행(長行)과 하나의 단행(短行)이 교차하는 것을 가리킨다. 영어의 iambic은 그리스어의 음보라는 뜻을 보존하고 있어서 하나의 경음(輕音)과 하나의 중음(重音)이 결합하는 것을 가리킨다. 'anapest율'은 원래 이단일장(二短一長)을 가리켰고, 'trochee율'은 원래 일장일단(一長一短)을 가리켰고, 'dactyl율'은 원래 이장일단(二長一短)을 가리켰는데, 현재는 중경(重輕)으로 장단(長短)을 대체했다.

58.3 다른 한 가지 분류법은 음수(音數)에 따라 나누는 것이다. 'iambic율'과 'trochee율'은 '쌍음률(雙音律, duple or double meters)'에 속하고, 'anapest율'과 'dactyl율'은 '삼음률(三音律, triple meters)'에 속한다. 일반적으로 a는 중음(重音)을 표시하고 x는 경음(輕音)을 표시한다. 예를 들면 다음과 같다.

(甲) iambic율

x a | x a | x a
The wind is fresh and free.
바람은 시원하고 자유롭다.

(乙) trochee율

a x | a x | a x | a x
Happy field or mossy cavern
행복한 들판 또는 이끼 낀 동굴

(丙) anapest율

x x a | x x a | x x a | x x a
And his cohorts were gleaming in purple and gold.
그리고 그의 무리들은 자줏빛 황금빛 광택이 났다.

(丁) dactyl율

a x x | a x x
Take her up tenderly.
여자를 살며시 들어올려라.

58.4 앞 절에서 8음시(音詩), 10음시 등으로 칭한 것은 프랑스파의

견해이고, 영국의 견해에 따르면 8보시(步詩), 10보시 등으로 칭해야 한다. 예를 들어 iambic율의 시가 행마다 10개의 음이 있는데, 마침 5개의 음보라면 5보시라고 칭해야 한다. 또한 anapest율의 시가 행마다 12개의 음이 있는데, 마침 4개의 음보라면 오히려 4보시라고 칭해야 한다. 앞 절에서 예로 든 Herrick의 2음시는 엄격하게 말하면 1보시라고 칭해야 한다. 시행(詩行)의 장단을 가지고 말하면 1보시(monometer), 2보시(dimeter), 3보시(trimeter), 4보시(tetrameter), 5보시(pentameter), 6보시(hexameter), 7보시(heptameter), 8보시(octameter), 9보시(nonameter) 등이 있다. 그 가운데서 쌍음률(雙音律)의 5보시가 가장 흔히 보이고, 4보시가 그 다음이고, 1보시와 7보시·8보시·9보시가 가장 드물게 보인다.

58.5 iambic율은 영시(英詩)에서 가장 일반적인 보율(步律)이다. 이것은 쌍음률(雙音律)이지만 영어 단어에 단음(單音)이 많아서 관사, 전치사 등과 결합하면 쌍음(雙音)이 된다. iambic율은 경중률(輕重律)인데, 관사와 전치사 등은 모두 경음(輕音)이고(관사는 언제나 경음이고, 접속사와 전치사 및 소유대명사 등은 경음으로 읽는 것이 보통이다), 위치 또한 마침 명사[重音] 앞이어서, iambic율이 영국 시인들의 총아가 되었다. 다음 예를 보자.

x a | x a | x a | x a
She walks in beauty, like the night
x a | x a | x a | x a
Of cloudless climes and starry skies;
x a | x a | x a | x a
And all that's best of dark and bright
a x | x a | x a | x a
Meet in her aspect and her eyes :
x a | x a | x a | x a
Thus mellow'd to that tender light
x a | x a | x a | x a
Which heaven to gaudy day denies.

x a | x a | x a | x a
One shade the more, one ray the less,

x a| x a| x a | x a
Had half impair'd the nameless grace

x a | x a | x a | x a
Which waves in every raven tress,

x a| x a| x a | x a
Or softly lightens o'er her face;

x a | x a | x a | x a
Where thoughts serenely sweet express

x a | x a | x a| x a
How pure, how dear their dwelling-place.

x a| x a | x a| x a
And on that cheek, and o'er that brow,

x a | x a | x a| x a
So soft, so calm, yet eloquent,

x a | x a| x a | x a
The smiles that win, the tints that glow,

x a| x a| x a | x a
But tell of days in goodness spent,

x a | x a| x a| x a
A mind at peace with all below,

x a| x a| x a| x a
A heart whose love is innocent!

그녀의 걸음은 아름다워라, 마치
구름 없는 땅과 별이 빛나는 하늘의 밤처럼.
그리고 어둡고 밝은 것 중 제일 고운 것은 모두
그녀의 자태와 그녀의 눈 속에서 만나네.
그렇게 농익어 띠고 있는 푸른 광채를
하늘이 화려한 날에는 주지 않는다네.

그늘 하나 더하거나 빛살 하나 빠지면

칠흑 같은 머리칼마다 일렁이는,
혹은 그녀의 얼굴 위에 부드러이 피어오르는
형언 못할 우아함이 반은 사라지리.
그 얼굴엔 생각이 조용히 기쁨을 표한다
그것이 머무르는 얼굴이 얼마나 깨끗한지, 얼마나 귀한지.

그리고 그 뺨 위에, 그 이마 위엔
그토록 부드럽고 그토록 조용하면서도 유창하게
마음을 사로잡는 미소와 빛나는 색조가 말해주는 건
즐겁게 보낸 시절과
아래 있는 모든 것들로 편안한 마음과
순결한 사랑을 지닌 가슴뿐!

—바이런(Byron, 1788~1824),
「그녀의 걸음은 아름다워라(SHE WALKS IN BEAUTY)」

58.6 한 수의 시를 읽으려면 먼저 그 시의 음보(音步)를 분석해야 한다. 그 작업을 scansion이라고 한다. 음보의 분석은 쉬운 일이 아니다. 예를 들어 이 시의 제1단에서 제6행의 to는 경음이지만 제5행의 to는 중음이다. 제2, 제3 두 행의 and는 경음이지만 제4행의 and는 중음이다. 또한 제2단 제3행의 raven은 두 개의 음으로 치지만 제1단 제6행의 heaven은 오히려 한 개의 음으로 친다. 그렇긴 하지만 한 가지 편리한 점이 있는데, 그것은 각 행의 음수(音數)가 대체로 일정하고 한 수의 시에는 왕왕 한 가지 보율(步律)밖에 없거나 한 가지 보율 위주라는 점이다. 이러한 제한이 있어서 전체 행을 종합하여 살펴보고 분석하면 훨씬 쉬워진다. 이를테면 이 시는 각 행이 모두 8개의 음이고 또한 4보의 iambic율인데, 다만 제1단 제4행의 첫 번째 음보는 trochee율이다. 이것은 단조로움을 피하고 동시에 어기(語氣)를 강화하기 위해 약간의 변화를 준 것이다. 이 또한 자세히 관찰하여 분석한 결과이다(다음 글을 볼 것).

58.7 음보를 분석할 때에는 다음의 몇 가지 점을 주의해야 한다.

①명사와 동사는 대체로 언제나 중음(重音)이다. 이로부터 이 시 제4행의 "meet in"은 trochee율이라고 단정할 수 있다. 만약 쌍음(雙音)의 명사나 동사라면 그 단어의 중음이 어디에 있는지를 살펴서 정해야 할 것이다(사전을 보면 알 수 있다).

예를 들어 beauty와 mellow는 중음이 앞에 있고 경음이 뒤에 있지만, deny · impair와 express는 오히려 경음이 앞에 있고 중음이 뒤에 있다. 이런 관계로 시인은 단어의 선택에 신경을 써서 보율(步律)을 맞추어야 한다.

②형용사도 왕왕 중음으로 읽는다. 만약 쌍음사라면 명사, 동사와 마찬가지로 그 단어의 중음(重音)이 어디에 있는지를 살펴서 정해야 할 것이다. 만약 단음사이면서 그 뒤에 바짝 명사가 붙어 있는 경우에는 때때로 경음으로 읽는다.

③부사의 경우 단음이면 대체로 경음으로 읽는다. 만약 쌍음이면 상황이 명사, 동사, 형용사와 마찬가지이다.

④명사, 동사, 형용사, 부사를 막론하고 3음 이상의 단어인 경우에는 먼저 중음이 어디에 있는지를 찾아내야 한다.

예를 들어 3음사(音詞)가 쌍음률(雙音律) 안에 있는 경우, 이 시의 eloquent와 innocent처럼 중음이 제1음에 있으면 제2음은 경음이고 제3음은 중음이다(왜냐하면 이것이 제2음보다는 무겁기 때문이다). 그러나 이 시의 serenely처럼 중음이 제2음에 있으면 제1음과 제3음은 모두 경음이다. 3음사가 3음률 안에 있는 경우에는 중음이 제1음에 있으면 나머지 두 음은 자연히 모두 경음으로 읽는다.

⑤대명사는 경음으로 읽어야 할지 중음으로 읽어야 할지 상황을 보고 정해야 하지만 경음으로 읽는 경우가 비교적 많다.

⑥접속사와 전치사는 경음으로 읽는 것이 원칙이다. 그러나 iambic율에서는 접속사나 전치사 앞이 쌍음사이고 이 쌍음사의 제2음도 경음이면 이 접속사나 전치사는 중음으로 변할 수 있다. 이 시 제4행의 "aspect and"와 제5행의 "mellow'd to"의 경우가 그렇다.

⑦시에는 약음법(略音法 : elision)이란 것이 있는데, 하나의 원음(元音 : 모음)

또는 한 개의 음절을 생략하고 읽지 않는 것이다. 생략되는 모음은 왕왕 경음 e인데, 이 시의 mellow'd(mellowed)나 impair'd (impaired)처럼 생략부호(')를 써서 표시한다. 어쩌다 특별한 생략법도 있는데, 이를테면 over는 o'er로 쓴다. 그러나 한 개의 음절을 줄이는 것은 마찬가지이다. 때로는 시인들이 생략부호를 쓰지 않았지만 시를 읽을 때에는 생략해야 하는 것이 있다. 이를테면 이 시에서 like, climes, shade, more, waves, serenely, smiles, whose, love는 마지막의 e를 일상 어음에서 발음하지 않으므로 생략부호를 사용할 필요가 없다. heaven과 every도 시인에 따라서는 heav'n과 ev'ry로 쓰기도 하지만 이 시에서는 생략해 쓰지 않았다. 이 이치는 대단히 중요하다.

예를 들어 이 시의 heaven을 쌍음으로 오독하게 되면 그 뒤의 to를 중음으로 읽게 되고(앞의 제6칙에 따라서), 그렇게 되면 음보(音步)가 파괴된다.

58.8 trochee율은 왕왕 명사, 동사, 형용사 등의 실사(實詞)를 한 행의 시작으로 삼는 경우에 쓴다. 그렇게 되면 선중후경(先重後輕)의 음보가 형성된다. 다음 예를 보자.

a x | a x | a x | a x
Give me of your bark, O Birch-tree;

a x | a x | a x | a x
Of your yellow bark, O Birch-tree!

a x | a x | a x | ax
Growing by the rushing river,

a x | a x | a x | a x
Tall and stately in the valley!

a x | a x | a x | a x
I a hight canoe will build me. ……

a x | a x | a x | a x
That shall float upon the river,

a x | a x | a x | a x
Like a yellow leaf in Autumn,

a x | a x | a x | a x
Like a yellow water-lily!

그대의 껍질을 떼어다오, 오 자작나무여,
그대의 노란 껍질을 다오, 오 자작나무여!
힘차게 흐르는 강물 옆에서 자라며
골짜기에서 훤칠하고 우람도 하구나!
내가 지을 높은 카누는……
강 위를 떠다니리,
가을 철 노란 잎새처럼
노란 수련처럼!

— 롱펠로우(H. W. Longfellow, 1807~1882), 「히아와사(Hiawatha)」에서

58.9 그러나 이와 같이 완전한 trochee율은 제법 드물게 보인다. 비교적 흔히 보이는 것은 일종의 '헐후율(歇後律, catalectic)'이다. '헐후율'은 그리스 시에도 있었던 것이다. 헐후율이란 것이 있으므로 앞에서 든 롱펠로우의 시 같은 것을 '불헐후율(不歇後律, acatalectic)'이라고 칭한다.

58.10 이른바 헐후율이란 마지막 음절을 결핍시켜 각 행 최후의 음보를 불완전하게 만드는 것이다. 다음 예를 보자.

a x| a x| a x| a
Queen and Huntress, chaste and fair,
a x| a x| a x| a
Now the sun is laid to sleep,
a x| a x| a x| a
Seated in thy silver chair
a x| a x| a x| a
State in wonted manner keep. ……

정숙하고 고운 여왕이자 사냥꾼이여,
이제 태양이 누워 잠드나니
그대의 은빛 의자에 앉아
여느 때의 위엄을 지키는 도다. ……

— 존슨(B. Jonson, 1573~1637), 「달의 여신 찬가(Hymn to Diana)」에서

이렇게 iambic율처럼 중음으로 끝을 맺으므로 더욱 조화롭게 보인다. 만약 각 행의 첫 음절을 하나의 음보로 읽고 그 뒤를 경중률(輕重律)에 따라 읽어 내려가면 그야말로 iambic율처럼 된다. 그러나 어쩌다 한두 개의 음보에 변화가 있는 것을 제외하면, iambic율과 trochee율은 서로 섞이지 않는다.

58.11 anapest율은 이경일중(二輕一重)이어서 관사와 접속사, 전치사류를 많이 받아들일 수 있다. 그러나 순수한 anapest율은 매우 드물고, 왕왕 소수의 iambic율이 섞여 있다. 다음 예를 보자.

x a | x x a | x x a | x x a | x
O talk not to me of a name great in story;
x a | x x a | x x a | x x a | x
The days of our youth are the days of our glory;
x x a | x x a | x x a | x x a | x
And the myrtle and ivy of sweet two-and twenty,
x a | x x a | x x a | x x a | x
Are worth all your laurels, though ever so plenty.

x x a | x x a | x x a | x x a | x
What are garlands and crowns to the brow that is wrinkled?
x x a | x x a | x x a | x x a | x
'Tis but as a dead flower with May dew besprinkled;
x x a | x x a | x x a | x x a | x
Then away with all such from the head that is hoary,
x x a | x x a | x x a | x x a | x
What care I for the wreaths that[6] can only give glory?
x a | x x a | x x a | x x a | x
O FAME!-if I e'er took delight in thy praises,
x a | x x a | x x a | x x a | x
'Twas less for the sake of thy high-sounding phrases,

6) 텍스트에는 'that'이 'then'이라고 표기되어 있는데, 誤字이다.

x   x a | x   x a | x x a | x x a | x
Than to see the bright eyes of the dear one discover
x   a | x   x a | x   x a | x x a | x
She thought that I was not unworthy to love her.
x   a | x x a | x x a | x x a | x
There chiefly I sought thee, there only I found[7] thee;
x   a | x   x a | x x a | x x a | x
Her[8] glance was the best of the rays that surround thee;
x   x a | x   x a | x x   a | x   x a | x
When it sparkled o'er aught that was bright in my story,
x a | x x a | x x a | x x a | x
I knew it was love, and I felt it was glory.

이야기 속 위대한 이름에 대해 나에게 말하지 마오
우리의 젊은 시절은 우리의 영광스런 시절이었지.
그리고 황홀한 스물 둘의 桃金孃과 담쟁이는
풍성한 그대의 월계수 모두를 합한 것에 못지않네.

화환과 화관을 주름진 이마에 비하리?
오월의 이슬 머금은 죽은 꽃일 뿐.
그러니 그런 것들은 모두 백발머리에서 치워버릴 일,
그저 영광이나 줄 뿐인 화환이야 내 알 바 무언가?
오, 명리여! 나 혹 그대를 찬미하는 기쁨에 빠진다면
그건 그대의 허황한 말 때문이라기보다는
소중한 이의 밝은 눈이 발견하는 것을 보기 위함이라네,
내가 그녀의 사랑에 값한다고 생각한다는 것을.
주로 거기에서 내 그대를 찾았고, 오직 거기에서 내 그대를 발견하였네.
그녀의 눈빛은 그대를 둘러싼 빛살 중에도 으뜸이었느니,
그 눈빛이 내 이야기 속에서 눈부신 그 무엇 위에라도 반짝일라치면

7) 텍스트에는 "I found"가 "If und"라고 표기되어 있는데, 誤字이다.
8) 텍스트에는 "Her"이 "Here"라고 표기되어 있는데, 誤字이다.

나는 그게 사랑임을 알았고 그게 영광임을 느꼈다네.

— 바이런(Byron), 「나에게 말하지 마오(O TALK NOT TO ME)」

58.12 제일 먼저 주의할 것은 각 행 끝에 하나의 군더더기 경음이 있는 것이다. 이것을 '외가율(外加律, hypercatalectic)'이라고 한다. 통상적인 견해에 따르면 경중률(輕重律 : iambic율과 anapest율을 포괄)에서 한 행의 마지막 단어가 복음사(複音詞)이고 이 단어의 마지막 음이 경음이라면 이 경음은 군더더기로 간주되어 음보(音步)에 계산해 넣지 않는다. 이를테면 앞에서 든 바이런의 시에서 story, glory, twenty, plenty, wrinkled, besprinkled, hoary, praises, phrases, discover는 모두 이 견해에 들어맞는 것이다. 그러나 때로는 바이런 시의 her와 thee처럼 마지막 단어가 복음사가 아닐 수도 있다. 그들은 모두 한 개의 음뿐이므로 역시 외가율을 구성할 수 있다. 또 하나 주의해야 할 점이 있다. 마지막 음이 군더더기라면 단지 그것만으로 압운해서는 안 되고 마지막 중음으로 동시에 압운해야 한다. 다음과 같은 운각(韻脚)은 모범으로 삼을 수 없다.

x a | x a | x a | x
That no life lives forever
x a | x a | x a | x
That dead men rise up never
x a | x a | x a | x
That even the weariest river
x a | x a | x a |
Winds somewhere safe to sea.

어떤 생명도 영원히 살지 못한다는 것
죽은 자는 결코 일어서지 못한다는 것
더없이 지친 강물조차
굽이쳐 흐르다가 바다 어딘가에서 안착한다는 것.

— 스윈번(A. Ch. Swinburne, 1837~1909),
「프로서파인의 정원(The Garden of Proserpine)」에서

이 시에서 river와 never를 운으로 삼은 것은 적당한 운자(韻字)를 찾지 못하여 부득이 사용했기 때문이다.

58.13 이외에도 두 가지 주의할 점이 있다. 첫째, anapest율은 매 보 3음이기 때문에 특별히 길게 보이는데, 실상은 바이런 시의 경우 매 행 13음이지만 4보시(步詩)에 불과하다. 둘째, 각 행의 음보 수가 같기만 하면 음절 수는 반드시 같지 않아도 된다. 예를 들어 바이런의 시에서 제1단의 제3행은 13음이고 제1, 제2, 제4행은 모두 12음이지만 여전히 매우 가지런하게 보인다.

58.14 dactyl율은 일중이경(一重二輕)으로, 가장 드물게 보이는 것이다. 본래 trochee율은 iambic율처럼 자연스럽지 않고 anapest율은 iambic율처럼 상용되지 않는데, dactyl율은 상중하경(上重下輕)에 있어서는 trochee율 같고 삼음일보(三音一步)에 있어서는 anapest율 같아서 더욱 부자연스럽고, 더욱 드물게 보인다. 다음 예를 보자.

a x x | a x x | a x x | a x
Just for a handful of silver he left us,

　　a x x | a x x | a x x | a
　　Just for a riband to stick in her coat—

a x x | a x x | a x x | a x
Found the one gift of which fortune bereft us,

　　a x x | a x x | a x x | a
　　Lost all the others she lets us devote;

a x x | a x x | a x x | a x
They, with the gold to give, doled him out silver,

　　a x x | a x x | a x x | a
　　So much was theirs who so little allowed

a x x | a x x | a x x | a x
How all our copper had gone for his service[9]!

---

9) 텍스트에는 "service"가 "ervice"라고 표기되어 있는데, 誤字이다.

a x x | a x x | a x x | a
Rags—were they purple, his heart had been proud!
a x x | a x x | a x x | a x x
We that had loved him so, followed him, honored him,
a x x | a x x | a x x | a
Lived in his mild and magnificent eye,[10)]
a x x | a x x | a x x | a x
Learned his great language, caught his clear accents,
a x x | a x x | a x x | a
Made him our pattern to live and to die! ……

단지 한 줌의 은을 위하여 그는 우리를 떠났다,
그녀의 코트에 매달 리본을 위하여—
운명이 우리에게 남겨 준 한 가지 선물을 발견하고,
운명이 우리에게 바치도록 하는 다른 모든 것은 잃어버린 채.
그들은, 줄 금이 있으면서, 그에게 은을 베풀었다.
베푼 것이 별로 없는 그들의 것이 그토록 많은 터에
우리의 주석은 모두 그의 봉사를 위해 사라져버렸으니!
누더기, 그것들은 주홍빛이었고, 그의 가슴은 긍지에 차 있었다!
그토록 그를 사랑했던 우리들은 그를 따랐고, 그를 공경했으며,
그의 온화하고 고결한 눈 속에서 살았고,
그의 위대한 언어를 배웠고, 그의 명료한 억양을 본땄으며,
살고 죽는 데 있어 우리의 모범으로 삼았다! ……
— 브라우닝(R. Browning, 1812~1889), 「사라진 영도자(The Lost Leader)」에서

58.15 dactyl율은 중경률(重輕律)이기 때문에 trochee율과 마찬가지로 헐후율(歇後律)이 있다. 브라우닝의 이 시는 비교적 복잡해서 그 안에는 제9행 …… honored him과 같은 순수한 dactyl율도 있고, 제1행 …… left us, 제3행 …… bereft us, 제5행 …… silver, 제7행 …… service, 제11행 …… accents

10) 텍스트에는 10행의 앞 칸이 띄워져 있지 않지만, 띄워야 한다.

와 같이 마지막 음보에 trochee율을 쓴 것도 있고, 제2행 …… coat, 제4행 …… devote, 제6행 …… allowed, 제8행 proud, 제10행 …… eye, 제12행 …… die와 같이 헐후율을 쓴 것도 있다. 다만 짝수 행에서 모두 헐후(歇後)를 사용했기 때문에 매우 가지런하게 보인다.

58.16 음보를 나눈 것이 의미를 나눈 것과 반드시 일치하는 것은 아니다. followed him, honored him 같은 것은 음보와 의군(意群 : sense grouping)이 함께 같지만, 그런 곳은 그다지 많지 않다. "lived in his" 같은 것은 음보(音步)와 의군(意群)이 합치되지 않는다. fortune be | reft us 같은 것은 바로 'bereft' 한 단어를 쪼갠 것이다.

58.17 이상에서 영시(英詩)의 보율(步律)에 대해 설명하였다. 이제 눈을 돌려 중국의 유럽화시가 어떻게 그것을 모방했는지 살펴보자.

58.18 보통화(普通話)에는 '我**的**書(내 책)', '打**了**他(그를 때렸다)', '拿**着**傘(우산을 들고 있다)', '枇**杷**(비파나무)', '親**家**(친가)' 등의 이른바 경음자(輕音字)가 있다.[11] 실제로 '的'·'着' 등의 몇몇 경음자는 '약음(略音, elision)'과 흡사하기 때문에 글자 수라는 한 가지 규율만 가지고 음보율(音步律)을 취득할 수 있는 것인지에 대해 회의를 품은 사람도 있다. 다음 예를 보자.

風從千萬里外也會
掠來些他鄉的嘆息..

바람은 천 리 만 리 밖에서도
타향의 탄식을 빼앗아올 수 있다.

— 풍지(馮至), 「십사행집(十四行集)」 제15수

여기서 만약 '些'와 '的' 두 글자를 근사약음(近似略音)으로 간주하면

11) 고딕체로 진하게 표시된 글자는 輕音字이다.

제1행은 8음이고 제2행은 6음뿐이어서 오히려 가지런하지 않게 된다. 약음(略音)의 문제는 운각(韻脚)의 문제와 관련된다. 서양의 약음은 음보에 계산해 넣지 않고 하나의 보음(輔音 : 子音)으로 간주하기 때문에 압운할 때 단지 子音이 같다는 것에 의거해서 압운을 했다고 쳐서는 안 된다. 예를 들어 앞의 브라우닝 시에서 proud와 allowed로 압운하였는데, 이 운은 사미(詞尾)의 자음 d에 있는 것이 아니라(그러나 이 d도 반드시 같아야 한다), 단어 중의 모음 [au](ow, ou)에 있다. 이 견해에 따르면 다음의 예는 적당하지 않게 된다.

我們的生命在這一瞬間,
彷彿在第一次的擁抱裏
過去的悲歡忽然在眼前
凝結成屹然不動的形體.[12)]

우리의 생명은 이 한 순간에
마치 첫 포옹 속에서
과거의 슬픔과 기쁨이 갑자기 눈앞에서
꼼짝도 하지 않는 형체로 응결된 것 같다.

— 풍지(馮至), 「십사행집(十四行集)」 제1수

把樹葉和些過遲的花朵
都交給秋風, 好舒開樹身
伸入嚴冬, 我們安排我們
在自然裏, 像蛻化的蟬蛾

把殘殼都丟在泥裏土裏

12) 이 시에서 '裏(li)'는 '體(ti)'와 同韻이 되어야 제대로 압운한 것이 된다. 그런데 중국어에서 聲調는 主母音(主要元音)에 속해 있는 개념이므로 輕聲으로 읽게 되는 '裏'는 제3성인 '體'와 同韻이 아니게 된다.

我們把我們安排給那個
未來的死亡, 像一段歌曲,

歌聲從音樂的身上脫落,
歸終剩下了音樂的身軀
化作一脈的青山默默.

나뭇잎과 늦게 지는 꽃을
모두 가을바람에 건네어, 나무의 몸체를 편안히
펴서 엄동에 들여보내고, 우리는 우리를
자연에 맡겨, 허물을 벗는 매미와 나방처럼

벗은 껍데기를 흙 속에 던져버리고
우리는 우리를 내 맡긴다
미래의 사망에, 한 곡조 가곡처럼

노래 소리가 음악의 몸에서 떨어져 나와
끝내 음악의 몸체를 남기고
한 줄기 청산의 고요함으로 변한다.

— 풍지(馮至), 「십사행집(十四行集)」 제2수

共同有一個神
他爲我們擔心 :
等到黃昏到了,

那分歧的街道
又把我們吸回,
海水分成河水.

공동으로 하나의 신이 있어
그는 우리를 위해 걱정한다.

황혼이 오고 나면

저 갈림이 있는 거리가
다시 우리를 흡수해 되돌리고
해수를 강물로 갈라놓을까 봐.

— 풍지(馮至), 「십사행집(十四行集)」 제7수

行走的人們, 他們也是
向高處呼吁的火焰;
但是初春一棵枯寂的
小樹, 一座監獄的小院……

걸어가는 사람들, 그들도
높은 곳을 향해 외치는 화염이다.
그러나 초봄의 한 그루 적막한
작은 나무는, 감옥 같은 작은 정원……

— 풍지(馮至), 「십사행집(十四行集)」 제14수

물론 이것은 다만 경성(輕聲)의 독법에 따랐을 때 적당치 않게 느껴지는 것이고, 각 글자를 모두 중독(重讀)한다면 적당치 않다고 할 수도 없다.

58.19 만약 '的'·'了'류의 글자를 음보를 구성할 수 없는 것으로 간주한다면 이런 글자가 한 행의 끝에 사용되었을 때 운각으로 볼 수 없으므로 그 앞의 글자를 운자(韻字)로 삼아야 할 것이다. 이를테면 '的'자는 '利'·'細' 등의 글자와 압운할 수 없으며, '了'자는 '小'·'鳥' 등의 글자와 압운할 수 없다. 만약 한 행의 마지막 두 글자가 '紅的'라면 '空的'·'通的'·'松的' 등으로 이것과 압운해야 한다. 만약 한 행의 마지막 두 글자가 '好了'라면 '老了'·'到了'·'糟了' 등으로 이것과 압운해야 한다. 현대의 일부 시인은 그와 같이 압운했다. 다음 예를 보자.

倚着西山的夕陽,
和呆立着的廟墻
對望着 : 想要說什麼呢?
怎又不說呢?

馱着老漢的瘦驢
匆忙的趕回家去,
忒忒的, 足蹄敲着道兒 ——
枯澁的調兒!

半空裏哇的一聲
一隻烏鴉從樹頂
飛起來, 可是沒有話了,
依舊息下了.

서산으로 지는 석양에 기대어
우두커니 서 있는 사당의 담과
마주 바라보고 있다. 무슨 말을 하려는 걸까?
어찌하여 또 말을 않는 것일까?

노인의 마른 나귀에 몸을 싣고
바삐 서둘러 집으로 돌아가느라
터벅터벅, 발굽이 길을 두드리고 있다——
단조롭고 껄끄러운 가락이로다!

공중에서 지르는 한 마디 소리
한 마리 까마귀가 나무 꼭대기에서
날아오른다, 그러나 아무 말도 않고
예전처럼 내려앉았다.

— 변지림(卞之琳), 「저녁 무렵[傍晚]」

이 시에서 '麼'자를 중독(重讀)하게 되면(常例대로라면 輕音이어야 한다) 완전히 '약음(略音)' 또는 '외가율(外加律)'의 규칙에 들어맞는다. 다시 다음 예를 보자.

這條路上哪兒的, 我想問——
將來是來了, 不用等.
尉遲恭, 秦瓊都變了,
就算是夢罷, 我見了
新天地的兩員門神.

이 길은 어디로 가는 것일까, 나는 묻고 싶다——
미래는 오는 것이니, 기다릴 것 없다.
위지공, 진경은 모두 변했다.
꿈이 끝났다고 쳐도, 나는 보았다
신천지의 두 분 대문에 붙은 神像을.

— 卞之琳(변지림), 「위로의 편지 모음[慰勞信集]」 제5수

'變'과 '見'이 압운되는 것도 똑같은 이치이다.

58.20 중국어와 영어는 필경 수많은 차이점이 있다. 예를 들어 '的'·'了' 등의 글자를 한 개의 음절로 간주하면 물론 경음(輕音)으로 보아야 한다. 그런데 만약 영시의 방법을 따라 한다면 한 행의 경음의 위치는 기타 각 행의 경음의 위치에 해당되어야 하므로 단조롭고 판에 박은 것이 되고 만다. 영어의 복음사(複音詞)는 한 개의 중음(重音)밖에 없기 때문에 경음과 중음을 배합하여 많은 변화가 있게 된다. 한편 중국어의 복음사는 '枇杷'·'葡萄' 등의 단어를 제외하고 기타 '國家'·'銀行'·'圖書館'·'攻擊'·'鬪爭' 같은 단어는 언제나 글자마다 중독(重讀)하게 되어 있어서 절대적으로 경성자(輕聲字)가 너무 적은지라 변화 또한 너무 적다.

58.21 그런데 중국어는 절대적인 경음(輕音) 외에도 상대적인 경음

을 분별해낼 수 있다. '國家'라는 단어를 예로 들어보면 '國'자는 비교적 무겁지만 '家'자는 비교적 가볍다고 가정할 수 있다(물론 '張家'의 '家'처럼 절대적으로 가볍지는 않다). 또한 '吃飯(밥을 먹다)'을 예로 들어보면 '吃'자는 비교적 무겁지만 '飯'자는 비교적 가볍다고 가정할 수 있다. 상대적인 경음은 음보에 계산해 넣을 수 있고, 절대적인 경음은 경우에 따라 음보에 계산해 넣을 필요가 없다.

58.22 본래 영시에서는 절대적인 경음 [ə]도 신축의 여지가 있다. 예를 들어 "She Walks in Beauty"에서 'heaven'의 -ven은 음보에 계산해 넣지 않지만, 'raven'의 -ven은 음보에 계산해 넣는다. 또한 "Hymn to Diana"에서 'seated'와 'wonted'의 -ed는 음보에 계산해 넣지만, "The Lost Leader"에서 'loved'와 'lived'의 -ed는 음보에 계산해 넣지 않는다. 따라서 '的'·'了' 등의 글자를 음보에 계산해 넣을지의 여부는 상황을 보고 정할 수 있다.

58.23 그렇게 해서도 판에 박은 듯하다면 아예 음보의 일치에 구애받지 않고 절주의 일치만을 추구한다. 이런 방법은 영시에도 있다. 이를테면 앞에서 예로 든 바이런의 "She Walks in Beauty"에서 'meet in'은 중경률(重輕律)이지만 경중률(輕重律)과 섞어 썼다. 또한 바이런의 "O Talk Not To Me"에서 'the days'는 쌍음률(雙音律)이지만 3음률과 섞어 썼다. 이렇게 해서 음보의 다소만을 논하고 음보의 성질을 논하지 않으면 글자 수가 가지런하지 않은 시행이 음보의 수를 가지고 논하면 오히려 매우 가지런해진다. 다만 우리가 주의해야 할 것은 3음률이나 4음률을 읽을 때는 소리가 좀 빨라야 하고, 단음률(單音律: 드물게 보임)을 읽을 때는 소리를 특히 길게 끌어야 한다는 점이다. 이제 글자 수는 가지런하지 않지만 음보는 가지런한 시(5步詩)의 예를 하나 들어보자.

a x | a x | ax | x a | x a
母親給孩子鋪床總要鋪得平,

a x x | ax x | a x | x a | x a
哪一個不愛護自家的小鴿兒, 小鷹?

a x | a x | a xx | a x | a x
我們的飛機也需要平滑的場子,

a x | a x | a x | a x | x a
讓它們息下來舒服, 飛出去得勁

a x x | a x | a x | ax | ax x
空中來搗亂的給他空中打回去,

a x | ax x | axx | xa | xx a
當心頭頂上降下來毒霧與毒雨.

x x a | a x | ax x | ax | x x a
保衛營, 我們也要設空中保衛營,

a x x | a x | a x | x a | x x a
單保住山河不够的, 還要保天宇.

a x | x a | x x a | x a | x x a
我們的前方有後方, 後方有前方,

a x x | a x x | a x | x x a | x x a
强盜把我們土地割成了東一方, 西一方.

a x | a x x | a x | ax | axx
我們正要把一塊一塊拼起來,

x a | xa | ax | a x x | x x a
先用飛機穿梭子結成一個聯絡網.

a x | a x x | a x x | a x x | x x a
我們有兒女在華北, 有兄妹在四川,

a x x | a x x | a x x | x x x a | x x a
有親戚在江浙, 有朋友在黑龍江, 在雲南……

a x | a x | x a | a x x x | a x
空中的路程是短的, 捎幾個字去罷 :

x a | x a | x x a | a x | a
"你好嗎? 我好, 大家好. 放心吧. 干!"

a x | a x | a x |　a x | a x x
所以你們辛苦了，忙得像螞蟻，
a x | a x | x a | a x | x a
爲了保衛的飛機，聯絡的飛機.
a x | a x x x | a x | a x | a x
凡是會擡起來向上看的眼睛
a x x | a x | a x | x x a | x x a
都感謝你們翻動的一鏟土一鏟泥.

어머니가 아이에게 이불을 깔아줄 땐 늘 판판하게 깔아주듯이
어느 새가 자신의 새끼 비둘기와 새끼 매를 애호하지 않을까?
우리의 비행기도 평평한 활주로를 필요로 하니
그들이 편안히 내려앉고, 힘 있게 날아가도록 하자.

공중에서 와 교란시키는 것은 그들에 의해 공중에서 물리쳐지고
가슴과 정수리에서는 독기어린 안개와 비를 내린다.
방위의 군영, 우리도 공중 방위 군영을 설치하여
산하를 지키는 것만으로는 부족하고, 하늘을 지켜야 한다.

우리의 전방에는 후방이 있고, 후방에는 전방이 있는데
강도들이 우리의 토지를 이리저리 갈라놓았다.
우리가 한 지역 한 지역을 합치려면
먼저 비행기로 빈틈없는 연락망을 결성해야 한다.

화북에 우리의 아들딸이 있고, 사천에 형제자매가 있고
절강에 친척이 있고, 흑룡강과 운남에 친구가 있고……
공중의 노정은 짧으니, 몇 글자로 대신하자꾸나.
"안녕하세요? 저도 잘 있고 모두 잘 있습니다. 안심하세요. 해내자!"

때문에 당신들은 수고하고, 개미처럼 바쁘다
지키는 비행기와 연락하는 비행기를 위해서.

고개 들어 하늘을 바라보는 눈동자들이
당신들이 바꿔나가는 한 삽 한 삽의 흙에 감사할 겁니다.

—변지림(卞之琳), 「위로의 편지 모음[慰勞信集]」 제2수

58.24 이렇게 한 것은 의미의 절주를 보율(步律)로 삼은 절주라고 말할 수 있다. 중국어 율시에서의 의미절주는 5언의 경우 2 3율이 가장 많고(제21절의 후반부를 볼 것), 7언은 4 3율이 가장 많다(2 2 3율을 포괄한다). 일부 유럽화 시인은 일부러 새로운 형식을 만들려고 했기 때문에 5언에서 3 2율을 즐겨 사용하였다. 예를 들면 다음과 같다.

a x x | x a
要保衛藍天,

a x x | x a
要保衛白雲,

a x x | x a
不讓打汙印,

a x x | x a
靠你們雷電.

푸른 하늘을 지키기 위해서
흰 구름을 지키기 위해서
더러운 자국을 남기게 하지 않도록
너희 우레와 번개에 의지한다.
(이 시 전체가 앞 절에 인용되어 있으므로, 더 이상 번거롭게 인용하지 않는다.)

—변지림(卞之琳), 「위로의 편지 모음[慰勞信集]」 제16수

7언에서는 3 2 2율, 2 3 2율, 3 3 1율 등등을 즐겨 사용하였다. 다음 예를 보자.

a x | x x a | a
空靈的白螺殼, 你,

a x x|xa|x a
孔眼裏不留纖塵,

a x| a x|a x
漏到了我的手裏

a x|a x x|x a
却有一千種感情:

a x x|ax|a x
掌心裏波濤洶涌,

a x x|ax|x a
我感嘆你的神工,

a x|a x x|x a
你的慧心啊, 大海

a x x|ax|a x
你細到可以穿珠—

a x|ax|a x x
可是我也禁不住:

a x x|a x x| a
你這個潔癖啊, 唉!

텅 빈 하얀 소라 껍질이여, 너는
구멍 속에 미세한 먼지도 남기지 않고
내 손 안에 떨어졌지만
오히려 셀 수 없이 많은 감정이 있다.
손바닥에 파도가 밀려올 때
나는 너의 神工에 감탄한다.
너의 지혜로구나, 大海여,
너는 진주를 꿸 정도로 세심하지만
나 또한 견딜 수 없구나
너의 그 결벽을, 아!

—변지림(卞之琳), 「하얀 소라껍질[白螺殼]」

물론 구시(舊詩)에도 이와 같은 의미상의 절주가 있다. 예를 들면 "淑

女詩長在, 夫人法尚存(숙녀의 시는 길이 남아 있고, 부인의 법은 여전히 존재한다)", "泉聲咽危石, 日色冷青松(샘 소리는 거대한 바위에서 오열하고, 햇빛은 푸른 소나무에서 차갑다)"(제21절을 참조할 것), "春水船如天上坐, 老年花似霧中看(봄물에 배는 천상에 앉아 있는 것 같고, 늙으니 꽃은 안개 속에서 보는 듯하다)", "顧我老非題柱客, 知君才是濟川功(나를 돌아보니 늙어서 기둥에 결심을 쓴 사마상여 같은 나그네가 아니고, 그대를 아나니 재능이 임금을 보좌하는 공을 이루었다)"(제22절을 참조할 것) 등이 있는데, 다만 드물게 보일 뿐이다.

58.25 이상의 논의를 종합하여 말하면 유럽화시는 음보 방면에서 아직 완전한 경지에는 도달하지 못한 것 같다. 앞으로도 시인들이 개선해나가야 할 점이 있을 것이다.

제59절 운각의 구성(상)—상운(常韻), 빈운(貧韻)

59.1 서양시에서 압운을 하게 되면 그것은 통상 언제나 한 행의 마지막 음절이다. 이른바 압운이란 상례에 따라 말하면 갑행(甲行) 마지막 음절의 모음과 을행(乙行) 마지막 음절의 모음이 똑같은 것이다. 다음 예를 보자.

"You are in the china-closet!"
He would cry, and laugh with glee—(ee=[i :])
It wasn't the china-closet;
But he still had Two and Three(ee=[i :])

"도자기 찬장에 있네!"
그는 소리치며 기뻐 웃었다.

그건 도자기 찬장이 아니었네.
　　그래도 그는 둘, 셋을 가지고 있었다.
　　　—버너(H. C. Bunner, 1855~1896), 「하나, 둘, 셋(One, two, three)」에서

만약 마지막 음절의 모음이 '복모음(diphthong)'이라면 반드시 똑같은 복모음으로 압운해야 한다. 다음 예를 보자.

Maud Muller all that summer day(ay=[ei])
Raked the meadow sweet with hay(ay=[ei])

모드 멀러는 그 해 여름 내내
건초냄새 향긋한 들판을 쏘다니매
　—하트(F. B. Harte, 1836~1902), 「젠킨스 판사부인(Mrs Judge Jenkins)」에서

만약 그 모음 뒤에 한두 개의 자음이 붙어 있다면 그 한두 개의 자음도 반드시 같아야 한다. 다음 예를 보자.

Oh where did hunter win
So delectable a skin
For her feet?

오 그 여자의 장화를 삼으려고
사냥꾼은 어디에서 구했을꼬
이토록 부드러운 가죽을?

—램슨(F. Locker-Lampson, 1821~1895),
「내 정부의 장화(My Mistress's Boots)」에서

A baby's feet, like sea-shells pink,
Might tempt, should heaven see meet,
An angel's lips to kiss, we think,

A baby's feet.

아기의 발은, 조개껍질의 연분홍빛처럼,
우리 생각에 하늘이 마음만 먹으면,
천사의 입술을 유혹하여 입 맞추게 하겠네,
아기의 발에.

— 스윈번(A. Ch. Swinburne, 1837~1909), 「아기의 발(A Baby's Feet)」에서

만약 우리가 'thing'과 'skin'으로 압운하거나, 'thinks'와 'pink'로 압운하거나, 'speed'와 'feet'로 압운한다면 옳지 않거나 비정상적인 것이다.

59.2 만약 단어의 마지막이 묵음 e(형식상 이 자모가 있지만 실제로는 발음하지 않는 것)라면, 이 역시 마지막이 자음인 것으로 간주하고 묵음 e 앞의 모음도 반드시 같아야 한다. 다음 예를 보자.

He knew to bide his time,
And can his fame abide,
Still patient in his simple faith sublime,
Till the wise years decide.

그는 때를 기다릴 줄을 알았고
그래서 명성을 지탱할 수가 있지.
그의 소박하고도 숭고한 신념 속에 끈기를 가지고
현명한 세월이 결정을 내릴 때까지.

— 로웰(J. R. Lowell),
「하버드 창립기념일 암송시(Ode Recited at the Harvard Commemoration)」에서

만약 우리가 'time'과 'same'으로 압운하거나, 'decide'와 'prelude'로 압운한다면 옳지 않거나 비정상적인 것이다.

59.3 여기서 말한 모음의 상동(相同)이나 자음의 상동은 실제로 발음

되는 어음(語音)의 상동이며, 자모의 상동 여부는 구애받지 않아도 된다. 어음이 같고 자모도 같은 것이 가장 흔히 보이는 경우이다. 앞에서 든 day : hay; win : skin; pink : think; meet : feet은 모두 이에 해당되는 예이다. 이밖에 어음은 같지만 자모가 다르거나 완전히 같지는 않은 것을 이운(耳韻 : ear rime)이라고 부르고, 자모는 같지만 어음이 다르거나 완전히 같지는 않은 것을 안운(眼韻 : eye rime)이라고 부른다. 이운(耳韻)의 예를 들어보자.

Of all the rides since the birth of time,
Told in story or sung in rhyme.

이야기로 말해졌거나 운문으로 노래 불러진
세월이 생긴 이래 있었던 모든 항해 중에

— 위티어(J. G. Whittier, 1807~1892),
「아이어슨 선장의 항해(Skipper Ireson's Ride)」에서

I went to turn the grass once after one,
Who mowed it in the dew before the sun.

새벽이슬 맞으며 풀을 벤 사람 다음으로
풀을 깎으러 간 적이 나도 한 번 있었지.

— 프로스트(R. Frost, 1875~1963), 「꽃다발(The Tuft of Flowers)」에서

다음은 안운(眼韻)의 예이다.

Stern Daughter of the Voice of God!
O duty! if that name thou love(o=[ʌ])
Who art a light to guide, a rod
To check the erring, and reprove(o=[u]).

하느님 목소리의 엄격한 딸이여!

오 도리여! 그 이름을 그대가 사랑한다면
길 안내할 불빛이 되어,
잘못을 제지하고 나무랄 회초리 되어

—워스워드(W. Wordsworth, 1770~1850),
「도리에 바치는 노래(Ode to Duty)」에서

시는 읊조리는 것이지 눈으로 보기만 하는 것이 아니므로 이운(耳韻)이 합리적이며 안운(眼韻)은 합리적이 아니다. 보통의 시인은 안운은 한사코 피했지만 이운은 피하지 않았다.

59.4 여기까지만 갖고 말하면 서양시의 압운(riming) 규칙과 중국어 시의 압운 규칙이 대체로 같다고 할 수 있다. 한자(漢字)의 발음을 영문 자모로 바꾸어보면 이를 알 수 있을 것이다. 다만 한자가 병음문자(拼音文字)가 아니기 때문에 이운과 안운의 구분이 없을 뿐이다.

59.5 빈운(貧韻)—정상적인 압운 규칙에 완전히 의거하지 않고, 압운한 곳이 충분히 조화롭지 않은 것을 '빈운'이라고 한다. 빈운은 다시 두 종류로 나눌 수 있다. 하나는 모음만 같고 단어의 마지막 자음은 같지 않은 것인데, '협음(協音, assonance)'이라고 한다. 다른 하나는 자음만 같고 모음은 같지 않은 것인데, '협자(協字, alliteration)'라고 한다.

59.6 협음의 경우는 고대에 많이 보인다. 다음 예를 보자.

…… "Mak'hast, mak'hast, my merry men all,
    Our guid ship sails the morn:"
"0 say na sae, my master dear,
    For I fear a deadly storm……."

Haf owre, haf owre to Aberdour,
    It's fifty fad om deep.
And there lies guid Sir Patrick Spens,
    Wi'the Scots lords at his feet.

……“서둘러라, 서둘러라, 나의 모든 용감한 병사들이여,
　　우리의 정찰선은 아침 항해를 떠나노라.”
“오 그런 말씀 마세요, 선장이시여,
　　무서운 폭풍이 닥칠까 두렵습니다…….”

애버도를 향한 길을 반쯤, 반쯤을 가니
　　물깊이가 다섯 길이나 되네.
거기에 지도자 패트릭 스펜서 경이
　　스코틀랜드 영주들을 발아래 두고 누워 있네.

여기서 morn과 storm이 압운된 것인데, 하나는 n으로 끝났고 다른 하나는 m으로 끝났다. 또한 deep과 feet이 압운된 것인데, 하나는 p로 끝났고 다른 하나는 t로 끝나서 자음이 서로 다르다. 이것은 후대의 시율에서는 허용되지 않는 것이다. 프랑스의 상징파 시인과 일부 영국 시인이 일부러 협음을 사용한 경우도 있지만 이것은 결국 정칙(正則)이 아니다.

협자(協字)도 프랑스 상징파가 고의로 위반한 시계(詩戒)이다. 다음 예를 보자.

Ame sentinelle
Murmurons l'aveu
De la nuit si nulle.
Et du jour en feu.

문을 지키고 있는 영혼은
덧없는 밤과
불타오르는 낮의
고백을 속삭여준다.

— 랭보(Rimbaud)

앞에서 서술한 '안운(眼韻)'도 협자(協字)의 일종으로 볼 수 있다.

59.7 중국어 시에서는 en과 eng을 압운하고, in과 ing을 압운하고, an과 ang을 압운하는 것 같은 것을 협음(協音)이라고 볼 수 있다. 그리고 in과 en을 압운하고, in과 ün을 압운하고, eng과 ong을 압운하는 것을 협자(協字)라고 볼 수 있다. 현대중국어 시인들은 대략 고의로 협음을 사용하지는 않았다. 그들의 압운이 협음처럼 보이는 경우도 있는데, 그것은 사실상 방음(方音) 때문이다. 즉, 보통화로 읽으면 협음이지만 작자의 방음으로 읽으면 지극히 전상적인 압운이다. 다음 예를 보자.

別以爲軟心腸沒有力,
騎車的小流氓眞發昏 : (hun)
"要走就不停, 看你辦!"
看來你奈何他不成 —— (普通話 cheng, 吳方言 zen)
車輪癱下了人恍然,
謝謝你閃電樣一針! (普通話 zhen, 吳方言 tsen)

마음이 약하고 힘이 없다고 생각하지 말라
인력거를 타는 젊은 건달은 참으로 정신 나갔다.
"가려면 멈추지 말라, 네가 어떻게 하는지 보겠다."
보아하니 당신이 어찌해도 그는 안 된다——
바퀴가 뒤틀려 내려와 갑자기 정신이 드니
고맙다 당신이 번개처럼 일침을 놓아주어서!

— 변지림(卞之琳), 「위로의 편지 모음[慰勞信集]」 제7수

不怕進幾步也許要退幾步,
四季旋轉了歲月才運行. (普通話 xing, 吳方言 'in)
身體或不能受繁葉蔭護,
樹身充實了你們的手心, (普通話 xin, 吳方言 sin)
一切勞苦者, 爲你們的辛苦

我捧出意義連帶着感情. (普通話 qing, 吳方言 zin)

몇 걸음 나가고 나면 몇 걸음 물러서야 한다고 겁내지 말라
네 계절이 돌고 돌아야 세월이 운행하는 법이다.
몸은 무성한 나뭇잎이 만든 그늘의 보호를 받을 수 없을지 모르지만
나무의 몸은 너희의 손과 마음을 충실하게 하니
수고하는 모든 이는, 너희를 위해 고생하는 것.
나는 그 의미를 감정을 담아 함께 받들어낸다.

—변지림(卞之琳), 「위로의 편지 모음[慰勞信集]」 제12수

협자(協字)의 경우는 대략 고의인데, 왜냐하면 이렇게 운부(韻部)를 좀 더 넓힘으로써 사상이 운각(韻脚)의 구속을 그다지 받지 않게 할 수 있기 때문이다. 다음 예를 보자.

我們贊頌那些小昆蟲 : (chong)
它們經過了一次交媾
或是抵御了一次危險,

便結束了它們美妙的一生. (sheng)
我們整個的生命在承受
狂風乍起, 彗星的出現.

우리는 저 작은 곤충들을 찬송한다.
그들은 한 차례의 교미를 거치고 나면
또는 한 차례의 위험에 저항하고 나면

그들의 아름답고 기묘한 일생을 마친다.
우리의 모든 생명은 받아들이고 있다
갑자기 이는 광풍과, 혜성의 출현을.

—풍지(馮至), 「십사행집(十四行集)」 제1수

共同有一個神 (shen)
他爲我們擔心. (xin)

공동으로 하나의 신이 있어
그는 우리를 위해 걱정한다.

— 풍지(馮至), 「십사행집(十四行集)」 제7수

可憐以浮華爲食品, (pin)
小蠓蟲在燈下紛墜,
不甘淡如水, 還要醉,
而抛下露養的青身. (shen)

가련하게도 화려한 빛을 먹이로 여기고
작은 날벌레들이 등불 아래 어지럽게 떨어진다.
달지 않고 물같이 담백한데도, 취하려고 하여
이슬로 기른 푸른 몸을 내던진다.

— 변지림(卞之琳), 「불나비[燈蟲]」

你在戰場上像不朽的英雄 (xiong)
在另一個世界永向蒼穹, (qiong)
歸終成爲一隻斷線的紙鳶 :

但是這個命運你不要埋怨,
你超越了他們, 他們已不能 (neng)
維系住你的向上, 你的曠遠.

당신은 전쟁터의 불후한 영웅처럼
또 다른 세계에서 영원히 창공을 향해
결국 줄 끊어진 종이 연 하나가 되었다.

그러나 이 운명을 원망하지 말지니

당신은 그들을 뛰어넘어, 그들은 이미
당신의 비상, 당신의 멀리 감을 매어둘 수 없다.

— 풍지(馮至), 「십사행집(十四行集)」 제9수

59.8 위의 두 종류에 속하지 않는 또 하나의 빈운(貧韻)이 있는데, 바로 운각(韻脚)이 모음 또는 복모음으로 끝나지만 그 모음이나 복모음이 서로 비슷할 뿐이고 똑같지는 않은 것이다. 단순한 복합음의 경우에는 u와 ü를 압운하고, ü와 i를 압운하고, i와 -i를 압운하고, e와 o를 압운하는 등등이다. 복모음인 경우에는 ai 와 ei를 압운하는 것처럼 마지막 음소(音素)가 반드시 같아야 한다. 다음 예를 보자.

把樹葉和些過遲的花朵 (duo)
都交給秋風, 好舒開樹身
伸入嚴冬, 我們安排我們
在自然裏, 像蛻化的蟬蛾 (e)

把殘殼都丢在泥裏土裏; (li)
我們把我們安排給那個 (ge)
未來的死亡, 像一段歌曲, (qu)

歌聲從音樂的身上脱落, (luo)
歸終剩下了音樂的身軀 (qu)
化作一脈的青山默默. (mo)

나뭇잎과 늦게 지는 꽃을
모두 가을바람에 건네어, 나무의 몸체를 편안히
펴서 엄동에 들여보내고, 우리는 우리를
자연에 맡겨, 허물을 벗는 매미와 나방처럼

벗은 껍데기를 흙 속에 던져버리고
우리는 우리를 내맡긴다.

미래의 사망에, 한 곡조 가곡처럼

노래 소리가 음악의 몸에서 떨어져 나와
끝내 음악의 몸체를 남기고
한 줄기 청산의 고요함으로 변한다.

— 풍지(馮至), 「십사행집(十四行集)」 제2수

我時常看見在原野裏 (li)
一個村裏, 或一個農婦,
向着無語的晴空啼哭,
是爲了一個懲罰, 可是 (shi)

나는 언제나 본다 들판에서
마을에서, 또는 한 농촌 아낙이
말없이 푸른 하늘을 향해 우는 것은
징벌을 위한 것이지만, 그러나

— 풍지(馮至), 「십사행집(十四行集)」 제5수

爲了再見, 好像初次相逢,
懷着感謝的情懷想過去 (qu)
像初晤面時忽然感到前生.

一生裏有幾回春幾回冬,
我們祇感受時序的輪替, (ti)
感受不到人間規定的年齡.

다시 만나기 위해, 처음 만난 것처럼
감사의 마음을 품고 과거를 생각하며
처음 만났을 때 갑자기 전생을 느낀 것처럼.

일생동안 몇 번의 봄과 가을이 있을까?

우리는 그저 계절이 바뀌는 것만 느낄 뿐
인간세상이 규정한 연령은 느끼지 못한다.

— 풍지(馮至), 「십사행집(十四行集)」 제19수

可是融合了許多的生命,
在融合後開了花, 結了果? (guo)
誰能把自己的生命把定
對着這茫茫如水的夜色, (se)

그러나 수많은 생명을 융합하여
융합한 후 꽃을 피우고, 열매를 맺는 것인가?
누가 자신의 생명을 꽉 붙잡고
이 물처럼 망망한 밤빛을 대할 수 있을까?

— 풍지(馮至), 「십사행집(十四行集)」 제20수

現在又到了燈亮的時候, (hou)
我喝了一口街上的朦朧,
倒像清醒了, 伸一個懶腰, (yao)
掙脫了怪沈重的白日夢.

이제 다시 등불을 밝힐 때가 되었다.
나는 거리의 몽롱함을 한 모금 들이키고는
오히려 정신이 든 것처럼, 나른한 허리를 펴고
깊이 가라앉은 백일몽에서 빠져나왔다.

— 변지림(卞之琳), 「기록(記錄)」

59.9 그러나 표면상 빈운(貧韻)처럼 보이긴 하지만 시인의 방음(方音)대로 읽으면 정상적인 압운인 경우도 있다. 다음 예를 보자.

小時候我總愛看夏日的晴空,

把它當作是一幅自然的地圖; (普通話 tu, 吳方言 d'u)
藍的是一片大洋, 白雲一朵朵 (普通話 duo, 吳方言 tu)
大的是洲, 小的是島嶼在海中.

어렸을 때 나는 언제나 여름의 갠 하늘을 즐겨 보며
그것을 자연의 한 폭 지도로 삼았다.
파란 것은 한 조각 대양이고, 흰 구름 한 덩이 한 덩이는
큰 것이 대륙이고, 작은 것은 바다의 섬이었다.

— 변지린(卞之琳), 「바라보며[望]」

門薦有悲哀的印痕, 滲墨紙也有,
我明白海水洗得盡人間的烟火. (普通話 huo, 吳方言 hu)
白手絹至少可以包一些珊瑚吧,
你却更愛它月臺上綠旗後的揮舞. (普通話 wu, 吳方言 vu)

문 거적에 비애의 자국이 있고, 화선지에도 있다.
나는 안다 바닷물이 속세의 흔적을 깨끗이 씻어냈음을.
하얀 손수건은 적어도 약간의 산호를 쌀 수 있겠지만
그것이 플랫폼에서 녹색 깃발 뒤에 휘날리는 것을 당신은 더 좋아한다.

— 변지린(卞之琳), 「무제 3(無題三)」

淘氣的孩子, 有辦法:
叫游魚嚙你的素足, (普通話 zu, 吳方言 tso・)
叫黃鸝啄你的指甲,
野薔薇牽你的衣角…… (普通話 jiao, jue, 吳方言 ko・)

개구쟁이에게는, 방법이 있다.
물고기가 네 맨발을 깨물게 하고
꾀꼬리가 네 손톱을 쪼게 하고
들장미가 네 옷자락을 당기게 하고……

— 변지린(卞之琳), 「장난기[淘氣]」

會裝年青的只有狐狸精;
你一對眼睛却照舊奕奕, (普通話 yi, 吳方言 'i)
夜半開窗當無愧于北極星.

"以不變馭萬變"又上了報頁, (普通話 ye, 吳方言 'i)
你用得好呵! 你堅持到底
也就在歷史上嵌穩了自己.

젊음을 가장할 수 있는 건 사람을 홀리는 여자뿐이니
당신의 두 눈은 오히려 전처럼 빛나서
한밤중에 창문을 열면 북극성에 부끄럽지 않다.

"불변으로 온갖 변화를 제어한다"가 또 신문에 났으니
당신은 잘 사용하였다! 당신은 끝까지 견지하여
또한 역사상에서 자신을 잘 장식하였다.

—변지림(卞之琳), 「위로의 편지 모음[慰勞信集]」 제11수

59.10 중국어의 전통적인 압운 방법에 의하면 운자(韻字)의 주요원음(主要元音)은 반드시 같아야 하지만(協字는 전통적인 시율에 맞지 않는 것이다), 주요원음 앞의 i, u, ü('韻頭'로 칭할 수 있음)는 반드시 같을 필요가 없다. 예를 들어 '麻'운의 a, ia, ua를 상호 압운할 수 있고, '泰'운의 ai, uai를 상호 압운할 수 있고, '微'운의 ei, ui(uei)를 상호 압운할 수 있고, '陽'운의 ang, iang, uang을 상호 압운할 수 있고, '尤'운의 ou, iu(iou)를 상호 압운할 수 있다. 유럽화시에 이르러서는 더 이상 시운(詩韻)의 제한을 받지 않게 되어 이 부분도 훨씬 자유롭다. 다음 예를 보자.

1. **'寒覃刪'**운의 an, uan과 **'先鹽刪咸'**운의 ian, üan을 상호 압운한다.

如今, 正像是老話的滄海桑田, (tian)(先)

滿懷的花草換得了一把荒烟, (yan)(先)
就是此刻我也得像一隻迷羊
輾轉在灰沙裏, 幸虧還有蔚藍, (lan)(覃)
還有仿佛的雲峯浮在縹緲間, (jian)(刪)
倒可以擡頭望望這一個仙鄉.

지금은, 바로 옛말의 상전벽해처럼
가슴 가득했던 화초가 뿌연 황무지로 바뀌었으니
바로 그때 나도 한 마리 길 잃은 양처럼
잿빛 사막 속을 전전하다가, 다행히 아직 푸르고
아직 뭉게구름처럼 아득히 떠있어서
머리를 들고 그 仙鄕을 바라볼 수 있다.

— 변지림(卞之琳), 「바라보며[望]」

2. '眞文'韻의 en과 '元文'韻의 un(uen), ün을 상호 압운한다.

我如今知道, 死和少年人 (ren)(眞)
幷沒有什麽密切的關連,
在冬天我們不必區分 (fen)(文)
晝夜, 晝夜都是一般疏淡;
反而是那些黑髮朱脣 (chun)(眞)
時時潛伏着死的豫感,
你像是一個燦爛的春 (chun)(眞)
沈在夜裏, 寧靜而陰暗.

나 이제는 알았네, 죽음과 젊은이는
결코 무슨 밀접한 관련이 있지 않다는 것을.
겨울에 우리는 구분할 필요가 없네
낮과 밤을, 낮과 밤은 모두 성글고 옅지만
오히려 그 검은 머리와 붉은 입술에는
시시각각 죽음의 예감이 잠복해 있고

당신은 하나의 찬란한 봄처럼
밤 속에 가라앉아, 고요하고 어둡네.

— 풍지(馮至), 「가을의 마음에게[給秋心]」

忽然我關懷出門的旅人 : (ren)(眞)
水瓶! 讓駱駝再多喝幾口!
願你們海綿一樣的雨雲 (yun)(文)
來幾朵, 跟在他們的塵後!

갑자기 나는 문을 나선 나그네에 관심을 가졌다.
물병! 낙타에게 다시 몇 모금 더 마시게 하라!
원컨대 너희들 해면 같은 비구름이
몇 조각 와서, 그들이 일으킨 먼지 뒤를 따르기를!

— 변지림(卞之琳), 「수분(水分)」

3. '豪肴'운의 ao와 '蕭肴'운의 iao를 상호 압운한다.

我這八陣圖好不好? (hao)('豪'上)
你笑笑, 可有點不妙, (miao)('蕭'去)
我知道你還有花樣!

나의 이 팔진도가 어떻습니까?
당신이 웃는 걸 보니, 마땅치 않은 점이 있군요
나는 압니다 당신에게 교묘한 수법이 있다는 것을!

— 변지림(卞之琳), 「장난기[淘氣]」

59.11 구운부(舊韻部)가 신시인(新詩人)과 완전히 결별한 것은 아니다. 예를 들어 '親'과 '身'을 협운하고(qin : shen) '兵'과 '耕'을 협운한 것은(bing : geng) 현대 보통화로는 빈운(貧韻)이지만, 구운부로는 오히려 운이 잘 맞는 것이다. 말하자면 전자는 '眞'운을 사용하였고, 후자는 '庚'운을 사용

하였다. 또한 '離'와 '斯'를 협운하고(li : si) '歸'와 '機'를 협운한 것도(gui : ji) 그런 이치이다. 이런 각도에서 보면 몇몇 이상하게 보이는 운각을 설명할 수 있다. 예를 들면 다음과 같다.

我們招一招手, 隨着別離 (li)(支)
我們的世界便分成兩個,
身邊感到冷, 眼前忽然遼闊,
像剛剛產生的兩個嬰兒. (er)(支)

우리는 손을 흔들었다, 이별에 뒤따라
우리의 세계가 두 개로 나누어져
신변이 차갑게 느껴지고, 눈앞이 갑자기 확 트이며
방금 태어난 두 명의 어린아이 같았다.

— 풍지(馮至), 「십사행집(十四行集)」 제19수

觸目盡是幢幢的魑魅和魍魎,
左顧是無底的洞, 右邊是懸崖, (yai)('涯'처럼 읽고, '痲'운에 속한다.)
靈魂迷惘到忘了啜泣和悲嗟. —(jie)(痲)
一片光華忽飄然像從天下降.

눈에 뜨이는 건 모두 어른거리는 도깨비와 괴물
왼쪽을 돌아보면 밑바닥 없는 동굴, 오른쪽은 깎아지른 절벽
영혼이 곤혹스러워 울음과 탄식조차 잊었다.
한 줄기 환한 빛이 갑자기 순식간에 하늘에서 내려왔다.

— 양종대(梁宗岱), 「소네트(sonnet, 商籟)」 제3수

我夢見你的闌珊 :
檐溜滴穿的石階, (jie)(佳)
繩子鋸缺的井欄 ……
時間磨透于忍耐! (nai)('灰'去, '佳灰' 隣韻通押.)

나는 꿈에서 너의 쇠락을 보았다.
처마에서 빗물이 떨어져 움푹 패인 돌계단,
밧줄에 쓸려 이가 빠진 우물 난간……
시간이 인내를 다 마멸시켰구나!

—변지림(卞之琳),「하얀 소라껍질[白螺殼]」

59.12 중국어에서 성조(聲調)는 글자의 주성분 중의 하나이다. 그러므로 발음은 같아도 성조가 다른 운은 역시 빈운으로 보아야 한다. 그러나 사곡(詞曲)에서 이미 평상거(平上去) 3성의 통압을 허용하였고(入聲을 평상거성으로 바꿔어 들어간 것으로 읽으면 四聲通押을 허용한 것이 된다), 유럽화시는 서양을 본뜬 것인데 서양시 또한 성조의 구별이 없으므로 더욱 3성의 통압이 허용되어야 했다. 예를 들면 다음과 같다.

看這一隊隊的馱馬[13] (上)
馱來了遠方的貨物, (入聲 출신인데 去聲으로 읽음.)
水也會衝來了一些泥沙 (平聲인데, '馬'와 압운하였다.)
從些不知名的遠處. (去聲으로, '物'과 압운하였다.)

저 한 줄 한 줄의 짐말이
멀리서 화물을 실어온 것을 보니
물도 모래와 부딪쳐가며
알 수 없는 먼 곳에서 모래를 실어 왔겠구나.

—풍지(馮至),「십사행집(十四行集)」제15수

像座新的島嶼呈在天邊. (平)
我們的身邊有多少事物 (入聲 출신인데 去聲으로 읽음.)
在向我們要求新的發現 : (去聲인데, '邊'과 압운하였다.)
不要覺得一切都已熟悉, (入聲 출신인데 平聲으로 읽음.)

13) 텍스트에는 '馱'가 '駄'으로 되어 있는데, 誤字이다.

到死時撫摸自己的髮膚 (平聲인데, '物'과 압운하였다.)
生了疑問 : 這是誰的身體? (上聲인데, '悉'과 압운하였다.)

새로운 섬 하나가 하늘가에 나타나듯이
우리의 주변에 얼마나 많은 사물이
우리에게 새로운 발견을 요구하고 있을까?
모든 것을 다 잘 알고 있다고 생각하지 말라.
죽을 때 자신의 머리와 피부를 쓰다듬으면
의문이 생길 것이다. 이건 누구의 몸인가?

— 풍지(馮至), 「십사행집(十四行集)」 제26수

제60절 운각의 구성(하) — 부운(富韻), 음양운(陰陽韻)

60.1 부운(富韻)

부운은 빈운과 정반대이다. 한 행 마지막 음절의 모음이 다른 행의 그것과 같을 뿐만 아니라, 그 모음 앞의 자음도 같은 것이다. 다음 예를 보자.

C'est le moment crepuscul**aire**.
J'admire, assis sous un portail,
Ce rest de jour dout s'ecl**aire**
La dernière heure du travail.

이 황혼의 시간.
나는 대문 아래 앉아,
이 감미로운 한줄기 빛이

노동의 마지막 순간을 비추어주고 있음을 보며 탄복한다.

—빅토르 위고(V. Hugo)

(제1행의 -laire와 제3행의 -laire의 압운이 부운이다. 왜냐하면 -aire만 같은 것이 아니라 자음 'l'도 같기 때문이다. 제2행의 -tail과 제4행의 -vail의 압운은 보통의 것이다. 왜냐하면 -ail은 서로 같지만 t와 v는 서로 다르기 때문이다.)

때로는 한 걸음 더 나아가 마지막 음절이 모두 같을 뿐만 아니라 끝에서 두 번째 음절의 모음도 같다. 다음 예를 보자.

Celui-la, fut-il grand de Castille, fut-il
Suivi de cent clairons sonnant des tintamarres,
Fut-il tout harnachéd' ordres et de chamarres …….

그것은 대단한 전투였다,
요란하게 불어대는 수많은 나팔 소리가 이어지고,
장식된 마구와 대형이 모두 갖추어졌다.

—빅토르 위고(V. Hugo)

60.2 영시(英詩)에서는 한 행의 마지막 단어가 한 개의 중음(重音)과 한 개의 경음(輕音)을 포함하고 있으면 본래 규칙에 따라 마지막 음절 전체가 같을 뿐만 아니라 끝에서 두 번째 음절의 모음도 같아야 한다(음양운(陰陽韻) 부분을 참조할 것). 그러므로 더 심한 부운은 마지막 두 음절 전체가 같고, 끝에서 세 번째 음절의 모음도 같다. 다음 예를 보자.

Lydia, why do you run by lavishing
　Smiles upon Sybaris, filling his eye
Only with love, and the skilfully ravishing
　Lydia. Why?

Ringing his voice was; above all the clamorous
　　Throng in the play-ground his own would be high.
Now it is changed; he is softened and amorous.
　　Lydia, Why?

리디아, 그대는 왜 달려가면서
　　사이버리스에게 미소를 퍼붓고 그의 눈을
사랑으로, 교묘히 마음을 사로잡는 리디아로
　　채우는가? 왜?

울리고 있었다, 그의 목소리는. 운동장의 모든 소란스러운
　　무리보다도 그의 목소리가 단연 높았다.
이제 바뀌었다. 그는 부드러워지고 사랑스럽다.
　　리디아여, 왜?

—언터마이어(L. Untermeyer, 1885~1973),
「호기심 많은 리디아(Questioning Lydia)」에서

There's really much harm in a
Large number of his carmina.[14)]
But this people find alarm in a
　　Few records of his acts; ……

수많은 그의 카미나에는
정말로 많은 해독이 있다.
그러나 그의 행동에 대한 몇 가지 기록에서
　　이 민족은 놀라운 사실을 발견한다…….

—필드(E. Field, 1850~1895),
「호러스에 관한 진실(The Truth about Horace)」에서

14) 'carmina'는 'carminative(驅風藥)'의 약자인 듯하다.

60.3 중국어 시에서 동음자(同音字)로 상호 압운하는 것은 예부터 허용되었고, 백화시도 동음자로 압운하는 것을 피하지 않았다. 이것도 일종의 부운으로 볼 수 있다. 예를 들면 다음과 같다.

夏禹, 祗把手中的斧暫停, (ting)
笑說道 : "那祗是虛無的幻影!
宇宙便是我的家,
我還有什麼個私有的家庭?" (ting)

하나라의 우임금은 단지 손에 든 도끼를 잠시 멈추고
웃으면서 말했다. "그것은 허무의 환영에 불과해!
우주가 바로 내 집이니
나에게 또 무슨 개인의 가정이 있단 말인가?"

다만 자형(字形)이 같은 글자로 압운하는 것은 일반 문언시가 피하는 것이었다(제22절을 참조할 것). 그러나 백화시에서는 피하지 않은 경우도 있다. 다음 예를 보자.

這裏幾千年前
處處好像已經
有我們的生命 :
我們未降生前

여기 수천 년 전에
곳곳에서 마치 이미
우리의 생명이 있었던 것 같다.
우리가 강생하기 전에.

— 풍지(馮至), 「십사행집(十四行集)」 제24수

이것은 영시의 상황과 약간 다르다. 영시에도 같은 단어로 압운한 예가 있지만, 그것은 왕왕 일종의 '외가율(外加律)'이어서, 그 같은 단어 앞의 단어로도 압운이 되어야 한다. 예를 들면 다음과 같다.

Thou wast that all to me, love,
　　For which my soul did pine:
A green isle in the sea, love.

그대는 내 영혼이 갈망하던
　　그 모든 것이었네, 내 사랑.
바다에 떠 있는 초록빛 섬이었네, 내 사랑.

— 포우(Ed. A. Poe, 1809~1849),
「천국에 있는 이에게(To one in Paradise)」에서

I never saw a Purple Cow,
　　I never hope to see one;
But I can tell you, anyhow,
　　I'd rather see than be one.

나는 자줏빛 암소를 본 적도 없고
　　보기를 희망하지도 않는다.
그러나 어쨌건 내 그대에게 말할 수 있는 건
　　자줏빛 암소가 되기보다는 그걸 보는 게 차라리 낫다는 것이다.

— 버지스(G. Burgess, 1866~1951), 「자줏빛 암소(The Purple Cow)」에서

Jenny kissed me when we met,
　　Jumping from the chair she sat in;
Time, you thief, who love to get
　　Sweets into your list, put that in!
Say I'm weary, say I'm sad,
　　Say that health and wealth have missed me,
Say I'm growing old, but add

Jenny kissed me.

제니가 내게 입 맞추었지, 우리가 만날 때
　　앉아 있던 의자에서 뛰어올라.
그대의 목록에 달콤한 내용을 넣기 좋아하는
　　그대 도둑 같은 세월이여, 그걸 넣어라!
내가 지쳐 있다고 말해도, 내가 슬프다고 말해도,
　　건강과 부가 나를 비켜갔다고 말해도,
내가 늙어가고 있다고 말해도 좋지만, 하나만 넣어다오,
　　제니가 내게 입 맞추었다고.

— 헌트(L. Hunt), 「론도(Rondeau)」에서

중국어 시에서 억지로 이런 경우를 만들려면 '窗前'과 '堂前'으로 압운하고, '賢人'과 '仙人'으로 압운하는 식으로 할 수밖에 없다. 풍지(馮至)의 다음 시는 이 조건에 부합한다.

你說, 你最愛看這原野裏
一條條充滿生命的**小路**, (xiao lu)
是多少無名行人的步履
踏出活活潑潑的**道路**. (dao lu)

너는 말했다, 네가 이 들판에서 가장 보고자 하는 것은
한 가닥 한 가닥의 생명이 충만한 작은 길이라고.
그 길은 얼마나 많은 이름 없는 행인들이
활발하게 발걸음을 내딛었던 길이던가!

60.4 이와 같은 부운에는 한 가지 특징이 있다. 잇달아 두 개의 음절을 운에 넣으면 끝에서 두 번째 음절의 성모(聲母 : 元音 앞의 輔音)는 같지 않고, 잇달아 세 개의 음절을 운에 넣으면 끝에서 세 번째 음절의 성모는 같지 않은 식이다. 그렇지 않고 갑행(甲行)의 마지막 몇 글자와 을

행(乙行)의 마지막 몇 글자가 완전히 같아서 일종의 '반첩구(半疊句)'를 이루면 부운으로 간주할 필요가 없다. 다음 예를 보자.

啊啊,
我們是呀動也不敢一動!
我們到兵間去罷,
我們到民間去罷,
朋友喲, 愴痛是無用,
多言也是無用!

아아,
우리는 움직이려 해도 감히 꼼짝도 못하는구나!
우리가 군대로 가도 그만이고
우리가 민간으로 가도 그만이지만
친구여, 비통해 해도 소용이 없고
말이 많아도 소용이 없구나!

이런 경우가 서양에서는 드물게 보인다(서양의 refrain은 이와 다르다).

60.5 음양운(陰陽韻)

운각(韻脚)이 한 개의 음절만 있는 것을 양운(陽韻)이라고 하고, 두 개 또는 세 개의 음절을 포함하고 있는 것을 음운(陰韻)이라고 한다. 영시에서 압운하는 행의 마지막 단어가 쌍음사(雙音詞) 또는 3음사이고 마지막 음절이 경음(輕音)에 속하면서 동시에 이 시가 경중률(輕重律)의 시라면 그 마지막 한 음절은 음보(音步)에 계산해 넣지 않는다. 이것을 '외가율(外加律)'이라고 한다(제58절을 참조할 것). 하나의 음운(陰韻)은 외가율의 경음절(輕音節)과 그 앞의 중음절(重音節)이 공동으로 구성한다. 영시에서 가장 많이 보이는 음운(陰韻)은 -ing로 끝나는 단어이다. 예를 들면 다음과 같다.

Be with me, Beauty, for the fire is dying,
My dog and I are old, too old for roving,
Man, whose young passion sets the spindrift flying, (dying과 韻이 됨)
Is soon to lame to march, too cold for loving. (roving과 韻이 됨)

나와 있어다오, 미여, 불길이 꺼져 가니,
내 개와 내가 늙었으니, 돌아다니기에는 너무 늙었으니,
눈보라를 날리게 하는 젊은 정열을 지닌 사내는,
이제 곧 절름발이가 되어 걸을 수 없고, 몸이 차가워져 사랑을 못하게 되리니.
—메이스필드(Masefield), 「늙어가는 것에 대하여(On Growing Old)」에서

다른 외가율(外加律)로는 다음과 같은 것이 있다.

Then star nor sun shall waken,
Nor any change of light :
Nor sound of waters shaken,
Nor any sound or sight.

그때는 별도 태양도 깨어나지 못 하리,
어떤 빛의 변화도
물소리도 흔들리지 못 하리,
어떤 소리도 모습도

—스윈번(A. Ch. Swinburne, 1837~1909),
「프로서파인의 정원(The Garden of Proserpine)」에서

And yet no Libyan lion I, —
No ravening thing to rend another;
Lay by your tears, your tremors by —
A Husband's better than a brother;

Nor shun[15] me, chloe, wild and shy
    As some stray fawn that seeks its mother.

그러나 나는 리비아의 사자가 아니니,
    딴 동물을 물어뜯을 포식자가 아니니.
그대 눈물을 아껴두오, 그대 몸서리를 아껴두오,
    남편이 형제보다는 나은 법이니.
클로우여, 나를 피하지 마오, 거칠고도 수줍게
    마치 길 잃고 어미를 찾는 어떤 새끼사슴처럼.
    — 돕슨(A. Dobson, 1840~1921), 「비타스 이눌레오(vitas Hinnuleo)」에서

Alas, what brought such dread disaster!
    "your pretty lover's dead!" he cries —
The fierce Sultan, her lord and master.
    "Neath yonder tree his body lies."

아아, 이렇게 무서운 재앙을 가져온 것이 무엇인가!
    "그대의 어여쁜 연인은 죽었노라!"고 그는 외친다.
그녀의 군주이자 주인인 잔혹한 설탄이.
    "저기 있는 나무 밑에 놈의 시체가 누워 있노라"고.
— 스콜러드(C. Scollard, 1860~1932),
「설탄의 정원에서(In the Sultan's Garden)」에서

60.6 중국어에는 외가율(外加律)에 딱 들어맞는 글자가 많지 않아서 다만 '了'·'着'·'的'·'呢'·'嗎'(麽)·'兒'·'子' 등이 있을 뿐이다. 몇몇 시인은 이 글자들을 사용해서 음운(陰韻)을 만들기도 했다. 예를 들면 다음과 같다.

"知了"不要叫了,

15) 텍스트에는 "shun"이 "shum"이라고 표기되어 있는데, 誤字이다.

他在房中**睡着**;
"知了"叫了, 刻刻心頭**記着**.
太陽去了, "知了"住了－還沒有見他,
待打門叫他－銹鐵鏈子**繫着**.[16)]

"알았어요" 외칠 것 없어요.
그가 방안에서 자고 있어요.
"알았어요" 외치면, 시시각각 마음에 새기지요.
태양이 가고, "알았어요"가 멈추었어도－아직 그를 보지 못했다.
문을 열고 그를 부르길 기다렸건만－녹슨 쇠사슬에 묶여 있다.

— 노신(魯迅), 「그 사람[他]」

思念的味道是酸的吧; 爲什麼我思念你時心裏就有一種酸**味呢**?
思念的路道是黑暗而且朦朧的吧; 爲什麼我思念你時就昏昏入**睡呢**?[17)]

그리움의 맛은 쓰라린 것인가 봐; 왜 내가 너를 그리워할 때면 마음에 일종의 쓰라린 맛이 있는 걸까?
그리움의 길은 어둡고 몽롱한 것인가 봐; 왜 내가 너를 그리워할 때면 혼수상태가 되는 걸까?

— 서옥낙(徐玉諾), 「그리움[思念]」

喜悅他們所見**到的**;
希望找着他們所**要的**.[18)]

희열은 그들이 본 것이고

---

16) '睡(shuì)'·'記(jì)'·'繫(xì)'의 마지막 元音이 같고, '着(zhe)'가 輕音이므로 陰韻이 성립된다.
17) '味(weì)'·'睡(shuì)(shueì)'의 마지막 元音이 같고, '呢(ne)'가 輕音이므로 陰韻이 성립된다.
18) '到(dào)'·'要(yào)'의 마지막 元音이 같고, '的(de)'가 輕音이므로 陰韻이 성립된다.

희망은 그들이 원하는 것을 찾고 있다.

— 서옥낙, 「소시(小詩)」

“我知道今日個不早了, (zao le)
沒想到一下子睡着了. (zhao le)
這叫我怎麽辦, 怎麽辦?
回頭一家人怎麽吃飯?”
老頭兒拾起來又掉了, (diao le)
滿地是白杏兒紅櫻桃.

오늘 늦었음을 저는 알아요
갑자기 잠이 들어버렸지 뭡니까.
이제 어떻게 하지요? 어떻게 하지요?
금방 온 가족이 어떻게 밥을 먹지요?”
노인장이 주워들었다가 다시 떨어뜨려
바닥이 하얀 살구와 붉은 앵두로 가득 찼다.

— 문일다(聞一多), 「죄과(罪過)」

不才十來歲兒嗎? 干嗎的?
腦袋瓜上不是使槍扎的?

이제 겨우 십여 세 아닌가? 왜 그래?
대갈통에 총구멍을 내주지 않아서인가?

— 문일다, 「천안문(天安門)」

我說飛毛腿那小子也眞够憋扭,
管包是拉了半天車得半天歇着,
一天少了說也得二三兩白乾兒,
醉醺醺的一死兒拉着人談天兒,
他媽的誰能陪着那個小子混呢?
“天爲啥是藍的?” 沒事他該問你.

還吹他媽什麽簫, 你瞧那副神兒,
窩着件破棉襖, 老婆的, 也沒準兒,
再瞧他擦着那車上的倆大燈罷,
擦着擦着問你曹操有多少人馬.
成天兒車燈車把且擦且不完啦,
我說 : "飛毛腿你怎不擦擦臉啦?"
可是飛毛腿的車擦得眞够亮的,
許是擦得和他那心地一樣的!

인간탄환이라는 저 녀석도 정말 고집불통이어서
수레를 반나절 끌면 기어코 반나절을 쉬고
하루에 적어도 두세 냥의 고량주를 마시고 말아
얼근해져서 기어코 사람을 붙잡고 수다를 떤다.
제기랄, 누가 저 녀석과 함께 살아나갈 수 있을까?
"하늘은 왜 파랗지요?" 느닷없이 그가 당신에게 물을 것이다.
또한 우라질 무슨 나발을 부는지, 그 녀석의 표정을 보아라.
해진 솜옷을 걸쳤는데, 맙소사! 그나마 맞지도 않는다.
그런데도 그가 수레의 두 커다란 등을 닦는 걸 보면
한없이 닦으면서 曹操에게 人馬가 얼마나 있었냐고 묻는다.
온종일 수레 등과 손잡이를 닦으면서도 끝내지를 않아
나는 말했다. "인간 탄환아, 얼굴은 왜 안 닦는 거냐?"
그렇긴 하지만 인간 탄환의 수레는 정말 반짝반짝해서
아마도 그의 마음과 똑같이 되도록 닦는 것이리라!

— 문일다, 「인간 탄환[飛毛腿]」

你們不是的, 是你們的孫子;
我也不是我現在的身子.

당신들은 아니고, 당신들의 손자들이다.
나도 현재의 내 몸이 아니다.

— 변지림(卞之琳), 「위로의 편지 모음[慰勞信集]」 제6수

60.7 또한 몇몇 시인들은 가끔가다 을행(乙行)의 끝에서 두 번째 글자를 갑행(甲行)의 마지막 글자와 압운하기도 하였다. 예를 들면 다음과 같다.

想獨上高樓讀一遍「羅馬衰亡史」,
忽有羅馬滅亡星出現在報上.
報紙落, 地圖開, 因想起遠人的囑咐.
寄來的風景也暮色蒼茫了. ('茫'이 '上'과 압운되었음.)
(醒來天欲暮, 無聊, 一訪友人吧.)
灰色的天. 灰色的海. 灰色的路.
哪兒了? 我又不會向燈下驗一把土.
忽聽得一千重門外有自己的名字.
好累呵! 我的盆舟沒有人戲弄嗎?
友人帶來了雪意和五點鐘. ('鐘'이 '弄'과 압운되었음.)

홀로 빌딩에 올라 「로마쇠망사」를 읽으려 했는데
갑자기 로마 멸망성이 신문에 나타났다.
신문지가 떨어지고, 지도가 펼쳐지자, 멀리 있는 이의 당부가 생각났다.
부쳐 온 풍경 또한 저녁 빛이 창연하다.
(깨어나니 날은 저물어가고, 심심한데, 친구를 찾아가자.)
잿빛 하늘. 잿빛 바다. 잿빛 도로.
어디일까? 나는 등불 아래 흙을 살펴도 어디인지 알 수 없었다.
갑자기 천 겹의 문 밖에서 내 이름을 부르는 소리를 들었다.
참으로 피곤하구나! 내 대야속 배로 장난치는 것은 아닌가?
친구가 눈이 내릴 것 같은 날씨와 다섯 시를 데려 왔다.

— 변지림(卞之琳), 「거리의 조직[距離的組織]」

60.8 프랑스 시에서의 음양운(陰陽韻)은 또한 영시에서의 음양운과 다르다. 음운(陰韻)은 단어의 마지막에 경음(輕音) e가 있는 것이고, 양운(陽韻)은 그렇지 않은 것이다. 다음 예를 보자.

L'empire, votre cœur, tout condamne Octavie, (陰)
August votre aïeul soupirait pour Livie : (陰)
Par un double divorce ils s'unirent tous deux; (陽)
Et vous devez l'empire à ce divorce heureux. (陽)

왕국, 그대의 가슴, 모든 것이 옥타비아누스를 비난하네,
아우구스투스 그대의 조부는 리비(Livie)를 위해 한숨지을 거라네.
이중의 대립으로 그 둘은 하나가 되었네;
그리고 그대는 이 다행한 대립을 지배하네.

— 라신(Racine)

현대 불어의 독음에서는 경음 e를 이미 발음하지 않으므로 음양운이랄 것이 없고, 다만 모음운(母音韻)과 자음운(子音韻)이 있을 뿐이다. 모음운은 모음으로 끝나는 것이고 자음운은 자음으로 끝나는 것이므로 그들의 모음운은 중국 청대(淸代)의 음운학자(音韻學者)들이 말한 음운(陰韻)과 같고, 자음운은 양운(陽韻)과 같다. 음양운이건 모음운과 자음운이건 간에 프랑스 시에서는 모두 왕왕 번갈아 사용한다. 현대중국어의 유럽화 시에서는 모음운과 자음운의 교차가 우연일 뿐이지 시인이 의도적으로 조성한 것은 아닌 것 같다. 다음 예를 보자.

幸福來了又去 : 像傳說的仙人, (ren)(자음운, '陽'.)
他有時扮作骯髒襤褸的乞丐, (gai)(모음운, '陰'.)
瘦骨嶙峋, 向求仙者俯伏叩拜. (bai)(모음운, '陰'.)
看凡眼能否從卑賤認出眞身. (shen)(자음운, '陽'.)

행복은 왔다가 다시 간다. 전설 속의 선인처럼
그는 때때로 더럽고 남루한 걸인으로 분장하고
깡마른 모습으로, 求仙者에게 엎드려 절하며
凡眼이 비천한 겉모습 속에서 참모습을 알아내는지를 본다.

— 양종대(梁宗岱), 「소네트(sonnet, 商籟)」 제1수

60.9 이로부터 볼 때 음양운에는 모두 영국의 것, 프랑스의 것, 중국의 것의 세 종류가 있다. 이것은 용어상의 혼동으로, 주의해서 구별해야 한다.

제61절 운각의 위치(상)—수운(隨韻), 교운(交韻)

61.1 앞 절에서는 다만 운각의 구성을 이야기하였다. 그런데 운각은 어디에 위치할까? 유럽화시에서는 무운시(無韻詩)를 제외하고 운각의 위치에 관하여 두 가지 문제가 있다.

①어느 행과 어느 행에 압운하는가?
②각 행에 모두 운이 있어야 하는가?

이것이 본 절에서 설명해야 할 사항이다.

61.2 설명에 들어가기 전에 먼저 서양의 기운법(記韻法)을 서술해보겠다. 이 기운법은 a, b, c, d 등의 자모(字母)로 표시하는데, 여기서는 대략 다음과 같이 변통한다.

①자모(字母)가 같으면 운각(韻脚)이 같음을 표시한다. 예를 들어 4행시이고 운각이 abab라면 이는 제1행과 제3행을 압운하고 제2행과 제4행을 압운했음을 표시한다.

②한 수의 시가 여러 단락으로 나누어지고 각 단락의 운각이 완전히 같으면 숫자를 첨가하여 표시할 수 있다. 예를 들어 시가 모두 네 단락이고, 각 단락이 모두 abab이면 4abab로 표기한다.

③한 수의 시가 여러 단락으로 나누어지고 각 단락의 압운 방식이 같기는 하지만 하단의 운각이 상단의 운각과 일치하지 않으면 *4abab처럼 별표를 첨가

하여 표시한다. 만약 각 단락의 압운 방식이 서로 다르면 abab *aabb **abcb 등으로 표기한다.

④ 대문자는 전체 행의 중첩을 표시한다. 예를 들어 AbbaA는 제1행과 제5행이 행 전체가 같음을 표시한다.

⑤ 대문자 R은 각 단락 마무리 부분의 첩구(疊句)를 표시한다. 예를 들면 aabR aabbaR 등으로 표기한다.

61.3 초기 백화시에서는 다수의 시인들이 운의 사용을 좋아하지 않았다. 그렇지만 운을 사용하는 경우에는 왕왕 중국어의 옛 압운법을 연용하였다. 시험삼아 다음의 두 가지 경우를 살펴보자.

(1) 서양시에서 aaba의 4행은 대단히 드물게 보인다. 이것은 페르시아(이란)의 운법(韻法)이다. 그러나 중국어 칠언절구의 통상적인 운법은 오히려 바로 aaba여서 일부 시인은 부지불식간에 여전히 이것을 연용하였다. 예를 들면 다음과 같다.

我坐在岸上的舟**中**,
思慕着古代的英**雄**,
他那剛毅的精神
好像是近代的勞**工**.

나는 물가의 배 안에 앉아서
고대의 영웅을 그리워하고 있다.
그의 그 강인하고 굳센 정신은
마치 근대의 노동자 같았다.

— 곽말약(郭沫若), 「홍수시대(洪水時代)」

巖上如茵的碧**草**,
坐一個翩翩的年**少**,
着一件淡紅色的襯衣,

罩一身天鵝絨的夾襖.

바위 위의 자리 같은 푸른 풀
나부끼는 한 어린 풀에 앉아서
담홍색의 속적삼을 입고
온몸에 고니융의 겹옷을 두르고 있다.

— 전한(田漢), 「봄 달의 아래[春月的下面]」

如果他肯愉快地歌舞起來,
請把我的孤獨與我的悲哀,
化陣風兒把她的翅兒扛起,
使她可以如意地飛繞旋迴.

만약 그가 유쾌하게 노래하고 춤추려 한다면
청컨대 나의 고독과 나의 비애를
바람으로 바꾸어 그녀의 날개를 들어올려
그녀가 마음껏 비상하여 선회할 수 있게 하소서.

— 성방오(成仿吾), 「고요한 밤[靜夜]」

暮秋的田野上照着斜陽,
長的人影移過路中央,
乾枯了的葉子風中嘆息,
飄落在還鄉人舊的軍裝.

만추의 들판 위에 석양이 비쳐
긴 사람그림자가 길 가운데로 옮겨 왔고
마른 잎새가 바람 속에서 탄식하며
귀향인의 낡은 군장에 흩날려 떨어진다.

— 주상(朱湘), 「귀향[還鄕]」

(2) 서양시에서는 한 단락에 모두 네 개 이상의 똑같은 운각을 사용하는 경우가 드물다. 그러나 중국의 초기 백화시인들은 때때로 그렇게 했

는데, 이는 중국어 구시(舊詩)가 통상 일운도저(一韻到底)였기 때문이다. 다음 예를 보자.

> 嗟嗟, 念餘載飄泊之春天隨寂寞而復來,
> 祇我在野岸長吁, 徘徊, 將憂心拋于烟海.
> 倦了, 在此黑魆魆之中途夢之蓓蕾未開,
> 慘毁于苦酒之生命永飾着蒼灰的悲哀.
>
> 噫, 溪流邊無人弔掃之墓祇我個人徘徊,
> 這寂寂之草下長眠着無語的青春, 情愛.
> 我慘笑了, 將桂冠投于萬丈幽黯之荒崖,
> 休休, 何須楊花裝飾我飄泊靈魂之墓臺.
>
> 아아, 여념이 떠도는 봄을 싣고 적막을 따라 다시 와서
> 나 홀로 들판 언덕에서 장탄식하고 배회하며, 근심을 안개바다에 던진다.
> 피곤한데, 이 어두컴컴한 중도에서 꿈의 꽃봉오리는 열리지 않고
> 쓴 술에 망가진 생명이 내내 뿌연 잿빛 비애를 장식하고 있다.
>
> 아, 시냇가 아무도 돌보지 않는 무덤에서 나 홀로 배회하며
> 이 적막한 풀 아래서 말없이 영면하고 있는 청춘, 애정
> 나는 쓴웃음 지으며, 월계관을 아득하고 어두운 낭떠러지 밑으로 던진다.
> 그만두어라, 어찌 버들 솜으로 내 떠도는 영혼의 무덤을 장식하리요?
>
> — 우갱우(于賡虞), 「떠도는 봄[飄泊之春天]」

61.4 근 20년 동안 백화시는 점점 더 유럽화되었고, 시인들은 점점 서양시의 운식(韻式)을 모방하였다. 따라서 먼저 서양시의 운식을 서술해 보겠다. 만약 중국어 유럽화시가 이 운식과 유사하다면 끌어다 상호 증명할 수 있을 것이고, 만약 서로 유사하지 않다면 아주 간략히 서술함으로써 앞으로 유사한 작품이 있을 때 서로 비교할 수 있을 것이다.

61.5 서양시는 매 단락 4행짜리가 가장 많이 보인다. 만약 매 단락

8행이라면 왕왕 두 개의 4행이 결합한 것으로 볼 수 있다. 그런데 4행의 운식은 대략 세 종류로 나눌 수 있다.

1. 제1행과 제2행이 압운되고 제3행과 제4행이 압운되는 것을(aabb) **수운(隨韻)** 이라고 한다(불어로는 rimes suivies라고 함).
2. 제1행과 제3행이 압운되고 제2행과 제4행이 압운되는 것을(abab) **교운(交韻)** 이라고 한다(불어로는 rimes croisées라고 함).[19)]
3. 제1행과 제4행이 압운되고 제2행과 제3행이 압운되는 것을(abba) **포운(抱韻)** 이라고 한다(불어로는 rimes embrassées라고 함).

이외의 각종 운식들은 모두 이 세 가지 운식의 변상(變相)으로 간주할 수 있다. 이제 먼저 이 세 가지 운식을 서술하고, 그 다음에 각종 변식(變式)을 서술하겠다.

---

19) 『詩經』에 이미 交韻이 있었다. 예를 들면 다음과 같다. 「召南・野有死麕」 野有死麕, 白茅包之; 有女懷春, 吉士誘之('麕'與'春'協, '包'與'誘'協). : 「周南・免罝」 肅肅免罝, 椓之丁丁; 赳赳武夫, 公侯干城('罝'與'夫'協, '丁'與'城'協). 肅肅免罝, 施于中逵; 赳赳武夫, 公侯好仇('罝'與'夫'協, '逵'與'仇'協). 肅肅免罝, 施于中林; 赳赳武夫, 公侯腹心('罝'與'夫'協, '林'與'心'協). : 「鄘風・鶉之奔奔」 鵲之强强, 鶉之奔奔; 人之無良, 我以爲君('强'與'良'協, '奔'與'君'協). : 「曹風・下泉」 冽彼下泉, 浸彼包稂; 愾我寤歎, 念彼周京('泉'與'歎'協, '稂'與'京'協). 冽彼下泉, 浸彼苞蕭; 愾我寤歎, 念彼京周('泉'與'歎'協, '蕭'與'周'協). 冽彼下泉, 浸彼苞蓍; 愾我寤歎, 念彼京師('泉'與'歎'協, '蓍'與'師'協). : 「小雅・魚麗」 魚麗于罶, 鱨鯊; 君子有酒, 旨且多('罶'與'酒'協, '鯊'與'多'協). 魚麗于罶, 魴鱧; 君子有酒, 多且旨('罶'與'酒'協, '鱧'與'旨'協). 魚麗于罶, 鰋鯉; 君子有酒, 旨且有('罶'與'酒'協, '鯉'與'有'協). : 「小雅・節南山」 方茂爾惡, 相爾矛矣; 旣夷旣懌, 如相酬矣('惡'與'懌'協, '矛'與'酬'協). : 「小雅・桑扈」 交交桑扈, 有鶯有領; 君子樂胥, 萬邦之屛('扈'與'胥'協, '領'與'屛'協). 「小雅・白華」 白華菅兮, 白茅束兮; 之子之遠, 俾我獨兮('菅'與'遠'協, '束'與'獨'協). 鴛鴦在梁, 戢其左翼; 之子無良, 二三其德('梁'與'良'協, '翼'與'德'協). 「小雅・瓠葉」 有免斯首, 炮之燔之; 君子有酒, 酌言獻之('首'與'酒'協, '燔'與'獻'協). 有免斯首, 燔之炙之; 君子有酒, 酌言酢之('首'與'酒'協, '炙'與'酢'協). : 「大雅・思齊」 雝雝在宮, 肅肅在廟; 不顯亦臨, 無射亦保('宮'與'臨'協, '廟'與'保'協). : 「大雅・大明」 殷商之旅, 其會如林. 矢于牧野, 維予侯興. 上帝臨女, 無貳爾心('旅・野・女'協, '林・興・心'協). 大雅桑柔, 四牡騤騤, 旟旐有翩. 亂生不夷, 靡國不泯. 民靡有黎, 具禍以燼. 於乎有哀, 國步斯頻('騤・夷・黎・哀'協, '翩・泯・燼・頻'協). 憂心殷殷, 念我土宇. 我生不辰, 逢天僤怒. 自西徂東, 靡所定處. 多我覯痻, 孔棘我圉('殷・辰・東・痻'協, '宇・怒・處・圉'協). ≪附註三十七≫

61.6 4행(行) 수운

프랑스 시에서 수운은 고전비극(tragedy)의 운식이다. 근대 영시에서는 4행 수운이 많이 보이지 않는 편이다. 이제 예를 하나 들어본다.

> The Assyrian came down like the wolf and the fold,
> And his cohorts were gleaming in purple and gold;
> And the sheen of their spears was like stars on the sea,
> When the blue wave rolls nightly on deep Galilee.
>
> 아시리아 인이 양떼 모는 늑대처럼 내려오는데,
> 그의 군대는 자줏빛과 금빛으로 번쩍였다.
> 그리고 그들의 창이 발하는 광채는 바다에 비치는 별과 같은데
> 푸른 파도는 밤이면 갈릴리 깊은 데까지 밀려왔다.
> (全詩는 *6aabb인데, 이것은 제1단이다.)
>
> ―바이런(George Noel Gordon, Lord Byron, 1788~1824),
> 「세나케립의 파멸(The Destruction of Sennacherib)」

중국 신파시인(新派詩人)의 4행 수운도 그다지 많지 않다. 이제 예를 하나 들어본다.

> 自從你搬到我心裏居住,
> 苦惱就是你給我的房租;
> 但我總渴想有一天閑靜,
> 心裏沒有你的舞影歌聲.
>
> 我幾時貼過招租的帖子?
> 我一生愛好的就是空虛. ('子'와 '虛'를 압운한 것은 貧韻이다.)

去罷, 你乘隙闖入的惡客, ('四川'音 : [ke])
你鎮日歌舞着無晝無夜! ('客'과 '夜'를 압운한 것은 方音韻이다.)

你舞蹈的震撼你的叫囂
我心可受不住這樣攪擾!
去, 你不用向我裝癡裝傻,
有一天我就要趕你搬家!

네가 내 마음속으로 옮겨와 거주하고부터
고뇌가 바로 네가 나에게 주는 방세였다.
그러나 나는 늘 갈망했다 어느 날 평정을 찾아
마음속에 네 가무의 자취와 소리가 없어지기를!

내가 언제 집을 세 놓겠다는 쪽지를 붙였을까?
내가 평생 애호한 것은 바로 공허였다.
가거라, 너 기회를 틈타 돌입한 나쁜 객이여!
너는 온종일 가무하느라 밤도 낮도 없구나.

네가 춤출 때의 진동과 노래할 때의 소음
내 마음은 그와 같은 교란을 참을 수 없다!
가거라, 너는 나에게 어리석음을 가장할 것 없다.
어느 날인가 내가 너를 이사시키고 말리라!

— 주대남(周大枏), 「축객(逐客)」

61.7 이와 같은 수운은 물론 많은 변식(變式)을 가지고 있다. 예를 들어 스코트(Scott, 1771~1832)의 시 'Lochinvar'는 모두 여덟 단락인데, 이것의 운식(韻式)은 aabbcc ddeecc ffggcc hhiicc jjkkcc llmmcc nnoocc ppqqcc이다. 비록 매 단락 6행씩이지만 마지막 두 행의 운이 서로 같다. 중국어의 유럽화시에도 수운의 변식으로 볼 수 있는 것들이 있다. 다음 예를 보자.

天上飄着些微雲,
地上吹着些微風. ('雲'과 '風'을 압운한 것은 貧韻이다.)
啊!
微風吹動了我的頭髮,
教我如何不想她?

月光戀愛着海洋,
海洋戀愛着月光.
啊!
這般蜜也似的銀夜,
教我如何不想如何不想她?

水面落花慢慢流,
水底魚兒慢慢游.
啊!
燕子你說些什麽話?
教我如何不想她?

枯樹在冷風裏搖,
野火在暮色中燒.
啊!
西天還有些兒殘霞,
教我如何不想她?

하늘에는 옅은 구름이 떠가고
땅에는 미풍이 불고 있다.
아!
미풍이 불어와 내 머리카락을 움직이니
나더러 어떻게 그녀를 생각하지 말란 말인가?

달빛은 해양을 사랑하고

해양은 달빛을 사랑한다.
아!
이 꿀 같이 달콤한 은빛 밤에
나더러 어떻게 나더러 어떻게 그녀를 생각하지 말란 말인가?

수면의 낙화는 서서히 흘러가고
물 밑의 고기들은 유유히 헤엄친다.
아!
제비야 너는 무슨 말을 하는 거냐?
나더러 어떻게 그녀를 생각하지 말란 말인가?

고목이 찬 바람 속에서 흔들거리고
들불이 어스름 속에서 타오르고 있다.
아!
서쪽 하늘에 아직 노을이 남아 있으니
나더러 어떻게 그녀를 생각하지 말란 말인가?

(수운에 비해 '啊'자의 한 행이 많고, 또한 각 단락 마지막에 疊句를 사용하였다.)

—유복(劉復), 「나더러 어떻게 그녀를 생각하지 말란 말인가[教我如何不想她]」

如其你願長住在我的愛裏,
我用我滿心的愛底神光, 籠罩住你.
吾愛, 你只在我的愛裏, 你只受我的籠罩!
我心裏的密眼, 看你浴着光波舞蹈.

당신이 영원히 내 사랑 속에 머물기를 원한다면
나는 내 모든 사랑의 신비한 빛으로 당신을 감싸겠소.
나는 사랑하고, 당신은 내 사랑 속에서, 내 사랑의 빛을 받기만하면 되오!
내 마음의 심미안이 빛의 물결 속에서 춤추는 당신을 볼 것이오.

(시 전체는 일곱 단락으로 이루어져 있고, 운식은 aabb, aacc, aadd, aaee, aaff,

aagg, hii이다. 이것은 제1단이다. 마지막 단락을 제외하고 나머지 각 단락은 모두 4행 수운이다.)

— 유대백(劉大白), 「사랑[愛]」

61.8 우체시(偶體詩)

두 행마다 한 운을 쓰는 것을 우체시(couplet)라고 한다. 영시에서는 5보 iambic율의 우체(偶體)를 '영웅우체(英雄偶體, heroic couplet)'라고 한다. 다음 예를 보자.

I went to turn the grass once after one
Who mowed it in the dew before the sun.

The dew was gone that made his blade so keen
Before I came to view the leveled scene.

I looked for him behind an isle of trees;
I listened for his whetstone on the breeze.

새벽이슬 맞으며 잔디를 다듬은 사람이 있은 후
나도 한 번 잔디를 깎으러 갔었네.

잘 다듬어진 모습을 보러 오니
그의 낫날을 매우 날카롭게 만든 이슬은 사라진 뒤였지.

섬 모양의 나무들 뒤에 그가 있나 두리번거렸고
그의 숫돌 가는 소리가 산들바람에 실려 올까 귀 기울였지.
(시 전체는 20단락으로 이루어져 있는데, 3단락을 수록하였다.)

— 프로스트(R. Frost, 1875~1963), 「꽃다발(The Tuft of Flowers)」

우체시도 수운(隨韻)의 일종으로 볼 수 있는데, 다만 그 작성법이 4행 1단이 아니라 2행 1단이다. 때로는 전시(全詩)를 단락의 구분 없이 함께 쓸 수도 있다. 심지어는 의미에 따라 단락을 나누어 단락의 장단이 일정하지 않을 수도 있다. 예를 들어 Wheelock의 "Earth" 시는 제1단이 10행(5偶)이고, 제2단이 16행(8偶)이고, 제3단이 10행(5偶)이고, 제4단이 12행(6偶)이고, 제5단이 2행(1偶)이고, 제6단이 10행(5偶)이고, 제7단이 14행(7偶)이고, 제8단이 4행(2偶)이다. 우체시의 행수(行數)는 일정하지 않고, 각 행의 음수(音數)도 일정하지 않다. '영웅우체(英雄偶體)'는 우체시의 일종일 뿐이다.

61.9 신체시인(新體詩人)이 우체시를 모방하여 쓴 작품도 적지 않다. 본래 중국어의 전운고풍(轉韻古風)에도 제29절에서 예로 든 잠삼(岑參)의 「윤대가(輪臺歌)」처럼 거의 시 전체에 우체(偶體)를 사용한 것이 있다. 이 형식은 완전히 유럽화한 것이 아니므로 중국의 시인들이 비교적 쉽게 받아들일 수 있었다. 예를 들면 다음과 같다.

青沈沈的大海, 波濤洶涌着, 潮向東方.
光芒萬丈地, 將要出現了喲, 新生的太陽!

天海中的雲島都已笑得來一樣地鮮明!
我恨不得, 把我眼前的障礙一概剷平!

出現了喲! 出現了喲! 耿晶晶地白灼的圓光!
從我兩眸中有無限道的金絲向着太陽放!

깊고 푸른 大海에, 파도가 솟구치고, 조수는 동방으로 향한다.
사방 멀리 눈부시게, 출현하리라, 새로운 태양이!

하늘 바다의 구름 섬은 모두 이미 미소를 띠고 똑같이 선명하구나!

나는 간절히 바란다, 내 눈 앞의 장애가 일거에 걷히기를!

출현했구나! 출현했구나! 희고 찬란하게 빛나는 둥근 빛이!
내 두 눈동자에서 끝없는 금빛 광선이 태양을 향해 방출되고 있다.
(시 전체는 7단 14행인데, 여기서는 앞의 3단을 수록하였다.)

— 곽말약(郭沫若), 「태양 예찬(太陽禮贊)」

我來了, 我喊一聲, 迸着血淚,
"這不是我的中華, 不對, 不對!"
我來了, 因爲我聽見你叫我;
鞭着時間的罡風, 擎一把火,
我來了, 不知道是一場空喜.
我會見的是噩夢, 那裏是你?
那是恐怖, 是噩夢挂着懸崖,
那不是你, 那不是我的心愛!
我追問青天, 逼迫八面的風,
我問, 拳頭擂着大地的赤胸,
總問不出消息; 我哭着叫你,
嘔出一顆心來, 你在我心裏!

내가 왔다, 한 마디 고함을 지르고 피눈물을 쏟으며
"이곳은 나의 중화가 아니야, 틀렸어, 틀렸어!"
내가 왔다. 네가 나를 부르는 소리를 들었기에.
시간의 강풍을 채찍질하며, 횃불을 높이 들고서
내가 왔지만 한 바탕의 헛된 기쁨인지 모르겠다.
내가 볼 것은 악몽이니, 어디가 너인가?
그것은 공포이고, 악몽이 벼랑에 걸려 있어
그것은 네가 아니고, 그것은 내 마음의 사랑이 아니다!
나는 푸른 하늘에 다그쳐 물었다, 팔방의 바람을 핍박하며
나는 물었다, 주먹으로 대지의 맨 가슴을 치면서
결국 소식을 물을 수 없었다. 나는 울면서 너를 부르고

한 조각 마음을 꺼냈다. 너는 내 마음속에 있구나!

— 문일다(聞一多), 「발견[發現]」

有一隻老猫十分的信神,
連夢裏他都咕噥着念經. ('神'을 '經'과 叶韻한 것은 方音韻이다.)
想必是夜中捉老鼠太累,
如今正午了都還是酣睡.
幸虧他的公子過來呼喚,
怕父親錯過了魚拌的飯.

늙은 고양이 한 마리가 대단히 정신이 좋아서
꿈속에서도 그는 중얼거리며 경을 읽는다.
필경 밤에 쥐를 잡느라 너무나 피곤해서
지금 한낮인데도 여전히 단잠을 자고 있겠지.
다행히 그의 아들이 다가와 부르는 걸 보니
애비가 생선 섞인 밥을 놓칠까 걱정했나보다.
(시 전체는 122행인데, 여기서는 6행을 수록하였다.)

— 주상(朱湘), 「고양이에게 고함[猫誥]」

61.10 영시에는 우체시에 각종 변체가 더 있다. 예를 들어 Keats의 "Sleep and Poetry"는 여러 곳에서 과행(跨行)을 사용하였고, 마지막 행에 운을 달지 않았다. 또한 H. Long의 "Dead Men Tell No Tales"는 운식(韻式)이 a aa bb cc dd eee ff이다.

61.11 삼수식(三隨式)

삼수식은 3행마다 한 단락이 되고, 한 단락 안의 3행에는 동일한 운각을 사용한다. 예를 들어 J. R. Lowell의 "For an Autograph"의 운식(韻式)은 aaa bbb ccc ddd eee fff이다. 중국 시인 중에도 이와 같은 운식을 모방한 사람이 있다. 다음 예를 보자.

看, 那秋葉在明媚的星月下正飄零,
與你相逢于此殘秋荒岸之夜中,
星月分外明, 忽聚忽散的雲影百媚生.

看, 那秋葉在明媚的星月下正飄零,
我淪落海底之苦心在此寂寂的夜塋,
將隨你久別的微笑從此歡快而光明.

蒼空孤雁的生命深喪于孤泣的荒冢,
美麗的薔薇開而後謝, 殘凋而復生,
告訴我, 好人, 什麽才像是人的生命?

보아라, 저 가을 잎이 반짝이는 별과 달 아래 흩날리는 것을,
너와 상봉한 이 늦가을 황량한 언덕의 밤중에
별과 달은 유달리 밝았고,
갑자기 모였다 사라지는 구름 그림자가 온갖 자태 자아낸다.

보아라, 저 가을 잎이 반짝이는 별과 달 아래 흩날리는 것을,
해저로 떨어진 내 쓰디쓴 마음이 이 적적한 밤 무덤에서
너를 따라 오래 잊었던 미소가 이제 기쁨과 광명에 넘치리라.

창공의 외로운 기러기 생명이 홀로 우는 황량한 무덤에 깊이 상실되었을 때
아름다운 장미가 피어나서는 지고, 시들었다가 다시 소생하니
나에게 알려다오, 좋은 사람아, 무엇이라야 사람의 생명 같은 것인가?

(시 전체는 여섯 단락인데, 세 단락을 수록하였다. 이 시는 貧韻을 많이 사용하였다.)

— 우갱우(于賡虞), 「그림자[影]」

61.12 이밖에도 영시에는 보통의 수운(隨韻)과 삼수식(三隨式)을 병용한 것이 있다.

예를 들어 Ed. Allan Poe의 "The Sleeper"는 운식이 aabbccddeeffggghh *aabbccddeeffgghhiii **aaabbccc ***aaabbccddeeeffgg이다. 또한 이수(二隨) 삼수(三隨)와 다수(多隨)를 병용한 것도 있다. 예를 들어 Browning의 "Upata Villa—Dawn in the City"는 운식이 aaa bbb ccc dddddd *aabb ccddd eeeee ffgghhh **aaabbccddeeffgghh ***aab bccccdd이다. 그러나 후자는 매우 드물게 보인다.

2. 교운(交韻)

61.13 쌍교(雙交)

서양시에서는 쌍교가 교운의 정칙(正則)이다. 쌍교는 제2행과 제4행에만 압운하는 것이 아니라 제1행과 제3행에도 압운한다. 영시에서 일반적인 4행 5보의 iambic율은 왕왕 쌍교를 사용하는데, 이것을 '영웅사행(英雄四行, heroic quatrain)'이라고 한다. 다음 예를 보자.

The curfew tolls the knell of parting day,
    The[20] lowing herd winds slowly o'er the lea,
The plowman homeward plods his weary way,
    And leaves the world to darkness and to me.

만종이 울려 이별의 날이 저물었음을 알리고,
    소 떼는 음매 울며 들판 위를 느릿느릿 돌아가는데,
농부는 지친 발을 끌고 집으로 향하니,

---

20) 텍스트에는 "the"가 "to"라고 되어 있는데, 誤字이다.

세상에 남은 것은 어둠과 나 뿐일세.

(시 전체는 29단락에 銘文 3단락을 합쳐서 모두 32단락이다. 운식은 *32 abab 이다.)

— 그레이(Th. Gray, 1716~1771),
「시골 교회마당에서 쓴 만가(Elegy Written in a Country Churchyard)」

61.14 영시인(英詩人) Shelly의 'To a Skylark'는 매 단락 네 개의 단행(短行)인데, 단락 마지막에 한 개의 장행(長行)이 있다. 모두 21단락이며 운식은 *21 ababb여서 사행쌍교(四行雙交)의 변체로 볼 수 있다.

61.15 한 가지 프랑스 고대의 형식이 있는데, '발라드율(Ballade)'이라고 한다. 이 시는 세 단락으로 구성되고 매 단락 8행인데, 여기에 4행짜리 미성(尾聲 : envoy) 한 단락이 덧붙어 있다. 따라서 모두 28행이며 운식은 3ababbcbc+bcbc이다. 이렇게 해서 1, 3, 9, 11, 17, 19 각 행의 운각이 같고, 2, 4, 5, 7, 10, 12, 13, 15, 18, 20, 21, 23, 25, 27 각 행의 운각이 같고, 6, 8, 14, 16, 22, 24, 26, 28 각 행의 운각이 같다. 이것은 고대에 세력을 점하였던 형식 중의 하나이다. 발라드율이 영국에 전입된 후에는 일부 시인이 미성을 없애기도 하였다.

61.16 8행 쌍교(雙交)는 발라드율이 변한 것으로 볼 수 있다. 이것은 Robinson의 "The Master"처럼 많은 단락을 지닐 수도 있고(*8ababbcbc), Hardy의 "Her Initials"처럼 한 단락뿐일 수도 있다(*ababbcbc). 이 형식에서 다시 변한 것이 ababcdcd인데, 근대 시인들은 이 형식을 많이 채택하였다. 다음 예를 보자.

I'm sitting alone by the fire,
　　Dressed just as I came from the dance,
In a robe even you would admire, —
　　It cost a cool thousand in France;
I'm be-diamonded out of all reason,

My hair is done up in a queue:
In short, sir, "the belle of the season"
Is wasting an hour upon you.

불가에 홀로 앉아 있다,
무도장에서 돌아온 옷차림 그대로,
당신마저 찬탄할 의상을 입은 채로,
프랑스에서 살 때 천 프랑은 족히 들은 그 의상으로.
넋이 나갈 만큼 다이아몬드로 치장하고,
머리는 줄을 서서 해 올렸으니,
말하자면, 선생님, "이 철의 으뜸가는 미녀"가
선생님에게 한 시간을 공들이는 줄이나 아세요.
(시 전체는 6단락이고, 운식은 *10 ababcdcd이다.)

— 하트(F. B. Harte, 1836~1902), 「그 여자의 편지(Her Letter)」

이외에도 영시에는 12행 쌍교, 16행 쌍교 등등이 있다.

61.17 현대중국어 시인의 시집을 보면 쌍교(雙交)를 사용한 것이 별로 없다. 우리가 목격한 것은 우연히 합치된 경우(각 단락 모두 單交를 사용했는데, 그 중의 한 단락만 쌍교를 사용한 것 등)와 「소네트」의 우식(又式)을 제외하면 서지마(徐志摩)와 변지림(卞之琳)이 쌍교를 사용했을 뿐이다. 예를 들어 제39절에서 예로 든 변지림의 「원행(遠行)」은 운식이 *3abab이다. 다시 예를 들어본다.

(朋友, 我懂得那一條骨鯁,
難受不是?—難爲你的咽喉;)
"看, 那草瓣上蹲着一隻蚱蜢,
那松林裏的風聲像是箜篌."

(친구여, 나는 안다 그 가시 한 개를
견디기 힘든 것을. 그렇지 않은가?—네 목구멍이 힘들 것이다.)

"보아라, 저 풀잎 위에 앉아 있는 한 마리 메뚜기를,
저 소나무 숲 속의 바람소리가 피리 소리 같구나."
(시 전체는 10단락이고, 운식은 *6abab이다.)

— 서지마(徐志摩),
「그는 그가 말을 입 밖에 내길 두려워한다[他怕他說出口]」

拖着一大車夕陽的黃金,
騾子搖擺着踉蹌的脚步,
穿過無邊的疏落的荒林,
無聲的揚起一大陣黃土,
叫坐在遠處的閑人夢想
古代傳下來的神話裏的英雄
騰雲駕霧去不可知的遠方 ——
古木間涌出了浩嘆的長風!

황금빛 석양을 싣고 큰 수레를 끌면서
노새는 흔들흔들 비틀거리는 걸음으로
끝없이 쓸쓸하고 황량한 숲을 뚫고 간다.
소리 없이 한 무더기의 흙먼지를 일으켜
멀리 앉아 있는 한가한 사람을 몽상케 한다.
고대부터 전해 내려오는 신화 속의 영웅이
운무를 타고 몰면서 알 수 없는 먼 곳으로 가니——
해묵은 나무 사이로 큰 탄식의 長風이 솟아나온다.

— 변지림(卞之琳), 「큰 수레[大車]」

변지림은 또한 20행의 쌍교시(雙交詩)를 지었는데, 바로 제57절에서 예로 든 「야풍(夜風)」이다. 이 시의 운식은 ababcbcbdedefgfgabab이다.

61.18 서양시에는 이밖에도 매 단락 3행의 교운(交韻)이 있는데, terzarima라고 한다. 이것은 단테의 「신곡(神曲)」이 사용한 운식(韻式)으로, 모두 5단락으로 구성되어 있다. 제1단 제1행과 제3행에 압운하고, 제2행

과 다음 단락의 제1행과 제3행에 압운하고, 이런 식으로 해나가면 마지막 단락은 두 행만 있게 된다. 즉, aba, bcb, cdc, ded, ee가 된다. 이런 형식은 중국 시인이 모방한 것을 아직 발견하지 못하였다.

61.19 단교(單交)

서양의 교운시(交韻詩)에서는 단교가 쌍교보다 드물게 보인다. 단교는 우행(偶行)에는 압운하고 기행(奇行)에는 압운하지 않는 것이다. 4행 단교의 예를 하나 들어본다.

> "O what can ail thee, knight-at-arms,
> Alone and palely loitering!"
> The sedge has wither'd from the lake,
> And no birds sing.
>
> "오 무엇 때문에 고통스럽나요, 무장 기사여,
> 홀로 창백히 방황하고 있으니!"
> 莎草는 호수에서 시들어 사라지고
> 노래하는 새 한 마리 없는데.
> (시 전체는 12단락이고, 운식은 *12abcb이다.)
>
> —키츠(J. Keats, 1795~1821), 「잔인한 미녀(La Belle Dame Sans Merci)」

이외에도 8행 단교, 12행 단교 등등이 있다.

61.20 중국어의 절구는 서양의 4행 단교와 매우 비슷하다. 오언절구는 abcb를 정칙(正則)으로 하고, 칠언절구도 가끔씩 abcb를 사용한다. 만약 4행 단교가 여러 단락이 있으면 여러 개의 절구를 합쳐놓은 것과 같거나 한 편의 신체고풍(新體古風 : 4구에 한번씩 轉韻하는 것)에 가깝다. 이런 연유로 백화시의 초기에는 단교시(單交詩)가 상당히 성행했다. 다음

예를 보자.

像這樣半冷不溫,
實在是令人難受.
我與其喝碗豆漿,
我情願喝杯毒酒.

그렇게 미적지근해서는
참으로 견디기 힘들다.
한 사발의 콩 국물을 마시느니
내 차라리 한 잔의 독주를 마시리라.

— 곽말약(郭沫若), 「병(瓶)」(제38수 제6단)

근년에 이르러서도 단교의 형식은 여전히 우세를 점하고 있는 일종이다. 예를 들면 다음과 같다.

世界豊富了我的妝臺,
宛然水果店用水果包圍我, (wo)
縱不費力而俯拾卽是,
可奈我睡起的胃口太弱? (ruo)

세계는 나의 화장대를 풍부하게 하여
마치 과일 가게가 과일로 나를 포위한 것 같다.
비록 힘들이지 않고 쉽게 손에 넣을 수 있지만
방금 자고 깬 내 입맛이 너무 약한 걸 어찌하나?
(시 전체는 모두 4단락이다.)

— 변지림(卞之琳), 「화장대[妝臺]」

제62절 운각의 위치(하) — 포운(抱韻), 잡체(雜體), 첩구(疊句)

3. 포운(抱韻)

62.1 포운은 순전히 서양의 형식이다. '소네트'(서양에서 세력이 가장 큰 詩式. 다음 절을 볼 것)는 포운을 사용하는 것이 정칙이다. 그밖에 다른 시도 포운을 사용한 것이 있다. 다음 예를 보자.

When you are old and gray and full of sleep,
And nodding by the fire, take down this book,
And slowly read, and dream of the soft look,
Your eyes had once, and of their shadows deep.

How many loved your moments of glad grace,
And loved your beauty with love false or true;
But one man loved the pilgrim soul in you,
And loved the sorrows of your changing face.

And bending down beside the glowing bars
Murmur, a little sadly, how love fled
And paced upon the mountains overhead
And hid his face amid a crowd of stars.

그대 나이 들어 머리 세고 잠이 늘거든,
그리하여 불가에서 졸 때에는, 이 책을 꺼내어
천천히 읽은 다음 꿈꾸어 보라,
한때 그대 눈이 지녔던 부드러운 표정과 깊은 그늘을.

밝은 우아함을 지닌 그대의 순간들을 사랑하고
진실한 사랑이건 거짓된 사랑이건 그대의 아름다움을 사랑한 이 무릇 얼마이던가.
그러나 그대 속의 순례자 영혼을 사랑하고
그대의 변하는 얼굴에 어린 슬픔을 사랑한 남자는 하나였다.

그리고 반들거리는 난로 난간 옆에 허리를 굽히고
약간 슬프게 중얼거려 보라,
사랑이 날아가 머리 위의 산을 밟으며
그의 얼굴을 별 무리 속에 감춘 얘기를.
— 예이츠(W. B. Yeats, 1865~1939), 「그대 나이 들거든(When You are Old)」

62.2 중국 시인은 근년의 소네트 작가를 제외하면 포운을 사용한 작품이 별로 없다. 백화시의 초기에는 다음의 작품이 아마도 유일한 예인 것 같다.

大雪下了, 掃出路尋他;
這路連到山上, 山上都是松柏,
他是花一般, 這裏如何住得!
不如回去尋他, 一啊! 回去還是我家.

큰 눈이 내려서, 길을 쓸어나가며 그를 찾았다.
이 길은 산 위까지 이어져 있고, 산 위는 모두 松柏이다.
그는 꽃과 같은데, 여기서 어떻게 살 수 있으랴!
차라리 돌아가서 그를 찾자. —아! 돌아가니 도로 우리 집이로다.
— 노신(魯迅), 「그 사람[他]」(제3수)

1926년 이후에 포운을 사용한 사람들이 점점 많아졌다. 예를 들면 다음과 같다.

游人冒着料峭的寒意低迴,
漫空裏不見一絲雲彩,
漫空裏畫出無限陰霾,
青鴉也跨着蕭凉的海天飛.

這林壑間映有雄渾偉大,
悠長的驢嘶和着流泉,
交互嘯響在寥寞空山,
這山旁灑遍了點點的梨花.

哦! 山道上充溢水色春光,
迷濛的毛雨飄落紛紛,
遠峯織着翡翠的樹影,
仿佛我又一度地回到故鄉.

나그네가 으스스한 추위를 무릅쓰고 배회하니
온 하늘에 한 가닥 구름도 보이지 않고
온 공중에 끝없는 안개가 피어오르는데
까마귀도 쌀쌀한 바다 하늘을 타고 날아간다.

이 숲 계곡 사이에 웅혼함과 위대함이 비치고
유장한 나귀 소리가 샘물 소리와 어울려
적막한 빈 산에 서로 교차되며 울려 퍼지고
이 산 옆에는 배꽃 잎이 뿌려지듯 떨어진다.

아! 산길에는 물빛과 봄빛이 가득 차 있고
몽롱한 솜털 비가 어지럽게 흩날리며 떨어지고
먼 봉우리는 비취빛 나무 그림자를 짜고 있으니
마치 내가 다시 한 번 고향에 돌아온 듯하구나.

—건선애(蹇先艾), 「비 내리는 새벽 용담에 가다[雨晨游龍潭]」

4. 잡체(雜體)

62.3 위에서 언급한 세 가지 운식(韻式)에 완전히 의거하지 않는 것을 잡체라고 부르겠다. 잡체는 본래 분류할 필요가 없는 것이지만 서술의 편리를 위해 다음과 같이 몇 종류로 나누어 이야기하겠다.

62.4 요운(遙韻)

세 구 이상의 거리를 두고 압운하는 것을 요운이라고 한다. 때로는 매 단락의 마지막 구에 서로 압운한다. 다음 예를 보자.

Scots, wha hae wi' Wallace bled,
Scots, wham Bruce has often led;
Welcome to your gory bed,
　　Or to Victorie!

Now's the day, and now's the hour;
See the front o battle lour;
See approach proud Edward's pow'r —
　　Chains and slaverie!

윌러스와 함께 피 흘린 스코틀랜드 병사들이여,
브루스의 지휘를 자주 받은 스코틀랜드 병사들이여,
어서 가자, 피맺힌 침대로,
아니면 승리를 향하여!

그 날이 다가왔다, 그 시간이 다가왔다.
低地의 전선을 보라,
오만한 에드워드 군대가 다가오는 걸 보라,

속박과 예속을 향하여!
(시 전체는 여섯 단락이고, 운식은 aaab cccb dddb eeeb fffb gggb이다.)

—번스(Robert Burns, 1759~1796),
「브루스의 군대 연설(Bruce's Address to His Army)」

물론 요운(遙韻)이 매 단락의 마지막 구에만 놓이는 것은 아니다. 예를 들어 E. Field의 "The Truth about Horace"는 운식이 *aaabcccb이고, A. Tennyson의 "Flower in the Crannied Wall"은 운식이 abccab이고, Ed. St. Vincent Millay의 "Elegy"(from "Second April")는 운식이 abccbacdddc *abcdefafecbed **abcdedbdaecffc이고, M. Arnold의 "Dover Beach"는 운식이 abacdbdcefcgfg *abacbc **abcdbadceffeghhgg이다.

62.5 현대중국어 유럽화시에는 요운을 사용한 것이 거의 없는 것 같다. 아직 본 적이 없기 때문에 예를 들지 못한다.

62.6 교수상잡(交隨相雜)

교운(交韻)과 수운(隨韻)을 섞어 쓰는 경우가 영시에서는 흔히 보인다. 여기서는 편폭의 제한 때문에 더 예를 들지 않는다. 다만 그 중에는 세 가지 중요한 운식이 있다. 첫째는 한 단락이 8구로 ottava rima(8행시)라고 하는데, 운식은 abababcc이다. 둘째는 한 단락이 7구로 rime royal stanza(皇家詩)라고 하는데, 운식은 ababbcc이다. 셋째는 한 단락이 9행으로 Spenserian stanza(스펜서식)이라고 하는데, 운식은 ababbcbcc이다.

62.7 중국어 유럽화시에도 교운과 수운을 섞어 쓴 경우가 적지 않다. 여기서는 하나의 예만을 들어보겠다.

我爲什麽還不能放下?
因爲我現在漂流海中,
你的情好像一粒明星

垂顧我于澄靜的天空,
　　吸起我下沈的失望,
　　令我能勇敢的前向.

나는 무엇 때문에 아직 내려놓지 못할까?
내가 지금 바다에서 표류하고 있는데
너의 정이 마치 한 알의 밝은 별 같이
맑고 고요한 하늘에서 나를 내려다보며
나의 가라앉는 실망을 끌어 일으키고
내가 용감하게 전진할 수 있도록 하기 때문이다.
(시 전체는 네 단락이고, 운식은 abcbdd *abcbdd **ababcc ***abcbbb이다.)

―주상(朱湘), 「꿈에 답함[答夢]」

62.8 교포상잡(交抱相雜)

교운(交韻)과 포운(抱韻)을 섞어 쓰는 경우는 영시에서 비교적 드물게 보인다. 예를 들면 A. Ch. Swinburne의 "To Walt Whitman in America"는 운식이 ababccb이다. 중국어 시에서는 일찍이 이런 형식을 본 적이 없는 것 같다.

62.9 수포상잡(隨抱相雜)

수운(隨韻)과 포운(抱韻)을 섞어 쓰는 경우는 영시에서 교포상잡(交抱相雜)보다 좀더 많다. 예를 들어 A. Noyes의 장편 서사시 "The Highwayman"은 매 단락의 운식이 aabccb이고, F. Locker-Lampson의 "My Mistress's Boots"와 O. W. Holmes의 "The Last Leaf"와 R. Burn의 "Epitaph on John Dove"도 모두 똑같은 운식을 사용했다.

62.10 중국에서 우리가 볼 수 있었던 것으로는 서지마(徐志摩)의 「신

음어(呻吟語)」 한 수만이 수포상잡이었는데, 그 운식은 aabba aacca이다. 시를 적어보면 다음과 같다.

我亦願意贊美這神奇的宇宙,
我亦願意忘却了人間有憂愁,
　　像一隻沒挂累的梅花雀,
　　清朝上歌唱, 黃昏時跳躍; —
假如她清風似的常在我的左右!

我亦想望我的詩句清水似的流,
我亦想望我的心池魚似的悠悠;
　　但如今膏火是我的心,
　　再休問我閒暇的詩情? —
上帝! 你一天不還她的生命與自由!

나도 이 신기한 우주를 찬미하기 원하고
나도 인간 세상에 우수가 있음을 잊고 싶어서
한 마리 아무런 걱정 없는 홍작새처럼
맑은 아침에 노래 부르고, 황혼에 도약하고 싶다—
그녀가 맑은 바람처럼 늘 내 곁에 있었으면!

나도 내 시구가 맑은 물처럼 흐르기를 바라고
나도 내 마음이 물고기처럼 유유하기를 바라지만
그러나 지금은 등불이 내 마음이니
다시 나에게 한가한 詩情을 묻지 말라고?
하느님! 당신은 그녀의 생명과 자유를 하루도 돌려주시지 않는군요!

62.11 교수포상잡(交隨抱相雜)

교운(交韻)・수운(隨韻)과 포운(抱韻)의 세 가지 운식을 섞어 쓴 것은 영시에서 예를 들면 Th. Hood의 "The Bridge of Sighs"가 운식이 *2abab **1aabc△bc ***2aabc△c△b ……이고, Byron의 "Requiesc△at"가 운식이 aabba *ababb **ababcc△이다.

62.12 중국어 유럽화시에도 가끔 이와 같은 운식이 보인다.

예를 들어 제58절에서 든 변지림(卞之琳)의 「하얀 소라껍질[白螺殼]」은 운식이 *4ababccdeed이다. 예를 더 들어본다.

你指着太陽起誓, 叫天邊的鳧雁
說你的忠貞. 好了, 我完全相信你,
甚至熱情開出淚花, 我也不詫異.
祇是你要說什麽海枯, 什麽石爛……
那便笑得死我. 這一口氣的工夫
還不够我陶醉的? 還說什麽'永久?'
愛, 你知道我祇有一口氣的貪圖,
快來箍緊我的心, 快! 啊, 你走你走……
我早算就了你那一手－也不是變卦－
'永久'早許給了別人, 秕糠是我的份,
別人得的才是你的菁華－不壞的千春.
你不信? 假如一天死神拿出你的花押,
你走不走? 去去! 去戀着他的懷抱,
跟他去講那海枯石爛不變的貞操!

당신은 태양을 가리키며 맹세했다, 하늘가의 기러기를 부르며
당신의 충정을 말했다. 좋다, 나는 완전히 당신을 믿는다.
심지어 뜨거운 눈물이 솟아 나와도, 나는 기이하게 여기지 않는다.
다만 당신이 바다가 마르고 바위가 닳아 없어져도……라고 말한다면
나를 웃어 죽게 할 것이다. 이 단 숨의 시간이
아직도 내가 도취하기에 부족하단 말인가? 또한 무슨 '영원한' 사랑을
말하는가? 당신이 알듯이 나에겐 한 모금의 탐욕만 있으니
빨리 와서 내 마음을 다잡아주세요, 빨리! 아, 당신은 가는 군요……

나는 진작에 당신의 그 수완을 짐작했지요—무슨 변괘도 아니지요
'영원'은 일찍 딴 사람에게 주어버리고, 찌꺼기가 내 몫이지요
딴 사람이 얻은 것이 당신의 정화—변함없이 좋은 천 년의 봄이지요
당신은 믿지 않으세요? 만약 어느 날 死神이 당신의 서명을 꺼낸다면
당신은 갈 건가요? 가세요, 가! 가서 그의 품을 연모하면서
그와 함께 바다가 마르고 바위가 닳아 없어지도록 변치 않는 정조를 이야기
하세요!
(운식은 abbacdcd *abbacc이다.)

— 문일다(聞一多), 「태양을 가리키며 한 당신의 맹세[你指着太陽起誓]」

交給了你們來放哨,
雖然是路口太衝要,
打仗的在山外打仗,
屯糧的在山裏屯糧,
算貼了一對活封條.

可是鬆了,
不妨學學百靈叫.

把棍子在路口一叉,
'路條!'要不然, '査!'
認眞, 你們把不兒戲,
客氣, 來一個'敬禮!'
再不然, '村公所問話!'

可是鬆了,
不妨在地上畫畫.

당신들에게 경비 임무를 건네고
비록 길 입구가 너무나 요충이긴 하지만
싸우는 이는 산 밖에서 싸우고

식량을 비축하는 이는 산 속에서 식량을 비축하니
한 쌍의 생명 쪽지를 붙이는 셈이지요.

그러나 긴장을 풀고
수많은 정령의 외침을 배워도 좋지요.

몽둥이를 길 입구에 엇걸어 놓고
"통행증!" 내놓지 않으면 "조사해라!"
신중해라, 어린애 장난이 아니다.
겸손해라, 와서 "경례를 붙여라!"
그렇지 않으면 "마을 어른이 묻는 말로 여겨라!"

그러나 긴장을 풀고
땅 위에 선을 그어도 좋지요.

(시 전체는 5 대단락 5 소단락이고, 운식은 5aabba ca이다. 여기서는 2 대단락과 2 소단락만 수록하였다.)

—변지림(卞之琳), 「위로의 편지 모음[慰勞信集]」 제5수

5. 첩구(疊句)

62.13 이른바 첩구(refrain)는 반드시 똑같은 두 구가 연이어 있는 것을 의미하지 않는다. 오히려 이와 반대로 서양시에서 첩구는 똑같은 것이 연이어 있는 두 구가 아니다. 가장 보편적인 것은 갑 을 병 정 각 단락의 마지막 구가 서로 같은 것이고, 그 다음은 몇 구를 떨어져서 서로 같은 것으로 한 단락의 마지막에 한정하지 않는다.

62.14 첩구시(疊句詩)의 운식(韻式) 기호에 관해서 다음과 같은 또 다른 표기법이 있다.

① 첩구인 곳은 대문자로 표기한다. 예를 들어 AbbaA는 한 단락의 첫 행과 마지막 행이 같음을 표시한다(제4행은 첫 행, 마지막 행과 압운이 되었을 뿐이고 같은 것은 아니다).

② 대문자 뒤에 '′'를 첨가한 것은 또 다른 첩구를 표시한다. 예를 들어 ABA′B′ BCB′C′ …… 는 제1단 제2행과 제2단 제1행이 같고, 제1단 제4행과 제2단 제3행이 같음을 표시한다(그러나 두 단락 다 제1행과 제3행, 제2행과 제4행은 서로 압운이 되었을 뿐이고 같은 것은 아니다).

③ 때때로 대문자 R을 사용하여 단락 마지막의 첩구를 표시한다.

62.15 첩구가 가장 많은 시는 이른바 '옛 프랑스식'시(old French forms) 중의 몇 종류이다. 그 가운데 비교적 많이 보이는 것은 다음과 같다.

(1) 회환곡(迴環曲 : rondeau)

운식은 aabba aabR aabbaR이다. 그 중의 첩구는 왕왕 시제(詩題)와 똑같다. 다음 예를 보자.

In after days when grasses high
O'er-top the stone where I shall lie
    Though ill or well the world adjust
    My slender claim to honoured dust,
I shall not question nor reply

I shall not see the morning sky;
I shall not hear the night wind sigh;
    I shall be mute, as all men must
        In after days!

But yet, now living, fain were I
That some one then should testify,
    Saying—He held his pen in trust

To Art, not serving shame or lust.
Will none? Then let my memory die
　　In after days!

후일 영예롭게 묻히고 싶다는 내 소박한 요구를
세상이 잘 들어주든 못 들어주든
　내가 묻힌 묘비보다 더 높이
　풀이 자라게 되면,
나는 질문도 대답도 아니 하리라.

아침 하늘을 보지 않으리라.
밤바람이 한숨짓는 소리도 듣지 않으리라
　침묵을 지키리라, 모든 사람들이 그래야 하듯이
　　후일에는!

그러나 아직 살아 있는 지금,
그때 누군가 증언해주기를 바라노라,
　그는 굴욕이나 탐욕을 섬기지 않고
　예술에 대한 신념으로 펜을 잡았노라고.
　그럴 사람이 없다고? 그렇다면 나에 대한 기억도 사라져라
　　후일에는!

— 돕슨(A. Dobson, 1840~1921), 「후일(In after Days)」

(2) 소회환(小迴環 : rondel)

운식은 ABab baAB ababAB, 또는 abbaA이다. 주의해야 할 것은 이 종류의 시에는 두 개의 운만 사용하고, 시의 첫 두 행이 첩구를 구성하지만 마지막 단락은 한 구만 중첩해도 된다는 것이다. 예를 따로 들지 않는다.

(3) 라운들(倫電 : roundel)[21]

운식은 abaB bab abaB이다. 이것은 회환곡(迴環曲)의 변식(變式)이므로 ('roundel'도 소회환의 의미임), 그 안의 첩구도 시제(詩題)와 같다. 예를 따로 들지 않는다.

(4) 삼첩곡(三疊曲 : triolet)

운식은 ABaAabAB이다. 이것은 제1행이 세 번 중첩되기 때문에 삼첩곡이라고 한다. 예를 하나 들어본다.

Rose kissed me to-day,
    Will she kiss me to-morrow?
Let it be as it may
    Rose kissed me to-day.
But the pleasure give way
    To a savour of sorrow; —
Rose kissed me to-day,—
    Will she kiss me to-morrow?

오늘 로스가 내게 입 맞추었다,
    내일도 내게 입 맞추려나?
무엇이 어찌되었든
    오늘 로스가 내게 입 맞추었다.
그러나 기쁨은 사라지고
    슬픔을 맛본다.
오늘 로스가 내게 입 맞추었는데
    내일도 내게 입 맞추려나?

—돕슨(A. Dobson), 「입맞춤(A Kiss)」

---

21) '倫電'은 roundel의 音譯으로, '후렴이 있는 짧은 노래'라는 뜻이다.

(5) 촌가(村歌 : villanelle)

운식은 AbA′ abA abA′ abA abA′ abAA′이다. 이 종류의 시는 모두 19행이나 되지만 두 개의 운밖에 없다. 제1단의 제1행과 제2, 4 두 단의 마지막 행이 중첩되고, 제1단의 제3행과 제3, 5 두 단의 마지막 행이 중첩된다. 그런 후에 이 두 가지 첩구가 함께 제6단 끝에 놓여서 끝나게 된다. 예를 따로 들지 않는다.

(6) 팬툼(潘敦 : pantoum)[22]

운식은 ABA′B′ BCB′C′ CDC′D′ DED′E′ EFE′F′ FGF′G′ GBG′A이다. 이것의 특색은 행마다 모두 중첩되는 것이다. 앞 단락의 제2, 4 두 행은 또한 다음 단락의 제1, 3 두 행이 된다. 이런 식으로 중첩되며 진행되다가 마지막 단락 제2, 4 두 행에 이르러서야 첫 단락의 제1, 2 두 행과 같아진 다음에 끝나게 된다. 음보(音步)와 시단(詩段)의 수는 일정하지 않다. 이것의 시원을 거슬러 올라가면 '팬툼'은 프랑스의 시식(詩式)이 아니라 말레이시아의 시식이다.

62.16 이상의 여섯 가지 고식(古式) 외에도 물론 임의로 각종 첩구의 신형식을 만들어낼 수 있다. 예를 들어 보들레르(Baudelaire)의 "Reversibilitè"는 운식이 5AbbaA이고, 그의 「밤의 하모니(Harmonie du Soir)」는 운식이 aBbA BA′AB′ A′B″B′A″ B″aA″b이고, Scott의 "Hunting Song"은 운식이 AabbccaA AabbddaA AaeeffaA aAgghhaA이고, Pinkney의 "A Health"는 모두 다섯 단락이고 매 단락 8행인데, 첫 단락의 앞 4행과 마지막 단락의 앞 4행이 중첩되고, Kipling의 "For All We Have and Are"는 모두 네 단락인데, 제1, 3 두 단락은 각각 8행이고 제2, 4 두 단락은 각각 12행이며 제2단의 마지막 4행과 제4단의 마지막 4행이 서로 중첩된다. 또한 J. Masefield의 'The Yarn of the Loch Achray'는 모두 열 단락인데, 제1, 4, 6, 7단은 각

22) '潘敦'은 pantoum의 音譯으로, '4행 정형시'라는 뜻이다.

각 8행이고, 제2, 10 두 단은 각각 6행이고, 제3단은 12행이고, 제5, 9 두 단은 각각 7행이고, 제8단은 9행이며, 제9단을 제외한 나머지 각 단락은 마지막 두 행이 서로 중첩된다(즉 aabbabCD 등). 모두 이런 식이어서 이루 다 들 수 없을 정도이다.

62.17 앞의 제60.4절에서 말한 '반첩구(半疊句)'도 첩구의 일종인데, 다만 중첩되는 두 행의 모든 단어가 다 같은 것은 아니다. 어떤 시는 전첩(全疊)과 반첩(半疊)이 섞여 있다. 다음 예를 보자.

Sweet and low, sweet and low,
    Wind of the western sea,
Low, low, breathe and blow,
    Wind of the western sea!
Over the rolling waters go,
Come from the dying moon, and blow,
    Blow him again to me:
While my little one, while my pretty one, sleeps.

Sleep and rest, sleep and rest,
    Father will come to thee soon;
Rest, rest, on mother`s breast,
    Father will come to thee soon;
Father will come to his babe in the nest,
Silver sails all out of the west
    Under the silver moon;
Sleep, my little one, sleep, my pretty one, sleep.

감미롭게 살살, 감미롭게 살살,
    서해 바람이여,
살살, 살살, 불어라 불어대라,
    서해 바람이여!

넘실대는 물결 넘어 가라,
이우는 달에서 나와, 불어대라,
　　불어서 그이를 내게 보내다오.
나의 어린 것, 나의 예쁜 것이 잠자는 동안.

잠들어 쉬어라, 잠들어 쉬어라,
　　아비가 곧 네게 오리니.
쉬고 쉬어라, 이 엄마 품에서,
　　아비가 곧 네게 오리니.
아비가 보금자리의 아기에게 오리니.
은빛 달 아래 서쪽으로부터
　　온통 은빛이 흐른다.
잘 자라, 내 어린 것, 잘 자라, 내 예쁜 것, 잘 자거라.

— 테니슨(A. Tennyson, 1809~1892), 「감미롭게 살살(Sweet and Low)」(노래)

각 단락의 제1, 3 두 구는 전첩(全疊)이고, 제1단의 마지막 구와 제2단의 마지막 구는 반첩(半疊)이다. 소형의 대문자 R로 반첩을 표시한다면 이 시의 운식은 aBaBaabR cDcDccdR이다.

62.18 첩구시는 왕왕 매우 간단한 운식(韻式)을 사용해서, 십여 행이나 수십 행에 달하는 장시(長詩)라고 하더라도 두세 개의 운을 교체해가며 압운할 뿐이다. 또한 가곡류는 왕왕 첩구를 사용하는데, 어구(語句)의 중첩을 통해 더욱 완곡하고 호소력 있는 가사를 구성할 수 있기 때문이다. 더욱이 단락 마지막의 합창(chorus)은 첩구를 사용하는 것이 보통이다.

62.19 중국어의 백화시는 자유시의 시대에 이미 여러 반첩과 전첩의 형식이 있었다. 예를 들어 빙심(冰心)의 「권려(倦旅)」(『中國新文學大系』 8집, 134~135면)는 모두 네 단락인데 매 단락 마지막에 "一切的心都淡了(모든 마음이 다 묽어졌다)"를 첩구로 사용하였고, 좌순생(左舜生)의 「남경(南京)」(같은 책, 48면)은 모두 세 단락인데 매 단락 마지막에 "我要和你小別了(나는 너와 작은 이별을 해야겠다)"를 첩구로 사용하였다.

62.20 운이 있는 시에도 첩구를 사용한 예가 있다. 예를 들면 다음과 같다.

忘掉她, 像一朵忘掉的花, —
　那朝霞在花瓣上,
　那花心的一縷香 —
忘掉她, 像一朵忘掉的花!

忘掉她, 像一朵忘掉的花!
　像春風裏一出夢,
　像夢裏的一聲鐘,
忘掉她, 像一朵忘掉的花!

忘掉她, 像一朵忘掉的花!
　聽蟋蟀唱得多好,
　看墓草長得多高;
忘掉她, 像一朵忘掉的花!

忘掉她, 像一朵忘掉的花!
　他已經忘記了你,
　她什麼都記不起,
忘掉她, 像一朵忘掉的花!

忘掉她, 像一朵忘掉的花!
　年華那朋友眞好,
　他明年就教你老;
忘掉她, 像一朵忘掉的花!

忘掉她, 像一朵忘掉的花!
　如果是有人要問,
　就說是沒有那個人;
忘掉她, 像一朵忘掉的花!

忘掉她, 像一朵忘掉的花!
　像春風裏一出夢,
　像夢裏的一聲鐘,
忘掉她, 像一朵忘掉的花!

그녀를 잊어버려라, 한 송이 잊어버린 꽃처럼, —
꽃잎 위에 있던 그 아침노을과
그 화심에 있던 한 가닥 향기 —
그녀를 잊어버려라, 한 송이 잊어버린 꽃처럼!

그녀를 잊어버려라, 한 송이 잊어버린 꽃처럼!
봄바람 속에 피어났던 꿈처럼
꿈속의 한 줄기 종소리처럼
그녀를 잊어버려라, 한 송이 잊어버린 꽃처럼!

그녀를 잊어버려라, 한 송이 잊어버린 꽃처럼!
들어라 귀뚜라미의 노래 소리가 얼마나 좋은가
보아라 무덤 위의 풀이 얼마나 높이 자랐는가.
그녀를 잊어버려라, 한 송이 잊어버린 꽃처럼!

그녀를 잊어버려라, 한 송이 잊어버린 꽃처럼!
그녀는 이미 너를 잊었고
그녀는 아무 것도 기억하지 못한다.
그녀를 잊어버려라, 한 송이 잊어버린 꽃처럼!

그녀를 잊어버려라, 한 송이 잊어버린 꽃처럼!
세월이라는 친구는 참으로 좋아서
그가 내년이면 너를 늙게 할 것이다.
그녀를 잊어버려라, 한 송이 잊어버린 꽃처럼!

그녀를 잊어버려라, 한 송이 잊어버린 꽃처럼!

만약 누군가가 물으려 한다면
그런 사람은 없다고 말하라.
그녀를 잊어버려라, 한 송이 잊어버린 꽃처럼!

그녀를 잊어버려라, 한 송이 잊어버린 꽃처럼!
봄바람 속에 피어났던 꿈처럼
꿈속의 한 줄기 종소리처럼
그녀를 잊어버려라, 한 송이 잊어버린 꽃처럼!
(운식은 RaaR RBB′R RccR RddR RccR ReeR RBB′R이다.)

— 문일다(聞一多), 「그녀를 잊어버려라[忘掉她]」

62.21 마지막으로 운각이 다른 경우에 시행의 고저를 달리 하는 표기법에 대해 이야기해 보겠다. 프랑스 시에서는 시행의 고저는 다만 시행의 장단에 따랐다. 영시에서는 시행의 장단에 따르는 경우도 있지만 대부분은 시행의 고저가 운각이 다른 데 기인한다. 만약 한 단락에 모두 두 개의 운이 있으면 갑운(甲韻)의 시행을 조금 높이(조금 왼쪽으로 나오게) 쓰고, 을운(乙韻)의 시행은 조금 낮게(조금 오른쪽으로 들여서) 쓴다. 다음 예를 보자.

My boat is on the shore,
　　And my bark is on the sea;
But, before I go, Tome Moore,
　　Here's a double health to thee!

내 보트는 물가에 대어져 있고
　　내 돛단배는 바다에 떠 있다네.
그러나 내 떠나기 전에, 톰 무어여,
　　그대의 건강을 곱절로 빌며 한잔하세!

— 바이런(Byron), 「토머스 무어에게(To Thomas Moore)」에서

Navies nor armies can exalt the state, —
　　Millions of men, nor coined wealth untold :
　　Down to the pit may sink a land of gold;
But one great name can make a country great.

해군도 육군도 국가를 드높이지 못한다네.
　　수백만 군대도, 더없이 많은 돈도 안 된다네.
　　황금의 땅도 나락으로 떨어질지 모른다네.
그러나 위대한 이름 하나가 위대한 나라를 만들 수 있다네.
— 길더(R. W. Gilder), 「로월의 생일(Lowell's Birthday)」에서

We are the music-makers,
　　And we are the dreamers of dreams,
Wandering by lone sea-breakers,
And sitting by desolate streams; —
World-losers and World forsakers,
　　On whom the pale moon gleams :
Yet we are the movers and shakers
　　Of the world for ever, it seems,

우리는 음악을 짓는 자,
　　우리는 꿈을 꾸는 자,
바다의 외로운 파도 옆을 헤매며,
그리고 황량한 개울 옆에 앉아,
세상을 잃고 세상을 버린 채,
　　창백한 달빛을 받는다.
그러나 가만 보니, 우리는
　　영원히 세상을 움직이고 흔드는 자.
— 오쇼네시(O'Shaughnessy, 1844~1881), 「노래(Ode)」에서

한 단락에 세 개의 운이 있으면 3층의 고저로 나눌 수 있다. 다음 예

를 보자.

And think, this heart, all evil shed away,
  A pulse in the eternal mind, no less
    Gives somewhere back the thoughts by England given;
Her sights and sounds; dreams happy as her day;
  And laughter, learnt of friends, and gentleness,
    In hearts at peace, under an English heaven.

그리고 이 가슴이여, 생각하라, 모든 죄악을 벗어 던져라,
  영원한 마음속의 맥박이
    영국이 한 생각을 어디선가 다시 생각한다, 그에 못지 않게.
그녀의 한숨과 말소리. 그녀의 한창때처럼 행복한 꿈.
  친구들에게서 배운 웃음, 그리고 영국 하늘 아래서
    가슴속으로 평온한 점잖음.

—브룩(R. Brooke, 1887~1915), 「병사(The Soldier)」

Tis said of certain poets, that writ large
  Their sombre names on tragic stage and tome,
    They are gulfs or estuaries of Shakespeare's sea.
Lofty the praise; and honour enough, to be
  As children playing by his mighty margin[23)]
    Glorious with casual sprinkling of the foam.

비극적인 무대와 무덤 위에 자신의 칙칙한 이름을
  커다랗게 쓴 어떤 시인들에 대해서 전해지는 말이 있으니,
    그들은 셰익스피어의 바다에 접한 만이나 하구라는 것이다.
높은 찬사도 받고, 영예도 충분히 누리니
  마치 그의 광대한 바닷가에서 놀면서

23) 텍스트에는 "margin"이 "marge"라고 표기되어 있는데, 誤字이다.

어쩌다 물거품이라도 튀면 기뻐하는 아이들과 같다.

— 왓슨(W. Watson, 1858~1935), 「시드니 리 씨의 "셰익스피어의 생애"에 씀 (Written in Mr. Sidney Lee's 'Life of Shakespeare')」에서

We are the Dead. Short days ago
We live, felt dawn, saw sunset glow,
Loved and were loved, and now we lie
In Flanders fields.

우리는 죽은 자. 바로 며칠 전만 해도
우리는 살아서 새벽을 느끼고 석양빛을 보았으며
사랑하고 사랑 받았으나 이제
플랜더스 벌판에 누워 있다.

— 크레이(J. Mc Crae, 1872~1918), 「플랜더스 벌판에(In Flanders Fields)」에서

그러나 소네트와 회환곡(迴環曲)만 그렇게 쓸 수 있고, 다른 형식의 시는 한 단락 속에 세 운이나 네 운이 있더라도 두 층의 고저만 있을 뿐이다. 다음 예를 보자.

Well yes, — if you saw us out driving
Each day in the park, four in hand, —
If you saw poor dear mamma contriving
To look supernaturally grand, —
If you saw papa's picture, as taken
By Brady, and tinted at that, —
You'd never suspect he sold bacon
And flour at Poverty Flat.

그래 맞아, — 우리가 날마다 손에 넷을 들고 공원에서
차를 몰고 나오는 걸 네가 본다면, —

불쌍한 우리 엄마가 초자연적으로 멋져 보이려고
　　수 쓰는 걸 네가 본다면, —
브래디가 찍은 것 같고 거기다 색칠까지 한
　　아빠의 사진을 네가 본다면, —
너는 결코 눈치 채지 못할 거야
　　아빠가 빈민촌에서 베이컨과 밀가루를 팔았다는 걸.
— 하트(F. B. Harte, 1836~1902), 「그 여자의 편지(Her Letter)」에서

62.22 중국의 신파(新派) 시인들도 시를 고저행(高低行)으로 쓴 경우가 있지만 대부분 시행의 장단으로 인해 고저를 나누었지, 운각이 다르기 때문에 고저를 나눈 것은 아니다. 때로는 단행(短行)과 장행(長行)의 운이 달라서 고저의 표기법이 일거양득이 되기도 했다. 그러나 전적으로 운각이 다르기 때문에 고저를 나눈 것도 있다. 다음 예를 보자.

天半鋪着幾片薄雲,
　微風漣漪似的蕩漾.
旁過壘壘枯寂的荒墳,
　我們登到永定門西的城上.

城內深沒人的蘆荻
　浩浩, 瀟瀟;
遙想故鄕此日,
　正連阡谷綠迢迢.

城下繞流着徑直的小溪,
　溪畔青翠的菖蒲叢叢;
遙想故鄕曲曲的水湄,
　正蒲錢點點, 水蓼花紅.

城外廣袤無垠的平原,

祇有單調的黍和稷;
遙想故鄕的塘裏田間,
紅白的荷花正香風習習.

平原中祇有矮小的茅屋,
幾片乾燥的土的房頂;
却不見故鄕那葱蘢的林木,
蕭疏處露出斷續炊烟, 迷離樹影.

하늘의 반은 몇 조각 엷은 구름이 깔려 있고
미풍은 잔물결처럼 출렁거린다.
적막 속에 늘어선 황량한 무덤 옆을 지나서
우리는 영정문 서쪽의 성 위에 올랐다.

성안에는 인적 없는 갈대가 수북이 자라 있어
아득히, 쏴아 거린다.
멀리 고향에서의 이 날을 생각해보면
밭길 따라 곡식이 파랗게 펼쳐 있겠지.

성 아래는 곧고 작은 시냇물이 에워싸듯 흐르고
시냇가에는 파릇파릇한 창포가 우거져 있다.
멀리 고향의 굽이치는 물가를 생각해보면
부들이 점점이 돋아 있고, 여뀌 꽃이 붉게 피어 있겠지.

성 밖으로 끝없이 펼쳐진 평원에는
다만 단조롭게 기장이 자라 있다.
멀리 고향의 못과 전답을 생각해보면
희고 붉은 연꽃에 향긋한 바람이 솔솔 불겠지.

평원에는 다만 자그마한 초가집뿐으로
몇 조각 건조한 흙 지붕이 보인다.

고향의 그 푸르고 무성한 숲은 보이지 않고
드문드문 밥 짓는 연기가 끊겼다 이어지고, 나무 그림자 어렴풋하다.
(시 전체는 15단락이고 운식은 *15abab인데, 여기서는 5단락을 수록하였다.)

—정간성(程侃聲), 「성 위[城上]」

雀鳥喧噪在門前樹間,
　晨光偷進我深沈的夢境;
驚醒後起來奔赴到院前,
　領略朝陽初現時的美景;
但我重憶起了你底華顏,
　你比朝陽還要嬌艶幾分!

炎日燃燒在淸朗的中天,
　樹蔭下只有我獨在納悶;
碧澄澄的池水蒸發升烟,
　我春情的海潮已經沸騰,
但我重憶起了你的情焰,
　你比炎日還要熱烈幾分!

夕照懸挂在幽邃的林邊,
　向人間贈送最後的離情:
歎氣似的吐輕霧在樹巓,
　縷縷裊繞穿過黃昏的心;
但我重憶起了你底愛戀,
　你比夕照還要纏綿幾分!

참새가 문 앞의 나무 사이에서 시끄럽게 지저귀고
새벽빛이 살그머니 내 깊은 꿈속으로 들어온다.
놀라 깨어난 후 일어나 뜰 앞으로 달려가니
아침 해가 갓 떠오른 아름다운 광경이 펼쳐졌다.
그러나 내가 네 화사한 얼굴을 다시 떠올리니

너는 아침 해보다도 훨씬 더 아름다웠다.

뜨거운 해가 맑은 중천에서 이글거리며 타오를 때
나무 그늘 아래서 오직 나 홀로 마음이 우울했다.
맑고 푸른 연못물이 증발하며 안개가 피어오를 때
내 춘정의 드넓은 물결도 이미 끓어올랐다.
그러나 내가 너의 정염을 다시 떠올리니
너는 뜨거운 태양보다도 훨씬 더 열렬했다.

석양이 그윽하고 깊은 숲가에 매달려서
이 세상에게 마지막 이별의 정을 보낸다.
탄식처럼 터져 나오는 가벼운 안개가 나무 꼭대기에서
한 올 한 올 황혼의 마음을 부드럽게 감싸며 뚫고 지나간다.
그러나 내가 너의 사랑을 다시 떠올리니
너는 석양보다도 훨씬 더 애틋하고 끊임없었다.
(운식은 3ababaB이다.)

— 유몽위(劉夢葦), 「모모에게[致某某]」

62.23 한 가지 주의해야 할 것은 서양시에서 시행의 고저를 나누는 것은 결코 필수적인 것이 아니라는 점이다. 운각의 차이에 의해서 고저를 나누는 것이 영시의 상례(常例)이긴 하지만 그렇다고 전혀 예외가 없는 것도 아니다. 어찌하여 중국의 신파 시인들이 시행 고저의 표기법에 대해 일치를 보이지 않고 심지어는 임의의 것이라고 오해한 사람이 있었는가를 이를 통해 이해할 수 있을 것이다.

제63절 소네트(상)—정식

63.1 백화시의 초기에 시인들은 문언시의 속박에서 막 해방되어 모두들 자유시로 쏠렸다. 1926년에 『신보시전(晨報詩鐫)』이 출판되어 문일다(聞一多) 등이 시의 음보(音步)와 운각(韻脚)을 제창하자 시인들은 점점 서양시의 격률을 받아들였다. 그 후 몇몇 시인들은 한 걸음 더 나아가 서양시에서 가장 중요하고 격률 또한 엄격한 형식인 소네트(the sonnet)를 모방하였다. 이렇게 해서 중국어의 유럽화시는 다시 옛날로 돌아가는 길로 들어선 듯했다. 비록 지금까지도 수많은 시인들이 자유시를 쓰고 있지만 말이다.

63.2 소네트는 14행으로 구성되어 있기 때문에 '14행시'라고 번역한 사람도 있다. 소네트는 이태리에서 발원한 후 프랑스·영국·독일 각국의 대시인들이 다투어 모방하였다. 지금에 이르러서도 소네트는 여전히 일종의 성행하는 시식(詩式)이다.

63.3 프랑스에는 발라드(ballade)라고 하는 일종의 또 다른 고전시가 있다. 발라드가 고대에는 그 세력이 소네트와 거의 맞먹었다. 나중에 발라드가 점차 쇠미해지자 시인들은 왕왕 그 8행 1단의 격식(운식 ababbcbc)만을 모방하고 그 미성(尾聲 : envoy)은 생략해버렸으며, 심지어는 운식에도 변화를 가져 왔다(예를 들어 ababcdcd 등).

(※ 주의 : 영시에는 일종의 고사시(故事詩)인 ballad라고 하는 것이 있는데, ballade와는 전혀 별개의 것이다. 이 양자를 ballad로 혼칭하는 사람도 있긴 하지만 어쨌든 구별하는 것이 옳다.)

이 형식들에 대해서는 제62절에서 간략하게 언급했으므로 본 절에서는 소네트에 대해서만 이야기하겠다.

63.4 중국인이 소네트를 모방한 것은 대망서(戴望舒)가 가장 이른 것 같지만 대망서의 시는 소네트의 정칙(正則)이 아니다(다음 절에서 인용한 대망서의 「十四行」을 볼 것). 이제 소네트의 정식(正式)과 변식(變式) 각각을 나누어 서술한 후, 중국 시인의 소네트를 종류에 따라 예를 들어 독자의 이해를 돕도록 하겠다.

63.5 소네트의 분단(分段)

소네트는 모두 14행인데, '이태리체(italian sonnet)'를 가지고 말하면 이 14행은 4단(4+4+3+3), 2단(8+6), 3단(4+4+6) 또는 1단(14)으로 나눌 수 있다. 이태리식은 4단으로 나누는 것인데, 프랑스식은 이태리식을 모방했다. 영국식은 보통 2단으로 나누지만 가끔가다 1단으로 합치거나 3단으로 나누고, 이태리와 프랑스의 모범을 따라 4단으로 쓰기도 한다. 프랑스의 소네트는 전반부가 2개의 4행이고(two quatrains), 후반부가 2개의 3행이다(two tercets). 영국의 소네트는 전반부가 8행이고(octave), 후반부가 6행이다(sestet). 중국 시인의 소네트는 대체로 언제나 4+4+3+3의 방법에 따랐다. 다음 예를 보자.

多少次, 我底幸福, 你曾經顯現
給我, 靈幻縹緲像天邊的彩雲, —
又像幻果高懸在危崖上, 鮮明
照眼, 却又閃爍不定, 似近還遠,

嘲諷一切攀摘的企圖和妄念!
但今天, 正當我在憂思裏逡巡,
你却姍姍地下降, 蹁躚如浮雲,
眼中燃着永恒底光明和火焰!

來, 我的幸福, 讓我們, 胸貼着胸,
靜看白晝底藍花徐徐地謝去;
任那無邊的黑暗, 流泉和夜風

低說萬千神秘的名字和誑語—
什麽都不能驚擾我們底心,
我底靈魂旣找着了你底靈魂!

몇 번이나, 나의 행복을, 당신이 일찍이 내게 현시해 주었던가!
환영이 하늘가의 구름처럼 어른거렸고,
또한 환영의 과일처럼 벼랑 위에 높이 매달려, 선명하게 눈을 비추었지만,
반짝이는 것이 일정치 않아, 가까운 듯하다가 다시 멀어졌다.

붙잡으려는 모든 기도와 망령된 생각을 조소하라!
그러나 오늘은, 내가 근심 속에서 머뭇거리고 있을 때
당신은 천천히 내려와, 뜬 구름처럼 선회하는데
눈에선 영원한 광명과 화염이 타오르고 있구나!

오라, 내 행복이여, 우리가 가슴과 가슴을 붙이고
대낮의 남빛 꽃이 서서히 지는 것을 조용히 보게 하라.
저 끝없는 암흑이, 흐르는 샘물과 밤바람이

수천 수만의 신비한 이름과 거짓말을 속삭이게 내버려두라—
어떤 것도 우리의 마음을 동요시킬 수 없나니
내 영혼이 이미 네 영혼을 찾지 않았는가!

— 양종대(梁宗岱), 「소네트[商籟]」 제2수

극소수이긴 하지만 8+6의 방법을 따른 시인도 있다. 다음 예를 보자.

小時候我總愛看夏日的晴空,

把它當作是一幅自然的地圖;
藍的是一片大洋, 白雲一朵朵
大的是洲, 小的是島嶼在海中.
大陸上顏色深的是山嶺山叢,
許多孔隙裂縫是冷落的江湖,
還有港灣像在望風帆的歸途,
等它們報告發現新土的成功.

如今, 正像是老話的滄海桑田,
滿懷的花草換得了一把荒烟,
就是此刻我也得像一隻迷羊
輾轉在灰沙裏, 幸虧還有蔚藍,
還有仿佛的雲峯浮在縹緲間,
倒可以擡頭望望這一個仙鄉.

어렸을 때 나는 언제나 여름의 갠 하늘을 즐겨 보며
그것을 자연의 한 폭 지도로 삼았다.
파란 것은 한 조각 대양이고, 흰 구름 한 덩이 한 덩이는
큰 것이 대륙이고, 작은 것은 바다의 섬이었다.
대륙에서 색깔이 진한 것은 산봉우리와 산맥이고
수많은 공극과 터지고 꿰맨 곳은 쓸쓸한 강과 호수이고
또한 항만은 돛배의 귀환을 바라며 그들이
새로운 땅의 발견에 성공했다는 보고를 기다리는 것 같았다.

지금은, 바로 옛말의 상전벽해처럼
가슴 가득했던 화초가 뿌연 황무지로 바뀌었으니
바로 그때 나도 한 마리 길 잃은 양처럼
잿빛 사막 속을 전전하다가, 다행히 아직 푸르고
아직 뭉게구름처럼 아득히 떠있어서
머리를 들고 그 仙鄕을 바라볼 수 있다.

— 변지림(卞之琳), 「바라보며[望]」

63.6 소네트의 음수(音數)

프랑스파의 소네트는 '알렉산더'식을 사용한 것이 가장 많이 보인다. 이른바 '알렉산더'식은 매 행 12음(音)이다. 다음 예를 보자.

En quelque lieu qu'il aille, ou sur mer ou sur terre,
Sous un climat de flamme ou sous un soleil blanc,
Serviteur de Jésus, courtisan de Cythère,
Mendiant ténébreux ou Crésus rutilant,

Citadin, campagnard, vagabond, sédentaire,
Due son petit cerveau soit actif ou soit lent,
Partout l'homme subit la terreur du mystire,
Et ne regarde en haut qu'avec un oeil tremblant.

En hant le Ciel ! ce mur de caveau qui l'étouffe,
Plafoud illuminé par un opéra bouffe,
Où chaque histrien foul un sol ensanglanté;

Terreur du libertin, espoir du fol ermite :
Le Ciel! couvercle noir de la grande marmite
Où bout l'imperceptible et vaste Humanité.

그가 가는 어느 곳, 바다 혹은 육지,
불꽃같은 기후, 또는 하얀 태양 아래,
예수의 신봉자, 시테르(Cythère)의 추종자,
음험한 걸인 내지는 번쩍이는 크로이소스(Crésus),

도시사람, 시골사람, 유랑하는 사람, 정착한 사람,
민첩하든 둔하든 하찮은 두뇌로 인해,

도처에서 인간은 신비로운 공포를 감내한다,
그저 떨리는 눈길로 높은 곳을 바라볼 뿐.

높은 곳의 하늘! 그것을 질식시키는 이 지하 묘소의 벽,
각각의 역사학자가 피로 물든 땅을 밟고 있는,
희가극으로 환하게 조명된 천장,

무 신앙인의 공포, 광기어린 은자의 희망 :
오, 하늘이여! 커다란 솥의 더러워진 뚜껑
거기에서 미미하지만 거대한 인성이 끓어오른다.

—샤를르 보들레르(C. Baudlaire), 「뚜껑(Le Couvercle)」

중국 시인 중에는 양종대(梁宗岱)가 비교적 12음의 사용을 좋아했다. 다음 예를 보자.

幸福來了又去 : 像傳說的仙人
他有時扮作骯髒襤樓的乞丐,
瘦骨嶙峋, 向求仙者俯伏叩拜,
看凡眼能否從卑賤認出眞身.

又仿佛古代赫赫的至尊出巡,
爲要戒備暴徒們意外的侵害,
簇擁着旌旗和車乘如雲如海,
使人辨不淸誰是侍衛誰是君.

但今天, 你這般自然, 這般嫵媚,
來到我底身邊, 我光艶的女郎,
從你那淸晨一般澄朗的眸光,

和那嘹亮的歡笑, 我毫不猶豫

認出他底靈光, 我慚愧又驚惶, —
看, 我眼中已湧出感恩的熱淚!

행복은 왔다가 다시 간다. 전설 속의 선인처럼
그는 때때로 더럽고 남루한 걸인으로 분장하고
깡마른 모습으로, 求仙者에게 엎드려 절하며
凡眼이 비천한 겉모습 속에서 참모습을 알아내는지를 본다.

또한 고대의 빛나는 지존께서 순행에 나선 것처럼
폭도들의 의외의 침해를 경계하고 대비하기 위해
깃발과 수레를 구름과 바다처럼 바짝 에워싸서
사람들이 누가 호위이고 누가 군주인지 분간하지 못하게 한다.

그러나 오늘, 당신이 이처럼 자연스럽고, 이처럼 맵시 있게
내 곁으로 와주었구려, 내 찬란하게 아름다운 여인이여
당신의 그 새벽 같이 맑고 밝은 눈빛과

그 맑게 울리는 웃음소리로부터, 나는 조금도 주저 없이
그의 신비한 빛을 인식하고 나서, 나는 부끄러운 한편 놀라고 당황하여, —
보아라, 내 눈에서 이미 은혜에 감사하는 뜨거운 눈물이 솟아나오는 것을!

양종대(梁宗岱),「소네트[商籟]」제1수

영국파의 소네트는 5보(步)의 iambic율이 가장 많이 보이는데, 이 또한 매 행 10음이다. 다음 예를 보자.

Yon silvery billows breaking on the beach
　　Fall back in foam beneath the star-shine clear,
　　The while my rhymes are murmuring your ear,
A restless lore like that the billows teach;
For on these sonnet-waves my soul would reach

From its own depths, and rest within you, dear,
As, through the billowy voices yearning here,
Great Nature strives to find a human speech.

A sonnet is a wave of melody :
From heaving waters of the impassioned soul
A billow of tidal music one and whole
Flows in the "octave"; then, returning free,
Its ebbing surges in the "sestet" roll
Back to the deeps of Life's tumultuous sea.

바닷가에서 부서지는 저기 은빛 파도는
또렷한 별빛 아래서 거품으로 떨어진다.
그 사이 내 시는 그대 귀에 대고
파도가 가르치는 것과 같은 활발한 지식을 중얼댄다.
왜냐 하면, 그대여, 내 영혼이 자신의 심해에서 나와
이 소네트의 파도를 타고 그대 안에 머무를 테니,
마치 여기에서 그리움에 찬 파도의 목소리를 통해
대자연이 인간의 말을 찾으려고 애쓰듯이.

소네트는 멜로디를 지닌 파도라네.
열정적인 영혼을 지닌 물결치는 바다로부터
음악소리를 내는 밀물 파도가 한꺼번에
"옥타브"로 흘러 들어오고, 이어서 맨몸으로 흘러 나가는
썰물 파도는 六行聯句가 되어
인생이라는 파란만장한 심해로 물결치며 돌아간다.

— 왓츠 던튼(Th. Watts-Dunton, 1836~1914),
「소네트의 목소리(The Sonnet's Voice)」

중국 시인의 소네트는 10음을 사용한 것이 비교적 많다. 다음 예를 보자.

我們聽着狂風裏的暴雨
我們在燈光下這樣孤單,
我們在這小小的茅屋裏
就是和我們用具的中間

也生了千里萬里的距離:
銅爐在向往深山的礦苗
瓷壺在向往江邊的陶泥,
它們都像風雨中的飛鳥

各自東西. 我們緊緊抱住,
好像自身也都不能自主.
狂風把一切都吹入高空

暴雨把一切又淋入泥土.
祇剩下這點微弱的燈紅
在證實我們生命的暫住.

우리는 광풍 속의 폭우 소리를 들으며
우리는 등불 빛 아래 이렇게 외로이
우리는 이 자그마한 초가집 속에서
바로 우리와 도구의 중간에서도

천리만리의 거리가 생겨났다.
구리 화로는 깊은 산의 광맥을 동경하고
자기 병은 강변의 고령토를 동경하고 있는데,
그들은 모두 비바람 속에서 날아가는 새처럼

각자 동서로 흩어진다. 우리는 꼭 껴안는다,
자신조차도 자주적일 수 없기라도 한 듯이.
광풍은 모든 것을 다 고공으로 보내버리고

폭우는 모든 것을 또 진흙 속에 밀어 넣는다.
다만 이 미약한 등불 빛만이 남아서
우리 생명의 덧없음을 실증하고 있다.

—풍지(馮至), 「십사행집(十四行集)」 제21수

물론 12음과 10음 외에도 11음, 9음, 8음, 7음, 6음 내지 5음이 모두 가능하다(다음에 드는 여러 가지 예를 참조할 것). 다만 한 가지 주의해야 할 것은 소네트 각 행의 음수(音數)는 반드시 같다는 점이다. 이것이 소네트의 격률이 근엄한 이유 중의 하나이다.

63.7 소네트의 운식(韻式)

소네트의 운식은 정식(正式)과 변식(變式)의 두 종류로 나눌 수 있다. 정식은 대체로 가장 많이 보이는 형식이면서 각가(各家)에 의해 채용된 형식을 가리킨다. 그리고 정식에 부합되지 않는 것이 변식이다. 또한 앞의 8행은 정식을 많이 사용하고 뒤의 6행은 변식을 사용할 수 있기 때문에, 앞에는 정식을 사용하고 뒤에는 변식을 사용한 것을 '정중지변(正中之變)'이라고 칭할 수 있다. 만약 앞의 8행에 변식을 사용한다면 뒤의 6행에 무슨 운식을 사용하건 모두 순수한 변식으로 간주해야 할 것이다. 이제 이 각각을 나누어 서술하겠다.

63.8 (1) 정식(正式)

이태리체의 소네트는 앞 8행의 운식이 언제나 abbaabba인데, 두 단락으로 나누어 abba abba로 쓴다면 두 개의 포운(抱韻)이 된다. 주의할 것은 모두 두 개의 운만을 사용해야 해서 제1, 4, 5, 8행을 서로 압운하고, 제

2, 3, 6, 7행을 서로 압운해야 한다는 점이다.

63.9 뒤 6행의 운식은 원칙적으로 여러 가지 변화가 허용되긴 하지만, 실제로는 여전히 이른바 정식이다. 프랑스파의 정식은 모두 두 종류가 있는데, 제1종은 이태리파의 정식을 계승하여 뒤의 6행이 ccd eed이며, 제1, 2행에 압운하고 제4, 5행에 압운하고 제3, 6행에 압운한다. 다음 예를 보자.

O qu'heureux est celui qui peut passer son age
Entre pareils àsoi! et qui sans fiction,
Sans crainte, sans envie, et sans ambition,
Règne paisiblement en son pauvre ménage!

Le misérable soin d'acquérir davantage
Ne tyrannise point sa libre affection;
Et son plus grand désir désir saus passion,
Ne s'étend plus avant que son propre héritage.

Il ne s'empêtré point des affaires d'autrui;
Son principal espoir ne dépend que de lui,
Il est son cour, son roi, sa faveur et son maître;

Il ne mange son bien en pays étranger,
Il ne met pour autrui sa personne en danger,
Et plus riche qu'il est ne voudrait jamais être.

오, 자신과 비슷한 사람들과 인생을 함께 할 수 있는 사람은 행복하다!
꾸밈도, 근심도, 욕망도 그리고 야망도 없이,
자신의 소박한 생활 속에 평온하게 군림하는 이는 행복하다!

더 많이 가지고자 하는 무가치한 수고는

자유로운 감정을 결코 다스릴 수 없다;
그리고 열정이 배제된 가장 큰 욕망이란,
자신의 고유한 유산이 늘어나기 전에는 더 이상 커질 수 없다.

그는 결코 타인의 일에 말려들지 않는다;
그의 가장 큰 소망은 다만 그에게 달려 있을 뿐,
그는 자신의 궁정이요 왕이며, 특혜이자 주인이다;

그는 해외에서 자신의 재산을 탕진하지 않으며,
타인을 위해 자신의 목숨을 위험에 빠트리지 않는다,
결코 그가 바랐던 것은 아니지만, 그는 훨씬 더 부자인 셈이다.

—뒤 벨레(J. Du Bellay, 1522~1560), 「회한(Les Regrets)」

중국의 시인 중에도 이 운식에 의거해서 소네트를 지은 사람이 있는데, 이를테면 앞에서 든 변지림(卞之琳)의 「바라보며[望]」가 이에 해당한다. 예를 하나 더 들어본다.

孤寂的大星! 你在黃昏的邊沿
像一滴秋淚晶瑩欲墜, 我每次
擡頭望見你, 心裏便驀地掀起
一陣愛底悸動和悵望底暈眩:

你這脈脈的清輝可是在預占
我將臨的幸福? 還是憶念過去
一個湮遠的黃昏(生前或夢裏)
你底溫光曾照着我倆底撫憐? —

愛人啊, 我底愛人! 如果你和我
靈魂裏不曾有過深契的應和,
怎麽這不解的狂渴在我舌根,

(自從見了你,) 還有冰冷的寂寞
和鄕思的煩躁在我心裏焚灼,
令我迷羊似地向你懷裏投奔?

고독한 큰 별아! 너는 황혼의 가장자리에서
떨어지려는 한 방울 영롱한 가을 눈물 같아, 나는 매번
고개 들어 너를 바라볼 때마다, 마음속에 갑자기 솟아오른다
한 바탕 사랑의 두근거림과 슬픔의 아찔함이.

너의 이 말없이 빛나는 맑은 빛이 예고해주는 것일까
나의 다가올 행복을? 아니면 과거의
멀리 사라져 가는 황혼(생전 또는 꿈속) 녘에
네 따뜻한 빛이 우리 둘의 연민을 비추던 것을 생각하는 것일까? —

애인아, 나의 애인아! 만약 너와 나의
영혼에 일찍이 깊은 호응이 없었다면
어떻게 이 해소할 수 없는 심한 갈증이 내 혀뿌리에 있고
(너를 보고 나서부터) 또한 차디찬 적막과
고향생각의 번민이 내 마음에서 타올라
나로 하여금 길 잃은 양처럼 네 품속으로 뛰어들게 하겠는가?

— 양종대(梁宗岱), 「소네트[商籟]」 제6수

제2종은 프랑스 시 자신의 정식으로, 뒤의 6행이 ccd ede이며 제1, 2행에 압운하고 제3, 5행에 압운하고 제4, 6행에 압운한다. 다음 예를 보자.

Jadis plus d'un amant, aux jardins de Bourgueil,
A gravé plus d'un nom dans l'écorce qi'il ouvre,
Et plus d'un coeur, sous l'or des hauts plafonds du Louvre,
À l'éclair d'un sourire a tressailli d'orgueil.

Qu'importe? Rien n'a dit leur ivresse ou leur deuil;

Ils gisent tout entiers entre quatre ais de rouvre
Et nul n'a disputé, sous l'herbe qui les couvre,
Leur inerte poussiére à l'oubli du cercueil.

Tout menrt, Marie, Hélène et toi, fière Cassandre,
Vos beaux corps ne scraient qu'une insensible cendre,
—Les roses et les lys n'out pas de lendemain. —

Si Rousard, sur la Seine ou sur la blonde Loire,
N'eût tressé pour vos fronts, d'une immortelle main,
Aux myrtes de l'Amour le laurier de la Gloire.

오래 전, 부르게이유의 정원에서 여러 연인들이,
그가 벗겨놓은 껍질 속에 여러 이름을 새겼다,
그리고 루브르의 높은 천장이 발하는 금빛 아래, 많은 이가,
섬광과도 같은 미소에 자부심으로 몸을 떨었다.

무슨 상관이겠는가? 아무것도 그들의 취함, 그들의 죽음을 말해주지 않았다.
그들은 모두 함께 네 개의 떡갈나무 판대 사이에 누워 있다.
그리고 어떠한 것도, 그들을 덮고 있는 풀 아래,
죽음을 망각한 듯 꼼짝하지 않고 있는 유해를 두고 다투지 않는다.

마리, 엘렌, 그리고 너, 자랑스러운 카산드라, 모두 저 세상으로……
이제 그대들의 아름다운 육체는 느낄 수 없는 재일 뿐,
—장미와 백합에게는 내일이 없다.—

롱사르가 세느강이나 황금빛 르와르강 위에서
그대들의 머리 장식을 위해 불멸의 손으로
사랑의 도금양 잎으로 승리의 월계관을 엮지 않았더라면.

—드 에르디아(J. -M. de Heredia, 1842~1905),
「롱사르의 사랑의 시집에 관하여(Sur Le Livre Des Amours De Pierre De Ronsard)」[24)]

중국 시인 중에도 이 운식에 의거해서 소네트를 지은 사람이 있다. 예를 들면 다음과 같다.

我們並肩徘徊在古城上,
我們的幸福在夕陽裏紅.
撲面吹來裊裊的棗花風,
五月的晚空向我們喧唱.

陶醉於我們靑春的夢想,
時辰的呼息又那麽圓融,
我們不覺駐足聽—像遠鐘—
它在我們靈魂裏的回響.

我們並肩徘徊在古城上,
我們的幸福脈脈地相偎 :
你無言, 我的靈魂却沒入

你那柔靜的深黑的眼睛……
像一瓣淸思, 新生的霽月,
向貞潔的天冉冉地上升.

우리는 어깨를 나란히 하고 옛 성 위에서 배회했고
우리의 행복은 붉게 비치는 석양에 있었다.
얼굴을 스치며 산들산들 불어오는 대추꽃 바람이
오월의 늦 하늘에서 우리에게 시끄럽게 노래 부른다.

우리들 청춘의 몽상에 도취되어
시간의 호흡 또한 그렇게 부드럽고 달콤하여
우리는 자신도 모르게 발을 멈추고 들었다—멀리 들려오는 종소리처럼—

24) 텍스트에는 'DE PIERRE'가 'DEP.'로 되어 있는데, 잘못된 것이다.

그것은 우리 영혼의 반향이었다.

우리는 어깨를 나란히 하고 옛 성 위에서 배회했고
우리의 행복은 말없이 서로 기대어 있었다.
너는 말이 없었지만, 나의 영혼은 오히려

너의 그 고요하고 부드러우며 검은 눈동자에 몰입되었다……
한 가닥 맑은 사념처럼, 갠 하늘에 새로 나온 달이
정결한 하늘을 향해 서서히 상승하고 있었다.

— 양종대(梁宗岱), 「소네트[商籟]」 제5수

영국파의 정식 소네트는 두 종류가 있는데, 제1종은 밀턴식(Milton's sonnet)이라고 부를 수 있으며 뒤의 6행이 cdecde로 3운의 쌍교(雙交)를 이룬다. 다음 예를 보자.

When I consider how my light is spent,
    Ere half my days in this dark world and wide,
    And that one talent which is death to hide
    Lodged with me useless, though my soul more bent
To serve therewith my Maker, and present
    My true account, lest[25] He returning chide,
    "Doth God exact day-labour, light denied?"
    I fondly ask : But Patience, to prevent
That murmur, soon replies, "God doth not need
    Either man's work or His own gifts : who best
    Bear His mild yoke, they serve Him best, His state
Is kingly : thousands at His bidding speed,
    And post o'er land and ocean without rest : -
    They also serve who only stand and wait."

25) 텍스트에는 "lest"가 "lost"라고 되어 있는데, 誤字이다.

이 어둡고 광대한 세상에서 내 생애를 반도 보내기 전에
내 빛을 잃고
감추면 죽은 거나 진배없는 그 한 가지 재능이
내 안에서 녹슬고 있는 걸 생각하면, 내 영혼이 아무리
그것으로 내 창조주를 섬기고 내 진실한 이야기를 말씀드려
그 분의 꾸짖음을 돌려받지 않으려 해본들,
"하느님은 빛은 빼앗으시면서 일상의 노동을 착취하시는가?" 하고
바보 같은 질문을 하게 된다. 그러나 인내심이 그 투덜거림을 막기 위해
이내 이렇게 답변한다, "하느님이 바라시는 것은
인간의 일이나 하느님이 주신 재능이 아니다. 그 분의
가벼운 멍에를 견디는 자가 그 분을 가장 잘 섬기는 것이다. 그 분의 나라는
왕국인지라, 무수한 사람이 그 분의 말씀에 따라
쉼 없이 산을 넘고 물을 건너 길을 내닫지만
가만히 서서 기다리는 자 또한 그 분을 섬기는 것이니라."

— 밀턴(J. Milton, 1608~1674), 「그가 눈 먼 것은(On His Blindness)」

중국 시인 중에서 이 운식에 의거하여 소네트를 지은 작가의 작품은 들 수 있는 예가 없는 것 같다. 제2종은 키츠식(Keats' sonnet)이라고 부를 수 있는데, 뒤의 6행이 cdcdcd이며 2운의 쌍교를 이룬다. 다음 예를 보자.

Much have I travell'd in the realms of gold,
And many goodly states and kingdoms seen;
Round many western islands have I been
Which bards in fealty to Apollo hold.
Oft of one wide expanse had I been told
That deep-brow'd Homer ruled as his demesne;
Yet did I never breathe its pure serene
Till I heard Chapman speak out loud and bold:

Then felt I like some watcher of the skies

When a new planet swims into his ken;
Or like stout Cortez when with eagle eyes
He stared at the Pacific-and all his men
Look'd at each other with a wild surmise—
Silent, upon a peak in Darien.

내 황금의 땅을 여러 군데 다녀보고
많은 훌륭한 나라와 왕국을 보았으며
시인들이 아폴로에 대한 충성으로 지탱하는
많은 서방의 섬도 둘러보았노라.
광활한 한 나라에 관한 소문을 자주 들었네,
박식한 호머가 그의 나라를 지배하였노라고.
그러나 그 맑은 하늘의 공기를 마시지 못하였다네,
채프먼이 우렁차고 또랑또랑하게 말하는 것을 들을 때까지는.

그때에 나는 새 별이 시야로 흘러 들어올 때
하늘을 바라보는 자가 되었거나,
부하들은 영문을 짐작 못해 서로를 빤히 바라보고만 있는데
대리언의 산꼭대기에 말없이 서서
독수리눈으로 태평양을 노려보던
늠름한 코르테스가 된 기분이었지.

—키츠(J. Keats, 1795~1821),
「채프먼 譯 호머를 처음 들여다보고(On First Looking into Chapman's Homer)」

중국 시인 중에도 이 운식에 의거하여 소네트를 지은 사람이 있다. 다음 예를 보자.

我摘給你我園中最後的蘋果:
看它形體多圓潤, 色澤多玲瓏,
從心裏透出一片晶瑩的暈紅,
像我們那天遠望的林中燈火.

因爲當它累累的伙伴一個個
爭向太陽去烘染它們底姿容,
它却悄燃着－在暗綠的濃影中－
自己的微焰, 靜待天風底掠過：

像我獻給你的這繾綣的情思,
它那麽懇摯, 却又這樣地腼腆,
祇在我這幽寂的心園裏潛滋,

從不敢試向月亮或星光窺探,
更別說讓人(連你自己, 愛啊!)知.
受了它罷：看它盡在風中抖顫!

나는 너에게 내 동산 최후의 사과를 따주었다.
보아라 그것의 형체가 얼마나 둥글고, 색채가 영롱한가를.
속에서 한 조각 밝고 투명한 발그레한 빛이 뚫고 나와
우리가 그 날 멀리 바라다본 숲 속의 등불 같다.

줄줄이 늘어선 그의 동료들이 하나씩
다투어 태양을 향해 그들의 자태를 붉게 물들일 때
그는 오히려 조용히－암녹색 짙은 그늘 속에서－
자신의 미약한 광염을 불태우며, 고요히 바람이 스쳐지나가기를 기다렸다.

내가 너에게 바친 이 끈끈한 정처럼
그는 그렇게 간절하면서도, 한편 이렇게 수줍어하며
다만 나의 이 적막한 마음의 동산에서 몰래 자라났다.

이제껏 감히 달이나 별을 바라보려 하지도 못했으니
다른 이가(너 자신조차, 사랑아!) 알도록 한다는 것은 말도 할 것 없다.
그를 받아들이자. 그가 바람 속에서 온몸을 떠는 것을 바라보자꾸나!

— 양종대(梁宗岱), 「소네트[商籟]」 제4수

물론 영국 시인 중에는 프랑스 파를 모방한 사람도 있지만, 프랑스 시인들이 영국파를 모방한 경우는 매우 드물다.

63.10 정식(正式)의 소네트는 시 전체에 5개의 운이 있을 뿐이고, 심지어 키츠식 같은 것은 4개의 운(abcd)이 있을 뿐이다. 5개의 운을 초과하지 않으면서 앞의 8행에는 포운(抱韻)을 사용하고, 다만 뒤 6행의 운식에 약간 변화를 준 것은 '정중지변(正中之變)'으로 볼 수 있다. 5개의 운을 초과하거나 앞의 8행에 교운(交韻)이나 수운(隨韻)을 사용한 것은 모두 순수한 변식(變式)이다.

제64절 소네트(중)—변식

64.1 (2) 정중지변(正中之變)

본래 '이태리체' 소네트의 뒤 6행은 앞 8행의 운식에 비해 자유로울 수 있다. 프랑스와 영국의 두 파가 뒤의 6행에 대해 4가지 상이한 운식을 지니고 있다고 앞에서 말했을 때 이미 이 점을 시사했다. 총괄하여 운각이 3행 이상 떨어져 있지만 않으면(예를 들어 cddeec 또는 cdedce 등) 기타 각 형식이 모두 가능하다. 이제 대략 흔히 보이는 순서에 따라 나누어 서술해보겠다.

64.2 (A) 운식 abba abba cdc dee

예를 들어 프랑스 보들레르의 「사후의 회한(黃泉悔, Remords Posthume)」과 「유죄선고 받은 책의 권두언(罪書卷頭語, Epigraphe pour un Livre condamné)」가 있다. 또한 앞 절에서 든 양종대(梁宗岱)의 「소네트」(제2수)와 제57절(57.16)

에서 든 변지림(卞之琳)의 「위로의 편지 모음[慰勞信集]」(제16수) 등이 이에 해당된다. 예를 하나 더 들어본다.

不喚你, 發明的, 起來發揮
三點一直線的衝鋒戰術:
嘴上一塊肉, 筷上一塊肉,
眼睛盯住了盤裏另一塊 —

如果你睡了, 睡眠更可貴:
案卷裏已經跋涉了一宿.
"起身號. 那我要睡了," 你說,
問明了是什麽角聲在吹.

多睡一會兒. 讓他們去鬧:
熹微中一朵朵緊張的面孔,
跑步, 唱歌, 練跳舞, 喊口號 ……

我不會說笑, 送你一個夢:
從你參加了種植的樹林
攀登了一千隻飛鳥的翩翎.

창조하는 너를 부르지 않을 테니, 일어나 발휘하여라
세 점 일직선의 돌격전술을.
입에 한 덩이 고기, 젓가락 위에 한 덩이 고기
눈동자로 접시 속의 또 다른 한 덩이를 점찍어두어라—

만약 네가 잠들었다면, 수면은 더욱 귀중하다.
서류 속에서 이미 한 잠을 힘겹게 버티었다.
"몸을 일으켜라. 이제 내가 자야겠다." 너는 말하며
무슨 뿔피리 소리가 들려오는지 물었다.

잠시 더 자거라. 그들이 소란을 피우도록 내버려두어라.
희미한 속에서 하나하나 긴장된 얼굴들이
달리고, 노래 부르고, 춤을 익히고, 구호를 외치고……

나는 우스개 소리를 할 줄 몰라, 너에게 꿈 하나를 보낸다.
네가 식목에 참가했던 숲으로부터
날아가는 천 마리 새의 깃털을 붙잡고 올랐다.

—변지림(卞之琳), 「위로의 편지 모음[慰勞信集]」 제4수

(B) 운식 abba abba cdd cee

예를 들어 보들레르의 「담뱃대(烟斗, La Pipe)」가 있다. 원문은 수록하지 않는다.

(C) 운식 abba abba cdd cdc

예를 들어 양종대(梁宗岱)의 「소네트」(제1수)가 있다. 앞 절에 인용된 것을 보라.

(D) 운식 abba abba cdd ccd

따로 예를 들지 않는다.

(E) 운식 abba abba ccd cdc

예를 들면 다음과 같다.

你在荒村裏忍受饑腸,
你常常想到死塡溝壑,
你却不斷地唱着哀歌
爲了人間壯美的淪亡:

戰場上有健兒的死傷,

天邊有明星的隕落,
萬匹馬隨着浮雲消沒……
你一生是他們的祭享.

你的貧窮在閃爍發光
像一件聖者的爛衣裳,
就是一絲一縷在人間

也有無窮的神的力量.
一切冠蓋在她的光前
祗照出來可憐的形象.

너는 황량한 마을에서 굶주림을 참으며
종종 죽어서 메울 골짜기를 생각했지만
너는 오히려 끊임없이 슬픈 노래를 불렀다
인간 세상의 장엄하고 아름다운 멸망을 위해.

전쟁터에는 건아의 사망과 부상이 있고
하늘가에서는 밝게 빛나는 별이 떨어지고
만 필의 말이 뜬구름을 따라 소멸한다……
너의 일생은 그들의 제물이었다.

너의 빈궁이 명멸하며 빛을 낼 때
聖者의 해진 의상처럼
바로 한 올 한 올이 인간 세상에서

또한 무궁한 신의 역량을 지녔다.
모든 관리가 그녀의 빛 앞에서
다만 가련한 형상을 드러낼 뿐이다.

— 풍지(馮至), 「십사행집(十四行集)」 제12수

(F) 운식 abba abba cdc ede

따로 예를 들지 않는다.

(G) 운식 abba abba ccd dee

따로 예를 들지 않는다.

64.3 이상 A. B. F. G. 네 형식의 뒤 6행은 모두 3개의 운을 사용하고, C. D. E. 세 형식의 뒤 6행은 2개의 운만을 사용했는데, 모두 소네트의 정칙(正則)이 아니다. 그러나 앞의 8행에는 ab 2개의 운만을 사용하고 또한 포운(抱韻)을 사용하여 정칙에 부합된다.

64.4 (3) 변식(變式)

서술의 편리를 위해 잠시 소네트의 변식을 소변(小變)과 대변(大變)의 두 종류로 나누겠다. 정식 소네트의 앞 8행은 운각이 같은 2개의 포운(抱韻)을 사용하는데, 비록 2개의 포운을 사용하긴 했지만 모두 4개의 운각(즉 abba cddc), 3개의 운각(abba acca 따위) 또는 2개의 순서가 들쭉날쭉한 운각(즉 abba baab)을 사용했다면 소변이라고 할 수 있고, 포운을 사용하지 않고 교운(交韻)이나 수운(隨韻)을 사용했다면 운각이 어떻든 간에 모두 대변이라고 할 수 있다. 이제 이 각각을 나누어 서술해보겠다.

64.5 I. 소변(小變)

소변은 다시 세 종류로 세분할 수 있다.

(甲) 앞의 8행에 4개의 운각을 사용한 것. 즉 abba cddc

(A) 운식 abba cddc eef ggf는 뒤의 6행이 프랑스파의 제1종 정식과 같다. 예를 들어 보들레르의 「액운(蹇運, Le Guignon)」, 「방비으에게(贈潘畏爾, A Théodore de Banville)」, 「장님들(瞽人們, Les Aveugles)」, 「독신자의 술(獨居者之酒, Le Vin du Solitaire)」 등이 이에 해당한다. 또한 제57절(57.26)에서 든 풍지(馮至)의 「십사행집(十四行集)」(제10수)도 이에 해당한다. 예를 하나 더 들어본다.

深夜又是深山
聽着夜雨沈沈.
十里外的山村
念里外的市廛
它們可還存在?
十年前的山川
念年前的變幻
都在雨裏沈埋.

四圍這樣狹窄
好像回到母胎;
神, 我深夜祈求

像個古代的人 :
"給我狹窄的心
一個大的宇宙!"

깊은 밤 그리고 깊은 산에서
주룩주룩 내리는 밤비 소리를 듣는다.
십 리 밖의 산촌
이십 리 밖의 시장
그것들이 아직도 있을까?

십 년 전의 산천
이십 년 전의 변환
모두 빗속에 침몰되었다.

사방의 주위가 이렇게 비좁아
마치 모태로 돌아온 것 같다.
신이여, 나 깊은 밤 기구하오니

마치 고대인처럼 기구한다.
"저의 비좁은 마음에
하나의 큰 우주를 주옵소서!"

— 풍지(馮至), 「십사행집(十四行集)」 제22수

(B) 운식 abba cddc eef gfg는 뒤의 6행이 프랑스파의 제2종 정식과 같다. 예를 들어 보들레르의 「고양이(貓, Les chats)」와 「올빼미(鴟, Les Hiboux)」 등이 있다.

(C) 운식 abba cddc efg efg는 뒤의 6행이 밀턴식과 같다. 다음 예를 보자.

我們招一招手, 隨着別離
我們的世界便分成兩個,
身邊感到冷, 眼前忽然遼闊,
像剛剛產生的兩個嬰兒.

啊, 一次別離, 一次降生,
我們擔負着工作的辛苦,
把冷的變成暖, 生的變成熟,
各自把個人的世界耘耕,

爲了再見, 好像初次相逢,

懷着感謝的情懷想過去
像初晤面時忽然感到前生.

一生裏有幾回春幾回冬,
我們祇感受時序的輪替,
感受不到人間規定的年齡.

우리는 손을 흔들었다, 이별에 뒤따라
우리의 세계가 두 개로 나누어져
신변이 차갑게 느껴지고, 눈앞이 갑자기 확 트이며
방금 태어난 두 명의 어린아이 같았다.

아, 한 번의 이별, 한 번의 강생
우리는 일의 고생을 등에 짊어지고
찬 것을 따뜻하게 바꾸고, 날것을 익은 것으로 바꾸며
각자 개인의 세계를 경작한다.

다시 만나기 위해, 처음 만난 것처럼
감사의 마음을 품고 과거를 생각하며
처음 만났을 때 갑자기 전생을 느낀 것처럼.

일생동안 몇 번의 봄과 가을이 있을까?
우리는 그저 계절이 바뀌는 것만 느낄 뿐
인간세상이 규정한 연령은 느끼지 못한다.

— 풍지(馮至), 「십사행집(十四行集)」 제19수

(D) 운식 abba cddc efe fgg는 뒤의 6행이 '정중지변(正中之變)'의 A.식과 같다. 예를 들어 보들레르의 「교감(交感, Les Correspondances)」, 「미의 신(美神, La Beauté)」, 「환영(一個鬼, Un Fantôme)」과 「지나가는 어느 여인에게(爲過街女客作, A. Une Passante)」 등이 있다. 예를 하나 더 들어본다.

可憐以浮華爲食品,
小蠓蟲在燈下紛墜,
不甘淡如水, 還要醉,
而抛下露養的青身.

多少艘艨艟一齊發,
白帆篷拜倒於風濤,
英雄們求金羊毛
終成了海倫的秀髮.

贊美吧, 芸芸的醉仙
光明下得了夢死地,
也畫了佛頂的圓圈!

曉夢後看明窗淨几,
待我來把你們吹空,
像風掃滿階的落紅.

가련하게도 화려한 빛을 먹이로 여기고
작은 날벌레들이 등불 아래 어지럽게 떨어진다.
달지 않고 물같이 담백한데도, 취하려고 하여
이슬로 기른 푸른 몸을 내던진다.

수많은 전함들이 일제히 출발했지만
하얀 돛배들은 바람과 파도에 굴복하고
영웅들은 황금 양모를 찾아 나섰지만
결국 헬레나의 수려한 모발이 되었다.

찬미하자, 수많은 醉仙을.
광명 아래서 꿈의 死地를 얻고
또한 부처 머리의 둥근 테를 그렸다!

새벽꿈 후에 밝은 창과 깨끗한 책상을 보라.
내가 너희를 공중으로 날려보내니
바람이 온 섬돌의 낙화를 쓸어버린 것 같구나.

— 변지림(卞之琳), 「불나비[燈蟲]」

(E) 운식 abba cddc eff egg는 뒤의 6행이 '정중지변'의 B.식과 같다. 예를 들어 보들레르의 「무형의 서광(無形之曙光, L'Aube Spirituelle)」 등이 있다. 또한 제57절(57.12)에서 든 풍지(馮至)의 「십사행집(十四行集)」(제3수)가 이에 속한다. 예를 하나 더 들어본다.

竟受了一盒火柴的夜襲,
你支持北方的一根大臺柱!
全與你發揮的理論相符,
熱坑是民衆, 配合了這一擊.

你不會受驚的, 也無大礙:
祇燒了皮大衣、毯子、棉軍服.
然而這是你全部的長物,
難怪你部下笑話着'救災'.

請原諒愛護到過火的熱心—
我們, 民衆, 寧願意這樣想,
看你檐頭的冰箸有多長!

仿佛冬寒裏不缺少春信,
意外裏你也有意外的微笑.
願你能多多重復'有味道'.

뜻밖에 성냥 한 갑의 야습을 받았지만
너는 북방의 큰 지주 하나를 떠받쳤다!

모든 것이 네가 피력한 이론과 부합하여
뜨거운 구덩이는 민중인데, 이 일격과 배합되었다.

너는 놀랄 리 없고, 또한 큰 장애도 없이
다만 가죽 외투와 담요와 면 군복을 불살랐다.
그러나 그것들은 네 그럴듯한 물건의 전부였으니
네 부하들이 '구호품'이라고 비웃은 것이 당연하다.

지나친 열정을 애호한 것을 용서해다오—
우리들, 민중은 차라리 그렇게 생각하기를 원한다.
네 처마 끝의 고드름이 얼마나 긴지 보아라!

겨울 추위에 봄소식을 빠뜨릴 수 없듯이
의외 속에 너도 의외의 미소가 있다.
네가 여러 번 "맛이 있다"를 반복할 수 있길 바란다.

—변지림(卞之琳), 「위로의 편지 모음[慰勞信集]」 제14수

(F) 운식 abba cddc eef gff는 뒤의 6행이 '정중지변'의 G.식과 같다. 예를 들어 보들레르의 「심곡원(深谷怨, De Profundis Clamavi)」 등이 있다. 원문은 수록하지 않는다.

(G) 운식 abba cddc eef eff는 예를 들어 보들레르의 「고통의 연금술(煉苦, Alchimie de la Douleur)」 등이 있다. 원문은 수록하지 않는다.

(H) 운식 abba cddc efe fef는 뒤의 6행이 키츠식과 같다. 따로 예를 들지 않는다.

(I) 운식 abba cddc eee eff는 뒤의 6행이 eef fgg의 변상(變相)일 것이다. 다음 예를 보자.

案頭擺設着用具
架上陳列着書籍,
終日在些靜物裏
我們不住地思慮,

言語裏沒有歌聲
擧動裏沒有舞蹈,
空空問窗外飛鳥
爲什麽振翼凌空.

祇有睡着的身體
夜靜時起了韻律,
空氣在身內游戲

海鹽在血裏游戲 —
夢裏可能聽得到
天和海向我們呼叫.

책상머리에 도구를 펼쳐 놓고
서가에 서적을 진열해 놓고서
종일토록 움직이지 않는 사물 속에서
우리는 쉴 새 없이 사고한다.

언어에는 노래 소리가 없고
거동에는 무도가 없어서
공연히 묻는다 창 밖의 날아가는 새에게
무엇 때문에 날개를 저어 하늘을 나느냐고.

다만 잠이 든 신체만이
고요한 밤에 운율을 일으켜
공기가 몸 안에서 유희를 한다.

해염이 핏속에서 유희를 한다—
꿈속에서 들을 수 있을 것이다
하늘과 바다가 우리를 부르는 소리를.

— 풍지(馮至), 「십사행집(十四行集)」 제25수

64.6 (乙) 앞의 8행에 3개의 운각을 사용한 것. 즉 abba acca 또는 abba cbbc 또는 abba bccb 등

이것은 정식과 변식의 사이에 놓여 있다. 여기서는 여섯 가지의 예만을 들겠다.

(A) 운식 abba acca dee dff는 뒤의 6행이 '정중지변'의 B.식과 같다. 예를 들어 보들레르의 「악의 꽃」 제33수(無題) 등이 있다.

(B) 운식 abba acca dee daa. 예를 들면 다음과 같다.

我常常想到人的一生,
便不由得向你祈禱.
你一叢白茸茸的小草
不曾孤負了一個名稱;

但你躲避着一切名稱,
過一個渺小的生活,
不孤負高貴和潔白,
默默地成就你的死生.

一切的形容, 一切喧囂
到你身邊, 有的就凋落,
有的化成了你的靜默:

這是你偉大的驕傲
却在你的否認裏完成.
我向你祈禱, 爲了人生.

나는 종종 사람의 일생을 생각하여
너에게 기도하지 않을 수 없다.
너 한 무더기 희고 무성한 작은 풀은
일찍이 하나의 명칭을 저버린 적이 없다.

그러나 너는 일체의 명성에서 도피하여
보잘것없는 생활을 영위하며
고귀와 결백을 저버리지 않고
묵묵히 너의 생사를 성취했다.

일체의 형체 용모와, 일체의 소란이
네 곁으로 와서, 어떤 것은 시들어 떨어지고
어떤 것은 변하여 너의 침묵을 이룬다.

이것이 너의 위대한 오만이지만
오히려 너의 否認 속에서 완성되었다.
나는 너에게 기도한다, 인생을 위해서.

— 풍지(馮至), 「십사행집(十四行集)」 제4수

(C) 운식 abba acca ded ede는 뒤의 6행이 키츠식과 같다. 다음 예를 보자.

什麽能從我們身上脫落,
我們都讓它化作塵埃:
我們安排我們在這時代,
像秋日的樹木一棵棵

把樹葉和些過遲的花朵
都交給秋風, 好舒開樹身
伸入嚴冬, 我們安排我們
在自然裏, 像蛻化的蟬蛾

把殘殼都丢在泥裏土裏
我們把我們安排給那個
未來的死亡, 像一段歌曲,

歌聲從音樂的身上脫落,
歸終剩下了音樂的身軀
化作一脈的青山默默.

무엇이건 우리의 몸에서 떨어내어
우리는 그것들을 먼지로 만들 수 있으니
우리는 우리를 안배한다 이 시대에
가을 나무 한 그루 한 그루처럼

나뭇잎과 늦게 지는 꽃을
모두 가을바람에 건네어, 나무의 몸체를 편안히
펴서 엄동에 들여보내고, 우리는 우리를
자연에 맡겨, 허물을 벗는 매미와 나방처럼

벗은 껍데기를 흙 속에 던져버리고
우리는 우리를 내 맡긴다
미래의 사망에, 한 곡조 가곡처럼

노래 소리가 음악의 몸에서 떨어져 나와
끝내 음악의 몸체를 남기고
한 줄기 청산의 고요함으로 변한다.

— 풍지(馮至), 「십사행집(十四行集)」 제2수

(D) 운식 abba acca ddd dee는 뒤의 6행이 (甲) (I)와 같다. 다음 예를 보자.

我時常看見在原野裏
一個村童, 或一個農婦
向着無語的晴空啼哭,
是爲了一個懲罰, 可是

爲了一個玩具的毀棄?
是爲了丈夫的死亡,
可是爲了兒子的病創?
啼哭得那樣沒有停息,

像整個的生命都嵌在
一個框子裏, 在框子外
沒有人生, 也沒有世界.

我覺得他們好像從古來
就一任眼淚不住地流
爲了一個絶望的宇宙.

나는 종종 보았다 원야에서
한 촌동, 또는 한 농촌 아낙이
말없이 푸른 하늘을 향해 우는 것을.
그것은 하나의 징벌 때문이다, 그러나

완구 하나가 망가져 버려졌기 때문인가?
그것은 남편의 사망 때문이다.
그러나 아이가 병이 났기 때문인가?
저렇게 끊임없이 울고 있으니

모든 생명이 다 한 개의 테 속에
끼어 들어가서, 테 밖에는
인생도 없고, 세계도 없는 것처럼.

나는 느낀다 그들이 마치 고대에서 와서
눈물이 끊임없이 흐르도록 내버려두는 것은
절망의 우주를 위해서인 것 같다고.

— 풍지(馮至), 「십사행집(十四行集)」 제6수

(E) 운식 abba cbbc aba cbc. 예를 들면 다음과 같다.

我們常常度過一個親密的夜
在一間生疎的房裏, 它白晝時
是什麽模樣, 我們無從認識,
更不必說它的過去未來. 原野

一望無邊地在我們窗外展開,
我們祗依稀地記得在黃昏時
來的道路, 便算是對它的認識,
明天走後, 我們也不再回來.

閉上眼吧! 讓那些親密的夜
和生疎的地方織在我們心裏:
我們的生命像那窗外的原野,

我們在朦朧的原野上認出來
一棵樹, 一閃湖光; 它一望無際
藏着忘却的過去, 隱約的將來.

우리는 종종 친밀한 밤을 지낸다

생소한 집에서, 그것이 대낮에
어떤 모습인지, 우리는 알 길이 없고
그것의 과거와 미래는 더욱 말할 필요가 없다. 들판은

바라보면 끝이 없이 우리 창밖에 전개되어
우리는 어렴풋이 기억할 뿐이다 황혼에
찾아온 길을, 그것에 대한 인식이 있더라도
내일 가고 난 뒤에는, 우리도 다시 돌아오지 않을 것이다.

눈을 감자! 저 친밀한 밤이
생소한 곳과 함께 우리 마음에 짜여진다.
우리의 생명이 저 창밖의 들판처럼

우리는 몽롱한 들판에서 알아낸다
한 그루 나무, 한 줄기 호수 빛. 그것은 끝없이
망각의 과거와 어렴풋한 미래를 감추고 있다.

— 풍지(馮至), 「십사행집(十四行集)」 제18수

(F) 운식 abba bccb cde cde. 예를 들면 다음과 같다.

這裏幾千年前
處處好像已經
有我們的生命;
我們未降生前

一個歌聲已經
從變幻的天空,
從綠草和青松
唱我們的運命.

我們憂患重重,
這裏怎麽竟會
聽到這様歌聲?

看那小的飛蟲,
在它的飛翔內
時時都是永生.

여기 수천 년 전에
곳곳에서 마치 이미
우리의 생명이 있었던 것 같다.
우리가 강생하기 전에

하나의 노래 소리가 이미
마구 변하는 하늘에서
푸른 풀과 청송에서
우리의 운명을 노래한다.

우리에게 우환이 겹겹 쌓여 있으니
여기서 어떻게 도대체
이 같은 노래 소리를 들을 수 있을까?

저 작은 날벌레를 보라
저것이 비상하는 동안
시시각각 모두가 영생인 것을.

— 풍지(馮至), 「십사행집(十四行集)」 제24수

64.7 ※ 주의 : B. E. F.의 세 가지 운식에는 하나의 특별한 점이 있는데, 그것은 뒤 6행의 운각이 앞 8행의 운각과 같을 수 있다는 점이다.

64.8 (丙) 앞의 8행에 두 개의 순서가 들쭉날쭉한 운각, 즉 abba baab를 사용한 것

이것은 더욱 정식과 변식 사이에 있다. 여기서는 네 종류의 예만 들겠다.

(A) 운식 abba baab ccd eed는 뒤의 6행이 프랑스파 제1식과 같다. 예를 들어 보들레르의 「심연(深淵, Le Gouffre)」 등이 있다. 원문은 수록하지 않는다.

(B) 운식 abba baab ccd ede는 뒤의 6행이 프랑스파 제2식과 같다. 예를 들어 보들레르의 「악의 꽃」 제40수(無題) 등이 있다. 원문은 수록하지 않는다.

(C) 운식 abba baab cdd cee는 뒤의 6행이 '정중지변'의 B식과 같다. 예를 들어 보들레르의 「전생(前生, La Vie Antérieure)」과 「환영」 제2수 등이 있다. 원문은 수록하지 않는다.

(D) 운식 abba baab cac dad. 예를 들면 다음과 같다.

我們天天走着一條熟路
回到我們居住的地方;
但是在這林裏面還隱藏
許多小路, 又深邃, 又生疎.

走一條生的, 便有些心慌,
怕越走越遠, 走入迷途,
但不知不覺從樹疏處
忽然望見我們住的地方

像座新的島嶼呈在天邊.
我們的身邊有多少事物
在向我們要求新的發現 :

不要覺得一切都已熟悉,
到死時撫摸自己的髮膚
生了疑問 : 這是誰的身體?

우리는 매일 한 가닥 익숙한 길을 걷다가
우리가 거주하는 곳으로 돌아온다.
그러나 이 숲 속에는 또한 숨겨져 있다
수많은 작은 길이, 깊숙하고 생소한 채로.

한 가닥 생소한 길을 걸으면, 마음이 황급해지고
걸을수록 멀어지고, 미로로 들어갈까 두렵지만
모르는 사이에 나무가 성긴 곳으로부터
갑자기 우리가 사는 곳을 발견하게 된다.

새로운 섬 하나가 하늘가에 나타나듯이
우리의 주변에 얼마나 많은 사물이
우리에게 새로운 발견을 요구하고 있을까?

모든 것을 다 잘 알고 있다고 생각하지 말라.
죽을 때 자신의 머리와 피부를 쓰다듬으면
의문이 생길 것이다. 이건 누구의 몸인가?

— 풍지(馮至), 「십사행집(十四行集)」 제26수

제65절 소네트(하)－변식, 셰익스피어체와 스펜서체

65.1 II. 대변(大變)

대변은 다시 교운(交韻)과 수운(隨韻)의 두 종류로 나눌 수 있다. 이를 나누어 서술하면 다음과 같다.

(甲) 앞의 8행에 교운을 사용한 것

I. 앞의 8행에 두 개의 운각, 즉 abab abab를 사용한 것
여기서는 아홉 종류의 예만 들겠다.

(A) 운식 abab abab ccd eed는 뒤의 6행이 프랑스파의 제1식과 같다. 예를 들어 보들레르의 「못난 수도사(劣僧, Le Mauvais)」, 「우울(愁, Spleen)」과 「뚜껑(鑊蓋, Le Couvercle)」 등이 있다. 원문은 수록하지 않는다.

(B) 운식 abab abab ccd ede는 뒤의 6행이 프랑스파의 제1식과 같다. 예를 들어 보들레르의 「유유자적한 죽음(逍遙死, Le Mort Joyeux)」, 「모욕당한 달(被侮辱的月亮, La-Lune Offensée)」, 「연인들의 죽음(情侶之死, La Mort des Amants)」과 「어느 호기심 많은 자의 꿈(求知者之夢, Le Rêve d'un Curieux)」 등이 있다. 원문은 수록하지 않는다.

(C) 운식 abab abab cdd cee는 뒤의 6행이 '정중지변'의 B.식과 같다. 예를 들어 보들레르의 「추악한 동정(醜惡之同情, Horreur Sympathique)」 등이 있다. 원문은 수록하지 않는다.

(D) 운식 abab abab cdd cbb는 C.식의 변상(變相)이다. 예를 들면 다음과 같다.

我們並立在高高的山巓
化身爲一望無邊的遠景,
化成面前的廣漠的平原,
化成平原上交錯的蹊徑.

哪條路, 哪道水, 沒有關連,
哪陣風, 哪片雲, 沒有呼應:
我們走過的城市, 山川
都化成了我們的生命

我們的生長, 我們的憂愁,
是某某山坡的一棵松樹,
是某某城上的一片濃霧;

我們隨着風吹, 隨着水流,
化成平原上交錯的蹊徑,
化成蹊徑上行人的生命.

우리는 높은 산꼭대기에 나란히 서서
몸이 바라보면 끝이 없는 遠景이 되고
면전의 광대하고 삭막한 평원이 되고
평원 위에서 교차하는 작은 길이 된다.

어느 길이건, 어느 물길이건, 관련이 없고
어느 바람이건, 어느 구름이건, 호응이 없다.
우리가 걸어간 도시, 산천이
모두 우리의 생명으로 바뀌었고

우리의 생장, 우리의 우수가
어느 어느 산비탈의 한 그루 소나무이고
어느 어느 성 위의 한 조각 濃霧이다.

우리는 바람 부는 대로, 물 흐르는 대로
평원 위에 교차하는 작은 길이 되고
작은 길을 가는 행인의 생명이 된다.

— 풍지(馮至), 「십사행집(十四行集)」 제16수

(E) 운식 abab abab ccd dee는 뒤의 6행이 '정중지변'의 G.식과 같다. 예를 들어 보들레르의 「병든 뮤즈(藐子有疾, La Muse Malade)」 등이 있다. 원문은 수록하지 않는다.

(F) 운식 abab abab cdd cdc는 뒤의 6행이 '정중지변'의 C.식과 같다. 예를 들어 보들레르의 「가을 소네트(秋興, Sonnet d'Automne)」 등이 있다. 원문은 수록하지 않는다.

(G) 운식 abab abab ccc ddc. 예를 들어 보들레르의 「식민지 태생의 한 백인 여인에게(贈土生白種女子, A une Dame Créole)」 등이 있다. 원문은 수록하지 않는다.

(H) 운식 abab abab ccd ccd. 예를 들어 보들레르의 「빈자의 죽음(貧人之死, La Mort des Pauvres)」 등이 있다. 원문은 수록하지 않는다.

(I) 운식 abab abab bab bab. 이것은 용운(用韻)이 가장 적은 형식이다. 예를 들면 다음과 같다.

你說, 你最愛看這原野裏
一條條充滿生命的小路,

是多少無名行人的步履
踏出活活潑潑的道路.

在我們心靈的原野裏
也有一條條宛轉的小路,
但曾經在路上走過的
行人多半已不知去處:

寂寞的兒童, 白髮的夫婦,
還有些年紀青青的男女,
還有死去的朋友, 他們都

給我們踏出來這些道路;
我們紀念着他們的步履
不要荒蕪了這幾條小路.

너는 말했다, 네가 가장 즐겨 보는 건 이 들판에서
한 가닥 한 가닥 생명이 충만한 작은 길,
수많은 무명 행인의 발걸음이
활발하게 내딛었던 그 길이다.

우리 심령의 들판에도
한 가닥 한 가닥의 구불구불한 소로가 있지만
일찍이 그 길을 걸어갔던
행인의 대부분은 이미 간 곳을 알 수 없다.

적막한 아동, 백발의 부부,
또한 나이 젊은 남녀가 있고,
또한 죽은 친구들이 있는데, 그들은 모두

우리에게 그 길을 걸어 나오는 모습을 보여주었다.

우리는 그들의 발걸음을 기념하기 위해
그 몇 가닥 소로를 잡초가 뒤덮게 해서는 안 된다.

—풍지(馮至), 「십사행집(十四行集)」 제17수

65.2 Ⅱ. 앞의 8행에 두 개의 순서가 들쭉날쭉한 운각, 즉 abab baba를 사용한 것

예를 들어 보들레르의 「명상(收心, Recueillement)」 등이 있다. 시 전체의 운식은 abab baba ccd ede이다. 원문은 수록하지 않는다.

65.3 Ⅲ. 앞의 8행에 abab acac 또는 abab cbcb처럼 3개의 운각을 사용한 것

여기서는 두 종류의 예만 들겠다.

(A) 운식 abab acac dde ded는 뒤의 6행이 '정중지변'의 E.식과 같다. 예를 들면 다음과 같다.

我們聽着狂風裏的暴雨
我們在燈光下這樣孤單,
我們在這小小的茅屋裏
就是和我們用具的中間

也生了千里萬里的距離:
銅爐在向往深山的礦苗
瓷壺在向往江邊的陶泥,
它們都像風雨中的飛鳥

各自東西. 我們緊緊抱住,
好像自身也都不能自主.
狂風把一切都吹入高空

暴雨把一切又淋入泥土.
祇剩下這點微弱的燈紅
在證實我們生命的暫住.

우리는 광풍 속의 폭우 소리를 들으며
우리는 등불 빛 아래 이렇게 외로이
우리는 이 자그마한 초가집 속에서
바로 우리와 도구의 중간에서도

천리만리의 거리가 생겨났다.
구리 화로는 깊은 산의 광맥을 동경하고
자기 병은 강변의 고령토를 동경하고 있는데,
그들은 모두 비바람 속에서 날아가는 새처럼

각자 동서로 흩어진다. 우리는 꼭 껴안는다,
자신조차도 자주적일 수 없기라도 한 듯이.
광풍은 모든 것을 다 고공으로 보내버리고

폭우는 모든 것을 또 진흙 속에 밀어 넣는다.
다만 이 미약한 등불 빛만이 남아서
우리 생명의 덧없음을 실증하고 있다.

— 풍지(馮至), 「십사행집(十四行集)」 제21수

(B) 운식 abab cbcb ded eff는 뒤의 6행이 '정중지변'의 A.식과 같다. 예를 들어 보들레르의 「음악(音樂, La Musique)」과 「증오를 담는 통(恨之桶, Le Tonneau de la Haine)」 등이 있다. 원문은 수록하지 않는다.

65.4 IV. 앞의 8행에 네 개의 운각, 즉 abab cdcd를 사용한 것
여기서는 8개의 예만 들겠다.

(A) 운식 abab cdcd eef ggf는 뒤의 6행이 프랑스파의 제1식과 같다. 예를 들어 보들레르의 「이상(理想, L'Idéal)」, 「언제나 이대로(常如是, Semper Eadem)」, 「달의 슬픔(月愁, Tristesse de la Lune)」, 「저주 받은 시인의 무덤(被詛咒詩人之墓, Sépulture d'un Poète Maudit)」과 「반역자(叛徒, Le Rebulle)」 등이 있다. 예를 하나 더 든다.

看這一隊隊的馱馬
馱來了遠方的貨物,
水也會衝來了一些泥沙
從些不知名的遠處,

風從千萬里外也會
掠來些他鄉的嘆息:
我們走過無數山水,
隨時占有, 隨時又放棄,

仿佛鳥飛翔在空中,
它隨時都管領太空,
隨時都感到一無所有.

什麽是我們的實在?
從遠方什麽也帶不來,
從面前什麽也帶不走.

저 한 대열 한 대열의 짐말이
멀리서 화물을 실어온 것을 보니
물도 모래와 부딪쳐가며
알 수 없는 먼 곳에서 모래를 실어 왔겠구나.

바람은 천 리 만 리 밖에서도

타향의 탄식을 빼앗아올 수 있다.
우리는 무수한 산수를 지나오면서
수시로 점유하고, 또한 수시로 버렸다.

마치 새가 공중에서 비상하면서
늘 하늘을 관장하지만
그때마다 무소유를 느끼는 것과 같다.

무엇이 우리들의 실재인가?
멀리서 아무 것도 가져올 수 없고
면전에서 아무 것도 가져 갈 수 없다.

— 풍지(馮至), 「십사행집(十四行集)」 제15수

(B) 운식 abab cdcd eef gfg는 뒤의 6행이 프랑스파 제2식과 같다. 예를 들어 보들레르의 「원수(仇, L'Ennemi)」, 「거인(巨人, La Géante)」, 「악의 꽃」 제43수(無題)와 「파괴(破壞, La Destruction)」 등이 있다. 예를 하나 더 든다.

淘氣的孩子, 有辦法:
叫游魚嚙你的素足,
叫黃鸝啄你的指甲,
野薔薇牽你的衣角……

白蝴蝶最懂色香味
尋訪你午睡的口脂.
我窺候你渴飲泉水
取笑你吻了你自己.

我這八陣圖好不好?
你笑笑, 可有點不妙,
我知道你還有花樣!

哈哈! 到底算誰勝利?
你在我對面的墙上
寫下了"我眞是淘氣".

개구쟁이에게는, 방법이 있다.
물고기가 네 맨발을 깨물게 하고
꾀꼬리가 네 손톱을 쪼게 하고
들장미가 네 옷자락을 당기게 하고……

흰 나비가 색과 향과 맛을 가장 잘 알아서
낮잠 자는 네 입술의 연지를 찾아간다.
나는 네가 목말라 샘물 마시는 것을 들여다보며
네가 자신과 입 맞추는 것을 비웃는다.

나의 이 팔진도가 어떻습니까?
네가 웃는 걸 보니, 마땅치 않은 점이 있구나.
나는 안다 너에게 교묘한 수법이 있다는 것을!

하하! 도대체 누가 이긴 셈일까?
너는 내 맞은 편 담에다
써놓았다. "나는 못 말리는 개구쟁이."

—변지림(卞之琳), 「장난기[淘氣]」

(C) 운식 abab cdcd efg efg는 뒤의 6행이 밀턴식과 같다. 다음 예를 보자.

我們準備着深深地領受
那些意想不到的奇迹,
在漫長的歲月裏忽然有
彗星的出現, 狂風乍起:

我們的生命在這一瞬間,
仿佛在第一次的擁抱裏
過去的悲歡忽然在眼前
凝結成屹然不動的形體.

我們贊頌那些小昆蟲:
它們經過了一次交媾
或是抵御了一次危險,

便結束了它們美妙的一生.
我們整個的生命在承受
狂風乍起, 彗星的出現.

우리는 깊이 받아들일 준비를 하고 있다
그 생각지도 못했던 기적들을,
기나긴 세월 속에서 갑자기
혜성이 출현하고, 광풍이 이는 것을.

우리의 생명은 이 한 순간에
마치 첫 포옹 속에서
과거의 슬픔과 기쁨이 갑자기 눈앞에서
꼼짝도 하지 않는 형체로 응결된 것 같다.

우리는 저 작은 곤충들을 찬송한다.
그들은 한 차례의 교미를 거치고 나면
또는 한 차례의 위험에 저항하고 나면

그들의 아름답고 기묘한 일생을 마친다.
우리의 모든 생명은 받아들이고 있다
갑자기 이는 광풍과, 혜성의 출현을.

— 풍지(馮至), 「십사행집(十四行集)」 제1수

(D) 운식 abab cdcd efe fgg는 뒤의 6행이 '정중지변'의 A.식과 같다. 예를 들어 보들레르의 「고양이(貓, Le Chat)」, 「결투(決鬪, Duellum)」, 「환영(一個鬼)」 제4수, 「살아 있는 횃불(活炬, Le Flambeau Vivant)」와 「한담(閑談, Causerie)」 등이 있다. 예를 하나 더 들어본다.

你老了! 朝生暮死的畫刊
如何拱出了你一副霜容!
憂患者看了不禁要感歎,
像頓驚歲晚於一樹丹楓.

難怪呵, 你是辛苦的頂點,
五千載傳統, 四萬萬意向
找了你當噴泉. 你活了一年
就不止圓缺了十二個月亮.

會裝年青的只有狐狸精;
你一對眼睛却照舊奕奕,
夜半開窗當無愧于北極星.

"以不變馭萬變"又上了報頁,
你用得好呵! 你堅持到底
也就在歷史上嵌穩了自己.

당신은 늙었어요! 아침에 태어났다 저녁에 죽는 화보가
어떻게 당신의 희끗희끗한 얼굴을 담아냈나요!
걱정하는 사람이 보면 한탄을 금치 못할 거예요
갑자기 저문 한 해에 놀라는 한 그루 단풍처럼.

당연하지요, 당신은 고생의 정점에 서 있어서,
오천 년의 전통, 사억 인의 의향이

당신이 물을 뿜을 때를 찾았어요. 당신은 일 년을 살며
12개의 달이 차고 이지러지는 데 그치지 않았지요.

젊음을 가장할 수 있는 건 사람을 홀리는 여자뿐이니
당신의 두 눈은 오히려 전처럼 빛나서
한밤중에 창문을 열면 북극성에 부끄럽지 않았어요.

"불변으로 온갖 변화를 제어한다"가 또 신문에 났으니
당신은 잘 사용했어요! 당신은 끝까지 견지하여
또한 역사상에서 자신을 잘 장식하였지요.

— 변지림(卞之琳), 「위로의 편지 모음[慰勞信集]」 제11수

(E) 운식 abab cdcd eff gff는 뒤의 6행이 '정중지변'의 B.식과 같다. 예를 들어 보들레르의 「악의 꽃」 제28수와 「홀린 사내(魔迷, Obsession)」 등이 있다. 예를 하나 더 들어본다.

接連落了半月的雨,
你們自從降生以來
就祗知道潮濕陰鬱,
一天雨雲忽然散開

太陽光照滿了墻壁,
我看見你們的母親
把你們銜到陽光裏,
讓你們用你們全身

第一次領受光和暖,
等到太陽落後, 它又
銜你們回去. 你們沒有

記憶, 但這一幕經驗
會融入將來的吠聲,
你們在深夜吠出光明.

잇달아 반 달 동안 비가 내렸으니
너희가 이 땅에 태어난 이래로
축축하고 음울한 것만 알 뿐이다.
어느 날 비구름이 갑자기 흩어지고

햇빛이 담벼락을 가득히 비추면
나는 본다 너희의 어미가
너희를 양지에 물어다 놓아
너희가 너희의 온몸에

처음으로 빛과 따뜻함을 받아들이게 하고,
태양이 진 후에, 어미는 다시
너희를 물고 돌아간다. 너희는 없다

기억이, 그러나 그 일 막의 경험이
미래의 개 짖는 소리에 녹아 들어가
너희가 깊은 밤에 광명을 짖어낼 것이다.

— 풍지(馮至), 「십사행집(十四行集)」 제23수

(F) 운식 abab cdcd eef fgg는 뒤의 6행이 '正中之變'의 G.식과 같다. 예를 들어 보들레르의 「금간 종(破鐘, La Cloche Fêlée)」과 「무신론자의 기도(教外人之禱語, La Prière d'un Païen)」 등이 있다. 또한 제58절에서 든 풍지(馮至)의 「십사행집(十四行集)」 제7수가 이에 해당된다.

(G) 운식 abab cdcd efe ffe. 예를 들어 보들레르의 「하루의 끝(一日之末, La Fin de Journée)」 등이 있다. 원문은 수록하지 않는다.

(H) 운식 abab cdcd bbe ebe. 예를 들면 다음과 같다.

你長年在生死的中間生長,
一旦你回到這墮落的城中,
聽着這市上的愚蠢的歌唱,
你會像是一個古代的英雄

在千百年後他忽然回來,
從些變質的墮落的子孫
尋不出一些盛年的姿態,
他會出乎意外, 感到眩昏.

你在戰場上像不朽的英雄
在另一個世界永向蒼穹,
歸終成爲一隻斷線的紙鳶:

但是這個命運你不要埋怨,
你超越了他們, 他們已不能
維系住你的向上, 你的曠遠.

당신은 일 년 내내 생사의 중간에서 생장했고
어느 날 당신은 이 타락한 성에 돌아와
이 도시의 어리석은 노래를 들으며
당신은 한 고대의 영웅처럼

수백 수천 년 후에 그가 갑자기 돌아와서
변질되고 타락한 자손들로부터
장년의 자태를 찾을 수 없을 것이고
그는 뜻밖에도, 현기증을 느낄 것이다.

당신은 전쟁터의 불후한 영웅처럼
또 다른 세계에서 영원히 창공을 향해
결국 줄 끊어진 종이 연 하나가 되었다.

그러나 이 운명을 원망하지 말지니
당신은 그들을 뛰어넘어, 그들은 이미
당신의 비상, 당신의 멀리 감을 매어둘 수 없다.

—풍지(馮至), 「십사행집(十四行集)」 제9수

65.5 (乙) 앞의 8행에 수운(隨韻)을 사용한 것

이 종류는 다른 것에 비해 아주 드물게 보인다.

I. 앞의 8행에 두 개의 운각, 즉 aabb aabb를 사용한 것
여기서는 두 개의 예만 들겠다.

(A) 운식 aabb aabb cdd cee는 뒤의 6행이 '정중지변'의 B.식과 같다. 예를 들어 보들레르의 「안개 비(霧雨, Brumes)」와 「피의 샘(血泉, La Fontaine de Sang)」 등이 있다. 원문은 수록하지 않는다.

(B) 운식 aabb aabb ccc ddd. 이것은 격률이 가장 차이가 나는 일종이다. 예를 들면 다음과 같다.

微雨飄落在你披散的鬢邊,
像小珠碎落在青色的海帶草間
或是死魚飄翻在浪波上,
閃出神秘又凄切的幽光,

誘着又帶着我青色的靈魂

到愛和死底夢的王國中睡眠,
那裏有金色的空氣和紫色的太陽,
那裏可憐的生物將歡樂的眼淚流到胸膛;

就像一隻黑色的衰老的瘦貓,
在幽光中我憔悴又伸着懶腰,
流出我一切虛僞和眞誠的驕傲,

然後, 又跟着它踉蹌在輕霧朦朧:
像淡紅的酒沫飄在琥珀鐘,
我將有情的眼藏在幽暗的記憶中.

이슬비가 너의 흐트러진 머리 가에 흩날려 떨어지니
작은 구슬이 푸른 미역 풀 사이에 떨어져 부서지는 것 같고
또는 죽은 물고기가 물결 위에서 출렁거리며
신비하고 처절한 어두운 빛을 발산하는 것 같아

나의 푸른 영혼을 유혹하여 데리고서
사랑과 죽음의 꿈의 왕국으로 가 잠을 잔다.
그곳엔 황금빛 공기와 보랏빛 태양이 있고
그곳의 가련한 생물은 환락의 눈물을 가슴에 흘린다.

한 마리 검고 노쇠한 바짝 마른 고양이처럼
어두운 빛 속에서 나는 초췌하여 힘없이 허리를 펴고
나의 모든 허위와 진지한 교만을 쏟아낸다.

그런 다음에, 다시 그것을 따라 가볍고 몽롱한 안개 속에서 비틀거린다.
담홍색 술거품이 호박 술잔에서 떠다니듯이
나는 다정한 눈을 어두운 기억 속에 감춘다.
(이 시 각 행의 音數는 매우 들쭉날쭉하여 소네트의 규칙에 부합하지 않는다.)

— 대망서(戴望舒), 「십사행(十四行)」

65.6 II. 앞의 8행에 네 개의 운각, 즉 aabb ccdd를 사용한 것

여기서는 두 개의 예만 들겠다.

(A) 운식 aabb ccdd eef ggf는 뒤의 6행이 프랑스파의 제1식과 같다. 예를 들어 보들레르의 「유령(夜歸魂, Le Revenant)」 등이 있다. 원문은 수록하지 않는다.

(B) 운식 aabb ccdd efe fgg는 뒤의 6행이 '정중지변'의 A.식과 같다. 예를 들어 보들레르의 「연인들의 술(情侶之酒, Le Vin des Amants)」 등이 있다. 원문은 수록하지 않는다.

65.7 이상에서 서술한 것은 모두 이태리체의 소네트이다. 이밖에도 셰익스피어체(Shakespearean sonnet)와 스펜서체(Spencerian sonnet)가 있다. 이 두 가지 시체(詩體)는 분단(分段)과 음보(音步)에 있어서 모두 같다. 모두 시 전체가 14행이고, 네 단락으로 나누어지고, 앞의 세 단락은 3개의 '영웅사행(英雄四行)'(5步의 4行)이며, 마지막 한 단락은 한 개의 '영웅우체(英雄偶體)'(5보의 2행)이다. 이 두 종류의 상이점은 운각상 조금 다른 점이 있다는 것뿐이다.

65.8 (1) 셰익스피어체의 운식은 abab cdcd efef gg이다.

셰익스피어에게는 모두 154수의 소네트가 있는데, 여기서는 그 중의 하나만 예로 들겠다.

Shall I compare thee to a summer's day?
　　Thou art more lovely and more temperate :
Rough winds do shake the darling buds of May,
　　And summer's lease hath all too short a date :

Sometimes too hot the eye of heaven shines,
　　And often is his gold complexion dimm'd :
And every fair from fair sometime declines,
　　By chance or nature's changing course, untrimm'd.

But thy eternal summer shall not fade
　　Nor lose possession of that fair thou ow'st;
Nor shall death brag thou wand'rest in his shade,
　　When in eternal lines to time thou grow'st :

So long as men[26)] can breathe, or eyes can see,
So long lives this, and this gives life to thee.

그대를 여름날에 비기리까?
　　그대가 더 아름답고 더 단정하다네.
거친 바람은 오월의 고운 싹들을 흔들어대고
　　여름철은 너무 짧기만 하다네.

때로 하늘의 눈은 너무 뜨겁게 빛나고
　　자주 그 황금빛 안색이 흐려진다네.
모든 가인은 언젠가는 우연이나 무상한 자연섭리에 따라
　　손질을 받지 못한 채 고운 자태를 잃어간다네.

그러나 그대의 영원한 여름은 기울지도 않고
　　그대가 지닌 고운 자태를 잃지도 않으리.
죽음도 그대가 그 그늘에서 헤맨다고 허풍떨지 못 하리,
　　영원한 시구 속에 그대 영겁으로 자랄 터이니.

사람들이 숨쉬고 눈이 볼 수 있는 한은

---

26) 텍스트에는 'men' 다음에 쉼표가 있는데, 없는 것이 옳다.

이 시가 살아서 그대에게 생명을 부여하리라.

— 셰익스피어(W. Shakespeare, 1564~1616), 「제18편(XVIII)」

양종대(梁宗岱)에게 이 시의 번역문이 있는데, 그 행수(行數), 단수(段數), 운식(韻式)을 완전히 셰익스피어의 원시 그대로 따랐고, 다만 음수(音數)를 '알렉산더식'(12음)으로 바꾸었다. 그의 번역문은 다음과 같다.

我怎麽能够把你來比作夏天?
你不獨比他可愛也比他溫婉;
狂風把五月寵愛的嫩蕊作踐,
夏天出賃的期限又未免太短:

驕陽底眼睛有時照得太酷烈,
他那炳耀的金顔又常遭黯晦;
給機緣或無常的天道所摧折,
沒有芳艶不終於凋殘或銷毁.

但你的長夏將永遠不會凋落,
或者會損失你這燁燁的紅芳,
或死神誇口你在他影裏漂泊,
當你在不朽的詩裏與時同長.

祗要一天有人類, 或人有眼睛,
這詩將長生, 幷且賜給你生命.

(이와 같은 운식은 앞에서 서술한 이태리체의 변식(甲)(IV)(D)과 같지만, 分段이 다르고 의미상의 관계도 크게 다르다.)

—「十八」

65.9 (2) 스펜서체의 운식이 셰익스피어체와 다른 점은 앞의 세 단락에 구운(鉤韻 : interlocked by rime)을 사용하는 것이어서 abab bcbc cdcd ee가

된다.

여기서는 스펜서의 애정시(Amoretti) 중에서 한 수를 예로 든다.

What guile is this, that those her golden tresses
　　She doth attire under a net of gold;
And with sly skill so cunningly them dresses,
　　That which is gold, or hair, may scarce be told?

Is it that men's frail eyes, which gaze too bold,
　　She may entangle in that golden snare;
And, being caught, may craftily enfold
　　Their weaker hearts which are not well aware?

Take heed, therefore, mine eyes, how ye do stare
　　Henceforth too rashly on that guileful net,
In which, if ever ye entrappèd are,
　　Out of her bands ye by no means shall get.

Fondness it were for any, being free,
　　To covet fetters, though they golden be!

이 무슨 수작인고? 그녀의 황금빛 머리칼에
　　황금의 망사를 씌우다니.
그리고 잔재주로 그토록 솜씨 좋게 머리칼을 덮어
　　어느 게 황금이고 어느 게 머리인지 구별이 안 되니.

너무 뻔뻔하게 바라보는 남자들의 약한 눈을
　　그 황금의 올가미에 얽어매겠다는 것인가?
그리고 붙잡히면 속내를 잘 모르는 그들의 약한 마음을
　　교묘하게 풀어내도록 하려는 것인가?

그러니 내 눈이여, 앞으로는 그 위장의 망사를
    너무 섣불리 쳐다보지 않도록 주의하거라.
만약에 한번 걸려들기만 하면
    그녀의 손아귀에서 결코 빠져나오지 못할 것이니.

아무리 황금으로 되어 있은 들 공짜라고 해서
    올가미를 탐하는 자 있다면 어찌 어리석지 않을 손가!

— 스펜서(Ed. Spenser, 1552~1599), 「제38편(XXXVIII)」

65.10 셰익스피어체와 스펜서체 모두 중국 시인들이 모방하지 않아서 들 수 있는 예가 없는 것 같다. 이외에도 시드니(Sir Philip Sidney)의 소네트가 있는데, 운식은 abab abab cdcd ee이다. 이것도 중국 시인들이 모방한 예가 없는 것 같다.

65.11 소네트가 엄격한 격률을 갖게 된 것은 다음과 같은 몇 가지 특징이 있기 때문이다.

① 모든 소네트는 반드시 14행이어야 한다. 4 4 3 3으로 나누던, 8 6으로 나누던, 4 4 6으로 나누던, 4 4 4 2로 나누던, 단락을 나누지 않던 간에 합쳐서 14행의 숫자는 변동이 없다.

② 소네트 각 행의 음수(音數)나 음보(音步)는 일정하다. 예를 들어 제1행이 12음이면 그 뒤의 각 행은 모두 12음이다. 10음, 9음, 8음 이하도 모두 이로부터 유추할 수 있다. 음수(音數)가 일정하지 않은 것은 극소수의 예외일 뿐이다.

③ 소네트의 운각도 일정하다. 정식의 소네트는 특히 그렇다. 예를 들어 앞 8행의 제1단이 포운(抱韻)이면 제2단도 반드시 포운이어야 하며, 절대로 교운(交韻)이나 수운(隨韻)이 될 수 없다. 만약 제1단이 abab이면, 제2단은 abba 또는 cddc 또는 acca 또는 aabb 등이 절대로 될 수 없다.

65.12 이로부터 볼 때 소네트는 서양의 '율시(律詩)'라고 할 수 있다.

근 20년 동안 일부 중국 시인들은 확실히 갈수록 격률을 중시하는 경향이 있었는데, 가장 손쉬운 길이 서양의 격률을 모방하는 것이었다. 순수한 모방은 타개책이 될 수 없다. 우리는 마땅히 서양 시율의 장점을 받아들여 중국어의 특징과 결합시켜서 우리 자신의 신시율(新詩律)을 건립해야 할 것이다.